ENTREPRENEURSHIP
TECHNOLOGIQUE

**21 cas de PME
à succès**

Publications
TRANSCONTINENTAL inc.
Division des livres
465, rue Saint-Jean
9ᵉ étage
Montréal (Québec)
H2Y 3S4
Tél. : (514) 284-0339

Fondation de l'Entrepreneurship
160, 76ᵉ Rue Est
Bureau 250
Charlebourg (Québec)
G1H 7H6
Tél. : (418) 646-1994

La collection Entreprendre est une initiative conjointe de la Fondation de l'Entrepreneurship et des Publications Transcontinental, division des livres pour répondre aux besoins des futurs et nouveaux entrepreneurs.

Photocomposition et mise en pages :
Lise Leblanc

Dépôt légal — 3ᵉ trimestre 1992
Bibliothèque national du Québec
Bibliothèque national du Canada

ISBN 2-921030-44-6

ROGER A. BLAIS et JEAN-MARIE TOULOUSE

Préface de Jean-Paul Gourdeau et Serge Saucier

ENTREPRENEURSHIP
TECHNOLOGIQUE

21 cas de
PME à
succès

Publications
TRANSCONTINENTAL
inc.

Fondation de
l'Entrepreneurship

Fondation de l'Entrepreneurship

Ces livres sont des publications conjointes de la Fondation de l'Entrepreneurship et de Publications Transcontinental.

La Fondation de l'Entrepreneurship est un organisme québécois à but non lucratif dont la mission est :

- l'identification et la libération du potentiel entrepreneurial des personnes;

- la formation des futurs et des nouveaux entrepreneurs;

- la mise en place de conditions favorables à leur établissement.

La Fondation est bien connue pour avoir suscité les cours-concours Devenez Entrepreneur, pour ses colloques annuels, ainsi que pour sa participation à la diffusion d'ouvrages utiles aux dirigeants de petites entreprises.

La Fondation de l'Entrepreneurship peut s'acquitter de sa mission grâce au soutien financier de quelques organismes. Elle rend un hommage particulier à ses quatre partenaires :

- Banque Laurentienne
- Hydro-Québec
- Institut national de développement de l'entrepreneurship
- Caisse de dépôt et placement du Québec

et remercie ses trois premiers gouverneurs : Noranda, Bell et Imasco

PRÉFACE

Créer une entreprise, quel beau défi! Mais développer une entreprise technologique, voilà un défi au carré pour ne pas dire un défi au cube. Les entrepreneurs qui ont choisi cette voie méritent qu'on leur accorde une place de choix parmi tous ceux et celles qui, par leurs talents, leur imagination, leur créativité et leur énergie, contribuent à bâtir notre pays.

L'évolution de l'économie, la mondialisation des échanges nous ont rendu conscients de l'importance de la technologie comme facteur de concurrence entre les firmes, entre les pays. Pendant plusieurs années, la technologie a été considérée comme une contrainte à laquelle il fallait s'ajuster et les entrepreneurs ont été traités avec une certaine méfiance. Cependant, au cours des dix dernières années les entrepreneurs ont pris leur place dans la société et les décideurs ont réussi à apprivoiser la technologie. Il restait à réunir l'entrepreneurship et la technologie. C'est ce que cet ouvrage sur l'entrepreneurship technologique tente de faire.

Ce volume présente dix-neuf cas d'entreprises dans les secteurs de la micro-électronique, du biomédical et des logiciels ainsi que deux cas d'entreprises dites traditionnelles. Voilà trois secteurs industriels majeurs qui, d'ores et déjà, occupent une place importante dans l'économie. Dans chacun, nous avons un besoin urgent de nouvelles entreprises innovatrices car ces secteurs ont été identifiés par l'OCDE (*Organisation pour la Coopération et le Développement Économiques*) comme des secteurs moteurs. Par ailleurs, on ne peut se contenter de voir naître des entreprises, il faut que celles-ci se développent, s'épanouissent, qu'elles connaissent le succès. C'est pourquoi nous apprécions l'effort remarquable des auteurs qui ont su mettre en relief les caractéristiques de ces nouvelles entreprises et en dégager des facteurs de succès ainsi que des leçons fort instructives. Nous croyons que le monde des affaires y trouvera ample matière à réflexion.

Au cours de notre expérience professionnelle il nous a été souvent demandé de participer à des groupes d'études ou des commissions d'enquête sur les PME, dont celle sur le financement des PME. Que ce soit au cours de ces travaux ou dans le cadre régulier de nos activités d'affaires, nous avons développé une sensibilité profonde pour les dilemmes associés à la croissance des entreprises. Or, les entreprises technologiques présentées dans ce volume vivent de façon intense les questions cruciales associées à la croissance. Qu'il s'agisse de l'organisation de l'entreprise, du financement de la croissance, de la gestion des ressources humaines, de la gestion des développements technologiques ou de l'innovation, de l'élaboration d'une stratégie d'entreprise, on sent bien que ces questions prennent une place centrale à cause de l'accélération du rythme de croissance. Certes, on peut admirer la performance d'une entreprise dont le chiffre d'affaires passe de 100 000$ à 40 000 000$ en cinq ans mais notre expérience des affaires nous amène immédiatement à aller au-delà pour regarder les dessous de cette croissance. C'est là un des points forts de cet ouvrage.

Par ailleurs, les auteurs ont retenu deux cas d'entreprises dites traditionnelles. Ces entreprises ont investi en recherche-développement pour réorienter leurs activités. En fait, elles ont utilisé la technologie comme carte maîtresse dans une réorientation stratégique. L'entreprise manufacturière québécoise éprouve actuellement de sérieuses difficultés, en partie parce que plusieurs de ses technologies sont désuètes, et aussi parce que les technologies de pointe ne sont pas assez utilisées par les gens d'affaires dans leur positionnement stratégique.

Nous croyons que la lecture de tous ces cas d'entrepreneurship technologique est susceptible d'amener nos décideurs à compter davantage sur la technologie. Il fait en sorte que nos entreprises deviennent davantage concurrentielles et se taillent une meilleure place dans les marchés mondiaux.

Jean-Paul Gourdeau
Président du Conseil,
Le Groupe SNC
et
Principal et Président de
la Corporation de l'École
Polytechnique de Montréal

Serge Saucier
Président,
Raymond, Chabot, Martin, Paré
et
Président de la Corporation de
l'École des Hautes Études
Commerciales de Montréal

AVANT-PROPOS

L'innovation et l'entrepreneurship technologique nous ont toujours fascinés et intéressés. Dans les années 70, alors que nous étions, respectivement, directeur de la recherche à l'École Polytechnique et à l'École des H.E.C., nous avons maintes fois discuté ensemble de ces sujets passionnants. Nous cherchions alors à établir davantage de liens entre nos deux institutions. L'une est devenue la plus grande école d'ingénieurs au Canada avec une réputation très enviable en recherche scientifique et technologique, l'autre demeure l'un des grands bastions des sciences de l'administration au Canada et continue à former un grand nombre de gestionnaires, soit plus de mille diplômés par année.

Initiée en 1988 et stimulée en 1990 par une demande d'Industrie, Sciences et Technologies Canada, cette étude des PME technologiques permet d'examiner la création et la croissance de telles entreprises. Basée sur des entrevues réalisées en 1990, elle s'appuie sur des statistiques de recherche-développement (R-D) de 1990.

La collection «*Entreprendre*» de la Fondation de l'Entrepreneurship, qui est publiée conjointement avec les Publications Transcontinentales, représente pour nous le médium idéal de diffusion de notre recherche appliquée. En effet, nos résultats s'adressent à l'ensemble des entreprises et, d'autre part, mettent l'accent sur l'importance de l'entrepreneurship dans la société technologique. À ce titre, ce travail complète les ouvrages intitulés «*Devenez entrepreneur*» de Paul-A. Fortin, «*Les secrets de la croissance*» de Marcel Lafrance et «*Relancer votre entreprise*» de Brigitte Van Coillier-Tremblay et Marie-Jeanne Frague.

Cet ouvrage s'adresse à tous ceux et celles que l'entrepreneurship technologique intéresse. Nous sommes convaincus que nos étudiants, les membres de la communauté des affaires et les spécialistes chargés d'élaborer les politiques publiques de développement économique et social y trouveront réponse à plusieurs de leurs questions. Tout comme le volume de Jean-Marie Toulouse sur «*l'Entrepreneurship au Québec*» a su le faire, nous espérons que cet ouvrage sur l'entrepreneurship technologique marquera l'histoire de l'entrepreneurship dans notre milieu.

Remerciements

Nous sommes particulièrement reconnaissants aux dirigeants des 21 entreprises rapportées ici, qui ont si généreusement donné de leur temps et nous ont livré avec beaucoup de franchise l'histoire de leur entreprise et nous ont fait part de leurs vues personnelles sur les facteurs de succès en technologie et en affaires.

Nous exprimons notre vive gratitude à la Fondation de l'Entrepreneurship et à Industrie, Sciences et Technologie Canada pour leur aide dans la réalisation de cette étude. Nous remercions en particulier MM. Claude Valiquette et Philippe Aubé de ce même ministère ainsi que M. Paul-A. Fortin et madame Brigitte Van Coillie-Tremblay de la Fondation pour leur intérêt dans cette recherche et les judicieux conseils qu'ils nous ont prodigués dans la préparation de cet ouvrage.

Nous sommes également reconnaissants au Conseil de recherche en sciences humaines du Canada (CRSH) pour sa généreuse aide financière en appui à nos recherches sur l'entrepreneurship technologique.

Nous remercions de tout coeur notre assistant de recherche, M. Eric Razafindrakoto, ingénieur industriel, pour son aide précieuse. Nous lui devons plusieurs des concepts avancés au chapitre 4 sur l'entrepreneurship technologique. Enfin, nous exprimons notre gratitude à nos dévouées secrétaires, mesdames Mariette Duvernois, Lise Leblanc et Janine Langlois.

TABLE DES MATIÈRES

Page

Préface i

Avant-propos iii

Introduction 1

1. Le succès de PME technologiques 7
   Le concept de succès 7
   Le concept de technologie 8
   Identification des entreprises à étudier 9
   Analyse des entreprises retenues 12
      Le concept de développement 13
      La dimension technologique 21
      Le segment industriel 24
   Conclusion 28
   Références 31

2. Vingt-et-un cas de PME technologiques à succès au Québec 33
   N° 1 GENTEC Inc. 35
   N° 2 TECHNOLOGIES MPB Inc. 47
   N° 3 BOMEM Inc. 65
   N° 4 MULTISENS Inc. 87
   N° 5 EXFO INGÉNIERIE ELECTRO-OPTIQUE Inc. 103
   N° 6 CORPORATION TECHNOLOGIES EICON Inc. 115
   N° 7 C-MAC Inc. 129
   N° 8 DAP ÉLECTRONIQUE Inc. 145
   N° 9 DIAGNOSPINE RECHERCHE Inc. et SPINEX Inc. . . 155
   N°10 MEDICORP SCIENCES Inc. 165
   N°11 LABORATOIRES OSMOCO Inc. 177
   N°12 IAF BIOCHEM INTERNATIONAL Inc. 191
   N°13 INSTITUT ROSELL Inc. 205
   N°14 ELECTROMED INTERNATIONAL Inc. 215
   N°15 GROUPE HAUTE TECHNOLOGIE AHT Inc. 229
   N°16 GROUPE BERCLAIN Inc. 247
   N°17 ALIS TECHNOLOGIES Inc. 263

N°18 VIRTUAL PROTOTYPES Inc. 279
N°19 ENTREPRISES GIRO Inc. 295
N°20 LALLEMAND Inc. 305
N°21 EXELTOR Inc. 315

3. Une bonne gestion stratégique, facteur
**   essentiel de succès** 325
   Le concept d'émergence: bâtir une stratégie 325
   Les bases de la stratégie 328
      L'environnement industriel 328
      La technologie 336
      Les fondateurs 341
   Les principaux défis stratégiques des nouvelles
   entreprises à fort contenu technologique 346
      Le défi du positionnement 346
      Le défi du financement 350
      Le défi de l'autonomie 353
      Le défi de l'organisation 354
   Les stratégies 359
      La stratégie scientifique 360
      La stratégie de supériorité technologique 365
      La stratégie dite de commercialisation 370
      Les stratégies doubles 373

4. Entrepreneurship technologique 379
   L'entrepreneur technologique et son projet 379
      Un projet de changement 379
      Un projet technologique 381
      Un projet en évolution 381
      Le projet: la trame de la collaboration entre l'entrepreneur
      et ses partenaires 382
   Le lien technologie-marché 384
   L'entrepreneur technologique et le plan d'affaires 390
      Phase 1 du plan d'affaires 391
      Phase 2 du plan d'affaires 393
      Phase 3 du plan d'affaires 393
   L'entrepreneurship technologique et l'économie québécoise . . 394

5. Conclusion 403

INTRODUCTION

L'importance des petites et moyennes entreprises (PME) est largement reconnue dans tous les pays industrialisés. Qu'il s'agisse de la création de nouveaux emplois, de la croissance de l'activité économique, du développement régional ou, en général, d'une meilleure adaptation sociale aux nouvelles conditions de vie, les PME jouent un rôle fort significatif. Et à mesure que souffle le vent de l'entrepreneurship au Canada, notamment au Québec, il importe de cerner davantage le phénomène des PME.

Importance des PME technologiques

Il faut en particulier mettre en relief le rôle des PME technologiques car l'introduction techniquement et commercialement réussie de nouveaux produits, de nouveaux procédés et de nouveaux services constitue un important facteur de croissance économique. En effet, les plus grands économistes, dont Robert Solow du Massachusetts Institute of Technology, prix Nobel d'économie en 1987, reconnaissent que le progrès technologique contribue davantage à la croissance économique que le capital et la main-d'oeuvre réunis. Par conséquent, il importe d'étudier en particulier les PME technologiques car de toutes les petites entreprises elles sont le plus susceptibles de générer des innovations technologiques dont le Canada a tant besoin pour devenir plus compétitif sur les marchés internationaux. Une autre raison pour les étudier vient du fait que les PME technologiques contribuent davantage à la création d'innovations au Canada que les entreprises de 200 employés ou plus.

Alors que tous les pays industrialisés s'affairent à mettre en place des stratégies nationales pour gagner, voire conserver, une place dans l'économie globale, le Canada ne peut rester indifférent aux grands mouvements qui se dessinent chez ses partenaires commerciaux. Par exemple, les tendances lourdes vers des industries à plus forte intensité de connaissances et exigeant davantage de recherche-développement (R-D) ne sauraient être ignorées.

On ne peut pas écarter non plus l'effet multiplicateur des nouvelles technologies sur les secteurs traditionnels de l'industrie. Surtout, il faut se rendre compte que la balance internationale des paiements du Canada pour biens manufacturés de haute ou moyenne technologie (aliments exclus) accuse maintenant un déficit de 15 milliards de dollars par année, ce qui équivaut, au bas mot, à plus de 300 000 emplois bien rémunérés, sans compter tous les emplois indirects.

Besoin d'en savoir plus long

Enfin, une autre raison pour étudier les PME technologiques est qu'on connaît peu de choses à leur sujet au Canada. À part quelques rares études, d'ailleurs fort incomplètes, sur les caractéristiques de telles entreprises, on ne connaît pas bien cet important segment de l'économie. On commence à peine dans les facultés et écoles de management au Canada à examiner la problématique si importante du management de la technologie alors que les écoles d'ingénieurs, à quelques exceptions près dont l'École Polytechnique de Montréal, ne procurent pas encore de formation en entrepreneurship technologique et en innovation industrielle.

Dans ces conditions, il importe d'étudier les PME technologiques renommées pour leur succès en affaires. D'une part, il s'agit de se familiariser avec les nouvelles technologies qu'elles ont développées et les produits innovateurs qu'elles ont lancés sur le marché et qu'elles exportent. Il s'agit aussi d'approfondir les conditions qui ont présidé à leur croissance et entraîné leur succès. D'autre part, les **modèles** que représentent ces entreprises à succès peuvent s'avérer de bons stimulants pour les entrepreneurs technologiques en puissance.

Valeur des résultats

Bien que les 21 cas de PME technologiques relatés ici proviennent tous du Québec, nous sommes convaincus qu'ils s'appliquent à d'autres parties du Canada, tant par leur valeur didactique que par les enseignements stratégiques qui en découlent. Cette étude de PME technologiques est d'autant plus importante qu'elle est, à notre connaissance, la première du genre à être effectuée au Canada.

En présentant ces cas, nous sommes bien conscients des limites de notre étude. Tout le monde sait à quel point les dirigeants de PME peuvent être extrêmement occupés. Ils le sont encore davantage lorsqu'ils ont à diriger des entreprises de haute technologie impliquées dans toutes sortes de problèmes complexes de R-D et s'affairant à travers le monde. Donc, obtenir une entrevue de 2 à 4 heures de ces hommes d'affaires est un exploit en soi. Tenter de saisir la réalité complexe de leur entreprise en est un autre.

À ce stade de notre recherche, nous ne pouvons offrir d'analyse plus approfondie des résultats. Toutefois, en lisant attentivement les 21 cas offerts, le lecteur trouvera des enseignements utiles, surtout s'il (ou elle) est en affaires. N'est-ce pas là d'ailleurs, en tirant soi-même des leçons, une excellente façon d'apprendre?

Problématique de recherche

Les études empiriques sur les PME à fort contenu technologique sont peu nombreuses. Il nous est apparu important de chercher à découvrir la pleine réalité de ces petites firmes et en dégageant les traits particuliers de celles qui ont du succès.

Pour ce faire, nous avons choisi une approche qualitative du genre étude de cas plutôt qu'une approche basée sur l'usage d'un questionnaire fermé. Nous avons préféré une approche holistique à celle reposant reposant sur la préconception des phénomènes à découvrir. Au cours des entrevues nous avons suivi un guide général qui nous rappelait de poser les questions essentielles. Nous avons encouragé les dirigeants de ces entreprises à nous parler d'eux et de leur entreprise.

Les raisons qui nous ont poussé à suivre cette approche sont les suivantes: la complexité du sujet, le besoin de générer de nouvelles visions du phénomène étudié, le grand nombre de variables dont il faut tenir compte, la valeur très inégale de ces variables, la complexité des interactions entre les variables et, enfin, le besoin de découvrir les facteurs de succès de ces entreprises.

Une fois cette riche moisson recueillie et soigneusement analysée, nous avons par la suite cherché à comparer les firmes au niveau de leur performance et de leur stratégie en vue d'esquisser dans la dernière partie les grands traits de l'entrepreneuship technologique.

Présentation de l'étude

Le chapitre 1 présente quelques concepts soulevés par les études de cas. Les notions de succès, de technologie, de stades de développement, d'intensité technologique et de secteurs industriels y sont abordés.

Le chapitre 2 contient les 21 cas étudiés. Ce sont des histoires vraies, vécues, qui tentent de décrire une réalité complexe qui varie d'une firme à une autre et d'un secteur à un autre. La trame des cas permet de dégager la spécificité de chaque entreprise et d'illustrer la dynamique du succès.

Le chapitre 3 brosse un tableau des divers aspects de la gestion stratégique qui anime et pénètre ces entreprises. Enfin, le chapitre 4 fournit un bref synopsis de l'entrepreneurship technologique à la lumière des 21 cas étudiés.

Entreprises étudiées

Pour les raisons expliquées dans le chapitre 1, nous avons choisi les PME technologiques suivantes:

SECTEURS	ENTREPRISES
Micro-électronique	Gentec, MPB, Bomem, Multisens, Exfo, Eicon, C-MAC, DAP
Biomédical	Diagnospine, Medicorp, Osmoco, IAF BioChem, Institut Rosell, Electromed
Produits informatiques	AHT, Berclain, Alis, Giro, Virtual Prototypes
Industries traditionnelles	Lallemand, Exeltor

Nous avons cru bon d'inclure deux entreprises dynamiques oeuvrant dans des secteurs traditionnels, soit LALLEMAND (*levures*) et EXCELTOR (*aiguilles à tricot industrielles*), car même les industries traditionnelles peuvent bénéficier des fruits de la recherche-développement (R-D) et de l'infusion de nouvelles technologies. Ces deux derniers cas pourront fournir des points de comparaison avec les 19 premiers qui appartiennent à des secteurs dits de haute technologie.

Leçons à tirer

Nous espérons que le lecteur partagera notre enthousiasme de voir de telles PME technologiques québécoises évoluer avec tant de succès dans les marchés mondiaux où la concurrence est féroce.

Ces histoires de cas sont surtout dirigées vers **ceux qui sont dans les affaires**, surtout ceux qui s'intéressent à l'innovation technologique et qui cherchent à améliorer la performance technique, commerciale et économique de leurs entreprises. Elles s'adressent particulièrement aux nombreux **entrepreneurs** qui songent à créer, un jour, une entreprise à partir d'une nouvelle technologie ou de nouveaux produits innovateurs. Elles visent également les **inventeurs**, afin que ces derniers se rendent compte que l'invention n'est que le début d'un long processus, d'une chaîne qu'il faut continuer, et même tricoter, lorsque les produits ont été inventés. À cet égard, on aura beau avoir une magnifique invention, celle-ci restera lettre morte si d'autres éléments essentiels à l'innovation sont absents. C'est ce que ces cas tendent de souligner.

Nous croyons que ce travail s'avérera également utile à tous ceux et celles qui ont à élaborer les **politiques publiques** en matière d'aide à l'innovation et de soutien au développement industriel, tant dans les ministères que les agences gouvernementales de recherche ou de soutien à l'innovation.

Enfin, nous osons espérer que cette oeuvre intéressera ceux et celles qui, dans les universités et les collèges, sont convaincus de la grande importance de l'entrepreneurship technologique dans notre milieu et qui déploient les meilleurs efforts d'**enseignement** et de **recherche** pour stimuler la créativité, l'esprit d'innovation et l'entrepreneuriat technologique.

CHAPITRE 1

LE SUCCÈS DE PME TECHNOLOGIQUES

Lorsque nous avons décidé d'écrire des cas sur des PME technologiques à succès, nous savions que nous serions confrontés tôt ou tard à deux problèmes théoriques difficiles et complexes, qui font depuis plusieurs années l'objet de controverses dans les études sur les petites entreprises. Ces problèmes concernent les mots-clé du mandat, c'est-à-dire le mot «succès» et le mot «technologique».

1. Le concept de succès

Par quels critères définir le succès? Certains donnent une réponse strictement financière, centrée sur la rentabilité à long terme de l'entreprise. Tous s'entendent pour reconnaître que la rentabilité financière est fondamentale, mais il y a danger à en faire le seul critère. À une certaine époque de son existence, une entreprise peut être faiblement rentable au plan financier mais contenir toutes les promesses d'une entreprise à succès.

Pour pousser un peu plus loin l'argumentation, on peut se demander si réussir le lancement d'une entreprise est la même chose que réussir avec succès la pénétration des marchés ou la commercialisation d'un nouveau produit. Dans le même sens, on peut aussi se demander si le succès d'une entreprise ne peut pas prendre des formes différentes selon la nature des défis à relever, défis qui sont influencés à la fois par le secteur dans lequel elle oeuvre et par le degré de développement de l'entreprise.

Accepter ces arguments revient donc à dire que le succès d'une entreprise peut prendre plusieurs formes et qu'il peut être mesuré par plusieurs critères. Le succès correspondrait alors à une **configuration**, à une **gestalt** d'éléments plus qu'à une seule et unique mesure, qu'elle soit la rentabilité ou le nombre de produits vendus. Cette observation est d'ailleurs corroborée par la recherche de Miller et Blais (1989,1990) sur l'innovation.

Depuis plusieurs années, des chercheurs en gestion se demandent si l'entreprise qui connaît le plus de succès est l'entreprise la plus performante ou la plus efficiente, ou l'entreprise à la fois performante et efficiente. L'argumentation tient à ce que l'on pourrait appeler les conditions minimales d'existence. Il est évident que les entreprises peu performantes seront tôt ou tard forcées de se retirer. On pourrait donc penser qu'avant d'examiner l'efficience d'une entreprise, il faudrait trouver un minimum de performance car sans performance minimale, on ne peut pas parler d'efficience. Ce qui laisse penser que le succès d'une entreprise est conditionné par la performance. Toutefois, la performance seule n'est pas une garantie de succès. Donc, le succès a des dimensions multiples et il est sujet aux perceptions de ceux qui l'évaluent: ingénieurs, chercheurs, financiers, entrepreneurs, collaborateurs. Il dépend aussi de la période temporelle, le court ou le long terme, ainsi que le critère utilisé: retour sur l'investissement, croissance des ventes, nombre d'employés, etc.

Les entreprises que nous avons étudiées oeuvrent dans divers secteurs mais elles ont toutes connu le succès dans ce qu'elles ont entrepris jusqu'à ce jour. Certaines ont connu le succès dans la recherche-développement (R-D) menée au moment de la phase de lancement alors qu'elles commencent à peine à commercialiser leurs produits. Dans ce cas, on ne peut guère parler de succès commercial même si tout semble aller dans cette direction. D'autres entreprises sont plus avancées: elles ont connu le succès sur le marché canadien mais elles commencent à s'attaquer aux marchés mondiaux. Elles offrent d'excellentes possibilités de succès. D'autres, enfin, sont déjà propulsées au niveau international et réussissent très bien tant au niveau commercial que technologique.

En somme, pour bien comprendre le succès d'une entreprise technologique, il faut considérer plusieurs dimensions: rentabilité, technologie, R-D, commercialisation, ressources humaines, gestion. C'est l'ensemble de ces dimensions qui constitue le succès et non pas l'unique présence de l'une ou de l'autre.

2. Le concept de technologie

Le deuxième problème auquel nous étions confrontés a trait au concept de technologie. L'identification des entreprises à étudier exigeait au préalable une définition ou une clarification du concept de technologie.

Dans le milieu des affaires, ce terme évoque les «**entreprises de haute technologie**».

Si le concept de haute technologie paraît intéressant au premier coup d'oeil, il est très difficile d'application. L'unanimité concernant la définition de la haute technologie est loin d'être acquise. Les études sur la haute technologie ont laissé plus d'une personne perplexe quand on a voulu délimiter les frontières de ce que l'on appelait «haute technologie».

Ajoutons également que ce qui peut apparaître comme de la haute technologie dans un secteur industriel donné peut être considéré comme de la technologie ordinaire dans un autre secteur. De plus, la technologie étant une réalité en développement et en mouvement, il appert que ce qui, à une étape du développement technologique, peut apparaître comme de la haute technologie, sera à une autre étape maîtrisé, incorporé dans le processus de production, donc dépassé.

Toutes les entreprises étudiées sont fortement impliquées en technologie, et souvent en technologie avancée. Puisque la technologie est une réalité complexe et dynamique, la lecture des vingt-et-un cas permettra au lecteur d'obtenir une bonne idée de ce que l'on entend par entreprise technologique. C'est dans cette perspective que deux cas d'entreprises traditionnelles sont présentées.

3. Identification des entreprises à étudier

Pour guider notre choix de «PME technologiques à succès», et pour obtenir une certaine compréhension des facteurs de réussite dans ce genre d'entreprise, nous avons utilisé cinq critères. Tout en tenant compte de la réalité complexe des PME, ces critères permettent de définir avec assez de précision les concepts de «succès» et de «technologie».

1er critère: entreprises technologiques de moins de 250 employés, et exportatrices

Vu le grand intérêt que soulève le rôle des PME technologiques dans l'économie canadienne, non seulement au point de vue de l'activité économique, de la création d'emplois et du développement régional mais aussi de la production d'importantes innovations, il s'avère de la plus haute importance de scruter des PME technologiques à succès. Pour les fins de cette étude, des entreprises de moins de 250 employés ont été

retenues car il importait de concentrer l'attention sur des entreprises
émergentes et de création assez récente. Puisque beaucoup d'entreprises
avortent dans les premières années, le choix a été restreint à des
entreprises d'au moins trois ans d'existence.

Étant intéressés aux PME **exportatrices**, l'échantillon a également été
restreint à des entreprises qui réussissent à exporter à l'extérieur du
Canada ou qui sont en mesure de le faire très bientôt, ce qui est un bon
indice de la qualité et de l'importance de leurs produits.

2e critère: variété des secteurs industriels

Nous avons intentionnellement choisi d'identifier 19 entreprises dans trois
secteurs industriels différents: la micro-électronique, le domaine
biomédical et les logiciels. Par ce choix, nous voulions éviter de nous
retrouver avec des conclusions qui ne s'appliqueraient qu'à un nombre
très restreint de situations de haute technologie. Il aurait été par exemple
beaucoup plus facile de limiter notre choix à des entreprises du seul
secteur pharmaceutique ou encore du secteur de l'informatique. Mais ce
choix aurait eu comme désavantage de limiter la perception du succès des
entreprises de technologie: les conclusions ne s'appliqueraient alors qu'à
ce seul secteur industriel. Pour compléter le tableau, nous avons ajouté
deux entreprises qui oeuvrent dans des secteurs traditionnels mais dont la
croissance est étroitement associée à l'utilisation de technologies
nouvelles.

3e critère: fort contenu technologique

Au lieu de nous limiter ou de nous embourber dans une définition des
entreprises de «haute technologie», nous avons plutôt cherché à identifier
les entreprises à fort contenu technologique, c'est-à-dire où la technologie
occupe une place centrale, voire dominante. En fait, si l'on examine
attentivement les entreprises retenues, elles ont des caractéristiques que
l'on associe communément aux entreprises de haute technologie.
Songeons en particulier à des entreprises comme EICON, MULTISENS
et VIRTUAL PROTOTYPES qui sont dans des secteurs habituellement
associés à de la haute technologie. D'autres entreprises se trouvent dans
des secteurs où le contenu scientifique est très important mais dont
l'image n'est pas toujours associée à la haute technologie. Nous pensons
en particulier à des entreprises dans le secteur de la biotechnologie
médicale, comme ELECTROMED et MEDICORP.

À l'examen, on constatera que toutes les entreprises retenues pour cette étude ont une activité de R-D importante. L'intensité de l'activité varie selon la taille de l'entreprise, son stade de développement et le secteur industriel où elle se trouve. L'importance de la R-D représente un équilibre entre le développement et la commercialisation. Pour certaines entreprises, telles MPB et MEDICORP, cet équilibre penche en faveur de la R-D alors qu'il est plutôt du côté de la commercialisation dans des entreprises comme GIRO, BERCLAIN, BOMEM ou C-MAC. Ce fort penchant vers la commercialisation ne signifie pas que ces entreprises ont abandonné leurs efforts de R-D, mais plutôt que leur énergie et leurs ressources sont réparties entre les efforts de R-D et les efforts de commercialisation alors que dans d'autres entreprises, les efforts de R-D accaparent une forte proportion des ressources. Donc, toutes les entreprises étudiées ont un important contenu technologique et mènent une activité significative de R-D. Le mot «significatif» étant employé ici pour désigner notre perception plutôt que le résultat d'une mesure objective.

4e critère: la réputation

Avant de procéder au choix définitif des entreprises, nous avons demandé à de nombreux observateurs avertis de fournir une liste des entreprises qu'ils percevaient comme étant des «entreprises technologiques à succès». C'est à dessein que nous n'avons pas défini le mot «technologique» ni le mot «succès» car il nous apparaissait préférable de laisser s'exprimer les différentes perceptions. Nous avons obtenu une trentaine de réponses de représentants du ministère fédéral de l'Industrie, Sciences et Technologie, du ministère de l'Industrie, du Commerce et de la Technologie du Québec, de professeurs d'université, de représentants d'associations industrielles, de commissaires industriels, du Conseil National de Recherches du Canada, du Centre de Recherche Industrielle du Québec et de plusieurs dirigeants d'entreprises à fort contenu technologique.

À chaque personne, nous avons posé la même question: «*lorsque vous songez à des entreprises technologiques, qui d'après vous ont connu du succès dans les secteurs de la micro-électronique, des technologies biomédicales et de l'informatique, à quelle entreprise pensez-vous?*». À partir des différentes réponses, nous avons établi une liste des entreprises qui apparaissaient le plus souvent dans les réponses des personnes interrogées a été établie. À la fin de ce processus, nous avons été agréablement surpris de constater que les noms sur lesquels il y avait convergence étaient les entreprises que nous avions identifiées à partir de nos connaissances réciproques des PME. Bref, ce processus a permis d'identifier ce que l'on pourrait appeler des entreprises technologiques «perçues» comme connaissant le succès.

5e critère: les stades de développement

En choisissant les entreprises, nous avons cherché des entreprises à divers stades de développement. Au départ, nous avions mis l'emphase sur des entreprises jeunes, qui en étaient à leurs premières années d'existence, puis nous avons constaté que ce choix masquait toute une partie de la problématique des entreprises technologiques à succès. Nous avons alors décidé d'élargir le spectre de façon à inclure des entreprises plus avancées dans leur développement mais nous limitant à des PME. Nous avons évité de choisir de petites «divisions» d'entreprises multinationales hautement développées, restreignant notre choix à des entreprises autonomes. Nonobstant cette limitation, nous avons quand même choisi des entreprises suffisamment avancées pour pouvoir faire des efforts significatifs de commercialisation, et dont les ventes débordaient depuis quelque temps déjà les frontières du Canada.

En gardant cette idée de stade de développement bien à l'esprit, on constatera que l'entreprise qui semble être au stade le moins avancé de développement est MEDICORP alors que BOMEM se trouve au stade le plus avancé. Ce positionnement des entreprises sur le continuum de développement permet d'indiquer qu'il faut être prudent en comparant des entreprises aussi éloignées en terme de stade de développement. Il vaut mieux comparer entre elles les PME technologiques à succès qui n'en sont qu'au début de leur développement et comparer entre elles les autres dont le développement est beaucoup plus avancé et qui ont atteint le stade d'adolescence ou de maturité.

4. Analyse des entreprises retenues

Pour guider la réflexion sur les entreprises étudiées, nous suggérons d'analyser ces cas en utilisant deux perspectives différentes: la perspective du développement et celle de la technologie. Pour chacune de ces perspectives, nous résumerons quelques conclusions des recherches rapportées dans la littérature puis nous appliquerons ces conclusions aux entreprises retenues.

4.1 Le concept de développement

Plusieus auteurs ont proposé des modèles pour décrire les stades de développement des PME.   Certains se sont inspirés de l'analogie biologique (naissance, enfance, adolescence, âge adulte, vieillesse), d'autres ont mis l'emphase sur la taille de l'entreprise.   Certains ont plutôt utilisé la diversité des produits et des marchés, alors que d'autres enfin ont proposé des modèles fortement inspirés de la gestion.   Nous insisterons sur ces derniers modèles car ils s'appliquent plus facilement aux entreprises étudiées.

Un modèle inspiré de la **biologie** est celui de Stanworth et Currant (1973).   Il postule qu'une petite entreprise se développe en suivant trois stades: le stade artisanal, c'est-à-dire le stade du lancement associé aux premières années d'existence de l'entreprise; le stade de la rentabilisation associé à la maîtrise de sa place dans le marché, et finalement le stade de la stabilisation associé à la capacité de survivre à travers les différentes fluctuations économiques (l'âge adulte).

Le modèle de McGuire (1963) s'appuie sur la **diversité produits/marchés**.   Il postule trois stades de développement: le premier est le stade dit de l'expérimentation, c'est-à-dire le stade où l'entreprise fait les tests de ce qu'elle est et de ce qu'elle offre sur les marchés; le deuxième stade est celui de la production de masse, c'est-à-dire le développement de la capacité à produire ou à vendre le service qu'elle offre sur les marchés; et le troisième stade est celui de la maturité.

Les principaux modèles inspirés de la **gestion** sont ceux de Steinmetz (1969), Buchelle (1967), Churchill (1984), Toulouse (1980) et Greiner (1972). Selon ces modèles, le premier stade de développement d'une entreprise est celui du lancement, c'est-à-dire l'insertion dans le marché, à l'intérieur du secteur industriel dans lequel l'entreprise veut oeuvrer. Cette phase de lancement est habituellement suivie d'une deuxième phase appelée «phase des mécanismes de gestion» dans laquelle le défi de l'entreprise est de se donner des mécanismes qui permettront de mieux faire face aux exigences du marché.   Ces mécanismes sont de deux ordres: d'une part la formalisation des structures, la répartition des rôles et des tâches entre les différents membres de l'organisation; d'autre part, la mise au point de procédures, de pratiques comptables et de pratiques commerciales.

Il n'y a pas de consensus sur les noms à donner à la troisième et à la quatrième phase. Au delà des divergences, notons qu'on estime généralement que le défi principal dans la troisième phase consiste à s'assurer que l'entreprise sera capable de durer, de passer à travers les fluctuations inhérentes aux premières années d'existence de toute petite entreprise.

Le défi dans la quatrième phase tourne essentiellement autour de l'axe expansion-développement versus continuité-maintien. Certains auteurs croient que cette phase est en fait une phase de redéploiement de l'entreprise vers une expansion, un développement plus grand. D'autres croient plutôt que le dilemme fondamental lors de cette phase est d'assurer une continuité, à savoir le maintien de l'entreprise à long terme.

A) Les entreprises étudiées et le concept de développement

La littérature à laquelle nous venons de faire allusion permet de dégager une séquence de développement en cinq phases: séquence qui s'applique facilement aux entreprises à fort contenu technologique. Ces phases sont:

1. **LA GESTATION**: durant cette phase, l'entrepreneur développe son plan d'affaires et s'occupe à rassembler les ressources nécessaires à l'exploitation de l'opportunité perçue dans le marché. Il cherche également à rendre opérationnel le prototype du nouveau produit constituant son innovation de départ.

2. **LE LANCEMENT**: ici l'entrepreneur commence à réaliser, à actualiser son plan d'affaires. Il complète le développement de son innovation, effectue ses premières ventes et développe son marché. Les efforts de R-D visent exclusivement à développer le premier produit.

3. **LA STABILISATION**: ayant réussi à bien lancer son entreprise, l'entrepreneur cherche maintenant à consolider ses acquis, à maintenir ses ventes pour éviter que le lancement ne soit qu'un feu de paille. Durant cette phase, l'entreprise cherche à stabiliser son fonds de roulement et à entreprendre des efforts de R-D systématiques.

4. **LA CROISSANCE**: déjà bien lancée et consolidée, l'entreprise entreprend maintenant son expansion. Elle tente d'élargir ses bases de produits et ses assises de marché. Elle entreprend en même temps le développement de nouveaux produits et elle cherche à

améliorer ses procédés de production tout en poursuivant des économies d'échelle.

5. **LA MATURITÉ**: à ce stade avancé, l'entreprise est bien connue dans ses créneaux de marché, à la fois pour les produits et pour les services qu'elle offre.

Toutes les entreprises étudiées ont déjà franchi avec succès l'étape de la gestation, certaines depuis fort longtemps comme c'est le cas pour LALLEMAND et EXELTOR qui oeuvrent dans des secteurs traditionnels. Par ailleurs, on s'aperçoit que plusieurs entreprises technologiques n'atteignent jamais la phase trois, ni la phase quatre. Parmi celles qui réussissent à stabiliser leurs opérations, ce n'est que la minorité qui atteindra l'étape d'une croissance très rapide. Pour ces dernières, la phase quatre ne peut durer éternellement, de sorte que ces entreprises finiront par atteindre le seuil de la maturité.

Nous avons situé dans ce modèle dynamique les 21 cas étudiés, tel qu'illustré dans la Figure 1.1. On constate que dans le secteur des **technologies biomédicales**, une entreprise est classée dans la phase avancée du lancement (DIAGNOSPINE) alors qu'une autre passe actuellement de la phase de stabilisation à la phase de croissance (ELECTROMED). OSMOCO, IAF BioChem et ROSELL se trouvent respectivement aux étapes de stabilisation, de croissance et de maturité. Dans le secteur de la **micro-électronique**, une entreprise est encore à l'étape du lancement (MULTISENS) alors que trois autres sont dans la phase de croissance, la première au début (EXFO), une autre au milieu (EICON) et la troisième (C-MAC) entre la phase de croissance et celle de la maturité, alors que la cinquième (DAP) a atteint la maturité. En **opto-électronique**, GENTEC est à la phase de stabilisation, MPB à la phase de croissance alors que BOMEM a atteint le degré de maturité le plus avancé. Dans les **produits informatiques**, AHT n'a pas encore atteint l'étape de la stabilisation, de même que BERCLAIN, et ce, contrairement à ALIS; par contre, VIRTUAL PROTOTYPES voit encore devant elle une forte croissance, alors que GIRO se trouve plutôt à l'étape de la maturité. Par ailleurs, les deux entreprises dans les secteurs traditionnels, LALLEMAND et EXELTOR, se trouvent à l'étape de la maturité mais pour ne pas péricliter elles doivent maintenir leurs efforts de R-D.

FIGURE 1.1

STADES D'ÉVOLUTION DES ENTREPRISES ÉTUDIÉES

	Micro-électronique	Biomédical	Logiciels	Industries tradition-nelles
MATURITÉ	DAP Electr. Bomem	Institut Rosell	Giro	Exeltor Lallemand
CROISSANCE	C-MAC Tech.MPB Eicon	IAF BioChem	Virtual Prototypes	
STABILISATION	Exfo Gentec	Electromed Osmoco	Alis Tech.	
LANCEMENT	Multisens	Diagnos-pine Medicorp	Berclain	
GESTATION			AHT	

Cette façon de comparer les entreprises entre elles incite à la prudence lorsqu'on analyse les cas car les entreprises ne sont pas au même stade de développement. Donc, on peut difficilement comparer les entreprises en démarrage à des entreprises plus avancées dans leur développement.

À partir du concept de développement, on peut aussi chercher à identifier les défis caractéristiques de chacun des stades. En nous inspirant des théories de Greiner (1972) et de Churchill (1984), nous avons construit trois graphiques qui illustrent ces défis.

B) La formalisation des entreprises technologiques

La Figure 1.2 décrit la formalisation des entreprises selon les stades de développement. Pour ce faire, nous avons retenu trois indicateurs. Le premier est **l'intensité de la structuration dans l'entreprise**. Essentiellement, nous essayons de décrire la place occupée par les structures dans la vie de l'entreprise selon le stade de développement. Lorsqu'on examine la Figure 1.2, on constate qu'à la phase de lancement, les structures occupent peu de place alors qu'à la phase de stabilisation, elles prennent plus d'importance pour se stabiliser un peu plus tard.

Le deuxième indice tient à **l'importance des systèmes de gestion et des procédures** dans le fonctionnement de l'entreprise. À l'examen de la Figure 1.2 on note qu'à la phase de lancement, les systèmes de gestion prennent peu d'importance, alors qu'ils occupent plus de place dès la phase de stabilisation. Ce résultat a déjà été observé par plusieurs auteurs selon lesquels le défi lors de la phase de stabilisation est justement la mise sur pied des systèmes et des procédures de gestion.

Le troisième indice est la **planification**. Il est clair que dans la phase de gestation, la planification prend une grande importance et diminue lors du lancement et de la stabilisation puisque ces deux périodes sont essentiellement l'actualisation de ce qui a été planifié à la phase de gestation. Cependant, la planification deviendra critique au sortir de la phase de stabilisation puisque la réalisation de la croissance se fait grâce au succès préalable de l'activité de planification.

C) Les compétences du gestionnaire

La Figure 1.3 est centrée sur le gestionnaire fondateur de l'entreprise. Pour décrire sa situation, nous utilisons quatre indicateurs. Le premier

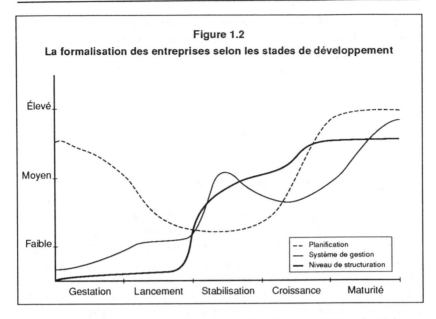

Figure 1.2
La formalisation des entreprises selon les stades de développement

représente les **compétences opérationnelles du propriétaire-fondateur**.
Toutes les entreprises étudiées sont créées à partir de ce premier facteur.
On constate en effet que les compétences opérationnelles des propriétaires-fondateurs sont fondamentales pour comprendre le choix du secteur.
Prenons deux exemples: Eugene Joseph a pu créer VIRTUAL PROTO-
TYPES grâce à ses connaissances de l'informatique, des mathématiques
et de l'avionique; les fondateurs de GIRO maîtrisent depuis longtemps
l'informatique et la recherche opérationnelle qu'ils appliquent à la gestion
des transports.

Le deuxième indicateur est la **compétence stratégique**, c'est-à-dire la
capacité des propriétaires-fondateurs à mettre en place des mécanismes
et des modes de réflexion qui permettent à l'entreprise de se donner une
stratégie. La Figure 1.3 montre que durant les phases de gestation et du
lancement, les propriétaires-fondateurs font preuve de comportement
stratégique mais ces compétences semblent s'estomper dans les phases de
stabilisation et de croissance pour réapparaître plus tard.

Le troisième indicateur est la **compétence à gérer des personnes**. À
l'examen de la Figure 1.3 on note que la compétence à gérer des
personnes n'est pas très importante durant les phases de lancement et de
stabilisation. Cependant, dès le début de la période de croissance, cette

compétence devient cruciale, et à mesure qu'on avance elle prend de plus en plus d'importance.

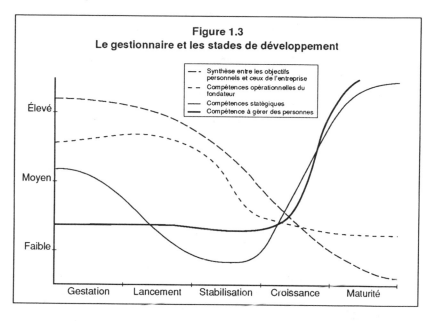

Figure 1.3
Le gestionnaire et les stades de développement

Le quatrième indicateur est la **superposition des objectifs personnels et de ceux de l'entreprise**. À la phase de gestation, les objectifs du propriétaire-fondateur et les objectifs de l'entreprise sont identiques. À mesure que l'entreprise se développe, les objectifs personnels du propriétaire-fondateur s'estompent lentement pour laisser apparaître des objectifs plus indépendants de ses propres aspirations.

De façon générale, la phase de lancement est caractérisée par la grande place qu'occupent les compétences opérationnelles du propriétaire-fondateur et par ses objectifs personnels. Par ailleurs, à la phase de croissance, c'est la compétence à gérer les personnes et à développer le comportement stratégique qui domine.

D) La R-D versus la commercialisation

Examinons maintenant l'intensité de la R-D et de la commercialisation selon les différents stades de développement des entreprises technologiques. On remarque en Figure 1.4 que dans les entreprises technologiques, la R-D est importante dès la période de lancement. C'est

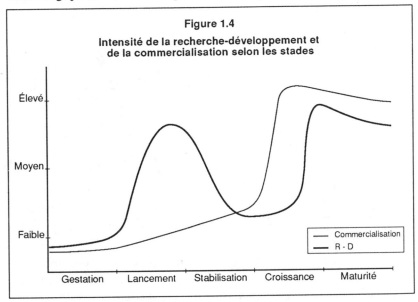

Figure 1.4

Intensité de la recherche-développement et de la commercialisation selon les stades

pourquoi le problème du financement se présente dès le départ pour ces entreprises. Par ailleurs une fois passée la période de lancement, les besoins en R-D sont beaucoup moindres pour réapparaître plus tard de façon à supporter la croissance. Après ce deuxième cap, on assistera à ce que l'on pourra appeler une stabilisation des efforts de R-D.

En ce qui concerne la commercialisation, c'est vers la fin de la période de stabilisation que l'on commence à sentir la nécessité de mettre l'accent sur la commercialisation des produits. Ces besoins se manifesteront soit par le désir d'augmenter la compétence au niveau de la commercialisation, soit par la mise sur pied de mécanismes qui permettent de bien définir et servir les marchés. Si on essaie de se représenter l'intensité de la R-D par rapport à l'intensité de la commercialisation, on comprend que la R-D est cyclique alors que l'activité de commercialisation doit croître très rapidement durant la période de croissance pour se stabiliser par la suite (*cf. Figure 1.4*). Dans le cas IAF BioChem, on assiste actuellement à une période dans laquelle l'entreprise investit beaucoup en R-D, sans doute pour appuyer la croissance à venir. L'examen du cas de VIRTUAL PROTOTYPES présente un peu la contrepartie, c'est-à-dire que l'importance de la commercialisation ne cesse de s'accentuer. Pour cette dernière entreprise, les problèmes de mise en marché et de développement d'un réseau de services et de vente occupent une place fondamentale dans les activités quotidiennes.

Pour bien comprendre les cas étudiés en fonction du concept de développement des entreprises, il faut superposer les Figures 2, 3 et 4. Cette superposition permet de voir que les défis du lancement sont des défis de R-D. On comprendra également pourquoi dans des entreprises comme MEDICORP et GENTEC, la compétence opérationnelle des propriétaires-fondateurs est centrale, de même que l'adéquation entre les objectifs individuels et ceux des propriétaires-fondateurs. Par ailleurs, dans les entreprises rendues à la phase de croissance, la planification, le désir de formaliser les structures et de se donner des systèmes de gestion appropriés, les préoccupations pour la stratégie corporative et pour la gestion des personnes prennent toute la place. La lecture des cas ELECTROMED, IAF BioChem, EXFO, EICON, MPB, C-MAC et GIRO montre comment ces questions sont vécues dans chacune des entreprises.

4.2. La dimension technologique

La présente étude porte sur des entreprises technologiques ayant connu du succès. Il est intéressant de focaliser davantage sur la dimension technologique. Si on examine les 21 entreprises étudiées, on est tenté de comparer les technologies des unes par rapport à celles des autres afin de circonscrire les différences entre les technologies.

Pour comparer les technologies, on peut les situer sur un axe qui décrit **la nouveauté technologique ou l'intensité technologique.** Cette disposition montre que certaines entreprises comme IAF BioChem, MEDICORP et VIRTUAL PROTOTYPES reposent sur des technologies nouvelles, qui résultent de véritables percées technologiques, alors que d'autres comme GENTEC et ELECTROMED utilisent ou capitalisent sur des technologies déjà développées. Les auteurs, en particulier Roberts (1989), suggèrent de mesurer la nouveauté technologique en utilisant un des deux indices suivants: **l'intensité de la production d'un nouveau savoir ou la complexité de la synthèse d'un savoir existant.** Dans le premier cas, il s'agit d'estimer à quel point l'entreprise nouvellement créée repose sur la création d'un savoir qui, au point de départ, n'existait pas. L'exemple le plus clair est sans doute fourni par les entreprises oeuvrant dans le secteur biomédical pour se conformer à notre secteur d'ensemble, le «biomédical», i.e. nous n'avons pas étudié d'entreprises en biotechnologie dans le sens ordinaire du terme, sauf LALLEMAND et ROSELL. Souvent, en biotechnologie, il s'agit d'identifier des réactions biochimiques extrêmement complexes, d'effectuer des synthèses expérimentales, puis des essais en laboratoire et enfin des essais cliniques, avant d'obtenir des agences gouvernementales le droit de vendre les produits.

Le deuxième indice suggéré dans la littérature, que l'on pourrait appeler la **synthèse d'un savoir existant**, est la mise en commun de plusieurs connaissances existantes. L'exemple le plus clair est celui fourni par les entreprises de produits informatiques. Les logiciels utilisent des langages, des méthodes développées dans d'autres contextes. L'originalité du produit provient de la puissance du logiciel et de sa configuration générale.

Ces deux indices permettent de situer les technologies les unes par rapport aux autres. Cette classification étant le fruit d'un jugement subjectif, nous avons choisi d'autres mesures de l'intensité technologique comme le suggèrent divers auteurs tels que Cooper et Bueno (1972), et Miller et Blais (1989, 1990). Ils proposent de mesurer l'intensité technologique par le ratio R-D/Ventes et R-D/employé, ainsi que le nombre d'ingénieurs et de scientifiques par rapport au nombre total d'employés, et le nombre de personnes en R-D par rapport au nombre total d'employés.

Dans le Tableau 1.1, nous avons classé les entreprises étudiées en fonction de ces quatre ratios et, par simple moyenne arithmétique, en avons calculé le rang d'intensité technologique. Ainsi, les entreprises se trouvent listées en ordre d'intensité technologique décroissante. Afin de donner une idée de la performance de ces firmes, nous avons également calculé leur rang par rapport à l'augmentation annuelle de leurs ventes de 1985 à 1990 ainsi que leur rang en 1990 par rapport à l'importance de leurs exportations à l'étranger.

À l'examen du tableau on s'aperçoit que les six premières entreprises offrent toutes un produit unique au monde: elles exploitent une percée technologique de leur cru qui leur procure un net avantage sur leurs concurrents. L'augmentation annuelle de leurs ventes a été en moyenne

TABLEAU 1.1
RANG D'INTENSITÉ TECHNOLOGIQUE DES FIRMES ÉTUDIÉES EN FONCTION DE L'AUGMENTATION DE LEURS VENTES ET L'IMPORTANCE DE LEURS EXPLOITATIONS, 1985-1990

Entreprises	Dépenses de R-D p/r ventes	Dépenses de R-D par employé	Personnel de R-D p/r Effectif total	Professionnel techniques p/r Effectif total	Rang d'intensité technologique	Rang augmentation des ventes	Rang exportations
VPI	2	3	3	2	1 [4]	8 [4]	5 [4]
IAF BIOCHEM	3	8	2	7	2 [4]	1 [4]	6 [4]
TECH. MPB	12	6	1	3	3 [2]	10 [2]	10 [2]
DIAGNOSPINE	5	9	4	4	4 [6]	11 [6]	4 [6]
EICON	10	4	5	6	5 [3]	2 [3]	8 [3]
ALIS TECH.	14	1	9	1	6 [3]	4 [3]	1 [3]
BERCLAIN	4	10	11	5	7 [5]	7 [5]	15 [5]
AHT	1	5	15	9	8 [2]	20 [2]	21 [2]
MEDICORP	8	7	10	11	9 [6]	19 [6]	16 [6]
MULTISENS	6	14	7	10	10 [6]	6 [6]	18 [6]
ELECTROMED	13	2	8	16	11 [3]	9 [3]	2 [3]
OSMOCO	7	13	6	13	12 [2]	13 [2]	14 [2]
GIRO	9	12	13	8	13 [2]	12 [2]	13 [2]
EXFO	11	11	12	12	14 [4]	5 [4]	9 [4]
BOMEM	16	16	14	15	15 [2]	16 [2]	7 [2]
DAP	15	15	17	17	16 [2]	18 [2]	16 [2]
ROSELL	17	18	16	14	17 [2]	17 [2]	12 [2]
GENTEC	19	20	18	18	18 [2]	15 [2]	19 [2]
LALLEMAND	20	17	19	19	19 [2]	14 [2]	11 [2]
C-MAC	18	19	20	20	20 [5]	3 [5]	17 [5]
EXELTOR	21	21	21	21	21 [2]	21 [2]	3 [2]

Notes se rapportant aux trois dernières colonnes du Tableau 1.1:

[1] *Dépenses et effectif de R-D en fin 1990, période à laquelle les entrevues furent réalisées. Pour les firmes étudiées plus tard, les données sont rapportées pour la même période.*

[2] *Début des ventes avant 1985: LALLEMAND (1920), GENTEC (1960), ROSELL (1963), BOMEM (1974), MPB (1977), EXELTOR (achat, 1980), DAP (1980), OSMOCO (1980), GIRO (1980) et AHT (1983).*

[3] *Début des ventes en 1985.*

[4] *Début des ventes en 1986.*

[5] *Début des ventes en 1987. Dans ces cas, les données incluent l'exercice 1991.*

[6] *Début des ventes en 1988. Dans ces cas, les données incluent l'exercice 1991.*

de 103,9 % et leurs exportations se sont élevées à 88,2 % des ventes, dont 45,8 % aux États-Unis et 42,4 % en Asie et en Europe. À elles seules elles ont créé plus de 400 emplois directs lucratifs, sans compter les emplois résultants de la sous-traitance qu'elles accordent. Il sera davantage discuté de ce tableau dans le chapitre 4 lorsque le sujet de l'entrepreneurship technologique sera traité.

4.3 Le segment industriel

On peut aussi examiner les entreprises selon les segments industriels où elles oeuvrent. Cette démarche devient alors une comparaison entre les entreprises observées et ce que l'on pourrait appeler la norme du segment industriel concerné. Pour réussir la comparaison, il aurait fallu une telle norme. Nous n'avons pas trouvé de norme canadienne, mais la revue Business Week publiait le 15 juin 1990 un numéro spécial sur l'innovation aux États-Unis. Dans cette publication, on analysait les entreprises américaines actives dans divers secteurs et on établissait le profil typique de l'entreprise. À l'aide de ces données, nous avons construit le Tableau 1.2 en retenant comme indicateurs les ratios suivants: dépenses totales de R-D par employé, dépenses totales de R-D par rapport à la valeur des ventes, et valeur des ventes par employé.

À l'examen de ce tableau on s'aperçoit que dans les trois secteurs de pointe considérés, l'investissement en R-D des 19 entreprises considérées[1] est très supérieur à la moyenne américaine: il est 2 à 3 fois plus élevé, tant en termes de R-D par rapport aux ventes que par employé. Par contre, la moyenne de ventes par employé est de beaucoup inférieure à la moyenne américaine. Il y a plusieurs raisons à cela: la norme américaine est basée sur une très grande majorité d'entreprises solidement établies depuis longtemps alors que la très grande majorité des 19 firmes étudiées ont à peine cinq années d'existence; aussi, la norme américaine est basée sur une majorité de grandes et très grandes entreprises, dont de nombreuses multinationales, où les économies d'échelle interviennent puissamment et dont l'appareil de marketing est extrêmement poussé; enfin, ces firmes américaines ont accès à un marché infiniment plus grand.

Il aurait été très intéressant de comparer nos statistiques avec des PME américaines de création récente dans les mêmes secteurs. En effet, Business Week a utilisé de grandes catégories de recensement alors que nous aurions eu besoin des statistiques selon des catégories beaucoup plus précises. Nous soupçonnons que si tel avait été le cas, nos 19 entreprises se compareraient avantageusement avec leurs consoeurs américaines.

Ce genre de statistiques est quelque peu faussé par l'importance de la sous-traitance dans plusieurs des cas que nous avons étudiés, surtout celui d'ELECTROMED qui affiche des ventes de 335 294$ par employé, soit presque le double de la moyenne des firmes biomédicales américaines. D'autre part, dans le domaine précis des communications entre ordinateurs, EICON s'en tire honorablement en dépit de sa courte existence, soit 188 406$ de ventes par employé comparativement à une moyenne américaine de 179 520$ (Can.).

Enfin, il eut été également fort intéressant de comparer les statistiques avec les valeurs de ventes des firmes canadiennes, tant au niveau industriel agrégé des mêmes secteurs que relativement aux petites firmes de création récente dans les mêmes secteurs. Nous sommes persuadés que ces 19 firmes dans leur ensemble affichent une performance exceptionnelle dans la croissance soutenue de leurs ventes, soit une augmentation

---

[1] *Excluant les deux entreprises traditionnelles, LALLEMAND et EXELTOR, qui n'entrent pas dans ces statistiques mais qui, néanmoins, figurent dans le Tableau 1.1.*

annuelle moyenne de 70,4% sur cinq années! Cette croissance moyenne est à peu près la même pour les trois secteurs: 73,8% en électronique (8 firmes), 62,6% en biomédical où, c'est bien connu, la croissance des ventes est plus lente que dans d'autres secteurs (6 firmes), et 74,5% en informatique (5 firmes).

La performance de ces 19 firmes est également exemplaire au niveau des exportations: 8 d'entre elles exportent entre 80% et 100% de leur production à l'étranger, alors que les 11 autres s'en tirent honorablement avec une moyenne de 26,6%. La moyenne totale des exportations pour les 21 entreprises étudiées est de 55,9%.

D'autre part, nous estimons que ces 21 PME technologiques performantes ont créé plus de 1350 nouveaux emplois directs au cours de 1985 à 1990 en dépit de la lenteur de la croissance économique. Quant aux emplois indirects dont ceux de la sous-traitance, nous estimons qu'elles en ont créé trois fois plus, soit un impact de 5 000 nouveaux emplois pour l'économie québécoise.

TABLEAU 1.2

**COMPARAISON ENTRE LES ENTREPRISES ÉTUDIÉES
ET LE PROFIL-TYPE DES ENTREPRISES AMÉRICAINES[1]
DANS LES MÊMES SECTEURS**

Secteurs et Entreprises	Recherche-développement		Ventes
	R-D par employé (en dollars)	R-D en % des ventes	Ventes par employé (en dollars)
Micro-électronique			
EICON	37 681	20	188 406
TECH. MPB	34 054	18	189 189
EXFO	16 500	20	82 500
MULTISENS	10 306	35	28 444
DAP	11 818	13	90 909
BOMEM	8 756	7	125 130
C-MAC	3 534	5	70 690
GENTEC	3 927	5	87 742
Moyenne des firmes	15 822	15	107 877
Moyenne américaine[1]	6 182	5	123 000
Biomédical			
ELECTROMED	58 823	18	335 294
MEDICORP	23 000	30	76 667
IAF BIOCHEM	72 794	60	121 324
DIAGNOSPINE	28 166	39	72 222
OSMOCO	15 304	32	47 826
ROSELL	3 861	6	64 344
Moyenne des firmes	33 658	31	119 613
Moyenne américaine[1]	17 981	10	178 080

Tableau 1.2   (*suite*)

Informatique			
VIRTUAL PROT.	81 200	70	116 000
AHT	37 450	115	32 550
ALIS	17 142	15	114 286
GIRO	16 211	28	57 895
BERCLAIN	11 111	45	24 630
Moyenne des firmes	32 623	55	69 072
Moyenne américaine[1]	24 516	13	186 000
Télécommunications			
EICON	37 681	20	188 406
Moyenne américaine[1]	17 572	10	179 520

[1]   SOURCE: Business Week, 15 juin 1990.
       Les montants ont été convertis en dollars canadiens.

5. Conclusion

Que conclure sur les succès de ces PME. technologiques québécoises?
Il serait présomptueux d'établir des lois avec un échantillon de seulement
21 entreprises mais on peut quand même arriver à certaines conclusions
en comparant ces cas aux résultats des études antérieures. En effet, les
recherches sur les entreprises à fort contenu technologique permettent de
dresser un guide de réflexion.

Résultats antérieurs de recherche	**Entreprises étudiées**
■ les chances de succès sont meilleures si on crée une entreprise dans un segment industriel en croissance.	■ toutes les entreprises étudiées oeuvrent dans des segments que l'on peut qualifier comme étant au début du cycle de croissance.

- les chances de succès sont meilleures si l'entreprise est une des premières à offrir de tels produits.

- les chances de succès sont meilleures si les entrepreneurs sont compétents.

- les chances de succès sont meilleures si l'entrepreneur a l'éducation et l'expérience appropriées au secteur industriel.

- les chances de succès sont meilleures si l'équipe de direction a une expertise de R-D et de commercialisation.

- les chances de succès sont meilleures si la gestion est adéquate: produits appropriés, pratiques de ventes adéquates, mission claire.

- les chances de succès sont meilleures si la capitalisation initiale est suffisante et si l'endettement n'est pas trop lourd.

- toutes les entreprises étudiées peuvent être classées comme des pionnières dans leur secteur industriel.

- nous avons pu constater que toutes ces entreprises ont été créées par de «bons entrepreneurs», i.e. qui se comparent très avantageusement au profil suggéré par la littérature.

- la grande majorité de ces entrepreneurs sont très scolarisés (éducation de 2e ou 3e cycle); plusieurs ont déjà dirigé des entreprises dans le même secteur industriel.

- toutes les entreprises ont une expertise en R-D; cependant, l'expertise en commercialisation est en voie de développement chez certaines d'entre elles.

- toutes les entreprises étudiées ont des produits excellents, une mission claire, mais les pratiques de ventes sont souvent en émergence même si tous les entrepreneurs disent qu'il faut être très proche des clients.

- toutes les entreprises étudiées ont trouvé du capital mais la très grande majorité a reconnu que les besoins en capital étaient un problème constant. Plusieurs ont bénéficié au début d'un important appui financier gouvernemental.

- les chances de succès sont meilleures si le temps entre l'invention d'un produit et sa présence sur le marché est court.

- ce semble être la règle également dans les entreprises étudiées, particulièrement chez ELECTROMED, MPB, EICON et EXFO.

- les chances de succès sont meilleures si les ressources humaines sont gérées correctement.

- plusieurs entrepreneurs ont insisté pour dire que la gestion du personnel constituait un facteur-clé de succès.

- les chances de succès sont meilleures si les entrepreneurs initient des pratiques de collaboration à l'intérieur de l'entreprise ainsi qu'avec l'extérieur, i.e. partenaires externes et réseaux de contacts.

- tous les entrepreneurs étudiés ont un énorme réseau de contacts. Plusieurs ont développé des alliances avec des partenaires externes et tous insistent sur le concept «d'équipe» en parlant de leur entreprise.

* * * * * *

6. Références

Audet, M., Blais, R.A. et Miller, R., "Human Resource Management in
   Technology Based Firms", Comptes rendus du *3ème Congrès mondial
   sur le management de la technologie*, Miami, Floride, 17-21 février
   1992, p. 973-983.

Bruns, A., Leiderker, J. et Harder, J., "Pattern of Failure Among Silicon
   Valley High Technology Firms", in Ronstadt, R. et al., *Frontiers of
   Entrepreneurship Research*, Babson College, 1986.

Buchele, R., *Business Policy in Growing Firms*, San Francisco: Chandler,
   1967.

Business Week, Innovation, Bonus Issue, June 15, 1990.

Churchill, N., "Entrepreneurs and Their Enterprises: A Stage Model",
   paper presented at the *Babson Conference on entrepreneurship*, 1984.

Cooper, A.C. et Bueno, A., "Success Among High Technology Firms",
   Business Horizons, Vol. 20, April 1977.

Cooper, A.C. et Komives J., *Technical Entrepreneurship*, Center for
   Venture Management, Milwaukee, 1972.

Gilman, J., "Market Penetration Rates and Their Effect on Value",
   Research Management, mars 1982, p. 34-39.

Greiner, L., "Evolution and Revolution as Organizations Grow", *Harvard
   Business Review*, juillet/août 1972, p. 37-46.

McGuire, J., *Factors Affecting the Growth of Manufacturing firms*.
   University of Washington, Bureau of Business Research, Seattle, 1963.

Miller, R. et Blais, R.A., "Les logiques de l'innovation industrielle",
   Gestion, Vol. 15, N° 1, 1989, p. 9-16.

Miller, R. et Blais, R.A., Strategic Configurations of Industrial Innovation", Comptes rendus du *2ème Congrès mondial sur le management
   de la technologie*, Miami, Floride, 2 février-2 mars 1990, p. 55-66.

Roberts, E.B., "Managing Technical Innovation in the Medical Device Industry", *Research & Technology Management*, Vol. 32, N° 4, 1989, p. 31-41.

Roberts, E.B. et Hauptman, O., "The Financial Threshold Effect on Success and Failure of Biomedical and Pharmaceutical Start-ups", *Management Science*, Vol. 33, N° 3, 1987, p. 381-394.

Romanelli, E., "Environment and Strategies of Organization Start-Up: Effects on Early Survival", *Administration Science Quaterly*, Vol. 34, N° 3, 1989, p. 369-387.

Samson, K.I., *Scientists as Entrepreneurs*, Boston, Mass.: Kluwer Academic Publishers, 1990.

Stuart, R. et Abetti, P., "Field Study of Start-up Ventures", in Ronstadt et al., *Frontiers of Entrepreneurship Research*, Babson College, 1986.

Schoonhover, C., Eisenhardt et Hyman K., "Speeding Products to Market — the Waiting Time to First Product: Introduction in New Firms", *Administrative Science Quaterly*, Vol. 35, N° 1, 1990, p. 177-207.

Stanworth, M. et Curran, J., *Management Motivation in the Smaller Business*, Epping: Grower Press Ltd., 1973

Steinmetz, L.S., "Critical Stages of Small Business Growth", *Business Horizons*, Vol. 12, N° 1, 1969, p. 29-36.

Toulouse, J.-M., *Les réussites québécoises: défis des hommes d'affaires*, Les Editions Agence d'Arc Inc., Montréal, 1980.

Vesper, K.H., *New Venture Strategies*, Englewood: Prentice-Hall, 1990.

* * * * * *

CHAPITRE 2

VINGT-ET-UN CAS DE PME TECHNOLOGIQUES À SUCCÈS AU QUÉBEC

SECTEUR DE MICRO-ÉLECTRONIQUE   Page

Cas N° 1   GENTEC Inc. 35
Cas N° 2   TECHNOLOGIES MPB Inc. 47
Cas N° 3   BOMEM Inc. 65
Cas N° 4   MULTISENS Inc. 87
Cas N° 5   EXFO INGÉNIERIE ELECTRO-OPTIQUE Inc. . . . 103
Cas N° 6   CORPORATION TECHNOLOGIES EICON Inc. . 115
Cas N° 7   C-MAC Inc. 129
Cas N° 8   DAP ÉLECTRONIQUE Inc. 145

SECTEUR BIOMÉDICAL

Cas N° 9   DIAGNOSPINE-RECHERCHE Inc. et SPINEX Inc. 155
Cas N°10   MEDICORP SCIENCES Inc. 165
Cas N°11   LABORATOIRES OSMOCO Inc. 177
Cas N°12   IAF BIOCHEM INTERNATIONAL Inc. 191
Cas N°13   INSTITUT ROSELL Inc. 205
Cas N°14   ELECTROMED INTERNATIONAL Ltée 215

SECTEUR DES PRODUITS INFORMATIQUES

Cas N°15   GROUPE HAUTE TECHNOLOGIE AHT Ltée . . 229
Cas N°16   GROUPE BERCLAIN Inc. 247
Cas N°17   ALIS TECHNOLOGIES Inc. 263
Cas N°18   VIRTUAL PROTOTYPES Inc. 279
Cas N°19   LES ENTREPRISES GIRO Inc. 295

INDUSTRIES TRADITIONNELLES

Cas N°20   LALLEMAND Inc. 305
Cas N°21   EXELTOR Inc. 315

CAS N° 1
GENTEC INC.

1. **SECTEUR:**   Micro-électronique

2. **NATURE DES PRODUITS:**   Régulateurs de puissance; automatismes; systèmes de bi-énergie; joulemètres et wattmètres

3. **ANNÉE DE FONDATION:**   1959

4. **PROGRESSION DES VENTES:** (fin d'exercice: 31 déc.)

1985	3 542 000$
1986	4 876 000$
1987	6 422 120$
1988	9 522 395$
1989	9 651 583$
1990	7 010 190$
1991	11 038 007$

5. **RÉPARTITION DES VENTES EN 1989:**

Québec	80%
Reste du Canada	10%
États-Unis	5%
Reste du monde	5%

6. **DÉPENSES COURANTES DE R-D:**   5% des ventes (432 000$)

7. **NOMBRE D'EMPLOYÉS:**   110 (âge moyen: 33 ans) dont 10 ingénieurs

8. **PERSONNEL DE R-D:**   11 (dont 4 professionnels)

9. **PRÉSIDENT:**   Jean-Luc Giroux (56 ans)[1]

10. **RÉPARTITION DU CAPITAL-ACTIONS:**

Placements M.Lacroix	67%
Jean-Luc Giroux	33%

11. **AVOIR DES ACTIONNAIRES:**   1 830 379$

12. **VALEUR DES ACTIFS:**   6 147 900$

13. **ADRESSE DE LA COMPAGNIE:**   2625, rue Dalton Ste-Foy (Qué.) Canada G1P 3S9

Tél. : (418) 651-8000
Fax : (418) 651-6695

---

[1] *Maintenant décédé.*

TABLE DES MATIÈRES

Page

1. LE RÉALISME AU POUVOIR 37

2. LA VARIÉTÉ DES APPROCHES 37

3. LA RECHERCHE, BRANCHÉE SUR LE RÉEL 39

4. NICHES, PRIX ET QUALITÉ 40

5. LA GESTION DES RESSOURCES 41

6. LA FUREUR DE VIVRE 42

7. UNE HISTOIRE PLEINE DE LEÇONS 43

GENTEC est une compagnie qui revient de loin. Fondée en 1959 par le professeur Théodore Wildi qui s'associa à l'ingénieur Jean-Marie Langevin en 1964, elle connut plusieurs crises successives. Elle fut vendue à une compagnie américaine de consultants en 1969 à l'exception de la section Énergie qui fut achetée par Jean-Marie Langevin et qui conserva le nom de GENTEC. L'entreprise connut alors l'éclosion d'une technologie révolutionnaire, le laser TEA-Co$_2$ inventé par le Dr. Beaulieu du Centre de recherche sur la défense de Valcartier (CRDV), concentra son activité sur le développement du laser en question de 1969 à 1978, évita la faillite en 1976, abandonna temporairement la technologie des lasers en 1978 pour se concentrer sur la rentabilité, abandonna définitivement le laser en 1985 et finit par se rétablir à la fin des années 80.

Ces péripéties virent défiler trois présidents. Le dernier, Jean-Luc Giroux, acquit le tiers des actions de la compagnie en 1978 et s'installa aux commandes. Supporté par un autre investisseur, Marcel Lacroix, qui avait acheté la moitié des titres, il prit le contrôle et enclencha un processus de rationalisation des activités de la compagnie.

Après avoir investi près d'un million de dollars dans l'agrandissement en 1984 et acheté un concurrent, Micro-Contrôle Inc., en 1987, GENTEC se voit décerner, en septembre 1989, le prix du **Mérite commercial Desjardins**, à titre d'entreprise du mois d'août dans la région de Québec. Et cela après avoir obtenu le **Fideides** de la meilleure entreprise de la Ville de Ste-Foy en 1984.

Avec un chiffre d'affaires en 1989 de dix millions de dollars et quelque 140 employés, la compagnie est en bonne santé. Voici l'odyssée de ce survivant qui a su s'adapter aux réalités de la technologie et du marché.

1. Le réalisme au pouvoir

Âgé de 56 ans et ingénieur métallurgiste, le président de GENTEC a une expérience très riche: 7 mois au Laboratoire des Mines à Ottawa, 4 ans chez Québec Fer et Titane, 4 ans comme surintendant de la production chez GM Plastique, 6 ans comme vice-président en construction chez Treco, un an comme Directeur de l'équipement au ministère de l'Éducation du Québec en 1976-77, directeur de la production aux Industries L'Islet de 1973 à 1976 puis président en 1978. Et pourtant, cet entrepreneur avoue, sans hésitation, ne pas être marié à la science, ni à la recherche-développement.

Alors qu'il était à l'emploi des Industries L'Islet, Jean-Luc Giroux cherchait une industrie de technologie avancée et pleine de défis dans laquelle s'intégrer. Or, son cousin, Marcel Lacroix, connaissait une entreprise. Alors qu'il était président des Industries L'Islet, Jean-Luc Giroux se sentait prêt à relever de nouveaux défis, en particulier du côté des technologies avancées. Or son cousin, Marcel Lacroix, homme d'affaires avec qui il avait travaillé chez Treco, lui parlait souvent des difficultés qu'éprouvait GENTEC, entreprise dont il avait acquis la moitié des actions en 1976 alors qu'elle était en sérieuse difficulté financière. Après avoir étudié le bilan de la compagnie et en avoir scruté les activités, il décida de faire le saut et d'investir lui-même dans ce secteur qui lui paraissait prometteur. Cependant, un redressement s'imposait: *«On avait investi des sommes incroyables dans le développement de ce bijou scientifique qu'était le laser TEA-CO$_2$ mais sans avoir l'assurance d'un bon marché industriel pour ce genre de produit alors que le laser développé par Lumonics Inc., plus robuste et plus polyvalent, pouvait au moins servir à l'important marché de la gravure. En contraste, notre laser attrapait la grippe très vite».*

Lorsqu'il est intervenu pour redresser la situation financière de la compagnie, il a préconisé une approche très pragmatique: *«Où est-ce qu'on s'en va et combien ça coûte?».* La rationalisation passait par le réalisme: se tourner vers des activités lucratives, examiner attentivement le marché et offrir les produits qui conviennent. Il ajoute en ne mâchant pas ses mots: *«À force de suivre les idées des fonctionnaires et des professeurs d'université, on se retrouve plus vite qu'on ne le croit en faillite».* Néanmoins, sous sa direction, GENTEC a renoué depuis longtemps avec la technologie, mais toujours suivant son motto: **«l'application concrète d'une science en évolution».**

2. La variété des approches

L'orientation initiale de GENTEC était la fabrication et la commercialisation d'appareils destinés à économiser l'énergie. En véritable visionnaire, son fondateur, Théodore Wildi, avait lancé cette activité alors que les industries commençaient juste à réaliser l'importance des économies d'énergie. Aujourd'hui, GENTEC est un des leaders dans ce domaine. Elle offre une gamme complète d'appareils, vendus en majeure partie au Canada: gestionnaire d'énergie programmable, unité de contrôle bi-énergie, système de chauffage radiant par treillis métallique, horloge électronique programmable, et bien d'autres. Ce sont des produits permettant des économies substantielles au niveau de la consommation et des coûts d'électricité, qu'il s'agisse de bâtiments institutionnels, industriels ou commerciaux.

La réputation de la compagnie est telle que lorsqu'il est question d'équipement de **gestion d'énergie**, on dit volontiers dans l'industrie, «**un gentec**», tant pour ses produits que pour ceux des concurrents. Ce résultat provient d'un effort constant de perfectionnement, effort qui a maintenu l'avance acquise grâce à l'introduction en 1959 d'un concept très nouveau: **réaliser des économies d'énergie en régularisant la demande de puissance sur les systèmes électriques.**

GENTEC est présente également dans le domaine de l'électro-optique. Elle contribua avec les chercheurs du CRDV, il y a une vingtaine d'années, à la réalisation du premier laser TEA-CO$_2$. Le besoin d'appareils de mesure extrêmement performants conduisit la compagnie à concevoir un joulemètre d'avant garde. Depuis, l'entreprise offre des **joulemètres** et aussi des **wattmètres**, des **lecteurs électro-magnétiques** et des **sondes haut-voltage**, vendus dans une vingtaine de pays et recommandés par d'importants manufacturiers de lasers.

De plus, GENTEC oeuvre dans le fameux programme EURÊKA avec des firmes françaises, italiennes et allemandes. Il s'agit de développer un laser à haute puissance de 5 kW. La compagnie a obtenu le contrat grâce à une aide gouvernementale d'un million de dollars et la collaboration de l'Institut National d'Optique (situé à Québec). L'entreprise a elle-même investi près d'un million de dollars de ses fonds propres mais le jeu en vaut la chandelle car, selon Jean-Luc Giroux, le rayonnement européen de GENTEC s'en trouvera fortement augmenté.

L'activité la plus lucrative de la compagnie reste cependant la réalisation de ce qu'on appellera les **projets spéciaux** *(custom-built)*. Il s'agit pour GENTEC de rencontrer les demandes spécifiques de clients, notamment en matière d'automatismes de commande et de protection, ainsi qu'en télécommunication. On retrouve parmi ses clients réguliers des sociétés de grande envergure, telles Hydro-Québec et Bell Canada. C'est cette activité, supportée par une équipe d'ingénieurs et de technologues très dynamiques, qui permit plus d'une fois à l'entreprise de sortir du gouffre financier. Elle est à l'origine de 60% de ses revenus contre 30% pour la gestion d'énergie et 10% pour l'électro-optique.

Soulignons finalement que GENTEC vient d'introduire un système de contrôle d'éclairage révolutionnaire. Le produit comprend différents types de panneaux de contrôle, de relais et d'interfaces très flexibles. Il permet du bout des doigts, à l'aide d'une souris et d'un logiciel approprié, de réduire les coûts et consommation d'énergie. Fruit d'une recherche qui a duré plus de deux ans, c'est la toute dernière innovation de cette compagnie toujours à la fine pointe de la technologie.

En somme, GENTEC oeuvre dans trois familles de produits:

a) **l'électro-optique**, y compris les joulemètres et les wattmètres;

b) **les produits sur mesure**, notamment les automatismes et les tableaux de commande;

c) **les produits relatifs à la gestion de l'énergie**, y compris divers systèmes d'économie d'énergie et les logiciels afférents. Ces produits ont une valeur unitaire variant entre 400$ et 40 000$. Le produit qui se vend le plus, soit plus de 1 000 unités par année, est un petit joulemètre, l'ED100A, incorporé dans certains lasers médicaux.

3. La recherche, branchée sur le réel

L'équipe de recherche de GENTEC comprend 4 ingénieurs et 7 techniciens dont l'âge moyen est d'environ 30 ans. Le développement de nouveaux produits bénéficie d'une planification très détaillée. La compagnie, d'ailleurs, n'hésite pas à utiliser fréquemment les ressources de divers organismes tel l'Institut National d'Optique.

La recherche, branchée sur le réel, comme le préconise Jean-Luc Giroux, n'est pas avare d'efforts pour autant. Le tableau suivant résume les chiffres de la R-D dans les cinq dernières années. Les sommes investies proviennent pour la plupart des fonds propres de la compagnie.

ANNÉE	DÉPENSES DE R-D
1986	298 000$
1987	264 000$
1988	358 000$
1989	562 000$
1990	432 000$

Ces montants représentent environ 5% du chiffre d'affaires de la compagnie. Jean-Luc Giroux avoue qu'il s'agit plutôt d'activités de développement que de recherche en tant que telle. *«Quand ça devient trop compliqué*, ajoute-t-il, *nous faisons souvent appel aux universités ou aux centres de recherche».* Cette façon de voir, très pragmatique, est motivée par une structure de recherche assez légère qui se doit d'optimiser ses ressources.

marché est très professionnelle car l'accent est mis sur la qualité et la standardisation.

Dans le secteur de la gestion d'énergie, la concurrence est beaucoup plus serrée car tout se joue sur les prix. De par son rôle de leader, GENTEC se voit copiée systématiquement par ses concurrents, notamment au Québec, avec des prix souvent inférieurs. Elle est néanmoins favorisée par une réputation déjà bien assise et une meilleure qualité de produits.

Dans le segment des produits spéciaux, la concurrence se limite à deux ou trois compagnies québécoises qui se spécialisent dans les automatismes et tableaux de commande. Cependant, c'est un segment très sensible à la conjoncture des clients; la récente grève d'Hydro-Québec a beaucoup nui à la compagnie. Pour se protéger contre de tels événements, GENTEC a entrepris des efforts substantiels en matière de marketing et a mis sur pied un programme de promotion des ventes plus agressif: à ce chapitre, les dépenses se chiffrent comme suit pour les trois dernières années:

ANNÉE	PROMOTION DES VENTES
1987	474 000$
1988	524 000$
1989	641 000$

Le discours de GENTEC ressemble à celui d'autres PME technologiques:

- il faut de très bons vendeurs qui ont une bonne connaissance technique des produits;

- il faut développer un réseau de contacts et couvrir toutes les expositions;

- il faut faire un inventaire systématique des besoins des clients et se tenir toujours au courant des derniers développements de la technologie;

- il faut exporter même si ça nécessite des produits exceptionnels.

C'est ainsi que GENTEC a développé une conscience aiguë que la recherche n'est pas une panacée mais un moyen que l'on doit unir avec la commercialisation. Elle s'appuie sur un vaste réseau de distribution en Europe et en Asie alors qu'aux États-Unis elle a préféré ouvrir une succursale qui lui permet, entre autres, d'éviter les frais de douane et de pouvoir assurer la livraison de ses produits en moins de trois jours à n'importe quel endroit aux États-Unis.

C'est ainsi que GENTEC a développé une conscience aiguë que la recherche n'est pas une panacée mais un moyen que l'on doit unir avec la commercialisation. Elle s'appuie sur un vaste réseau de distribution en Europe et en Asie alors qu'aux États-Unis elle a préféré ouvrir une succursale qui lui permet, entre autres, d'éviter les frais de douane et de pouvoir assurer la livraison de ses produits en moins de trois jours à n'importe quel endroit aux États-Unis.

5. La gestion des ressources

Avec un contenu de main-d'oeuvre de l'ordre de 20% pour chaque produit, GENTEC emploie près de 140 employés et fait peu de sous-traitance. L'emphase est mise sur la qualité, un spécialiste de la compagnie s'y consacrant à plein temps.

À l'usine, la moyenne d'âge est de 35 ans et les ouvriers sont syndiqués. L'existence d'un syndicat peut devenir une source de tracas pour une PME technologique car dans le domaine de la haute technologie, tout évolue très vite et les employés doivent souvent se recycler, ce qu'ils ne font pas toujours de bon coeur. *«L'ennemi numéro un, c'est la sécurité d'emploi, elle ne contribue pas à la motivation des troupes»*, prétend Jean-Luc Giroux.

Et pourtant sa philosophie de gestion met l'emphase sur les contacts humains. *«Il faut, dit-il, être très près des gens ce qui n'est pas toujours évident à cause de la CSN»*.

En management, Jean-Luc Giroux n'est pas avare de conseils. Pour lui, la croissance d'une compagnie se fait par générations successives. Il faut commencer petit et bâtir graduellement. L'exemple de BOMBARDIER qui en 1964 n'était qu'une petite compagnie de 10 millions de dollars lui revient souvent à l'esprit. Jean-Luc Giroux est également intimement persuadé qu'il ne faut pas être tout seul: *«Une compagnie peut très bien être contrôlée à deux ou à plusieurs et il ne sert à rien d'avoir 100% des actions. Et surtout*, dit-il, *il ne faut jamais oublier que la **ligne du bas**, ce à quoi une compagnie tend, c'est l'argent, le profit»*. C'est pourquoi il est convaincu que les grandes orientations doivent rester l'apanage du Conseil d'administration, car les ressources en jeu sont considérables. Par exemple, convaincue de la nécessité d'offrir des produits favorisant l'économie d'énergie, la direction de GENTEC décida d'acquérir le système de bi-énergie développé par Micro-Contrôle Inc. et acheta cette compagnie en 1987.

Ainsi à chaque fois que des grandes orientations sont en jeu ou qu'il s'agit de nouveaux produits à mettre au point, Jean-Luc Giroux soulève les mêmes questions:

- *quel est le marché?*

- *combien ça va coûter pour développer ce produit?*

- *comment allons-nous procéder? (plan, cheminement critique, jalons, points de GO/NO GO).*

«Quand je suis arrivé, l'histoire de GENTEC était riche d'idées mirobolantes mais on s'est cassé souvent la figure parce qu'on s'aventurait dans des domaines qu'on connaissait mal ou on faisait de la R-D en ne connaissant pas suffisamment le marché. J'ai dû rationaliser nos activités car il fallait au plus tôt rentabiliser l'entreprise. C'est pourquoi nous avons abandonné le laser TEA-CO$_2$ pour nous concentrer sur des produits plus terre-à-terre mais qui se vendent.»

D'autre part, même si Jean-Luc Giroux affirme catégoriquement qu'il n'est pas *«un gars de R-D»*, il croit à la nécessité de la recherche scientifique et du développement expérimental pour renouveler les produits ou pénétrer de nouveaux marchés. C'est ce qui explique la participation de GENTEC dans le programme européen **EURÊKA**. En développant par ce moyen de nouveaux systèmes de mesure de l'intensité de lasers sophistiqués, l'entreprise cherche à diversifier sa clientèle et à réduire sa dépendance excessive de certains gros clients comme Hydro-Québec ou Bell Canada. C'est également pour cette raison stratégique qu'elle est entrée dans le champ des économies d'énergie et qu'elle poursuit des recherches appliquées en électro-optique.

6. La fureur de vivre

Les années difficiles ont été pour GENTEC source d'enseignements importants, lesquels imprègnent maintenant toute la philosophie de la compagnie. Ainsi, l'orientation résolument pragmatique est due aux erreurs commises du temps où l'entreprise *«butinait»* sur toutes les fleurs de la technologie et écoutait les conseils du premier consultant venu, sans se définir une mission précise.

GENTEC qui a été l'incubateur d'EXFO, autre PME à succès, est une entreprise qui croit en l'avenir. Son président, Jean-Luc Giroux est convaincu que trop de belles occasions ont été manquées par manque de vision et que les meilleurs conseillers se trouvent à l'intérieur de la compagnie. Pour Jean-Luc Giroux, le succès est une question d'équipe, de travail et de motivation. Ce n'est pas l'air du temps qui passe qui détermine les politiques. «*De bonnes choses s'en viennent*», affirme-t-il avec optimisme. «*Avec une planification stratégique continue, nous sommes maintenant en mesure d'évaluer les coûts, six à sept mois à l'avance. Nous visons 25 millions de dollars dans cinq ans et une compagnie extrêmement performante à long terme. Dans une PME technologique, tout est affaire d'endurance. Nous sommes déterminés à survivre!*»

La structure administrative de GENTEC est simple: sous le président se trouvent quatre vice-présidents responsables des secteurs de la production, de l'administration, de la R-D/Ingénierie/Assurance de la qualité, et du marketing.

7. Une histoire pleine de leçons

GENTEC a réussi à se sortir d'une impasse qui menaçait et son développement et sa survie. Comment expliquer ce repositionnement qui s'avère une réussite?

Pour Jean-Luc Giroux, il y a trois facteurs principaux qui expliquent le succès de GENTEC:

▪ **une mission claire**

▪ **des produits de qualité**

▪ **une excellente connaissance des clients**

La **mission** représente le phare qui guide l'entreprise dans ses choix: si le phare brille, l'entreprise sait clairement où se diriger et les choix vont dans la même direction; si le phare vacille, l'entreprise s'en va de tous bords, de tous côtés.

Pour GENTEC, la **qualité des produits** s'avère l'argument essentiel. Il s'agit de produits spécialisés qui doivent rencontrer les exigences les plus élevées. Plusieurs de ces produits sont uniques, faits sur mesure, selon les spécifications des clients. GENTEC doit les produire à coût concurrentiel, selon les normes en usage et les critères habituels de fiabilité, et en-dedans des échéanciers prévus. Et les **clients**, surtout les gros comme Hydro-Québec et Bell Canada, il faut les connaître, savoir leur parler et surtout connaître leurs attentes, leurs exigences, relativement aux produits offerts. C'est durant les années difficiles que GENTEC a appris à ses dépens que la distance face à la clientèle et une connaissance insuffisante des marchés entraînaient l'entreprise sur la pente douce de l'échec.

Lorsqu'interrogé sur les leçons qui se dégagent de l'expérience de GENTEC, Jean-Luc Giroux répond avec conviction:

1. **L'application concrète d'une science en évolution.** «*Chercher pour chercher, ce n'est pas le rôle de mon industrie*, clame-t-il. *Il faut laisser ça aux universités*». Jean-Luc Giroux n'est pas non plus intéressé à effectuer des contrats gouvernementaux de recherche appliquée car il tient mordicus à avoir les coudées franches, à agir comme il l'entend. «*Le gros problème au Canada*, affirme-t-il, *c'est que ceux qui font de la recherche dans les laboratoires gouvernementaux n'ont pas d'entrepreneurship, non plus ceux qui gèrent l'aide publique à l'innovation industrielle*». Pour réussir dans l'industrie, il faut bien jauger la R-D. C'est ce que GENTEC a appris à ses dépens: une belle invention scientifique n'est pas nécessairement synonyme de succès commercial. Il faut savoir trancher et réorienter au besoin l'effort de R-D. C'est ce que Jean-Luc Giroux a fait: il n'a retenu qu'un aspect particulier de la technologie des lasers, celui des instruments de mesure, et il a laissé tomber toute l'affaire du laser TEA-CO$_2$.

2. **L'appui de gros clients est extrêmement utile.** GENTEC a le grand avantage de bénéficier de commandes répétées de gros clients comme, entre autres, Hydro-Québec et Bell Canada. De telles commandes ont plusieurs effets bénéfiques: a) ces revenus améliorent considérablement l'état de la trésorerie et permettent à l'entreprise d'avoir les fonds nécessaires pour investir dans de nouveaux projets de développement technologique, b) puisque ces gros clients sont sophistiqués et exigeants, l'entreprise doit constamment être en éveil technologique et demeurer à la fine pointe dans son domaine, et c) le patronage par de tels clients hausse la crédibilité de l'entreprise et l'aide à convaincre de nouveaux clients.

3. **L'importance souveraine des ressources humaines.** Selon Jean-Luc Giroux, on n'insistera jamais assez sur le rôle névralgique que jouent les ressources humaines dans le succès de l'entreprise. Il admet volontiers que le redressement qu'il a opéré au sein de GENTEC aurait pu mal tourner n'eût été l'extraordinaire collaboration qu'il a reçue de tout le personnel. C'est là, dit-il, une grande force de la PME que de bien connaître tous les membres de l'entreprise et de miser sur les talents de chacun tout en tamisant leurs idées. Selon lui, le principal défi du gestionnaire est de se gagner la confiance de tous et de chacun, de motiver les employés et de savoir les garder. Sa philosophie est de laisser beaucoup de liberté à ses employés dans le choix des moyens d'exécution: ils savent ce qu'ils doivent faire et ils sont souvent les mieux placés pour juger des moyens à prendre. Il leur laisse une bonne latitude d'action et d'expression permettant à chacun de travailler selon sa personnalité et dans la tenue vestimentaire qui lui plaît.

4. *Le rôle du management est primordial.* Durant la longue entrevue, Jean-Luc Giroux a répété plusieurs fois que ce qui compte en définitive, c'est la ligne du bas, le *«bottom line»*, à savoir être profitable. Beaucoup de PME faillissent affirme-t-il, parce qu'elles sont mal gérées. *«Il faut aussi être un bon vendeur de finance. Souvent les dirigeants de PME se lamentent qu'elles manquent de finance. En vérité, ce qu'elles manquent, ce sont des vendeurs de finance. Pour ma part, je n'ai jamais manqué de finance et il ne m'en manquera jamais. Mais ce dont nous avons surtout besoin, ce sont de nouvelles idées, et bien présentées. Il ne faut jamais laisser passer une bonne opportunité.»* D'autre part, Jean-Luc Giroux juge important de présenter une image réaliste de la situation financière de son entreprise. Par exemple, il se refuse carrément à des manoeuvres comptables comme celles de capitaliser les dépenses de R-D ou de marketing, ce qui équivaut selon lui à masquer la réalité et à dorer un blason qui est peut-être tout rouillé à l'intérieur. *«Il faut peindre la situation telle qu'elle est»*, dit-il.

GENTEC est une entreprise privée et entend le demeurer. Jusqu'à maintenant elle a réussi à grandir grâce à ses fonds propres. Sa planification stratégique est bien circonscrite et son processus de budgétisation est formel. Des objectifs de qualité imprègnent l'entreprise. Les marchés sont surveillés de près et les besoins des gros clients sont analysés systématiquement.

Néanmoins, le gestionnaire doit aussi se fier à son intuition. Jean-Luc Giroux croit avoir marqué de bonnes affaires à la fin des années 70 en ne faisant pas focaliser assez vite les efforts sur le développement d'instruments de mesure de l'intensité des lasers. *«On a trop butiné»*, avoue-t-il. *«Il faut vraiment se concentrer au plus tôt sur le genre de business dans lequel on est les meilleurs».*

EN RÉSUMÉ, l'histoire de GENTEC nous enseigne qu'une PME technologique, même si elle s'enflamme pour une nouvelle technologie donnée, doit bien jauger son effort de R-D et s'adapter constamment aux besoins du marché tout en veillant à garder un fonds de roulement suffisant et en cherchant à poursuivre une croissance équilibrée. À ce niveau, il est fort utile de pouvoir compter sur des revenus stables que procurent les produits **«vache-à-lait»**. Dans le cas de GENTEC, ce sont les produits spéciaux (*«custom-built»*) qui ont permis de réalimenter les fonds. GENTEC s'en est sortie à force de pragmatisme et de ténacité. Une PME technologique n'a pas besoin d'être un météore pour réussir.

* * * * * *

1. **SECTEUR:**   Micro-électronique

2. **NATURE DES PRODUITS:**   Lasers; télécommunications; fusion nucléaire; multiplexeurs de fibres optiques; systèmes graphiques; équipement d'aérospatiale; antennes et radars

3. **ANNÉE DE FONDATION:**   Fin 1976

4. **PROGRESSION DES VENTES:**
(fin d'exercice: 31 déc.)

1985	4 100 000$
1986	5 300 000$
1987	10 600 000$
1988	15 300 000$
1989	29 779 000$
1990	35 000 000$

5. **RÉPARTITION DES VENTES EN 1989:**

Québec	6,7%
Reste du Canada	20,3%
États-Unis	36,3%
Reste du monde	37,3%

6. **DÉPENSES COURANTES DE R-D:**   18% des ventes
(fonds propres seulement)

7. **NOMBRE D'EMPLOYÉS:**   185 (âge moyen: 32 ans) dont 130 ingénieurs et scientifiques

8. **PERSONNEL DE R-D:**   135 (dont 110 professionnels)

9. **PRÉSIDENT:**   Morrel P. Bachynski (59 ans)

10. **RÉPARTITION DU CAPITAL-ACTIONS:**

M.P. Bachynski	77,3%
C.D. Bachynski	5,9%
J.D. Bachynski	5,9%
A.K. Ghosh	2,5%
S.Y.K. Tam	2,1%
9 autres actionnaires	6,3%

11. **AVOIR DES ACTIONNAIRES:**   9 272 052$

12. **VALEUR DES ACTIFS:**   16 096 799$

13. **ADRESSE DE LA COMPAGNIE:**   1725, Voie de Service Nord
Route Trans-canadienne
Dorval (Qué.) Canada
H9P 1J1
Tél. : (514) 683-1490
Fax : (514) 683-1727

TABLE DES MATIÈRES

Page

1. D'HUMBLES ORIGINES TERRIENNES 49

2. UNE ÉMANATION DE RCA 51

3. LES HAUTES SPHÈRES DE LA TECHNOLOGIE 52
   Une structure administrative de type scientifique 52

4. UNE AUTRE PROUESSE TECHNOLOGIQUE:
   LE «WET MUX» 53
   Un défi commercial à donner le vertige 54
   Du culot technologique plein la tête 55

5. UNE BATAILLE SUR TOUS LES FRONTS 57
   Une imagination et une créativité sans frontières 57
   Continuer à cultiver la recherche 57

6. LE MANAGEMENT CHEZ MPB 58
   Les neuf commandements 58
   Une gestion attentive 59
   La stratégie de MPB 60

7. CONCLUSION 64

L'histoire de MPB c'est essentiellement l'odyssée technologique de son président. Morrel P. Bachynski, 59 ans, ingénieur physicien, M.Sc. (Sask.) et Ph.D. (McGill), éminent chercheur, innovateur de grand talent et, surtout, entrepreneur visionnaire et homme d'affaires averti. On aura vite compris que le nom de la compagnie correspond aux initiales du nom de son dynamique président qui, avec sa famille, détient 89,1% des actions de l'entreprise.

MPB est reconnue mondialement pour son expertise en opto-électronique et télécommunication et pour la haute qualité de ses produits. De toutes les entreprises canadiennes, elle affiche la plus forte concentration de personnel de recherche: 60,0% de ses effectifs sont engagés continuellement dans la recherche, soit 110 scientifiques et ingénieurs. De ceux-ci, 42 ont un Ph.D., 30 une maîtrise et les 38 autres un diplôme de 1er cycle. Ces effectifs comprennent essentiellement des physiciens, des électroniciens, des informaticiens, ainsi que des ingénieurs en électricité et en mécanique. MPB se trouve dans le peloton de tête parmi les entreprises québécoises de haute technologie. En dépit de sa petite taille, elle est un des leaders mondiaux en opto-électronique et en télécommunication.

Les installations de l'entreprise se trouvent à Dorval et Pointe-Claire où elles occupent une superficie de 100 000 pi.ca.. On y trouve une multitude d'instruments des plus sophistiqués, de nombreux équipements et montages d'essai, des laboratoires d'optique et d'électronique, des «chambres blanches» pour la fabrication de microcircuits électroniques, un centre de calcul électronique avec accès à un super-ordinateur CRAY, deux bibliothèques spécialisées, et ainsi de suite. En guidant le visiteur à travers un dédale de corridors, de laboratoires et d'ateliers, Morrel Bachynski parle amoureusement d'autant de «terrains de jeu» et il exhibe avec une légitime fierté tel ou tel «jouet», en l'occurrence un dispositif innovateur très ingénieux et de grande précision. Impossible, par conséquent, d'esquisser l'histoire de MPB sans mettre un accent particulier sur les technologies qui y sont développées et sur les recherches sous-tendant ces innovations. Car MPB est synonyme de recherche technologique.

1. D'humbles origines terriennes

Né sur une ferme en Saskatchewan d'une mère polonaise et d'un père ukrainien, Morrel Bachynski a appris très tôt à se débrouiller, à inventer, à vivre en équipe et en harmonie avec son milieu. Non sans une pointe d'humour il se définit comme un «cultivateur de la R-D». L'expression est riche de sens car, chercheur-innovateur, il ne cesse de labourer, de semer, d'arroser, d'émonder et...de récolter. Son défi maintenant: cultiver des équipes de chercheurs et les développer jusqu'au point où elles deviennent des entités commerciales profitables, i.e. d'autres MPB. Pénétré de sagesse terrienne, il guette les saisons et voit venir les orages. Pour affronter le mauvais temps, il aime bien être à l'abri et c'est pourquoi il a toujours réussi à faire grandir son entreprise sans endettement significatif. Il ne cherche pas à devancer le rythme de la nature car il sait qu'il ne peut récolter que ce qu'il a semé. Pour lui, sa richesse c'est sa ferme, c'est-à-dire son entreprise. Ce qui compte dans son esprit ce n'est pas tellement la croissance mais plutôt l'équilibre: croître de façon mesurée, selon ses moyens, en maintenant toujours la qualité et la fiabilité de ses produits.

Morrel Bachynski est un personnage humble, qui sait écouter et prendre les avis de ceux et celles qui l'entourent mais qui manifeste aussi une grande confiance en soi. C'est aussi un philosophe, qui s'est fait une idée du monde dans lequel il vit et qui sait où il s'en va. C'est un penseur doublé d'un homme d'action capable de relever les défis. Il est affable mais il ne tolère pas l'incompétence. Plutôt discret, il s'enflamme lorsqu'il parle des activités de sa firme et de ses réalisations.

Une autre de ses qualités est d'être un excellent chercheur. Il a publié plus de 80 articles dans des revues savantes et il est le co-auteur d'un livre sur la cinétique des particules de plasmas. Comme tout bon chercheur, il est doté d'une grande capacité d'analyse et de synthèse coiffée d'une grande rigueur scientifique. Ses réalisations lui ont valu d'être élu membre de plusieurs académies prestigieuses, dont l'Académie des Sciences de la Société Royale du Canada, l'American Physical Society et l'Institute of Electrical and Electronic Engineers (IEEE).

Il est le récipiendaire de nombreux prix et honneurs scientifiques et professionnels, dont le prix David Smirnoff en génie en 1963, le prix scientifique du Québec en 1974, la médaille d'or de l'Association Canadienne des physiciens en 1984 et le prix d'Excellence du Canada, médaille de bronze, pour l'entrepreneurship en 1989. Fait assez rare, il s'est particulièrement distingué à la fois dans la recherche scientifique, la gestion de la recherche industrielle, l'entrepreneurship et la gestion des affaires.

Sous sa gouverne, son entreprise s'est méritée plusieurs honneurs en ces deux dernières années, dont:

- le prix de la PME, Deuxième Carrière, décerné conjointement par la Banque Royale, Hydro-Québec, et la Revue PME-Québec (1989).

- le prix Mercuriades de la Chambre de Commerce du Québec pour l'excellence en exportations (1989).

- la position de finaliste aux Mercuriades '90 de la Chambre de Commerce du Québec, à la fois pour la R-D et pour l'innovation.

- la palme d'or dans la catégorie «Entrepreneurship» des Prix du Canada pour l'excellence en affaires en 1990.

- aussi, la palme d'argent dans la catégorie «Innovation» des Prix du Canada pour l'excellence en affaires en 1990.

Morrel Bachynski est membre du Conseil des Sciences du Canada. Il continue de siéger sur nombre de comités et groupes d'étude.

En dépit de ses 60 heures de travail par semaine, Morrel Bachynski tient à se garder en bonne forme physique et il joue au tennis au moins une fois par semaine. Ses week-ends, il les consacre à sa famille et à la lecture.

2. Une émanation de RCA

Lorsque RCA Corporation de New York décida au début de 1976 de fermer sa filiale de R-D de Ste-Anne-de-Bellevue au Québec, une certaine stupeur s'empara des employés. Plusieurs, dont le Dr Bachynski, avaient acquis leur formation universitaire à Montréal et ne désiraient guère aller travailler ailleurs. Il faut se rappeler que le gouvernement canadien venait alors d'accorder le contrat du premier satellite commercial canadien à la multinationale Hughes Aircraft et non à la filiale canadienne de RCA dont la maison-mère avait été pionnière en technologie aérospatiale.

Plutôt que de laisser aller les opérations à la dérive ou d'aller travailler aux laboratoires de RCA à Princeton au New Jersey, Morrel Bachynski, qui dirigeait cette filiale avec un traitement de 46 000$ par année et qui y avait consacré 26 années de sa vie, a alors cherché à *«sauver les meubles»*, à récupérer les opérations qu'il jugeait les plus intéressantes. *«Nous faisions alors beaucoup de travaux pour des agences gouvernementales et après avoir discuté de cette fermeture imminente avec plusieurs personnalités à Ottawa et à Québec qui m'ont beaucoup appuyé, j'ai établi un plan de réorganisation qui fut accepté par la haute direction de RCA le 31 décembre 1976 et j'ai pu acquérir les actifs qui m'intéressaient.»* Dès le 3 janvier 1977 la nouvelle compagnie ouvrait ses portes.

L'entente avec RCA permettait à M. Bachynski de sous-louer de l'équipement et des locaux de RCA et aussi de bénéficier des droits sur certains brevets et même d'utiliser certains procédés de fabrication. La séparation avec RCA fut cordiale car pendant quatre années il continua d'occuper le même bureau et à s'affairer aux mêmes laboratoires. Il reçut même au début plusieurs contrats de R-D de RCA, ce qui alimenta la trésorerie et affermit la crédibilité de l'entreprise.

Un autre élément déclencheur de MPB est le fait que Morrel Bachynski ait pu convaincre sept de ses collègues de RCA de l'accompagner dans son aventure. Ces derniers sont encore avec lui et jouent un rôle-clé dans l'organisation et l'expansion toujours croissante des activités de l'entreprise.

Morrel Bachynski admet volontiers que la politique d'impartition de la R-D du gouvernement fédéral l'a aidé au début. Mais il insiste: *«J'ai fondé et je continue de faire croître MPB sans subventions gouvernementales»*.

«Lorsque j'ai préparé mon plan d'affaires en mi-1976, j'étais prêt à accepter toutes les conséquences de ma décision, à gagner ou à perdre. Ma femme et mes deux filles m'ont fortement encouragé.» C'est ce même plan d'affaires qui lui valut de gagner le Prix de la nouvelle entreprise (7 500$) en avril 1977.

3. Les hautes sphères de la technologie

Dans ce genre d'entreprise, science et technologie se confondent souvent. La R-D est une activité essentielle car il faut, la plupart du temps, concevoir et développer des produits entièrement nouveaux, ce qui exige des connaissances très pointues et des façons de faire qui doivent être tout à fait opérationnelles.

Parmi les clients de MPB on retrouve des entreprises d'envergure mondiale et surtout des entreprises perçues comme très exigeantes sur le plan technologique. Pour illustrer, voici quelques noms de clients: Téléglobe Canada, Hydro-Québec, Énergie Atomique du Canada, CAE Electronique, Canadian Marconi, Oerlikon, Paramax, RCA, Spar, AT&T, Bell Labs, General Dynamics, Lockheed, M.I.T., NASA, TRW, Texas Instruments, Hitachi, Sumitomo, Sony, Toshiba, et British Telecom (R.-U.) CNRS (France), Institut Battelle (Suisse), Instituto Gas Ionizzati (Italie), Institut Max Planck (Allemagne), Laserlaab (Norvège), etc.

Essentiellement, les activités de la compagnie se divisent en six classes qui constituent autant de «divisions» opérationnelles: (1) communications (*la plus importante*), (2) électromagnétisme, (3) électronique, (4) technologie de la fusion nucléaire par confinement magnétique, (5) lasers et électro-optique, (6) aérospatiale et photonique.

Le Tableau 1 présente une liste sommaire des produits de la compagnie et des services connexes. L'examen de cette liste permet de comprendre la complexité scientifique, technologique et commerciale de ces opérations.

Voilà une gamme d'activités exceptionnellement large pour une PME. Si on considère que chaque classe regroupe plusieurs sortes de produits, on a peine à y voir le fil conducteur sauf l'expertise du personnel en place. C'est là le reflet de la conception du management chez MPB: dans cette entreprise scientifique, c'est le personnel qui détermine les produits et non les demandes du marché. L'approche suivie est celle de l'**offre technologique** (*«technology push»*) plutôt que celle de la **traction de la demande** (*«demand pull»*).

Une structure administrative de type scientifique

La structure de la compagnie est simple: le président (Dr M. P. Bachynski), le vice-président aux projets spéciaux (Dr F.G.R. Warren), le vice-président à l'administration (D. Heathcote) et les directeurs des six divisions énumérées dans le Tableau 1. Tel qu'expliqué dans la section 5, les fonctions de directeur du marketing et de directeur des ressources humaines sont assumées par l'équipe de direction.

TABLEAU 1

PRINCIPAUX PRODUITS ET ACTIVITÉS CONNEXES DE R-D

Communications	Électromagnétisme	Électronique
Multiplexeurs sous-marins	Radars et radiomètres	Produits vidéos
Équipement de multiplexage et de démultiplexage	Électronique pour la défense militaire	Générateurs de graphisme
Systèmes de supervision et de synchronisation des télécommunications	Antennes et communications	
Ingénierie et conception génie des systèmes	Services de mesures électromagnétiques	

Fusion nucléaire	Lasers et électro-optique	Aérospatiale et photonique
Ingénierie des réacteurs	Lasers scientifiques	Expériences dans l'espace
Développement d'instruments d'aéro-spatiale	Systèmes de laser	S y s t è m e s
Physique nucléaire	Communications par laser	Chauffage industriel par hyperfréquences

4. Une autre prouesse technologique: le «WET MUX»

L'histoire de MPB est semée d'innovations technologiques, de produits nouveaux qui n'existaient pas auparavant et qui permettent de faire des choses jusqu'alors impossibles. Il peut s'agir également de procédés nouveaux, de nouvelles façons ingénieuses de mesurer des phénomènes ou de fabriquer des matériaux, des composantes ou des appareils, etc.

La vocation de la MPB est de faire de la R-D pour réaliser de nouveaux appareils et équipements très sophistiqués, qu'elle fabriquera en petite série, voire en quelques unités seulement. Puisant dans son savoir en physique, en électronique, en informatique et en ingénierie, elle invente constamment. Grâce à sa compétence et à son expérience, elle occupe une petite niche de marché où les concurrents sont très peu nombreux, même à l'échelle du monde. Cette spécialisation dans les produits spéciaux n'intéresse généralement pas les grandes sociétés mais elle peut s'avérer très lucrative.

Le plus gros projet de la compagnie, le multiplexeur sous-marin d'aiguillage de télécommunications par fibre optique, appelé communément le «WET MUX», illustre bien la façon particulière de fonctionner de MPB. Celle-ci a obtenu en mi-1988 un contrat de 64 millions de dollars pour concevoir et fabriquer cinq multiplexeurs. Le contrat comprend également la conception et la fabrication de 13 terminaux spéciaux. Il dépasse à lui seul le montant de tous les autres activités de MPB.

En marge de ce projet audacieux, mentionnons que ce n'est qu'en fin de 1988 que le premier câble sous-marin de télécommunications par fibre optique, le TAT-8 entre l'Amérique du Nord et l'Europe, fut installé par AT&T et rendu opérationnel. Mais dès lors on prévoyait l'installation d'un second câble transatlantique en 1991, le TAT-9, permettant de hausser de 40 000 à 80 000 le nombre de conversations téléphoniques véhiculées simultanément. Le câble en question mesure moins d'un demi-pouce de diamètre et les brins sont constitués de fil de verre de la grosseur d'un cheveu. Un câble de puissante équivalente en fil de cuivre mesurerait plusieurs pieds de diamètre et serait impossible à réaliser. Intégrés à un réseau intercontinental de communications par fibre optique, les multiplexeurs sont destinés à gérer le trafic des communications aux différents points de jonction.

Un défi commercial à donner le vertige

Le défi singulier qui se pose pour MPB paraît évident lorsqu'on considère la brochette de compagnies à qui MPB doit livrer le WET MUX: un consortium dirigé par AT&T, British Telecom, la Direction générale des Télécommunications de France et Teleglobe Canada, le tout étant financé par 28 sociétés de télécommunications de divers pays. Il s'agit des sociétés les plus sophistiquées et les plus exigeantes du monde entier. *«Les co-signataires, surtout européens, entretenaient des réserves quant au savoir-faire et à la capacité de la petite entreprise qu'est Technologies MPB. Ce genre de projet représente un défi de taille même pour une puissante entreprise»*, affirme Martin Fournier, Vice-président, ingénierie et planification des réseaux, Téléglobe Canada.

Dans ce mégaprojet, le Canada a été favorisé, note M. Fournier, du fait que, contrairement aux trois autres partenaires principaux - AT&T, British Telecom, les PTT de France - il ne possède pas de fournisseur de câble à fibre optique, et que c'est sa façon d'obtenir une part des retombées. À mi-chemin dans la réalisation du projet, on peut déjà affirmer que les nouvelles connaissances acquises par MPB en marge de ce projet, non seulement en font un leader mondial dans cette niche hautement spécialisée mais aussi lui permettent d'augmenter son potentiel d'innovation pour d'autres marchés.

Du culot technologique plein la tête

Le défi commercial d'un tel projet n'a d'égal que le défi technologique. Il faut être vraiment hardi et avoir une grande confiance en soi pour se mesurer aux géants mondiaux de la puissante industrie des télécommunications, en somme avoir du culot plein la tête. En effet, le multiplexeur est l'élément névralgique du système.

Pour MPB, il s'agissait de concevoir, de construire et de tester rigoureusement ce dispositif opto-électrico-mécanique extrêmement complexe, une sorte de petit baril de moins d'un mètre cube à déposer au fond de l'océan avec un petit câble qui entre et qui en sort, et qui achemine jusqu'à 80 000 conversations simultanées d'un continent à l'autre ou d'un pays à un autre. C'est le premier dispositif de ce genre au monde. Ces multiplexeurs seront installés sur le fond marin en trois endroits: un au large du Canada et des États-Unis, un autre à l'Ouest-Nord-Ouest de l'Espagne et un autre à l'Ouest de la France. Le contrat comprend également deux unités de remplacement.

Le projet impliquait que MPB se lance dans plusieurs domaines nouveaux pour elle: (1) la technologie de la fibre optique; (2) la technologie du laser pour les télécommunications; (3) le codage, la communication numérique *(jusqu'à 600 Mbits/sec.)* et le multiplexage; (4) le développement de circuits électroniques intégrés à très haut niveau d'intégration (VLSI), de très grande vitesse, à haut rendement et d'une fiabilité à toute épreuve, pour les réseaux de fibres optiques; (5) la conception de circuits intégrés numériques à base d'arséniure de gallium (AsGa) et en logique d'émetteurs couplés. Alors inexistantes au Canada, ces dernières technologies pourraient être utilisées dans les systèmes électroniques militaires et spatiaux.

Le développement du WET MUX comporte de hauts risques technologiques. Il faut concilier le raffinement d'une commutation de données à très haute vitesse avec une durabilité et une fiabilité exceptionnelles: un rendement sans faille durant au moins 25 ans (d'autres technologies supérieures prendront sûrement naissance d'ici là). Le petit dispositif doit être à l'épreuve des contraintes de dissipation de chaleur et d'encombrement et il doit être compatible avec d'autres équipements. Il doit aussi résister aux pressions hydrostatiques et être complètement à l'abri de l'eau.

L'implication de MPB dans le projet n'est pas venue facilement. D'abord, l'affaire commence vers l'année 1985 alors que MPB réussissait à obtenir un contrat de 30 000$ de Téléglobe Canada pour poser les premiers jalons conceptuels d'un multiplexeur sous-marin pour télécommunications. Une couple d'années s'écoulèrent puis, au début 1987, MPB eut la chance de faire une présentation plus détaillée au consortium qui s'était formé autour du TAT-8, le premier câble sous-marin à fibre optique.

Jusque là, très peu d'action. Puis arriva l'automne de 1987 alors que le consortium chargea MPB de faire une étude de faisabilité d'un multiplexeur sous-marin éventuel projet de TAT-9. Or, à chaque trois semaines, les experts de MPB se voyaient confrontés à un panel des plus grands spécialistes des compagnies membres du consortium, par exemple ceux de AT&T, de Bell Laboratories, de British Telecom, de PTT. *«Ces présentations*, déclare Morrel Bachynski, *se sont avérées notre meilleur instrument de vente car après chaque réunion notre stature à leurs yeux croissait de plusieurs pouces».*

À la suite de cette revue, MPB produisit un volumineux rapport sur le sujet, plein de graphiques, de chiffres et de tableaux. *«Le plus beau compliment qui nous fut adressé*, de dire M. Bachynski, *fut lorsque l'éminence grise du consortium transmit notre fameux rapport aux compagnies membres avec une petite note affirmant que selon lui chacun en avait eu pour son argent!»*

Un des facteurs les plus importants dans l'obtention de cet important et très difficile contrat (*les deux-tiers du 64 millions de dollars se rapportaient à la R-D, soit au développement de technologies qui n'existaient pas encore*) fut l'appui indéfectible de Téléglobe Canada qui voyait là une occasion de développer un créneau intéressant pour l'expertise canadienne.   Un autre facteur fut la concertation des gouvernements du Canada et du Québec qui permit à MPB de s'aventurer dans cette affaire risquée. Le 26 octobre 1987, MPB se voyait octroyer une subvention de 750 000$ de la part de l'Entente Canada-Québec de développement scientifique et technologique pour concevoir des équipements spéciaux en marge du projet.   De plus, MPB s'était vu offrir de la part de l'AQVIR, contre redevances, une garantie pouvant s'élever jusqu'à 3 750 000$, destinée à couvrir jusqu'à 75% des frais pouvant être encourus pour respecter ses obligations d'assurer la performance post-acceptation des dits multiplexeurs sous-marins. Cependant, MPB n'a pas jugé bon de recourir à cette garantie financière car elle considérait que les conditions posées étaient trop onéreuses.   Elle a réussi à trouver toutes les ressources nécessaires pour satisfaire ses obligations.

Le contrat de 64 millions de dollars fut octroyé à MPB en mi-1988 et déjà, en fin 1989, un prototype était testé sur le terrain par British Telecom en utilisant le premier câble ayant servi au TAT-8.   En mai 1990, les essais de vérification du prototype vont bon train aux installations de AT&T à Freehold, N.J. et les résultats sont prometteurs.

5. Une bataille sur tous les fronts

Une imagination et une créativité sans frontières

MPB compte 18 physiciens et ingénieurs travaillant au développement du petit **réacteur nucléaire Tokamak** à l'Institut de recherche en énergie de l'Hydro-Québec à Varennes. Ce réacteur doit servir à des expériences de production d'énergie par fusion nucléaire, une filière énergétique très prometteuse en raison de son faible impact sur l'environnement et de la grande abondance de ses combustibles (tritium, deutérium). MPB fabrique diverses composantes et fournit divers services à Hydro-Québec en marge de ce projet à un taux d'environ 2 millions de dollars par année.

L'entreprise est également engagée dans des expériences en **microgravité**. Elle a mis au point un four entièrement automatisé pour des essais, dans l'espace, de production industrielle, de matériaux de très haute qualité et exigeant des conditions très particulières de fabrication. Pouvant être facilement installé dans la soute de la navette spatiale, ce four de moins de 1 m^3 est capable de maintenir à 500 km de la Terre une température entre 200 et 1200°C. Il faut ajouter que certaines compagnies d'avant-garde en sont venues à considérer la fabrication dans l'espace de matériaux spéciaux, par exemple des semi-conducteurs AsGa dont la fabrication serait grandement facilitée en l'absence de gravité, i.e. en l'absence de convection, laquelle a le fâcheux effet de mêler des impuretés du milieu ambiant au substrat constitué de fines couches d'épaisseur de quelques Angströms. MPB travaille également au développement d'une autre plate-forme spatiale pour des expériences sur l'effet de radiations laser sur divers matériaux en milieu de microgravité.

Continuer à cultiver la recherche

Pour une entreprise comme MPB, la croissance passe par la réussite de projets de développement de nouvelles technologies de plus en plus ambitieux. C'est ainsi que MPB a conçu un programme de recherche appliquée en télérobotique dont elle serait le maître d'oeuvre et qui impliquerait de puissants partenaires industriels (surtout québécois) tant au niveau du financement que de l'exécution. Le programme ferait également appel à un groupe de chercheurs universitaires québécois de haut calibre et serait relié au réseau de l'Institut canadien des études avancées, lequel groupe les sommités en recherche fondamentale dans la robotique et l'intelligence artificielle.

Le programme, d'une valeur de 11 256 000$ sur cinq ans, vise à mettre au point trois systèmes prototypes différents, y compris l'infrastructure nécessaire à leur démonstration:

a) Un système anthropomorphique de *micro-robot télécommandé*, à rayon d'action d'environ un mètre, doté d'un manipulateur à sept degrés de liberté, pour les réparations de lignes électriques en haute tension et chargées.

b) Un *micro-robot* de haute précision pour la manipulation à distance et les essais sur des structures biologiques à l'échelle microscopique, pour fins de microchirurgie et de biotechnologie.

c) Un *robot de recherche* destiné à éprouver de nouvelles idées pour le design d'éléments moteurs et de contrôle des mouvements dans diverses conditions d'expériences scientifiques.

6. Le management chez MPB

Dans son discours d'acceptation du Prix CRMA d'excellence en gestion de la recherche en 1988, Morrel Bachynski exprimait comme suit, sous forme de commandements, sa philosophie de gestion de l'entreprise technologique.

Les neuf commandements

1. SE TROUVER UNE BONNE NICHE DE MARCHÉ: le choix d'une bonne niche d'affaires est le plus grand défi qui se pose à l'entrepreneur! Ceci requiert une connaissance intime et précise du client ainsi que de la technologie. Pour choisir une bonne niche il faut surtout s'assurer que le marché existe vraiment, qu'on puisse affronter la concurrence et, par dessus tout, qu'une telle niche puisse être exploitée à partir du Canada.

2. CRÉER UNE COMPÉTENCE DISTINCTIVE: il est de la plus haute importance de se distinguer par rapport aux concurrents. Par exemple, il peut s'agir du prix, de la qualité, du caractère unique du produit ou du service, des liens avec les ressources naturelles locales, etc. ou une combinaison de tels facteurs. Par contre, si le succès de l'affaire dépend de l'octroi d'une subvention gouvernementale, l'activité risque de flancher tôt ou tard.

3. ÊTRE DE CLASSE MONDIALE: en moyenne, le chiffre d'affaires de l'entreprise canadienne de haute technologie repose pour au moins 50% sur les exportations. Ceci signifie que la concurrence est internationale. Pour prospérer, l'entreprise «hi-tech» doit être, **une des meilleures** dans le monde entier, i.e. de classe mondiale. Pour se classer ainsi, il faut être excellent dans son domaine.

4. RECRUTER UN PERSONNEL COMPÉTENT: la qualité de l'effectif permettra de résoudre 80% des problèmes qui invariablement vont surgir. À défaut d'une telle qualité, le personnel est susceptible d'engendrer 80% des problèmes à surmonter dans la vie d'une entreprise. Il faut se rappeler que le dirigeant donne le ton: de piètres gestionnaires ont tendance à attirer des gens moyens ou médiocres alors que les leaders attirent les gagnants. Les professionnels doivent être traités comme des professionnels. Chez MPB l'embauche est surtout basée sur le **potentiel** qu'offre l'individu plutôt que sa grande expérience.

5. ACCEPTER VOLONTIERS LE CHANGEMENT: il ne faut jamais s'opposer à de nouvelles et meilleures façons de faire des choses. Il faut encourager les nouvelles initiatives et être réceptif aux idées nouvelles. En fait, les directeurs de R-D sont les promoteurs du changement scientifique et technologique tout en s'efforçant de mettre en valeur et d'utiliser efficacement les ressources humaines.

6. MINIMISER LA BUREAUCRATIE: c'est une des principales raisons qui permettent aux petites firmes comme MPB de pouvoir concurrencer de puissantes organisations.

7. POUVOIR RESTER EN SELLE: c'est une loi de la nature qu'un projet de R-D prend toujours plus de temps que prévu, ce qui augmente les coûts et diminue les opportunités. En affaires, ça peut devenir désastreux. Il faut donc avoir une stratégie qui permette de rester en selle assez longtemps, même dans les temps difficiles. Il faut avoir de la **résilience**.

8. GARDER LE CONTRÔLE: avoir le contrôle veut dire être impliqué directement, mettre la main à la pâte. Il ne faut pas avoir peur de passer outre l'avis de son comptable: celui-ci peut vous dire d'où vous venez mais il est souvent incapable d'indiquer jusqu'où vous pouvez aller et comment vous y rendre. Il en est de même du jeune MBA fraîchement émoulu de l'université.

9. PRENDRE L'INITIATIVE: par dessus tout, l'initiative veut dire le **leadership**. Et de ce leadership dépend l'avenir de l'organisation.

Une gestion attentive

Chez MPB la gestion est flexible mais exigeante: plus on a de liberté, explique M. Bachynski, plus on doit assumer des responsabilités. Les deux vont de pair. C'est pourquoi un aspect important de la gestion chez MPB est la revue des activités et des affaires qui a lieu chaque mois, **pour chaque division**. On examine habituellement quatre questions: les affaires nouvelles, les affaires courantes, la trésorerie, et les investissements dans de nouvelles affaires.

La stratégie de MPB

Pour une compagnie comme MPB, la stratégie est l'épine dorsale: c'est elle qui structure le présent et qui oriente le futur. Pour MPB, cette stratégie peut se définir comme suit:

1. MISSION SPÉCIFIQUE: développer de nouvelles technologies en opto-électronique et en télécommunications, et dans les champs connexes à l'expertise de la firme, et fournir des dispositifs complexes ainsi que des services ultraspécialisés à de grandes sociétés agissant comme **intégrateurs de systèmes.** De façon plus spécifique, la mission s'adresse à des niches de marchés bien identifiées au préalable.

La mission fondamentale de MPB n'a pas changé depuis le début. Elle repose toujours sur les mêmes assises de départ quoique le défi qui se pose maintenant est d'augmenter l'expertise interne afin de pouvoir s'adresser davantage au marché international.

MPB ne se considère pas comme une organisation de R-D, c'est-à-dire une firme réalisant de la recherche contractuelle pour le compte de divers clients. Son président précise: *«En vérité, on ne peut s'attendre à recevoir de l'argent pour de la recherche. L'unique raison du versement d'argent est l'anticipation ferme d'une résultat final, d'un dispositif particulier ou d'un nouveau produit. Par exemple, dans le cas de notre Wet-Mux, l'unique raison pourquoi AT&T et autres télécommunicateurs nous paient plus de 40 millions de dollars pour la R-D est que pour eux c'est la seule façon d'obtenir un **nouveau** multiplexeur sous-marin en opération».*

En conformité avec sa mission et dans le cadre de ses compétences, MPB exécute des contrats de recherche pour divers clients pour trois raisons:

a) cela l'aide à augmenter son expertise dans les champs qu'elle maîtrise déjà et à demeurer à la fine pointe des développements scientifiques et technologiques, par exemple le développement d'un nouveau laser dédié à une fin particulière;

b) cela lui permet de progresser plus vite là où elle veut aller, d'atteindre certains buts corporatifs, par exemple la maîtrise de la technologie VLSI, ce qui lui permettra en revanche d'offrir une gamme plus étendue et plus puissante de produits et de services;

c) enfin, cela lui procure l'opportunité de développer de nouvelles technologies à frais partagés lorsque les risques sont trop élevés ou les projets trop coûteux pour ses moyens, par exemple le projet TDS en télérobotique dont il fut question plus haut.

La mission de MPB découle d'un choix délibéré fait au départ: oeuvrer dans ce qu'on sait faire le mieux, c'est-à-dire la recherche scientifique et le développement expérimental. Pour vraiment percer dans ce domaine, il faut oeuvrer à l'échelle internationale. Morrel Bachynski résume la situation: *«Qui a besoin du genre de choses que nous pouvons faire? Eh bien, vous n'avez qu'à consulter la liste de nos clients: il s'agit de corporations qui ont les plus fortes capacités de recherche au monde, par exemple AT&T, British Telecom, Hughes Aircraft, NASA, etc. D'où vient la majeure partie de notre chiffre d'affaires? De l'étranger!»*

Chez MPB, c'est le client qui paie pour la recherche. Cependant, la firme alloue environ 18% de ses revenus de toutes sortes au maintien d'une **force de frappe**. Elle dépense plus de 2 millions de dollars par année de ses **fonds propres** dans la R-D, mais ses efforts sont toujours bien ciblés.

Donc, la base de la stratégie de MPB est de poursuivre une mission orientée vers les nouvelles technologies, aux frontières des connaissances. **Toute sa stratégie corporative est imprégnée de R-D, car c'est ce qu'elle sait faire le mieux.**

2. PRODUCTION RESTREINTE: MPB ne manufacture que ce qu'elle développe. Il peut s'agir d'un seul prototype, comme ce nouveau radiomètre aéroporté qu'elle a fabriqué pour l'Agence canadienne de l'environnement atmosphérique, ou de quelques centaines d'unités par année comme ce petit dispositif très ingénieux de transducteur électromécanique que MPB a inventé pour ajuster les lasers et qui ne coûte que 750$ l'unité. En revanche, le multiplexeur Wet Mux qui tient dans un petit baril va coûter plus de 24 millions de dollars pour cinq unités et 13 terminaux spéciaux qui s'y attachent. Il est évident que la multiplication de la production serait fort désirable pour MPB car elle hausserait les profits et faciliterait le financement de la R-D à l'interne. Cependant, la firme n'en est pas arrivée à ce point. Mais si un de ses produits s'avérait en grande demande, il lui serait facile de s'organiser en conséquence.

3. MARKETING LIMITÉ: quand on demande au président de MPB comment s'effectue le marketing dans sa firme, il répond non sans une pointe d'humour: *«avec beaucoup de difficultés!»*

Le genre d'affaires qui nourrit MPB a de quoi faire damner les spécialistes du marketing non rompus aux technologies de pointe: vendre des produits qui n'existent pas encore ou anticiper un marché qui est en pur devenir.

Morrel Bachynski est catégorique: *«Nous n'avons jamais vendu quoi que ce soit sans une communication directe, oeil à oeil, entre nos experts techniques et le client. Les gens viennent à nous parce qu'ils ont foi en notre capacité de résoudre leurs problèmes»*. Lorsqu'on lui demande quel est son personnel de marketing, il sort immédiatement son organigramme et il pointe son personnel technique. Selon lui, chaque scientifique, chaque ingénieur de sa firme doit être un vendeur. Cette approche est d'ailleurs celle suivie par les japonais: dès leur sortie de l'université, les ingénieurs doivent apprendre à vendre, ce qui les force à bien connaître le client.

4. FINANCEMENT LIMITÉ: MPB, une entreprise privée qui entend le demeurer, n'a pas de dettes à long terme et jouit depuis le tout début d'une bonne santé financière. Elle vit selon ses moyens. *«Vous faites ce que vous pouvez payer»*, affirme catégoriquement son président.

MPB n'a que faire de la comptabilité ingénieuse (*«creative accounting»*): elle refuse de capitaliser sa R-D, ce qui donnerait une image faussement sécurisante de sa posture financière. Et elle réinvestit constamment ses profits. C'est ainsi qu'elle peut financer ses investissements en capital et en R-D.

Au dire de Morrel Bachynski, il faut se tenir aussi loin que possible des banquiers et des financiers de capitaux de risque: *«Une firme qui n'est pas en bonne santé financière éprouve beaucoup de problèmes. Ainsi, sa direction doit passer 90% de son temps à se battre avec les banquiers alors qu'elle devrait pouvoir consacrer 110% de son temps à redresser l'entreprise et à la diriger»*. Selon M. Bachynski, cette énorme pression financière précipite la perte de l'entreprise.

5. GESTION PARTICIPATIVE: Morrel Bachynski n'y va pas par quatre chemins: *«la recette du succès c'est un personnel compétent et motivé, le **labeur** et la **frugalité»***.

Chez MPB les décisions se prennent en groupe car les questions à débattre sont très souvent hautement techniques. Il est donc impérieux que chacun puisse mettre la main à la pâte, apporter des solutions novatrices et exercer sa dextérité dans la réalisation des dispositifs et équipements qui fourniront des solutions adéquates aux problèmes des clients. Le plus beau compliment fait à M. Bachynski, à son avis, lui est venu du scientifique qui utilisait à bord d'un avion le nouveau radiomètre de cartographie des glaces arctiques conçu et fabriqué par MPB: *«c'est beaucoup plus que ce que nous avions commandé, c'est ce que, au fond, je désirais»*.

6. QUALITÉ DES RESSOURCES HUMAINES: la compétence du personnel compte beaucoup pour une entreprise comme MPB: la matière grise est l'essence même de toute l'activité. MPB compte proportionnellement plus de Ph.D. et M.Sc. chercheurs que tout autre entreprise au Canada.

MPB mise fortement sur la qualité de ses employés quelle que soit leur origine. L'entreprise compte 32 origines ethniques et son effectif de 185 se répartit à peu près comme suit: 25% francophones, 25% anglophones et 50% allophones. Dans les champs d'activité de la compagnie, c'est un microcosme de talents disponibles au Canada.

L'entreprise reçoit environ 20 demandes d'emploi par semaine de la part de scientifiques et d'ingénieurs et elle n'éprouve pas de problème de recrutement. Le président accorde une entrevue à chacun des nouveaux candidats mais il laisse à ses directeurs de divisions la décision finale. Il ne va pas à l'encontre de leur jugement mais il n'hésite pas à leur présenter des arguments en faveur ou contre tel ou tel candidat.

7. STRUCTURE ADÉQUATE: la structure en six secteurs d'activité s'impose en fonction des impératifs des travaux très spécialisés à effectuer. Cependant, les frontières entre les divisions sont franchies continuellement car plusieurs personnes sont appelées à collaborer constamment.

L'entreprise est structurée pour continuer à croître. Monsieur Bachynski espère en effet que chaque division deviendra un jour un autre MPB et prendra sa place au soleil. Pendant un certain temps, une division peut faire des affaires d'or pour se retrouver ensuite dans le pétrin pendant un certain temps. MPB agit donc en quelque sorte comme banquier, quoique les divisions jouissent d'une grande autonomie mais elles doivent respecter les règles de jeu pré-établies par la direction.

La structure repose sur une gestion par projets. Pour tout ce que MPB entreprend de nouveau, il y a toujours un directeur de projet. Celui-ci est recruté d'office dans une des six divisions. Pour réaliser un projet, il arrive souvent qu'une division va sous-contracter à une autre ou aller à l'extérieur pour obtenir l'expertise voulue.

8. VISER L'EXCELLENCE: chez MPB, la recherche de l'excellence n'est pas un vain mot ou un espoir mirifique. C'est une réalité quotidienne. Il faut toujours chercher à se dépasser, et son président prêche par l'exemple.

MPB n'irait pas loin si elle ne s'attaquait pas résolument au marché mondial. Pour ce faire, elle n'a pas d'autre choix que d'exceller dans ce qu'elle fait. Et à cette fin, elle doit recruter les meilleurs des meilleurs. Quel défi!

9. AVOIR CONFIANCE EN SOI: Morrel Bachynski fut réellement offensé lorsqu'à l'annonce de son contrat de 64 millions de dollars pour le Wet Mux des gens lui ont demandé: *«mais n'avez-vous pas peur de ne pas réussir quand personne ne s'est encore aventuré dans*

cette voie?» Aussi, sa devise est-elle: *«Ne pense pas que tu vas échouer»*, ce qui ne veut pas dire qu'il faille s'attendre à ce que tout marche sur les roulettes, que l'affaire baigne dans l'huile. Cette confiance en soi est, comme on le sait, une des grandes caractéristiques des entrepreneurs de toute origine et de tout acabit.

7. Conclusion

En visitant MPB et en discutant avec son président et le personnel, on réalise immédiatement que tous les membres de cette organisation ont foi en la science et la technologie. Non pas une foi aveugle mais une foi empreinte de sagesse et de détermination.

On comprend également que l'homme-orchestre qu'est Morrel Bachynski n'est pas seulement un scientifique de haut niveau et un philosophe que ses origines terriennes continuent d'influencer, c'est aussi un gestionnaire réaliste qui n'a que faire des artifices d'affaires. Par exemple, selon lui, les acquisitions sont souvent des moyens factices de croissance.

Pour Morrel Bachynski, la vraie richesse, c'est son entreprise et ce qu'elle peut intrinsèquement produire - des innovations remarquables! C'est pourquoi il faut accorder de l'importance à la **gestion de projets de R-D et de l'innovation**. C'est ce que Morrel Bachynski appelle *«le pain et le beurre»* d'une entreprise de haute technologie.

* * * * * *

CAS N° 3
BOMEM INC.

1. **SECTEUR:** Micro-électronique

2. **NATURE DES PRODUITS:** Instruments d'analyse moléculaire; spectromètres infrarouge à transformée de Fourier (FTIR)

3. **ANNÉE DE FONDATION:** 1973

4. **PROGRESSION DES VENTES:**
   (fin d'exercice: 31 déc.)

1985	5 986 041$
1986	7 384 865$
1987	13 597 707$
1988	16 138 711$
1989	17 883 894$
1990	15 391 000$
1991	17 210 285$

5. **RÉPARTITION DES VENTES EN 1989:**

Québec	6,5%
Reste du Canada	5,0%
États-Unis	36,3%
Reste du monde	52,2%

6. **DÉPENSES COURANTES DE R-D:** 7% des ventes (1 329 529$)

7. **NOMBRE D'EMPLOYÉS:** 123 (âge moyen: 33 ans) dont 20 ingénieurs et autres scientifiques

8. **PERSONNEL DE R-D:** 25 (dont 12 ingénieurs)

9. **PRÉSIDENT:** Gary L. Vail (42 ans)

10. **RÉPARTITION DU CAPITAL-ACTIONS:**

G. Vail	22,6%
H. Buijs	22,6%
J.N. Bérubé	22,6%
Employés	9,0%
Public	23,2%

11. **AVOIR DES ACTIONNAIRES:** 3 736 763$

12. **VALEUR DES ACTIFS:** 11 948 939$

13. **ADRESSE DE LA COMPAGNIE:** 450, ave. St-Jean Baptiste Québec (Qué.) Canada G2E 5S5

    Tél. : (418) 877-2944
    Fax : (418) 877-2834

TABLE DES MATIÈRES

                                                          Page

1. PROFIL GÉNÉRAL DE LA COMPAGNIE   68
   Produits   68
   Recherche-développement   69
   Situation financière   69
   Structure de l'entreprise   72
   Panoplie d'honneurs et distinctions   73

2. UNE STRATÉGIE TECHNOLOGIQUE ADAPTÉE AU
   SECTEUR   73

3. DES MARCHÉES INTÉRESSANTS MAIS DIFFICILES
   À PÉNÉTRER   79

4. UNE GESTION PARTICIPATIVE   81

5. RAISONS DU SUCCÈS   81

6. SEUL OU AVEC D'AUTRES   82

7. LEÇONS SE DÉGAGEANT DE L'EXPÉRIENCE DE
   BOMEM   83

BOMEM est un des principaux fabricants canadiens d'appareils scientifiques, en l'occurrence des appareils d'analyse moléculaire de haute précision. Seul manufacturier de spectromètres infrarouge au pays et quatrième leader mondial pour de tels appareils, cette firme ne cesse d'élargir sa gamme de produits.

Dans le secteur des appareils scientifiques la concurrence est féroce et se joue sur la haute réputation du fabricant ainsi que sur la qualité du service après-vente. Les appareils sont vendus sur la foi de leur haute performance, leur fiabilité et leur précision. Un puissant effort de marketing s'impose constamment et l'équipe de ventes doit savoir en tout temps rejoindre les clients potentiels, là où ils sont.

Cette industrie repose sur les développements scientifiques et elle sert directement au développement de nouvelles technologies qui, elles-mêmes, mènent à de nouveaux développements scientifiques, lesquels permettent l'invention de nouveaux appareils scientifiques, et la boucle recommence. La Figure 1 résume cette évolution maintes fois répétée pour une même famille d'instruments de mesure.

FIGURE 1

CYCLE D'ÉVOLUTION DES APPAREILS SCIENTIFIQUES

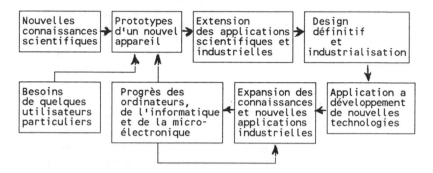

C'est ainsi que les progrès spectaculaires de la microélectronique et de l'informatique au cours des trois dernières décennies ont permis le rajeunissement d'un grand nombre d'instruments de mesure. Leur précision a augmenté considérablement. De plus, on leur a ajouté des services auxiliaires qui permettent de minimiser les temps d'exécution et de faciliter l'utilisation d'appareils fort complexes. À titre d'exemple de complexité, les spécifications même très concises d'un spectromètre moderne exigent trois pages de données!

BOMEM fut fondée en 1973 par messieurs Henry Buijs et Garry L. Vail. Le premier est physicien, ayant fait sa recherche doctorale sur un nouveau spectromètre infrarouge à transformée de Fourier (FTIR). Le second est ingénieur spécialisé en microélectronique. Les deux ont travaillé ensemble au Centre de recherche de Valcartier (CRDV) du ministère de la Défense nationale où ils se complétaient mutuellement: l'un, avec d'excellentes connaissances théoriques, était le semeur et développeur de nouvelles idées, l'autre était plutôt intéressé aux réalisations pratiques et à l'électronique. Maintenant, Henry Buijs est président du Conseil tout en dirigeant à temps complet les activités de marketing à l'échelle de la planète, alors que Garry Vail est P.D.G. et dirige les opérations. Cette combinaison heureuse a permis de développer une équipe dont les talents sont complémentaires les uns par rapport aux autres.

On comprendra aussi que la localisation à Québec ne soit pas fortuite puisque les fondateurs de l'entreprise sont des ex-chercheurs du CRDV.

1. Profil général de la compagnie

Un coup d'oeil à la fiche-type au début de cette section et aux données ci-dessous montre que BOMEM s'est rapidement imposée comme chef de file en spectroscopie infrarouge. La compagnie a constamment innové depuis le tout début de ses opérations. Elle conçoit, développe, fabrique et commercialise à l'échelle mondiale des instruments d'analyse de haute performance destinés à l'éducation, à la recherche, au contrôle de la qualité dans les industries et à la préservation de l'environnement.

Produits

La compagnie fabrique et commercialise cinq familles de produits:

DA3 et DA8: trois modèles de spectromètres infrarouge à transformée de Fourier (FTIR) haut de gamme destinés à la recherche en laboratoire et dont la valeur unitaire peut atteindre 275 000$; ces appareils sont vendus principalement au Canada, aux États-Unis, en Europe, au Japon et en Corée du Sud;

DA2: trois modèles de spectromètres FTIR haut de gamme destinés aux activités de recherche sur le terrain et dont la valeur unitaire peut atteindre 220 000$; ces appareils servent surtout aux mesures atmosphériques, à la surveillance militaire et à l'astronomie;

MICHELSON: trois modèles de spectromètres FTIR de moyenne gamme destinés au contrôle de la qualité et des procédés en usine et dont le coût maximum est de l'ordre de 35 000$;

LiMCA: deux modèles de compteurs de particules pour le contrôle de la qualité de l'aluminium de première fonte et dont le coût unitaire s'élève à environ 220 000$;

AlSCAN: un modèle d'analyseur de la quantité d'hydrogène contenu dans les bains d'aluminium fondu et dont le coût unitaire n'est que de 37 000$.

Les appareils BOMEM sont reconnus pour leur qualité, leur haute performance, leur fiabilité et leur durabilité. Ils conviennent à une multitude d'applications en recherche fondamentale aussi bien qu'à la recherche appliquée en chimie ou en chimie physique, de même que dans le contrôle de la qualité de divers produits: plastiques, produits chimiques, produits pharmaceutiques, matériaux semi-conducteurs, pétrole, gaz naturel et métaux légers. Les spectromètres BOMEM sont de plus en plus utilisés pour mesurer les émissions atmosphériques et la qualité de l'air.

Les spectomètres de la série DA3, notamment le très haut de gamme DA8 mis en marché en 1989, ont une performance supérieure à celle des appareils concurrents. Ces instruments opèrent sur une gamme de longueurs d'ondes d'opération allant de la micro-onde à l'ultraviolet, avec des résolutions spectrales pouvant varier de très basses à très hautes et s'avérant dix fois plus élevées que celles des produits concurrents. De plus, cinq appareils de manutention d'échantillons peuvent être montés simultanément sur le même spectromètre, ce qui permet à cinq équipes de recherche de partager le même appareil.

BOMEM compte actuellement 123 employés, dont 25 en R-D. À l'instar de la majorité des petites firmes de haute technologie, l'âge moyen des employés est seulement de 33 ans.

Recherche-développement

Bon an, mal an, BOMEM consacre depuis dix ans entre 4 et 15% de ses ventes à la R-D, soit plus de 7 millions de dollars depuis 5 ans (cf. Tableau 3), dont plus de 85% sont défrayés à l'interne. À cause de la conjoncture économique, dont la force du dollar canadien relative au dollar américain ainsi que la hausse des taux d'intérêt, la compagnie a dû récemment réduire la croissance de ses dépenses de marketing et de R-D.

Situation financière

Les résultats consolidés donnés en Tableau 1 montrent la position financière de la compagnie au cours des deux dernières années. Les ventes ont augmenté de 11% à 17,9 millions de dollars en 1989 alors qu'elles n'étaient que de 6,0 millions de dollars en 1985 et 2,7 millions de dollars en 1982. La compagnie a toujours été profitable sauf en 1988 où il lui fallut absorber une perte nette de 3,3 millions de dollars causée par des frais exceptionnels de 4,8 millions de dollars dus à l'expansion importante du réseau de ventes (1 033 756$), à la radiation de frais de commercialisation (1 390 992$) et de frais de R-D reportés (782 556$), et aux frais de développement de nouveaux produits (1 581 071$). En ce qui concerne le marché, on assiste depuis la mi-1988 à un ralentissement généralisé de la demande dans le secteur de l'instrumentation analytique, qui suit d'ailleurs le ralentissement économique observé dans le marché des biens durables.

TABLEAU 1

BILAN DE BOMEM INC. AU 31 DÉCEMBRE 1989

	1989	1988
ACTIF		
Actif à court terme		
Débiteurs	**5 268 001 $**	4 136 998 $
Stocks	**3 586 205 $**	4 899 324 $
Frais payés d'avance	**178 633 $**	227 673 $
Impôts sur le revenu reportés	**115 209 $**	143 739 $
	9 148 048 $	9 587 734 $
Immobilisation	**1 430 904 $**	1 919 021 $
Autres postes	**1 369 987 $**	1 642 981 $
	11 948 939 $	13 149 736 $
PASSIF		
Passif à court terme		
Découvert bancaire	**94 678 000 $**	978 859 $
Emprunt bancaire	**2 700 000 $**	3 705 000 $
Comptes fournisseurs et frais courus	**2 110 270 $**	1 951 098 $
Provisions pour garanties	**385 651 $**	443 650 $
Revenus reportés	**453 624 $**	146 452 $
Versements sur la dette à long terme	**596 542 $**	754 504 $
	6 340 765 $	7 979 563 $
Dette à long terme	**1 871 411 $**	1 467 943 $
	8 212 176 $	9 447 506 $
AVOIR DES ACTIONNAIRES		
Capital-actions	**3 601 645 $**	3 601 645 $
Bénéfices non répartis	**135 118 $**	100 585 $
	3 736 763 $	3 702 230 $
	11 948 939 $	13 149 736 $

TABLEAU 2

**RÉSULTATS CONSOLIDÉS DE BOMEM
POUR L'EXERCICE TERMINÉ LE 31 DÉCEMBRE 1989**

	1989	1988
Chiffre d'affaires	**17 883 894 $**	16 138 711 $
Frais directs	**8 812 370 $**	8 871 400 $
Frais de vente	**5 608 490 $**	5 619 463 $
Frais d'administration	**1 310 038 $**	1 063 500 $
Frais de R-D	**1 329 529 $**	630 756 $
Frais financiers	**782 037 $**	449 776 $
	17 842 464 $	16 634 895 $
Postes exeptionnels		4 788 375 $
	17 842 464 $	21 423 270 $
Bénéfice (perte) avant impôt sur le revenu	**41 430 000 $**	(5 284 559)$
Impôts sur le revenu Exigibles		5 000 $
Reportés (récupérés)	**6 897 000 $**	(1 905 824)$
	6 897 000 $	(1 900 824)$
Bénéfice net (perte nette)	**34 533 000 $**	(3 383 735)$
Bénéfice net (perte nette) par actions	**0,01 $**	(0,74)$

Inscrite à la Bourse de Montréal depuis décembre 1987, la compagnie a alors émis 1 050 000 nouvelles actions ordinaires et les a vendues pour une somme nette de 3,4 millions de dollars dans le cadre du Régime d'épargne-actions (REA) du gouvernement du Québec, ce qui équivalait à 23 % de son capital-actions. Les fonds recueilis ont servi en grande part (~66 %) à l'expansion commerciale de la compagnie: publi-cité accrue, entraînement des vendeurs et ouverture d'un bureau de ventes à Chicago. Le reste a été utilisé dans le développement de nouveaux produits, surtout le spectromètre DA8, qui représente la «Cadillac» parmi les appareils de ce genre.

Au cours de l'année 1986, 57 employés de BOMEM ont investi dans le capital-actions de la compagnie par l'entremise d'une société de placement dans l'entreprise québécoise: il s'agit de la première SPEQ-Employés à être formée au Québec. Lors de l'émission REA, les employés de la compagnie ont acheté 61 000 des nouvelles actions alors émises. Soulignons que tous les employés de la compagnie sont salariés et non-syndiqués. La compagnie n'a jamais connu d'arrêt de travail et la Direction juge que les relations de travail sont bonnes.

Comme toute entreprise du domaine public, BOMEM doit veiller à afficher constamment une bonne performance financière. C'est pourquoi elle déploie actuellement beaucoup d'efforts pour assurer une rentabilité immédiate. Ses travaux de recherche portent maintenant surtout sur le court terme bien que certains projets à long terme particulièrement innovateurs soient poursuivis.

Structure de l'entreprise

La structure de l'entreprise, qui est très simple, se présente comme suit:

FIGURE 2: **ORGANIGRAMME DE BOMEM**

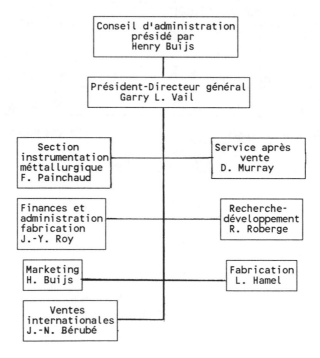

Panoplie d'honneurs et distinctions

Au cours des dernières années, la compagnie s'est particulièrement distinguée par ses innovations et par sa haute performance dans les ventes et l'exportation, comme en font foi les prix suivants qui lui ont été décernés:

1983	Design Canada Prix de distinction national en design	Conseil National du Design
1987	Mercuriades Mercure à l'exportation	Chambre de Commerce de la Province de Québec
1987	MICA Catégorie exportation	Conseil de l'Industrie de l'Électronique du Québec
1987	Vision Entreprise de l'année dans la région 03 du Québec	Ordre des Comptables Agréés du Québec
1988	Mercuriades Finaliste pour le Mercure du Produit de l'année	Chambre de Commerce de la Province de Québec
1988	MICA Catégorie entreprise de l'année	Conseil de l'Industrie électronique du Québec

2. Une stratégie technologique adaptée au secteur

La stratégie technologique de BOMEM comprend plusieurs volets que Garry Vail explique comme suit:

1. Tout d'abord, il y a la volonté d'**être un leader mondial**, reconnu pour l'originalité et la qualité de ses produits et de son service après-vente.

   Ce leadership, BOMEM l'a exercé dès le départ alors que le Dr. Buijs a été le premier à concevoir un interféromètre de précision (élément de base en spectroscopie), utilisant le contrôle rétroactif par microprocesseur pour corriger les erreurs des déplacements optiques. BOMEM a aussi été la première entreprise à marier l'optique moderne, l'informatique et la micro-électronique pour produire les spectromètres infrarouge à transformée de Fourier que l'on retrouve maintenant à travers le monde. Si bien qu'aujourd'hui, il y a plus de dix imitations des spectromètres FTIR de la série DA3 de BOMEM. Cependant, avec son nouveau DA8, BOMEM vient de faire un autre bond en avant.

BOMEM a pris une bonne longueur d'avance dans les instruments Michelson destinés aux opérations industrielles et à la sauvegarde de l'environnement. Son DA2 demeure unique en son genre pour les mesures, entre autres, de la pollution atmosphérique et des signatures militaires.

Depuis sa création, BOMEM s'est toujours spécialisée dans les équipements haut de gamme en améliorant constamment ses produits et en multipliant les accessoires afin de maintenir sa place de leader.

2. Ensuite, cette stratégie est supportée par un **effort important et soutenu de R-D**, généralement de l'ordre d'un million de dollars par année, ou environ 10% de la valeur des ventes. Au tableau 3, on remarque qu'il s'agit là surtout de fonds propres à la compagnie.

De 1985 à 1988 la compagnie a en plus dépensé en R-D quelque 410 875$ grâce à des prêts PDIR d'Industrie, Science et Technologie Canada, et PARIQ de la Société de développement industriel du Québec (SDI), et 590 738$ sous forme de subventions fédérales et québécoises de soutien à l'emploi.

L'effort de R-D est bien ciblé. La recherche vise des objectifs clairs et précis qui ont été longuement discutés et définis au sein d'équipes pluridisciplinaires comprenant à la fois des chercheurs et des employés de production. Ces équipes comprennent des ingénieurs engagés dans le service après-vente de même que des spécialistes du marketing bien renseignés sur les attentes des clients potentiels.

Le développement de chaque nouveau produit fait l'objet d'un plan d'affaires. À l'occasion, on fera une étude de marché formelle mais souvent une analyse interne de la situation commerciale suffira car très peu de consultants en marketing connaissent ce marché aussi bien que les spécialistes de BOMEM.

TABLEAU 3

INVESTISSEMENTS EN RECHERCHE-DÉVELOPPEMENT CHEZ BOMEM

Année	Fonds propres	Subventions et prêts gouv.	Total	Pourcentage des ventes	Personnel de R-D
1982	68 038$	68 244$	136 282$	5,0	15
1983	200 064$	87 924$	287 988$	9,0	20
1984	251 869$	188 310$	440 179$	8,0	30
1985	411 057$	301 919$	712 976$	12,0	33
1986	969 785$	106 107$	1 075 892$	15,0	38
1987	1 247 141$	63 344$	1 310 485$	9,6	50
1988	2 211 827$	334 951$	2 546 778$	15,8	78
1989	1 329 529$	254 716$	1 584 245$	8,8	25

3. Un autre volet important de la stratégie technologique est l'obtention de **contrats de R-D de la part de futurs clients potentiels à travers le monde.**

Cette stratégie a deux effets bénéfiques: d'une part, elle maximise les chances d'en arriver à un produit qui satisfasse vraiment les attentes d'un important client représentatif d'un secteur particulier; d'autre part, elle permet de réduire les frais de R-D, qui sont très élevés. De plus, le client contribue souvent de nouvelles idées qui aident à mieux concevoir le produit.

Une telle stratégie a servi BOMEM à merveille dans le cas de son appareil A*l*SCAN dont le développement fut défrayé par ALCAN et qu'elle commercialise maintenant à l'échelle mondiale. Par ailleurs, l'appareil L*i*MCA fut également le résultat d'un contrat octroyé par ALCAN, mais il s'agit d'un appareil dont l'usage lui est réservé. ALCAN s'en sert pour produire un aluminium de meilleure qualité pour ainsi devancer ses concurrents. D'importants contrats de R-D sont en cours, qui aideront l'entreprise à mieux se positionner dans l'aérospatiale d'une part, et dans la lutte à la pollution atmosphérique, d'autre part.

La compagnie anticipe une forte demande pour ses produits Michelson. Par exemple, les fabricants de produits en matières plastiques trouveront avantage à mieux contrôler la qualité de leurs produits grâce à un des spectro-mètres Michelson. Au Canada seulement, plus de 400 appareils pourraient être utilisés à cette fin.

4. La compagnie concentre ses efforts sur le **développement expérimental** avec, au cas échéant, la poursuite de **recherches appliquées.**

BOMEM considère qu'elle est trop petite pour se permettre d'oeuvrer en recherche fondamentale qu'elle laisse aux laboratoires universitaires, voire gouvernementaux. Elle concentre son activité de R-D sur la conception et la mise au point de nouveaux appareils ou sur le rajeunissement de ses appareils existants ou sur l'ajout de nouvelles fonctions. Par ailleurs, elle n'hésite pas à se tourner vers la recherche appliquée lorsque des problèmes se présentent en marge des appareils existants ou lorsque le développement d'un nouvel appareil soulève des questions non résolues ou mal explorées. Les scientifiques et ingénieurs de l'entreprise doivent donc posséder d'excellentes connaissances à la fois théoriques et pratiques, tant en optique moderne qu'en micro-électronique et en informatique.

Cet effort de R-D sera récompensé si les appareils se vendent bien, d'où l'importance pour BOMEM d'être continuellement à l'écoute des clients. Ceci, se fait de trois façons:

a) Le personnel de la compagnie et ses agents manufacturiers et distributeurs à l'étranger ont comme mandat d'être **à l'écoute des clients**, particulièrement les clients potentiels, et de faire les représentations nécessaires. Ils réussissent même assez souvent à leur vendre l'idée d'un contrat de R-D, qui permettra à BOMEM de leur fournir une solution inédite et appropriée à leurs besoins tout en réduisant ses coûts de développement d'un nouvel instrument.

b) Pour juger tel ou tel développement ou telle application nouvelle, les ingénieurs concepteurs, les chercheurs et les vendeurs ont appris à se référer constamment aux besoins des clients.

c) Enfin, les spécialistes du marketing sont à l'affût de nouvelles niches de marché.

5. BOMEM a comme engagement d'adopter de **meilleures techniques de fabrication**. De plus en plus, l'entreprise devient un **intégrateur de systèmes**. Pour réussir dans cette voie complexe, elle se préoccupe constamment de **faisabilité** et de **rentabilité**. Même si le coût de la main-d'oeuvre ne représente qu'environ 10 % du prix de vente de ses produits, BOMEM doit avoir un personnel très compétent et expérimenté car une telle entreprise ne peut survivre sans l'obsession de la plus haute qualité pour ses produits.

C'est pourquoi BOMEM a implanté en 1989 un système de **Qualité Totale**, qui s'est avéré un éclatant succès. En plus d'un souci plus généralisé pour la haute performance et la grande fiabilité des produits, l'application de ce programme a permis une augmentation du volume de la production tout en réduisant de 55 personnes l'effectif total de la compagnie, soit environ 30 % de l'effectif pour le même volume de production. Cet investissement a créé une mentalité d'efficacité et de rentabilité, aidant ainsi l'entreprise à mieux faire face à la concurrence. En moyenne, des gains de productivité de 40 % ont été enregistrés en 1989, ce qui a permis d'améliorer la marge bénéficiaire brute des produits de 1,1 % et de diminuer les frais de vente de 3,4 %.

Un programme de qualité totale entraîne nécessairement la **mobilisation du personnel** et s'appuie sur l'assentiment de toutes les couches de l'organisation. Les résultats escomptés sont exprimés en termes mesurables et vérifiables. Ces efforts intégrés se font maintenant sentir auprès de la clientèle par une plus grande satisfaction des produits et une diminution des coûts liés à la garantie.

6. L'adoption des techniques du **Juste-à-Temps**.

Dans la même veine, l'entreprise a introduit également avec beaucoup de succès l'emploi des techniques du Juste-à-temps (JAT) dans ses opérations. Cette amélioration a eu comme résultat une réduction de 8 semaines dans le temps total d'assemblage des produits de la série DA, soit une diminution d'environ 20 %. Elle a aussi entraîné une réduction de plus de 5 % des temps standards pour les autres produits, une diminution des inventaires de 500 000$ par rapport à l'année précédente tout en les gardant efficaces à 95 %, et la livraison aux dates promises dans 95 % des cas. De plus, les fournisseurs ont été amenés à une mentalité du JAT.

7. Le recours à la **collaboration universitaire et aux centres de recherche gouvernementaux**.

BOMEM maintient de nombreux liens avec les milieux de recherche universitaire et les laboratoires gouvernementaux. Cette pratique remonte aux origines de la compagnie alors que M. Buijs faisait un stage post-doctoral à l'Université Laval après avoir mis au point un nouveau spectromètre infrarouge à transformée de Fourier durant ses études doctorales à l'Université de Colombie-Britannique. C'est alors qu'il établit des relations avec le CRDV à Valcartier et qu'il se lia d'amitié avec celui qui allait devenir son partenaire, Garry Vail.

Si l'association avec le CRDV a été efficace, la collaboration reçue de la division de Chimie du Conseil national de recherches du Canada (CNRC) s'est avérée d'importance critique aux débuts de la compagnie. En effet, non seulement BOMEM a-t-elle bénéficié d'un important transfert de connaissances rares en chimie moléculaire et en techniques d'échantillonnage, mais elle a aussi reçu du CNRC deux importantes subventions PARI (166 000$ en 1980 et 477 000$ en 1983) pour lui permettre d'incorporer dans ses produits les technologies développées par le CNRC. Grâce à cet accord, BOMEM bénéficiait également de la crédibilité et de l'expertise d'éminents chercheurs du CNRC.

BOMEM explore constamment de nouvelles applications de ses
instruments d'analyse en collaborant aux recherches instrumentales dans
plus de 25 laboratoires universitaires dans le monde, notamment au
Canada, aux États-Unis, en Australie, en France, en Allemagne et en
Angleterre. Ainsi, un autre aspect important de la stratégie technologique de BOMEM est de **maintenir un réseau international
d'information** sur la spectroscopie infrarouge. Ce réseau aide non
seulement à développer de nouvelles applications et à trouver de
nouveaux clients, mais aussi à puiser continuellement à la fontaine
mondiale des nouvelles connaissances scientifiques.

8. L'octroi de licences et l'obtention de transferts de technologie.

La compagnie a accordé une licence, expirant en 1993, permettant
l'utilisation de sa technologie FTIR par le centre de recherche de la
multinationale Hughes Aircraft Company situé à Santa Barbara,
Californie, pour la fabrication d'appareils destinés aux sondes spatiales.
Cette licence prévoit des royautés proportionnelles aux ventes.

D'autre part, la compagnie a obtenu le droit de commercialiser deux
technologies appartenant à la compagnie Advanced Fuel Research du
Connecticut et permettant d'adapter les spectromètres FTIR de
BOMEM à la mesure de particules en suspension et aux besoins des
analyses thermogravimétriques. Ces technologies permettront à
BOMEM de commercialiser un nouvel instrument pour le contrôle de
fournaises et d'incinérateurs, et un autre pour la recherche sur les
polymères, l'analyse du charbon et des roches pétrolifères, ainsi que
l'analyse de certains matériaux de construction.

Dans la même veine, BOMEM s'est portée acquéreur en 1989 d'un
brevet se rapportant à une technologie de spectromètres FTIR mise au
point par la société Kayser-Threde GmBH de Munich, Allemagne de
l'Ouest. Cet achat lui confère un nouvel avantage sur ses compétiteurs
en lui permettant de produire des résultats d'analyse d'une qualité
exceptionnelle grâce à la grande fiabilité ainsi conférée à l'appareil.

BOMEM avait déjà mis au point un interféromètre pour son
Michelson 100 mais la firme allemande travaillait dans le même sens
et avait fait breveter une invention portant sur un interféromètre à
deux faisceaux pour la spectroscopie FTIR à l'aide d'un pendule rigide.
Cette technologie permet d'analyser des échantillons aussi petits qu'une
tête d'épingle, solides, liquides ou gazeux, qu'il s'agisse de matériaux
industriels, de pétrole, de drogues ou de contaminants comme le BPC.
L'entreprise possède maintenant les droits exclusifs d'utilisation de
cette nouvelle technologie dans tous les pays couverts par le brevet, soit
l'Allemagne, la Belgique, la France, la Grande-Bretagne, la Hollande,
l'Italie, le Liechtenstein, la Suisse, le Japon et les États-Unis.

En résumé, les produits de BOMEM sont **différenciés** par la technologie et offrent des fonctions spéciales et des performances élevées que peu de concurrents peuvent fournir. La stratégie en est donc une de **spécialisation** et d'occupation de **niches petites mais lucratives**.

Pour ce faire, le processus de planification est **explicite et précis**, avec un horizon d'au moins cinq ans à l'avance. Le processus est supporté par le haut niveau de **consensus** qui entoure les décisions importantes et par la dissémination du contenu essentiel de la stratégie à tous les paliers de l'organisation.

3. Des marchés intéressants mais difficiles à pénétrer

Pour assurer la vente et la commercialisation de ses produits, la compagnie compte deux bureaux de vente et de service à l'étranger, à savoir ceux de Wood Dale en Illinois aux États-Unis, et de Maarseen aux Pays-Bas. Le bureau américain effectue directement la vente des produits des séries Michelson et DA au Canada et aux États-Unis à l'aide de six vendeurs régionaux. Ce même bureau coordonne également les activités de cinq autres firmes d'agents manufacturiers pour la vente de l'ensemble des produits de la compagnie dans les pays asiatiques, surtout le Japon, la Corée du Sud et l'Australie.

Le bureau des Pays-Bas supervise 18 firmes d'agents manufacturiers et distributeurs spécialisés responsables des ventes en Europe (*sauf en Allemagne et au Royaume-Uni*) et en Inde. La compagnie maintient ses propres vendeurs à Mulheim-Rurh pour l'Allemagne, et à Manchester pour le Royaume-Uni.

Une équipe de dix spécialistes assure l'installation des instruments, l'entraînement des utilisateurs et le service après vente pour la plupart des pays. Au Japon, à Taïwan, en Corée du Sud et en Inde, ces services sont assurés par des distributeurs et agents manufacturiers. Leur personnel reçoit un entraînement spécialisé au siège social de la compagnie, avant d'être autorisé à offrir le service après vente. La garantie de service incluse dans le prix d'achat est d'une durée d'un an pour les produits des séries DA2 et DA3 et de deux ans pour ceux de la série Michelson alors que les concurrents de spectromètres Michelson offrent une garantie qui est deux à quatre fois plus courte. Quant aux produits de la série DA2, la compagnie est actuellement la seule à offrir ce genre d'appareil. Enfin, la compagnie détient présentement les droits exclusifs de fabrication des appareils LiMCA et AlSCAN.

La vente d'instruments de mesure n'est jamais facile car la concurrence est particulièrement forte. Par exemple, le marché mondial des spectromètres est occupé par trois gros concurrents: Nicolet, U.S.A. (26%), Perkin-Elmer (23%) et Digilab, U.S.A. (21%), alors que

BOMEM occupe 8% et que Bruker (Allemagne) recueille 7%, Mattson (U.S.A.) 5% et tous les autres 10%.

Selon une étude de marché préparée par Alpert & Sutcliffe, une firme américaine spécialisée dans les études de marché pour les instruments d'analyse, le marché mondial pour les instruments d'analyse moléculaire (plusieurs familles de spectromètres, de chromatographes, d'analyseurs thermiques, de densimètres, de scintillomètres scientifiques et de titrateurs) se chiffrait à environ 2,8 milliards de dollars (U.S.) pour 1987, dont 206 millions de dollars (U.S.) pour les spectromètres FTIR. Au dire de cette même firme de spécialistes, le marché FTIR devrait continuer à croître d'environ 20% par année à moins que ne survienne une importante récession économique.

Selon la même étude, la distribution géographique du marché mondial des spectromètres FTIR se répartit comme suit: 49% pour les États-Unis, 27% pour l'Europe, 15% au Japon et autres pays asiatiques, et 9% pour les autres pays industrialisés incluant le Canada.

En 1989, la répartition des ventes de BOMEM (17,9 millions de dollars) s'établissait comme suit:

Selon les produits:

Spectromètres des séries DA2 et DA3	53,1%
Spectromètres Michelson	32,6%
Analyseurs LiMCA et AlSCAN	10,0%
Contrats de recherche	4,3%

Selon les clients:

Industries	36,9%
Universités	33,9%
Laboratoires et services gouvernementaux	29,2%

Bien implantée à l'étranger et réalisant près de 90% de ses ventes à l'exportation, BOMEM compte continuer sa pénétration des marchés et profiter des changements mondiaux, notamment dans les pays de l'Est. D'autre part, plusieurs ventes se sont réalisées pour la première fois au cours de 1989 dans les pays suivants: Argentine, Brésil, Grèce, Hongrie, Hong-Kong, Nouvelle-Zélande et Thaïlande. La compagnie a établi en 1990 de nouveaux agents manufacturiers au Mexique et au Vénézuela, où la demande pour ce genre d'appareils semble particulièrement forte.

La compagnie réalise qu'elle doit accentuer son effort de marketing pour obtenir une plus grande part de marché. Or, le recrutement de spécialistes du marketing est difficile car cette fonction exige non seulement de solides connaissances en commercialisation et en vente mais aussi une compréhension poussée des instruments et de leurs applications.

4. Une gestion participative

La gestion de BOMEM est *participative*, avec une forte implication des directeurs de départements dans la prise de décision. De plus, les employés de l'usine et les techniciens sont souvent consultés.

Le *style de gestion* demeure relativement entrepreneurial quoique la production et le processus des projets de développement et la production soient formalisés et rigoureux. Le principe de champions de produits est suivi, de sorte qu'un ingénieur ou scientifique qui a une nouvelle idée intéressante la discute en équipe, obtient les approbations nécessaires et se retrouve souvent en charge du projet de R-D. Il peut même jouer un rôle-clé dans sa commercialisation.

Pour *motiver le personnel*, on accorde beaucoup d'importance à la reconnaissance du travail de chacun et à l'assignation de responsabilités en adéquation avec les goûts et les talents des individus. La compagnie n'offre pas d'incitations monétaires mais elle opère un système de boîte de suggestions qui fonctionne bien. La porte du président demeure toujours ouverte aux employés.

La compagnie déploie les meilleurs efforts pour que soient maintenues de *bonnes communications* entre la R-D, la production, le marketing et le service après vente. Au dire de Garry Vail, c'est là la clé du succès.

Le processus de *planification stratégique* est rigoureux et bien structuré avec des objectifs précis de ventes et de parts de marché pour chacun des produits. L'horizon de planification est de 5 ans avec quelques objectifs scientifiques d'une portée de 10 ans ou plus.

5. Raisons du succès

Si on demande à Garry Vail de nous expliquer pourquoi BOMEM a autant réussi à s'imposer dans les marchés internationaux, il nous répond:

1. *Un bon produit dans une bonne niche de marché.* Pour BOMEM, il s'agissait de répondre à d'importants besoins peu remplis par d'autres compagnies, par exemple les spectromètres de précision pour la recherche sur le terrain ainsi que les instruments de mesure de la qualité des produits fabriqués en usine et ceux qui servent à mesurer la qualité de l'air ou à contrôler les émissions atmosphériques.

De plus, il faut **penser marché**: bien identifier les clients, pressentir correctement leurs besoins, obtenir leur perception des moyens qui pourraient les aider à résoudre leurs problèmes ou à augmenter la profitabilité de leurs opérations, avoir avec eux un contact direct, le plus tôt possible.

2. *L'esprit d'équipe* qui prévaut partout dans la compagnie, ainsi que la **compétence** des employés et leur forte **motivation**.

3. La *complémentarité des deux fondateurs* de la compagnie, tant au point de vue technique qu'administratif et commercial.

4. *L'apport de contrats initiaux* de source gouvernementale ayant permis d'effectuer de coûteuses recherches appliquées et le développement expérimental qu'exigeait la mise au point technique des nouveaux instruments qui assureraient le démarrage des activités commerciales de la compagnie. Il y eut d'abord en 1975 un premier contrat de 35 000$ de la part d'Environnement Canada qui permit la conception et la construction d'un premier petit spectromètre. Par la suite, plusieurs contrats de recherche appliquée furent octroyés par le CRDV de Valcartier. Enfin, les deux subventions PARI du CNRC ont permis un transfert de technologie qui s'est avéré essentiel à la haute performance des spectromètres fabriqués par BOMEM.

6. Seul ou avec d'autres

Dans la vie d'une nouvelle entreprise technologique, le développement est conditionné par la disponibilité de capital. Au départ, les créateurs utilisent leur épargne personnelle puis à des étapes ultérieures, ils font appel aux gouvernements ou aux firmes de capital de risque. Par la suite, les impératifs de la commercialisation et le développement de nouveaux produits suscitent de nouveaux besoins de fonds. À cette croisée des chemins, certains dirigeants d'entreprise choisissent de s'associer à une autre entreprise, souvent un concurrent de plus grande taille. C'est le choix qu'on fait les dirigeants de BOMEM. Cette décision a pour effet de renforcer la situation financière de l'entreprise et de mettre un terme aux efforts ardus de financement, ce qui lui permet de mieux se consacrer à ses activités fondamentales. De plus, grâce à la fusion des réseaux de distribution, l'entreprise se trouve beaucoup mieux positionnée dans les marchés internationaux.

Le 24 juillet 1990, les dirigeants de BOMEM Inc. et de HARTMANN & BRAUN AG de Francfort, Allemagne, annonçaient conjointement qu'ils avaient conclu une entente selon laquelle les principaux actionnaires de BOMEM avaient convenu de consigner la totalité de leurs actions dans BOMEM (*soit environ 68% des actions émises en circulation*) dans le cadre d'une offre publique d'achat (*une "OPA"*) pour le compte de MANNESMANN DEMAG Ltd. de Mississauga, Ontario, une filiale à part entière de HARTMANN & BRAUN AG. L'OPA en question, au prix 1,25$ l'action en espèces, nette aux actionnaires, était conditionnelle à ce que 90% de toutes les actions émises en circulation de BOMEM aient été consignées aux termes de l'offre et que d'autres conditions soient remplies, ce qui fut fait avant la date d'échéance fixée au 24 août 1990.

HARTMANN & BRAUN AG est une des principales sociétés d'exploitation du groupe de MANNESMANN AG de Düsseldorf, Allemagne. Elle est un chef de file parmi les fabricants de dispositifs de contrôle. Elle fabrique et commercialise des instruments de mesure et des systèmes de contrôle pour l'équipement servant à la fabrication automatisée. Ses produits comprennent une gamme complète d'analyseurs de gaz en continu et de chromatographes en phase gaseuse fabriqués par APPLIED AUTOMATION Inc., filiale américaine en propriété exclusive de HARTMANN & BRAUN AG. Cette dernière a réalisé des ventes d'environ 750 millions de dollars canadiens au cours du dernier exercice et emploie plus de 8 000 personnes à travers le monde.

Après en être arrivés à une entente, les présidents de BOMEM et de HARTMANN & BRAUN ont émis le communiqué suivant:

> «Les principaux actionnaires de BOMEM Inc. s'attendent à ce que les connaissances de HARTMANN & BRAUN AG en matière de marchés et sa crédibilité dans le contrôle des émissions et de l'analyse des gaz d'usines améliorent la situation de BOMEM Inc. et lui permettent d'accroître son efficacité de ventes vers ces marchés et d'autres marchés.»

Il est prévu que la baisse de croissance du marché des spectromètres de haute gamme pourra être compensée par une croissance plus forte de celui des spectomètres utilisés dans le contrôle des procédés et dans la surveillance de l'environnement, grâce au réseau mondial de distribution de HARTMANN & BRAUN AG. La juxtaposition de la technologie, des produits et du personnel de BOMEM Inc. et de la réputation impeccable de HARTMANN & BRAUN AG sur les marchés industriels devrait permettre à BOMEM Inc. d'accroître sa pénétration de ces marchés.

Il est convenu que les dirigeants de BOMEM restent en poste.

Voilà comment le développement d'une entreprise technologique doit quelquefois donner lieu à une prise de contrôle afin d'assurer un meilleur positionnement dans les marchés internationaux tout en préservant les emplois et l'activité de R-D et de fabrication au Québec.

7. Leçons se dégageant de l'expérience de BOMEM

On pourrait en dire long sur les enseignements à tirer des 17 années d'expérience de BOMEM et des crises qui l'ont secouée lors de l'accélération de sa croissance. Nous ne retiendrons que les leçons qui viennent spontanément à l'esprit de M. Vail.

1. Partenariat. «S'il est une leçon magistrale qui se dégage de nos premières années d'opération en 1975-1979, de déclarer le président de la compagnie, c'est de ne pas avoir cherché assez fort à nous adjoindre des partenaires au départ, pour nous aider financièrement et techniquement à effectuer d'importantes percées dans les marchés

traditionnels». En effet, jusqu'à 1986 la compagnie n'a assuré son développement qu'à l'aide du réinvestissement systématique de ses profits, plutôt qu'en augmentant sa capitalisation par des investissements de source extérieure.

Or, le capital de risque est difficile à obtenir pour une PME technologique qui n'affiche pas encore une croissance phénoménale de ses ventes ou qui ne dispose pas d'une innovation mirobolante. Par surcroît, le capital de risque est coûteux et le mariage entre le financier et l'entrepreneur ne se fait pas facilement. En 1984, Garry Vail a négocié en vain avec quelques sociétés de capital de risque. Maintenant que la compagnie a grandi et qu'elle a accru sa présence dans les marchés, elle présente moins de risque et M. Vail espère cette fois pouvoir convaincre les investisseurs mais sans perdre le contrôle de la compagnie.

2. Marché local et marché international vont de pair dans le secteur des instruments scientifiques. L'entreprise croit qu'elle aurait pu entrer plus vite et mieux dans les marchés internationaux si elle avait pu obtenir une meilleure base financière et pallier sa sous-capitalisation. Par contre, l'entreprise a appris à vivre selon ses moyens et à faire preuve de créativité et d'énergie pour progresser en dépit de ressources fort restreintes.

L'entreprise a une stratégie commerciale bien arrêtée. Après avoir eu recours à un agent manufacturier aux États-Unis, elle a opté plutôt en 1988 pour un réseau de six vendeurs régionaux dans ce pays. Elle a appris à développer son réseau de ventes dans de nombreux autres pays.

3. L'efficacité de l'action sur les marchés dépend de l'image de qualité que projettent la compagnie et ses produits, ce qu'a fait BOMEM en implantant avec succès un programme de Qualité totale, de quoi faire l'envie des Japonais, ceux qui ont inventé cette méthode. *«Au début d'une entreprise, on a tendance à couper court, à aller au plus pressé, on n'attache pas assez d'importance au contrôle rigoureux de la qualité et on néglige même l'esthétique des produits»*, affirme M. Vail.

Dans l'industrie des instruments scientifiques l'image de marque compte pour beaucoup car ce sont souvent les scientifiques ou les ingénieurs qui décident du choix de tel ou tel appareil. Or, il est difficile, même pour une grande compagnie, de connaître tous les clients potentiels. C'est pourquoi il faut investir beaucoup d'argent dans la commercialisation, la publicité, et surtout ne pas lésiner sur le service après-vente.

4. Nécessité d'un bon contrôle financier. Pour pouvoir grandir et prospérer, toute entreprise doit avoir une position financière assez saine. Même si l'entreprise offre de nouveaux produits mirobolants, le gérant de banque pour sa part ne perd jamais de vue la rentabilité

de l'entreprise. Il faut donc marier croissance avec survivance, développement avec existence, trésorerie disponible avec espoirs du futur.

La compagnie a eu de la chance. En 1980, quand elle commença à produire sa deuxième génération de spectromètres FTIR DA3, elle s'est mise à fabriquer cinq unités, ce qui représentait alors un énorme investissement. Heureusement, elle parvint à les vendre assez rapidement, ce qui lui fournit les liquidités nécessaires à son développement.

Selon M. Vail, on oublie souvent que la mise en marché coûte très cher, souvent autant que la R-D elle-même. Une PME doit veiller à ne pas trop s'endetter quand elle fait sa R-D car si elle ne réussit pas à atteindre ses objectifs techniques, ce qui arrive souvent, elle perd tout, alors que si elle réussit il lui faut trouver les fonds pour la production pré-série et ensuite défrayer la commercialisation, autant d'étapes qui intéressent peu les banquiers. Le scepticisme de ces derniers est augmenté lorsqu'une entreprise a réussi à obtenir un prêt gouvernemental, par exemple de la SDI ou de l'AQVIR, car ce prêt figure au passif de la compagnie et le capital intellectuel ainsi obtenu ne vaut rien dans l'esprit du banquier s'il n'y a pas de puissantes ressources pour l'exploiter commercialement.

5. Maîtrise de la technologie. À l'instar des PME technologiques à succès, on ne peut vraiment réussir dans ce genre d'affaires sans une complète maîtrise de la technologie en jeu. D'une part, ceci nécessite un effort soutenu et souvent important de R-D. D'autre part, il faut constamment demeurer sur le qui-vive au sujet de ce qui se passe dans le monde de la science comme de la technologie, et assurer en conséquence la formation du personnel et le recyclage de la main-d'oeuvre.

6. Endurance et persévérance. En dépit de l'inévitable stress qui sape la vigueur des dirigeants, ces derniers doivent avoir une résilience telle qu'ils puissent traverser raz et marées et tirer leur épingle du jeu tout en assurant la rentabilité de l'entreprise. Ceci exige souvent une forte dose d'endurance et de persévérance, deux vertus qu'ont su pratiquer les deux co-fondateurs de BOMEM.

7. Savoir traverser les crises de croissance. Une PME technologique qui réussit peut devenir victime de son propre succès. L'accélération du rythme d'activité se traduit par toutes sortes de pressions, dont non les moindres sont les découverts à la banque et les difficultés de recruter des personnes qualifiées et de les entraîner.

BOMEM a réussi à traverser deux crises de croissance à ce jour. La première survint en 1981 alors que le chiffre d'affaires grimpa de 77 474$ à 2 003 999$ en un an. La seconde se produisit lorsque les ventes augmentèrent de 6,3 à 13,6 millions de dollars de 1985 à 1987.

Il va sans dire que la seule façon de traverser de telles crises avec succès est d'avoir une gestion solide et éclairée et de surveiller particulièrement l'aspect financier des opérations.

* * * * * *

CAS N° 4
MULTISENS INC.

1. **SECTEUR:** Micro-électronique

2. **NATURE DES PRODUITS:** Capteurs et instruments électroniques

3. **ANNÉE DE FONDATION:** 1988

4. **PROGRESSION DES VENTES:**
   (fin d'exercice: 31 août)

1989	110 000$
1990	435 000$
1991	625 000$
1992	950 000$

5. **RÉPARTITION DES VENTES EN 1990:**

Québec	70%
Reste du Canada	20%
États-Unis	10%

6. **DÉPENSES COURANTES DE R-D:** 35% des ventes

7. **NOMBRE D'EMPLOYÉS:** 18 (âge moyen: 32 ans) dont 7 ingénieurs

8. **PERSONNEL DE R-D:** 7 (tous professionnels)

9. **PRÉSIDENT:** Michel English (36 ans)

10. **RÉPARTITION DU CAPITAL-ACTIONS:**

Michel English	22%
Claude Porlier	22%
Pierre Michaud	22%
Employés	6%
Hymac	28%

11. **AVOIR DES ACTIONNAIRES:** 250 000$

12. **VALEUR DES ACTIFS:** 815 000$

13. **ADRESSE DE LA COMPAGNIE:** 2633, boul. Le Corbusier
    Chomedey (Qué.) Canada
    H7S 2E8

    Tél. : (514) 973-8228
    Fax : (514) 973-1966

TABLE DES MATIÈRES

Page

1. LA GESTATION: CE QUE L'ON VEUT FAIRE 88
   L'expérience chez Bendix 88
   Le goût d'aller plus loin, de se lancer en affaires 89
   À la recherche d'une idée 90

2. LE LANCEMENT: CE QUE L'ON PEUT VÉRITABLE-
   MENT FAIRE 91
   Un départ très conservateur 91

3. LE PREMIER PRODUIT VEDETTE DE MULTISENS:
   L'HYGROMÈTRE PIÉZO-ÉLECTRIQUE À FROID 92

4. MULTISENS: UN SOUS-TRAITANT INNOVATEUR AU
   SERVICE DES ENTREPRISES 94
   Hymac: un capteur pour un raffineur de pâtes à papier 94
   Geneq: un débimètre ultrasonique pour mesurer le débit dans
   une conduite ouverte 95
   Bombardier: un transducteur de pression différentiel pour
   le LRC 96
   La sous-traitance: stabilité financière, visibilité et
   développement 97

5. LES AXES DE DÉVELOPPEMENT, LA STRUCTURE ET
   L'ORGANISATION 98
   Les axes de développement actuels et futurs 98
   Structure et organisation 99
   Oui, mais demain matin: le défi de la commercialisation . . . 101
      1. le choix du créneau 101
      2. les produits offerts 101
      3. l'utilisation des compétences 102
      4. le choix des partenaires 102

Le cas de MULTISENS est riche d'enseignements sur la créativité. Il nous rappelle la fameuse parole de Crawford H. Greenewalt: «*For many things we can find substitutes but there is not now, or will there ever be, a substitute for creative thought*».

1. La gestation: ce que l'on veut faire

L'expérience chez Bendix

En 1980, Michel English, un diplômé de l'École de Technologie Supérieure de l'Université du Québec, est engagé comme superviseur à la production chez Bendix Avelex inc., une filiale du Groupe américain

Allied Signal Aerospace. Cette entreprise se spécialise notamment dans la fabrication de contrôles d'alimentation de carburant pour les moteurs d'avions et dans le développement d'appareils et d'instruments qui utilisent des technologies comme la thermographie à l'infrarouge et l'intensification d'images. De plus, Bendix assure plusieurs contrats d'entretien pour la Défense canadienne.

Entre 1980 et 1986, Michel English occupe des postes de supervision au niveau manufacturier, au niveau du contrôle de la qualité, en R-D et en gestion de projets. À la fin de 1986, il devient responsable du développement technique et commercial d'un projet de la Défense canadienne, le «*Night Vision System*», un système de vision nocturne hautement sophistiqué. En l'espace d'une année, les ventes de ces systèmes grimperont à plus de 20 millions de dollars.

Lorsqu'on lui demande ce qu'il retient de ces années, Michel English nous répond d'emblée, sans aucune hésitation et sans la moindre prétention, que tous ces postes lui ont permis d'acquérir une grande polyvalence en gestion. Il nous dira très franchement, que ce qu'il connaît aujourd'hui, c'est Bendix qui le lui a enseigné.

Le goût d'aller plus loin, de se lancer en affaires

Au début de 1988, malgré ses succès, English commence sérieusement à réévaluer son avenir au sein de l'entreprise. Les aléas quotidiens d'une grande entreprise limitent à son avis son potentiel innovateur et sa créativité. Il croit que ses capacités sont sous-évaluées, ses compétences ne sont que partiellement reconnues et utilisées. Bref, selon sa propre expression, «*il est mûr pour un changement, pour passer à autre chose, pour relever un nouveau défi, entreprendre un nouveau projet*».

Après plusieurs remises en question et avoir évalué et soupesé plusieurs options, plusieurs opportunités, il décide qu'il est temps pour lui, s'il veut se réaliser pleinement, de quitter Bendix et de lancer sa propre entreprise. Conscient cependant qu'il peut difficilement se lancer seul en affaires, English parle alors de son projet à Claude Porlier et à Pierre Michaud, deux autres ingénieurs de Bendix. Porlier est un ingénieur en électronique, récipiendaire du «*Achievement Award*», un prix remis chaque année aux ingénieurs les plus méritants de l'entreprise. Michaud, pour sa part, est un spécialiste en génie électrique. Comme English, ces deux ingénieurs estiment que l'expérience acquise chez Bendix a été très profitable, qu'elle leur a permis de développer et d'approfondir leurs compétences et leurs habiletés techniques, mais qu'il est temps pour eux de songer à autre chose. Le projet d'English tombe donc à point. Et, après mûre réflexion, Porlier et Michaud décident de s'associer à English.

À ce moment-là, English et ses deux nouveaux partenaires n'ont pas encore une idée précise du marché qu'ils comptent exploiter. Ils connaissent cependant la nature du produit qui correspondrait pour eux à une valeur sûre sur le marché: un produit dont la technologie n'est pas développée au Canada mais qui est fortement importé par des entreprises canadiennes.

À la recherche d'une idée

À la recherche d'un marché en pleine croissance et riche en opportunités technologiques, ils décident d'examiner les différentes statistiques répertoriées dans les périodiques de Statistiques Canada. À la lumière de ces statistiques, ils découvrent notamment que le marché des capteurs et des instruments électroniques destinés aux industries des pâtes et papier, du transport et de la pétrochimie, répond parfaitement à leurs aspirations et à leurs critères de départ: la R-D y est pratiquement inexistante au Canada; les prévisions[1] pour les années à venir laissent supposer un marché en pleine croissance; les importations (180 millions de dollars au Canada en 1986) prévues en instruments électroniques au Canada devraient normalement dépasser 250 millions en 1988 et atteindre 520 millions en 1995.

Sur la base de ces données, English et ses deux partenaires reconnaissent a priori qu'il existe là une opportunité d'affaires intéressante, une opportunité qui mérite d'être exploitée. Ils développent donc un premier plan d'affaires afin de réunir le capital nécessaire à la création d'une entreprise qui se spécialiserait dans le développement et la fabrication d'instruments de mesure à base de capteurs électroniques[2].

À leur avis, le plan d'affaires est un instrument de travail extrêmement utile pour l'entrepreneur: cela le force à préciser ses objectifs, à clarifier sa vision de l'entreprise, à articuler les moyens aux objectifs. Finalement, le plan d'affaires est aussi un instrument de communication entre les associés: ils sont obligés d'accorder leurs violons.

À la fin d'août 1988, avec une mise de fonds de 50 000$, une subvention de 60 000$ de l'Office de planification et de développement du Québec (OPDQ), un prêt de 50 000$ de la Société de développement industriel

---

[1] Selon **Market Intelligence Research Co.** de Palo Alto en Californie, le marché international des capteurs, principalement desservi par les États-Unis, devrait connaître une forte expansion au cours des cinq prochaines années: avec une croissance annuelle prévue de 10 %, le potentiel de ventes de ce marché devrait passer de 4 milliards de dollars en 1986 à 9,1 milliards de dollars en 1995. Toujours selon ce même institut, les types de produits actuellement les plus populaires sont les capteurs de pression et de température.

[2] Incidemment, avec ce plan d'affaires, ils vont se mériter une bourse de 10 000$ (3e place) au concours "Créateurs d'entreprise" organisé conjointement par la Chambre des notaires, le salon "Le Monde des Affaires" et la Fondation de l'Entrepreneurship du Québec.

(SDI), une marge de crédit de 45 000$ et un prêt bancaire de 100 000$, English et Michaud quittent Bendix pour fonder MULTISENS. Claude Porlier, pour sa part, se joindra à la nouvelle entreprise un peu plus tard.

2. Le lancement: ce que l'on peut véritablement faire

Un départ très conservateur

Les deux premiers produits que MULTISENS tente de commercialiser sur le marché local sont un transmetteur de pression et un transmetteur d'humidité. Fabriqués à partir de capteurs hautement performants, ces deux produits sont couramment utilisés par les entreprises qui oeuvrent dans les secteurs des pâtes et papier, la pétrochimie et le transport.

Lorsqu'on demande à Michel English pourquoi lui et ses partenaires ont choisi au départ de développer et de vendre ces deux produits très conservateurs, il répond que trois facteurs importants ont grandement influencé leur décision. En premier lieu, le marché des instruments et des capteurs électroniques présente un potentiel d'affaires intéressant à long terme. En second lieu, les produits les plus populaires sur le marché de l'instrumentation électronique sont des transmetteurs de pression, de température et d'humidité. Finalement, au moment de sa création, MULTISENS ne disposait pas des ressources nécessaires pour se lancer à corps perdu dans un programme de R-D, programme qui lui aurait sans doute permis de développer des produits plus novateurs ou du moins des produits techniquement améliorés.

Somme toute, l'hypothèse faite par English en lançant son entreprise est qu'à qualité égale les entreprises québécoises préféreront acheter de MULTISENS car cette dernière, géographiquement mieux située que ses concurrents ontariens ou américains, peut garantir un délai de livraison plus court.

Dans les faits cependant, les deux produits de MULTISENS ne battront pas de record de vente sur le marché québécois, du moins pas la première année. En effet, en 1988, les ventes, réparties à peu près également entre les deux transmetteurs, se chiffreront à 110 000$ et le déficit atteindra environ 75 000$.

Inquiétant? Pas vraiment, aux dires de Michel English: *«les ventes des deux transmetteurs, malgré un lent départ en 1988, ont tout de même permis de nous faire connaître sur le marché auprès des entreprises québécoises»*. De plus, une partie des revenus provenant de ces ventes a servi directement à financer deux projets de recherche très innovateurs. Ainsi, de concert avec les ingénieurs de la NASA et avec l'aide d'une subvention du CNRC, nous avons pu développer un capteur polymère pour mesurer l'humidité atmosphérique. Ce nouveau capteur, actuelle-

ment un des plus performants au monde, a remplacé, dès la seconde
année, le capteur initialement utilisé pour fabriquer le transmetteur
d'humidité. Par ailleurs, Claude Porlier a également développé, durant
cette première année, l'hygromètre piézo-électrique à froid, un produit
qui risque d'assurer à lui seul la pérennité de MULTISENS pour les
années à venir.

3. Le premier produit vedette de MULTISENS: l'hygromètre piézo-électrique à froid

La majorité des corps gazeux sont par définition des corps hygrométri-
ques, c'est-à-dire des corps qui réagissent chimiquement, physiquement
ou électriquement à l'eau. Or, dans plusieurs procédés industriels (*le
craquage des gaz dans l'industrie de la pétrochimie, par exemple*), ces
réactions sont souvent indésirables car l'eau altère les différentes
propriétés des gaz.

Pour les entreprises qui utilisent ce genre de procédés industriels, il est
donc impérieux de connaître, en partie par million (ppm), le nombre de
molécules d'eau contenues dans le gaz. L'hygromètre à miroir optique
est l'instrument couramment utilisé pour mesurer l'humidité absolue dans
un gaz à faible concentration. Son principe de fonctionnement est assez
simple: dans une boîte hermétique, on refroidit un miroir optique jusqu'à
ce que les molécules d'eau contenues dans le gaz commencent à se
condenser. Arrivées au point de condensation, les molécules d'eau, plus
lourdes, se déposent alors directement sur le miroir, modifiant instantanément son angle de réflexion. Dès que cette différence de réflexion est
perçue par un photodétecteur, un capteur de température enregistre
immédiatement la température. C'est à partir de la température
enregistrée au moment où les premières molécules d'eau commencent à
se déposer sur le miroir qu'on arrive à déduire, indirectement, leur
nombre dans le gaz.

Bien qu'ingénieux, cet instrument présente néanmoins de sérieuses
limites, la plus importante étant sans contredit l'imprécision de sa mesure
après un certain temps. En séchant, les molécules d'eau tachent le miroir
optique et modifient du même coup la calibration de l'appareil. On doit
donc nettoyer le miroir régulièrement, ce qui multiplie non seulement les
coûts de maintenance mais aussi les pertes de temps.

L'hygromètre de MULTISENS éviterait toutes ces manipulations en plus
d'augmenter la précision de la mesure. L'idée est très innovatrice: on
remplace le miroir optique à l'intérieur de l'hygromètre classique par une
plaque de quartz de neuf millièmes de pouce.

Les recherches faites par Porlier et celles de plusieurs chercheurs ont démontré qu'il suffisait d'une masse infinitésimale, de l'ordre de 10^{-12} gramme, pour modifier substantiellement la fréquence oscillatoire du quartz[3]. Le principal avantage du quartz est que, contrairement au miroir optique, il ne nécessite pratiquement aucun entretien car les taches laissées par les molécules d'eau en séchant n'affectent en rien ses propriétés physiques. L'instrument n'ayant pratiquement jamais besoin d'être ouvert (*le quartz ayant une durée de vie utile très longue*), sa calibration peut donc se faire automatiquement par informatique[4].

Avec ces résultats en tête, Porlier construit donc, dès 1988, un premier prototype en prenant bien soin toutefois de remplacer, à l'intérieur de son hygromètre, le miroir optique par une plaquette de quartz. Il y introduit ensuite un gaz, puis progressivement refroidit le quartz jusqu'au point de condensation des molécules d'eau. Il anticipe alors que le poids des molécules d'eau qui se déposeront sur le quartz refroidi, modifieront sa fréquence. Comme pour l'hygromètre classique, il n'aura alors qu'à enregistrer la température et à calculer le nombre de molécules d'eau dans le gaz. «*Ce qui était formidable, à ce moment-là*, nous confie Michel English, *c'est que nous savions que si ça marchait, on aurait alors un produit très innovateur, un produit en fait qui nous permettrait de conquérir à peu près 25% d'un marché d'environ 100 millions de dollars*».

Comme dans un conte de fées, l'expérience est concluante. Au moment où les molécules d'eau se déposent sur le quartz, la fréquence oscillatoire de ce dernier enregistre une chute très significative. Sans hésiter un instant, MULTISENS fait breveter son nouvel instrument au Canada et aux États-Unis. L'entreprise demande également une subvention au CNRC pour pouvoir se lancer rapidement dans la phase de développement de ce nouveau produit novateur. Le CNRC et l'Entente Canada-Québec de développement technologique octroieront, respectivement, 50 000$ et 109 000$ au projet.

Or, il apparaît rapidement que même avec cette subvention, MULTI-SENS ne dispose pas encore des fonds nécessaires pour développer son nouvel hygromètre. La question se pose donc pour English et ses confrères: où trouver le financement pour développer et lancer sur le marché l'hygromètre?

---

[3] Le quartz est un minéral très abondant dans la nature. Il est extrêmement résistant et possède des propriétés piézo-électriques. Il oscille naturellement à une fréquence de 6 MHz.

[4] La masse d'une tache d'eau séchée est suffisante pour modifier la fréquence originale du quartz. La plaquette informatique calibre l'appareil automatiquement en calculant la différence entre la fréquence initiale et la fréquence réelle du quartz. En fait, elle ajuste simplement la calibration de l'appareil en fonction de la différence des fréquences.

Aussi étrange que cela puisse paraître, ils n'auront pas vraiment à répondre à cette question. En effet, entre la fin de la première année et le milieu de la seconde, MULTISENS décrochera trois contrats de sous-traitance importants. La réalisation de ces contrats permettra à l'entreprise non seulement de relever avec succès des défis techniques importants en faisant preuve de créativité et d'innovation, mais elle fournira aussi les ressources nécessaires au financement des projets de R-D, notamment celui de l'hygromètre. Encore une fois, le vieil adage couramment utilisé en gestion, «*pour réussir en affaires, il faut toujours avoir un peu de chance*», était vérifié.

4. MULTISENS: un sous-traitant innovateur au service des entreprises

Hymac: un capteur pour un raffineur de pâtes à papier

La première entreprise à solliciter les services professionnels de MULTISENS, Hymac, est une entreprise québécoise spécialisée dans la vente de systèmes et d'équipements pour l'industrie des pâtes et papier. Cette entreprise a alors besoin d'une sonde capable de mesurer au millième de pouce la distance entre les deux plaques de leur produit vedette, le raffineur de pâtes à papier haute consistance. Cette mesure est fondamentale dans le processus de défibrélisation/refibrélisation des copeaux de bois pour les transformer en pâte à papier car elle permet un contrôle optimal de la qualité de la pâte produite.

Au début de 89, lorsque les dirigeants d'Hymac demandent à MULTI-SENS de les aider à développer cette sonde, ils sont au bord du désespoir. Après avoir investi trois ans d'efforts et plus de 250 000$ en R-D au profit de deux entreprises américaines spécialisées en instrumentation, Hymac n'est pas encore arrivée à fabriquer une sonde durable et performante. La raison invoquée: l'environnement particulièrement difficile à l'intérieur duquel s'effectue la transformation[5] des copeaux en pâte affecte beaucoup trop rapidement la partie de la sonde qui sert à mesurer la distance entre les deux plaques.

Pour MULTISENS, ce contrat représente un défi doublement intéressant. D'une part il permet à l'entreprise de pénétrer le marché des pâtes et papier et d'autre part, il représente un potentiel d'affaires à long terme estimé à 600 000$ par année[6].

---

[5] Le raffinage des copeaux de bois à l'intérieur du raffineur se fait à partir d'un procédé thermomécanique qui dégage énormément de chaleur et de vapeur d'eau.

[6] On doit changer la sonde chaque fois qu'on change les plaques du raffineur, c'est-à-dire tous les deux mois. En 1991, Hymac avait déjà vendu 79 raffineurs et prévoyait augmenter ce nombre à 100 d'ici cinq ans. Le prix d'une sonde est de 1 000 $.

En moins de six mois, les ingénieurs de MULTISENS trouveront une solution ingénieuse au problème d'Hymac. Ainsi, au lieu de fabriquer l'extrémité de la sonde en acier comme le faisaient les sous-traitants américains, ils optent plutôt pour la céramique industrielle, un matériau beaucoup plus résistant à l'eau et à la chaleur.

En réglant définitivement et de façon aussi professionnelle le problème d'instrument d'Hymac, MULTISENS augmente donc du même coup systématiquement son pouvoir de fournisseur. Se sentant alors prise dans une position extrêmement dépendante et vulnérable, Hymac, pour se protéger, n'hésitera pas à proposer à English d'investir dans son entreprise. Ce dernier acceptera l'offre et au 31 août 1991 la participation d'Hymac dans MULTISENS représentait 28 % du capital-action.

Geneq: un débitmètre ultrasonique pour mesurer le débit dans une conduite ouverte

Geneq est une société québécoise qui vend et distribue des instruments électroniques utilisés pour mesurer certains paramètres environnementaux (*l'eau, le sol et l'air par exemple*). Au printemps de 1989, elle demande à MULTISENS de développer un débitmètre qui mesurerait le débit volumique d'un liquide dans une conduite ouverte. Geneq possède déjà ce genre d'instrument mais son fournisseur américain vient de déclarer faillite. Ce produit n'étant pas encore manufacturé par une entreprise canadienne, MULTISENS voit donc là une opportunité d'affaires très intéressante et accepte le contrat.

Par définition, le débit volumique est égal au produit de la vitesse du liquide multipliée par l'aire de la conduite. Dans le cas d'une conduite ouverte, il faut également tenir compte de la profondeur du liquide dans la canalisation. En partant de cette définition mathématique, MULTI-SENS a développé un débitmètre à ultrasons portatif, le *«Flo-Log»*.

Cet instrument sert à mesurer la vitesse du liquide[7] par le biais d'un capteur placé à l'intérieur de la conduite qui émet des ultrasons en amont et en aval. Lorsque les ultrasons se réfléchissent sur les différentes particules en suspension dans le liquide, il se produit un déphasage au niveau de l'onde de fréquence ultrasonique. Le capteur enregistre le déphasage entre l'onde de fréquence émise et l'onde de fréquence reçue et arrive à déterminer avec précision la vitesse des particules en suspension dans le liquide. En connaissant leur vitesse dans le liquide, on peut donc facilement déduire la vitesse du liquide.

---

[7] On fait ici référence au phénomène physique connu sous le nom de l'effet Doppler.

La profondeur du liquide dans la canalisation est déterminée à partir d'une sonde ajustable qui mesure d'abord la pression du liquide. L'aire de la conduite, par ailleurs, est calculée par différence[8].

Le «*Flo-Log*» de MULTISENS peut recueillir les données chaque minute, chaque heure ou selon les besoins de l'utilisateur. Ces données sont ensuite acheminées vers un ordinateur branché directement sur le débitmètre. Cet ordinateur peut enregistrer jusqu'à trois mois de données et possède en mémoire les données relatives à l'aire totale de la conduite. Il peut donc calculer instantanément le débit du liquide dans la conduite ouverte en amont et en aval.

Cet instrument est innovateur car il combine des capteurs de pression et de vitesse pour mesurer le débit d'un liquide dans une canalisation mais aussi parce qu'il mesure le débit en amont et en aval. Ces innovations techniques augmentent systématiquement le nombre et la qualité des données et facilitent également les bases de comparaisons. Elles ont en outre permis au «*Flo-Log*» de mériter le second prix dans la catégorie des meilleurs produits canadiens au «*Canadian High Technology Show*» tenu à Montréal en 1990.

En juillet 1991, MULTISENS avait déjà vendu 16 appareils «*Flo-Log*» pour des revenus totalisant 44 800$. Michel English prévoyait vendre encore une soixantaine de ces appareils dans l'année en cours.

Bombardier: un transducteur de pression différentiel pour le LRC

À la fin de 1990, la division du transport en commun de Bombardier décide, elle aussi, de faire appel aux connaissances de MULTISENS pour solutionner un problème d'instrument.

Les ingénieurs de Bombardier ont développé une technologie brevetée qui permet de faire incliner automatiquement les wagons de son train LRC lorsque ces derniers négocient une courbe à très grande vitesse. Le principe de fonctionnement de ce système repose sur l'équilibre des forces en présence. Ainsi, lorsqu'un train entre dans une courbe, la force centrifuge pousse naturellement les wagons vers l'extérieur. La force compensatrice et contraire développée par le système d'inclinaison automatique permet d'incliner les wagons du train vers l'intérieur, annulant du même coup les effets de la force centrifuge. Ce faisant, le

---

[8] En mathématique, lorsqu'on tente de calculer l'aire d'une conduite quelconque, on fait généralement l'hypothèse que cette conduite est fermée et qu'elle est entièrement remplie d'un liquide. Dans le cas d'une conduite ouverte toutefois, il arrive souvent que cette dernière ne soit pas remplie à pleine capacité. Son aire est alors égale uniquement à l'espace occupé par le liquide. Le débitmètre de MULTISENS a déjà en mémoire l'aire totale de la conduite et la profondeur du liquide a déjà été calculée à partir du procédé décrit préalablement. Par différence, il peut donc calculer l'aire de la canalisation.

train peut donc aller plus vite dans les courbes sans nuire pour autant au confort des passagers.

Un des principaux rôles des capteurs dans ce système sophistiqué est de détecter le déséquilibre naturel des forces hydrauliques lorsque le train entre dans une courbe, c'est-à-dire au moment où la force centrifuge agit sur le train. Dès que le capteur enregistre un déséquilibre de la pression hydraulique, le système d'inclinaison automatique du train s'actionne proportionnellement à la force centrifuge: les vérins hydrauliques permettent d'incliner automatiquement les wagons du train de manière à neutraliser les effets de la force centrifuge.

De prime abord, le développement d'un transducteur de pression différentiel présentait peu de difficulté. Bombardier décide donc dans un premier temps de faire appel à un de ses sous-traitants américains pour réaliser ce transducteur. Le transducteur est rapidement développé et installé sur chacune des deux structures métalliques sur lesquelles reposent les roues des wagons du train. Or, on constate rapidement que ce produit américain n'est pas performant: lui qui devrait normalement durer 30 000 heures d'opération, i.e. 4 à 5 ans, se désagrège presqu'immédiatement. La principale raison invoquée est encore une fois intimement liée aux conditions environnementales. Les circuits électroniques à l'intérieur du transducteur ne résistent tout simplement pas aux multiples chocs, aux vibrations et aux intempéries.

Les ingénieurs de Bombardier demandent donc à MULTISENS de remplacer le sous-traitant américain et de développer un transducteur plus robuste, capable de supporter les vicissitudes du transport ferroviaire. Les ingénieurs de MULTISENS trouvent une solution simple mais ingénieuse à ce nouveau problème. Au lieu de fixer le transducteur directement et sans protection sur les bogies du wagon, ils vont plutôt l'emboîter littéralement dans un boîtier métallique à la fois résistant et parfaitement étanche.

Au début de 1991, MULTISENS livrait ses premiers transducteurs de pression à Bombardier. Ils sont actuellement testés directement sur des wagons et tout semble indiquer que ceux-ci répondent parfaitement aux exigences techniques de Bombardier.

Avec ses 112 wagons actuels, ce contrat de sous-traitance devrait rapporter à MULTISENS près d'un demi-million de dollars.

La sous-traitance: stabilité financière, visibilité et développement

Ces trois contrats de sous-traitance ont eu des répercussions positives au niveau des ventes et du bénéfice et ce, dès la seconde année. En 1989, les ventes de MULTISENS ont atteint 435 000$ pour un bénéfice net de 75 000$. La troisième année, plus difficile à cause de la récession, a vu l'entreprise clôturer son année sans gain ni perte avec des revenus de 625 000$.

Ces contrats fermes représentent des revenus combinés qui devraient normalement varier annuellement entre 600 000$ et 900 000$ par année au cours des cinq prochaines années. En plus d'assurer une certaine stabilité financière à l'entreprise, ils lui permettent également de faire connaître le potentiel innovateur et les compétences techniques de ses ingénieurs et de financer ses différents programmes de R-D. MULTISENS prévoyait commencer à commercialiser, dès le début de 1992, l'hygromètre piézo-électrique et lancer, à peu près au même moment, un autre produit développé conjointement avec l'Université de Savoie en France. Cet autre produit mesure, par spectrophotométrie, le contenu toxique des liquides déversés dans une conduite. Aux dires de Michel English, ce nouveau produit devrait connaître un succès immédiat sur le marché compte tenu des préoccupations actuelles en matière d'environnement. D'ailleurs, le gouvernement canadien a déjà montré un certain intérêt pour ce nouveau produit.

En fait, MULTISENS est en voie de devenir un fabricant spécialisé dans les capteurs et les instruments électroniques. L'entreprise développe des produits qui sont achetés par les plus gros manufacturiers canadiens. Les dirigeants estiment qu'au Québec et en Ontario, ils peuvent identifier seulement une vingtaine de clients potentiels mais la taille de ces derniers et surtout les sous-produits rendent chacun de ces projets extrêmement intéressants.

5. Les axes de développement, la structure et l'organisation

Les axes de développement actuels et futurs

Pour réaliser ces mandats tout en continuant à développer des produits innovateurs, MULTISENS a dû, au fil des années, définir, d'une part, les champs d'activités qu'elle entendait privilégier à moyen et à long terme et d'autre part, structurer ses activités internes en fonction de ces champs.

Pour Michel English, il ne fait aucun doute que les succès actuels et futurs de MULTISENS gravitent et graviteront autour de trois axes de croissance très clairement définis.

D'abord, la *spécialisation dans les marchés des capteurs* et des instruments électroniques. Ensuite, continuer à assumer avec dynamisme des *contrats de sous-traitance* pour les entreprises nord-américaines: «*La sous-traitance représente pour nous le moyen le plus efficace pour continuer à nous faire connaître sur le marché. Au-delà d'une simple source de*

nous faire connaître sur le marché. Au-delà d'une simple source de financement pour nos différentes activités de production et de R-D, elle nous permet de résoudre de nombreux problèmes d'instrumentation, des problèmes souvent très complexes, en faisant preuve de créativité et d'innovation».

Finalement, MULTISENS entend également devenir un leader mondial dans le domaine des **produits environnementaux**. Ce secteur d'activité, compte tenu des problèmes actuels à l'échelle planétaire, est un secteur prometteur en pleine expansion et à très fort potentiel. English souligne que son entreprise doit continuer à développer des sous-produits associés aux contrats de sous-traitance soit en fabricant soi-même soit en vendant les licences à des manufacturiers dont c'est l'intérêt.

Structure et organisation

Ces considérations stratégiques ont eu des répercussions importantes au niveau de la structure de l'entreprise, du recrutement du personnel et des efforts entrepris en R-D. Au niveau de sa structure, MULTISENS a adopté un mode d'organisation des plus flexibles, regroupé autour de trois divisions importantes (*cf. Figure 1*): l'ingénierie, le développement des affaires nouvelles et les opérations. Aux dires des employés, cette forme d'organisation simple, peu hiérarchisée permet un maximum d'échanges et un transfert rapide de l'information.

Par ailleurs, pour pallier à ses besoins en main-d'oeuvre, MULTISENS n'a pas hésité à recruter du personnel chez ses clients, d'abord chez Bendix et ensuite chez Hymac. Dès le départ, ces deux autres entreprises ont vu d'un bon oeil le fait que MULTISENS cherche à engager de leurs ingénieurs. *«Elles se sentent en confiance car elles savent que les ingénieurs qui travaillent sur le développement de leur produit connaissent très bien leurs spécifications et leurs standards de qualité. En fait, dans plusieurs cas, ce sont ces entreprises elles-mêmes qui nous ont encouragés et qui nous ont suggéré les noms des personnes les plus susceptibles de nous aider»*, nous dit Michel English. Pour MULTISENS, cette «politique de recrutement» s'est avérée une stratégie gagnante dans la mesure où elle lui a permis d'embaucher du personnel compétent et polyvalent sans pour autant investir massivement dans des programmes de formation.

FIGURE 1

ORGANIGRAMME DE MULTISENS INC. (NOV. 1991)

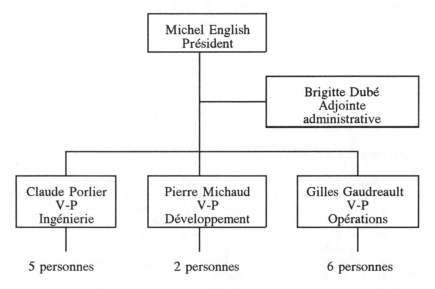

Enfin, au niveau de ses efforts en R-D, MULTISENS a encore une fois su faire preuve d'originalité. Comme elle ne pouvait se permettre d'investir massivement dans de longs et coûteux programmes de recherche, l'entreprise a, au fil des années, développé et entretenu des liens étroits et durables avec des partenaires importants, des partenaires qui se spécialisent dans des secteurs d'activités similaires aux siens. Par exemple, dans le domaine de l'instrumentation environnementale, MULTI-SENS entretient des liens très étroits avec l'Université de Sherbrooke. Dans le domaine de la piézo-électricité, par ailleurs, l'entreprise a développé de très bonnes relations avec l'Institut national d'optique, le CRIQ, l'*Alberta Microelectronics Centre* et l'Université de Toronto.

Michel English insiste ici pour dire que ce maillage entre son entreprise et ses partenaires scientifiques est un contrat donnant-donnant, qu'il ne s'agit aucunement d'une relation déséquilibrée où MULTISENS exploite à ses propres fins le savoir des autres: «*Il est vrai de dire que nous profitons de l'expertise technique de nos partenaires pour demeurer constamment à la fine pointe de l'actualité scientifique dans les domaines qui nous préoccupent. Mais il importe d'ajouter, que de leur côté, nos partenaires ne sont pas perdants dans cet échange. Ceux-ci en effet profitent de notre expérience pratique et commerciale pour orienter leurs propres efforts de recherche. Si nos efforts en R-D et les leurs convergent, c'est tant mieux pour tout le monde*».

Oui, mais demain matin: le défi de la commercialisation

Quant nous demandons à Michel English quel est actuellement le défi le plus important à relever pour lui et pour son entreprise, il nous dira simplement: «*Les sous-contrats nous ont permis de nous mettre au monde et de concentrer, plus rapidement que prévu, un plus grand nombre d'efforts en R-D. Ces efforts se sont soldés par le développement de l'hygromètre piézo-électrique et du débitmètre ultrasonique. Ces deux produits innovateurs devraient nous permettre de conquérir des parts de marché importantes à l'intérieur de ces deux segments bien précis du marché de l'instrumentation électronique. Notre prochain défi sera de réussir la commercialisation de ces deux produits vedettes. Pour ce faire, nous comptons, dans un premier temps, engager des agents manufacturiers au Canada et aux États-Unis. Si cela fonctionne, si nos ventes sont appréciables, nous comptons ouvrir, dans un second temps, des succursales pour distribuer nos produits dans les principales villes canadiennes et américaines*».

MULTISENS réussira-t-il la commercialisation de ses nouveaux produits innovateurs? Difficile à dire. Seul le temps devrait nous permettre de répondre à cette question. Une chose est sûre cependant: MULTISENS possède en son sein tous les éléments pour réussir sur les marchés canadiens et américains des capteurs et de l'instrumentation électronique. Comme le dit si bien Michel English pour conclure: «*nous ne sommes pas une grosse équipe mais la richesse, l'expérience, la créativité, l'imagination et les compétences de chacun des membres de cette équipe nous permettent non seulement de compenser mais aussi de concurrencer sur une base d'égalité avec nos concurrents et ce, indépendamment de leur nationalité. En fait, à l'heure actuelle, MULTISENS n'a rien à envier à personne*».

À la fin de l'entrevue, nous avons demandé à Michel English pourquoi son entreprise semblait sur le chemin de la réussite. À son avis, le succès de MULTISENS s'explique par:

1. Le choix du créneau

MULTISENS a choisi d'oeuvrer dans un créneau où il y avait une carence technologique, un créneau dans lequel les produits étaient majoritairement importés. En fait, MULTISENS a cherché à remplacer, par la fabrication locale, des produits importés.

2. Les produits offerts

De l'avis de Michel English, les produits de MULTISENS ne doivent pas uniquement remplacer les produits importés. Les nouveaux produits doivent répondre différemment aux besoins du client en améliorant de façon marquée et évidente, les produits que l'on veut remplacer. C'est ce que les capteurs et les instruments développés par MULTISENS ont réussi à faire. Dans la même foulée, English reconnaît que la seule erreur de MULTISENS a été de chercher à pénétrer le marché américain avec des produits d'imitation (*"me-too" products*). MULTISENS a vite réalisé que l'imitation enclenche des guerres de marketing de la part des concurrents et surtout, elle a compris qu'il est extrêmement difficile d'amasser des parts de marché avec des produits d'imitation.

3. L'utilisation des compétences

English est convaincu que les succès de son entreprise sont basés sur l'utilisation judicieuse des forces de l'entreprise: «*la principale force utilisée c'est la technologie, et la technologie c'est notre équipe!*».

4. Le choix des partenaires

MULTISENS a réussi à grandir en réunissant des associés dont les compétences étaient complémentaires: une personne extrêmement compétente dans les usages des technologies, un gestionnaire de projets et un généraliste habile dans la vente et la représentation externe. Chacun de ces membres du triumvirat a contribué à sa façon aux succès de l'entreprise.

* * * * * *

CAS N° 5
EXFO INGÉNIERIE ÉLECTRO-OPTIQUE INC.

1. SECTEUR:	Micro-électronique
2. NATURE DES PRODUITS:	Instruments de mesure pour fibres optiques
3. ANNÉE DE FONDATION:	1985 (sept.)

4. PROGRESSION DES VENTES:
(fin d'exercice: 31 août)

1986	120 000$
1987	170 000$
1988	545 000$
1989	1 250 000$
1990	2 800 000$
1991	3 874 000$

5. RÉPARTITION DES VENTES
EN 1989:

Québec	12%
Reste du Canada	8%
États-Unis	50%
Reste du monde	30%

6. DÉPENSES COURANTES DE R-D:	20% des ventes (600 000$/an)
7. NOMBRE D'EMPLOYÉS:	40 (âge moyen: 27 ans) dont 9 ingénieurs
8. PERSONNEL DE R-D:	9 (dont 6 professionnels)
9. PRÉSIDENT:	Germain Lamonde (31 ans)

10. RÉPARTITION DU
CAPITAL-ACTIONS:

Germain Lamonde	50%
Robert Tremblay	50%

11. AVOIR DES ACTIONNAIRES:	N/D
12. VALEUR DES ACTIFS:	N/D
13. ADRESSE DE LA COMPAGNIE:	352, rue Saint-Sacrement Québec (Qué.) Canada G1N 3Y2

Tél. : (418) 683-0211
Fax : (418) 683-2170

TABLE DES MATIÈRES

Page

1. LE PRÉSIDENT 105

2. L'ENFANCE D'EXFO 106

3. L'OPTIQUE SANS ILLUSIONS 106

4. PRODUITS ET MARCHÉ 107

5. CONCURRENCE ET MARKETING 108

6. R-D ET PRODUCTION, LES DIKTATS ET LES CHOIX .. 110

7. VOIR ET VOULOIR 112

8. LEÇONS À TIRER 112

En 1985, deux jeunes ingénieurs québécois, fraîchement émoulus de l'université, Germain Lamonde et Robert Tremblay, se sont associés pour créer EXFO: une firme de haute technologie spécialisée dans l'instrumentation relative à la fibre optique. EXFO veut dire Expertise en Fibre Optique.

En 1990, EXFO ne fait pas seulement partie du paysage, elle s'est taillée une réputation mondiale en rivalisant avec les meilleures entreprises du secteur. Déjà, dans le domaine lucratif des appareils portatifs de chantier pour les mesures sur les fibres optiques, la compagnie occupe la deuxième place au monde. Sa percée fulgurante est déjà reconnue par plusieurs prix importants: en 1986, Germain Lamonde et Robert Tremblay se sont mérités une **bourse de 20 000$** de la Fédération des Caisses Populaires Desjardins pour le meilleur plan de nouvelle entreprise lors d'un concours groupant 150 participants; en 1989, EXFO se classait comme **finaliste** dans la catégorie PME Jeunesse du concours organisé par l'Association des commissaires industriels du Québec; et en 1990, elle se voyait décerner le titre prestigieux de **l'entreprise émergente de l'année** par l'Association canadienne des technologies de pointe (CATA).

À 31 ans, Germain Lamonde est à la tête d'une entreprise de haute technologie qui, en cinq ans d'existence, affiche un chiffre d'affaires de 3 millions et un taux de croissance annuel moyen de 112% de 1985 à 1991. L'entreprise a toujours réussi à ce jour à dépasser ses objectifs annuels de vente.

1. Le président

Germain Lamonde a toujours eu un intérêt marqué pour la physique. Au CEGEP, il compléta un DEC technique en physique, poursuivit ses études en s'inscrivant au BAC en génie physique à l'École Polytechnique de Montréal et paracheva sa formation par une thèse de maîtrise en optique à l'Université Laval. Pourtant, cet étudiant doué (il termina son BAC en moins de quatre ans) n'a jamais été un rat de bibliothèque. Très tôt, par ses multiples activités parascolaires, il se manifeste un entrepreneur en puissance. Propriétaire d'une entreprise de discothèques mobiles dans les années 70, époque où la musique disco déferle sur l'Amérique, il réussit à financer entièrement ses études. Membre actif de plusieurs comités à Polytechnique, il refuse l'immobilisme et se passionne pour les causes étudiantes.

À la fin de ses études, Germain Lamonde sent le vent venir. L'optique en était à ses premiers balbutiement mais il soupçonna le filon. Après un bref passage chez GENTEC, autre entreprise québécoise à succès, il décida en 1985 de travailler à son propre compte. Sa rencontre avec Robert Tremblay, ingénieur en électronique, eut le résultat qu'on devine: la naissance d'EXFO. Cette jeune entreprise est née de la complémentarité entre ses deux fondateurs, MM. Lamonde et Tremblay, et de l'identification d'une niche particulièrement prometteuse dans le marché de l'optique.

Germain Lamonde est passionné par ses produits et son entreprise. C'est en travaillant qu'il a acquis une compétence en administration et en finance alors qu'il laisse à son associé, Robert Tremblay, le soin de relever les défis technologiques de la R-D et de la production.

Au lieu de se la couler douce comme employés, ces deux jeunes diplômés, «bagarreurs» et aimant relever des défis, ont voulu se prouver à eux-mêmes qu'ils étaient capables de faire un succès d'une nouvelle entreprise dans un secteur qui les intéressait beaucoup. «Même à l'âge de 25 ans, il était clair que je partirais un jour une entreprise», confie le jeune président d'EXFO. Son collègue et lui ont fouillé à la loupe le secteur de l'optique et en sont venus à la conclusion que les instruments de mesure pour télécommunications par fibre optique représentaient une petite niche lucrative. «Mieux vaut capter un petit segment d'une grosse technologie qu'un gros segment d'une petite technologie peu progressive», déclare Germain Lamonde.

2. L'enfance d'EXFO

L'entreprise connut des débuts modestes: Germain Lamonde précise, en plaisantant, que la mise de fonds initiale était de 100$, soit 50$ par associé! Son associé et lui injectèrent néanmoins 15 000$ au cours des six premiers mois de développement et bénéficièrent d'une bourse de 20 000$ de la Fédération Desjardins dont il fut question plus haut. Dans les premiers temps, EXFO n'existait réellement que le soir, seul moment où les ingénieurs pouvaient développer les produits. Le jour, ils effectuaient divers travaux de génie-conseil, de façon à établir une base pour l'entreprise. L'Agence Québécoise de Valorisation Industrielle de la Recherche (AQVIR) intervint en fournissant un prêt de 108 658$. Le tournant critique s'avère être le contrat initiateur de BELL CANADA: alors qu'elle en était à ses débuts en ingénierie électro-optique en 1987, EXFO réussit à obtenir une première commande de 60 000$ de BELL CANADA pour le développement d'un nouveau wattmètre modulaire destiné à la fibre optique et qui se traduisit par un contrat de 250 000$ en 1988 pour la livraison de tels wattmètres pour les fins internes de BELL CANADA. Sans ce **contrat structurant** et l'aide continue de la Direction de BELL CANADA pour mieux définir les caractéristiques désirées et évaluer sur le terrain la haute performance de l'appareil, EXFO n'existerait pas. D'ailleurs, BELL CANADA lui a octroyé un autre contrat de 250 000$ en 1990 pour le même type de produits.

3. L'optique sans illusions

Pour Germain Lamonde, l'engagement d'EXFO dans le secteur de l'optique n'est pas le fait du hasard mais le résultat d'une politique cohérente des fondateurs. Ceux-ci se sont définis une mission claire et précise à partir d'une vision commune: concevoir, mettre au point et commercialiser des appareils de mesure et des instruments utiles dans le domaine de l'optique.

La vision, elle, est fortement teintée de technologie. C'est avec passion que M. Lamonde nous explique la fibre optique: *«Il s'agit d'un fil aussi ténu qu'un cheveu, qui peut transporter plus de 10 000 signaux à la fois, signaux qui ne seront régénérés que tous les 60 km. En comparaison, le bon vieux fil de cuivre ne transportera qu'un signal qui, lui, doit être regénéré à tous les 1,5 km. En jargon, on dira que la fibre optique augmente considérablement la bande passante et permet le multiplexage».*

Cette technologie fascinante est au coeur d'un secteur en rapide progression, les télécommunications. Tous les besoins nouveaux qui s'y créent devraient attirer plus d'un entrepreneur, confie Germain Lamonde. L'orientation de sa compagnie est donc délibérée: elle relève autant du flair que du calcul. Pour EXFO, l'optique n'est pas une illusion.

4. Produits et marché

EXFO offre quatre famille de produits:

- des **wattmètres:** qui se présentent en huit modèles allant de l'appareil de base à la «Cadillac».　Ce sont des appareils qui mesurent la puissance du signal optique reçu.

- des **sources optiques:** il s'agit de sources de puissance calibrée et étalonnée selon les besoins de l'utilisateur.　EXFO commercialise quatre modèles allant des sources électroluminescentes («light-emitting diodes») aux sources lasers à semi-conducteurs.

- des **atténuateurs optiques:** une sorte de combinaison «source» et «wattmètre».　Ces dispositifs simulent la fibre sur de longues distances et génèrent un niveau d'atténuation prédéterminé. EXFO en produit deux modèles.

- des **«téléphones» optiques:** qui permettent la communication entre deux installateurs durant l'implantation.　Deux modèles sont disponibles.

En moins de quatre années d'activité en opto-électronique proprement dite, EXFO a réussi à développer et à commercialiser quatre innovations importantes, soit une par année, dans l'ordre ci-dessus.　Tous ces nouveaux produits sont nés, sans exception, de démarches auprès des clients.　La politique d'EXFO est d'améliorer constamment les produits qu'elle a mis sur le marché et d'en sortir de nouveaux.　D'ores et déjà, dans son secteur de marché, **EXFO offre la gamme la plus étendue d'appareils haut de gamme qui soit.**　Ces instruments servent à une foule d'applications, dont les communications par FDDI, ISDN, LAN, ainsi que les applications militaires, les communications à longue portée et la recherche en laboratoire.

Le tout dernier-né d'EXFO, qui sera commercialisé avant la fin de 1990, est un **rétroréflecteur** variable qui sert à mesurer la tolérance des équipements de télécommunication aux défauts de la fibre optique.　Les ingénieurs d'EXFO ne manquent pas d'idées, rivés comme ils le sont sur les besoins des grandes firmes de télécommunication.　Le président d'EXFO confie qu'il a dans sa manche un projet de nouveau produit «très excitant» qui va permettre de mesurer l'influence des défauts au sein de la fibre optique et engendrer une nouvelle augmentation des ventes.

La compagnie n'a pas de produit vedette, les ventes　étant également réparties entre les diverses familles　En 1990, EXFO prévoit vendre quelque 1 500 appareils à des prix variant entre 500$ et 15 000$ chacun.

Le **marché global de la fibre optique** est évalué à 2 milliards de dollars en 1990. Le **marché de l'instrumentation** pour sa part est estimé à 50 millions de dollars en Amérique et de 95 à 100 millions de dollars dans le monde.

Les secteurs d'application de la fibre optique sont:

— la téléphonie (60%)

— la cablo-distribution (15%)

— les LAN, réseaux locaux d'ordinateurs (10%)

— l'industrie militaire pour les véhicules de transmission (10%)

— les laboratoires universitaires et médicaux (5%)

Les évaluations conservatrices de Frost & Sullivan Inc. et de Kesler Merkehrg Intelligence Inc. fixent à 30% le taux de croissance annuel pour tous les secteurs reliés à la fibre optique.

5. Concurrence et marketing

Le principal concurrent d'EXFO est PHOTODYNE, une compagnie américaine qui domine le marché avec près de 30% des ventes et un chiffre d'affaires de 12 millions de dollars (U.S.). Les dirigeants ayant pressenti le marché dès le début des années 80, la compagnie a déjà détenu 80% du marché mondial mais elle commence à céder un peu le pas à EXFO.

En 1989, presque par défi, EXFO a installé une première succursale en Californie à 10 km du siège social de PHOTODYNE. Cette dernière d'ailleurs, précise Germain Lamonde, compare systématiquement ses produits à ceux d'EXFO pour tenter de démontrer à ses clients que ses produits sont supérieurs, alors qu'au dire de Germain Lamonde, ce n'est pas du tout le cas. Ce comportement illustre l'intensité de la concurrence entre les deux entreprises.

En 1990, EXFO a ouvert deux autres bureaux aux États-Unis; l'un est situé à Londonderry au New-Hampshire (*près de Boston*) et l'autre à Horsham en Pennsylvanie (*tout près de certains gros clients fidèles*). En plus d'assurer la formation des vendeurs, ces bureaux régionaux entretiennent des relations privilégiées avec de gros clients, par exemple GTE, Hughes Aircraft, IBM, Digital Equipment Corporation, Bell Atlantic, Bell of Pennsylvania, Bell South, et maints autres.

Deux grandes entreprises japonaises ainsi qu'une dizaine d'autre firmes de moindre importance à travers le monde évoluent également dans le secteur. Les deux compagnies nipponnes sont financées par le géant Nippon Telephone Telegraph (NTT), lui-même financé par l'État. Leurs formidables ressources leur permettent d'occuper la première place mondiale au niveau des instruments de laboratoire.

EXFO quant à elle occupe le marché des appareils portatifs de chantier haut de gamme. Elle y détient la deuxième place avec 12% des ventes contre 30% à PHOTODYNE, sur un potentiel de 30 millions de dollars.

Selon le président d'EXFO, l'exploitation par chaque compagnie de niches de marché spécifiques entraîne une sorte de coexistence pacifique. Néanmoins, chaque firme cherche à demeurer alerte au niveau technologique, la compétition se jouant essentiellement sur la qualité de la technologie.

La performance technique est déterminante puisque face à des clients extrêmement exigeants, le moindre faux pas est fatal. D'autant plus que les clients sont peu nombreux: huit gros clients (*Bell Atlantique, Bell South, GTE, DEC, etc.*) représentent 50% des ventes d'EXFO. Agité par une grande effervescence, ce marché est une affaire de spécialistes. Le client moyen est une grande entreprise qu'on ne peut ni décevoir, ni a fortiori perdre.

EXFO compte relever le défi du marketing avec une structure très légère et flexible. Sa stratégie est axée sur l'**innovation, la qualité** et le **support à la clientèle**. Germain Lamonde a pris la tête de la division **ventes marketing** alors que les deux autres divisions, l'**ingénierie** et la **production** sont dirigées par MM. Robert Tremblay et Jean-Pierre Rafeno, tous deux ingénieurs récemment diplômés de l'Université Laval.

Avec des dépenses en marketing équivalant à 20-25% des ventes, EXFO ne lésine pas sur les moyens: au Canada, la distribution est assurée par la vente directe. Aux États-Unis, la vente est assurée par 15 représentants sauf pour les plus gros clients qui sont suivis par les bureaux régionaux d'EXFO. Les représentants comptent quelque 50 ingénieurs de vente qui, chaque jour, sillonnent les États-Unis avec les produits EXFO. En Europe et en Asie, quelque 20 distributeurs assurent la vente dans une trentaine de pays.

Les représentants à l'étranger sont choisis en fonction des critères suivants: connaissance du marché, complémentarité entre les produits qu'ils offrent et ceux d'EXFO, compétence technique, agressivité et dynamisme, qualité des rapports personnels. C'est grâce à leur apport qu'EXFO réussit petit à petit à se tailler une bonne place dans le marché. Par exemple, EXFO vient de gagner un nouveau contrat d'approvisionnement de la multinationale GTE (*propriétaire de Québec Téléphone Inc.*) au montant de 750 000$ U.S. Selon le contrat, EXFO devient le seul fournisseur de téléphones optiques pour GTE au cours de 1990-1992. Et d'affirmer le jeune président d'EXFO: *«Nous cherchons à dégager une image de marque. Nous sommes reconnus à travers le monde pour la qualité de nos produits. D'ailleurs notre taux de succès dans les réponses aux appels d'offre est exceptionnellement élevé, soit 80%»*.

La promotion est agressive. Dans les communiqués de presse et articles dans les revues spécialisées, EXFO recherche la **visibilité**. À l'affût de toutes les foires techniques, la compagnie en couvre une dizaine par an, ce qui est une performance exceptionnelle vu la taille de l'entreprise.

6. R-D et production, les diktats et les choix

Fait remarquable, 25% à 35% du chiffre d'affaires d'EXFO sont continuellement investis dans la R-D. M. Lamonde explique que la R-D est très gourmande: en cinq ans, la division de R-D a englouti un million de dollars provenant en majeure partie de fonds propres. Les aides de l'AQVIR (100 000$) et du CNRC (80 000$, PARI-H, etc.) ainsi que la contribution des crédits d'impôt, sont mineures comparativement aux investissements directs que la compagnie a consentis en R-D.

Sur 30 employés, 9 se retrouvent en R-D, dont 6 ingénieurs et 3 techniciens. Avec des diplômes en génie électrique et en optique, ces jeunes scientifiques (*la moyenne d'âge est de 24 ans*) ont une formation très pointue. L'équipe, prétend Germain Lamonde, est très dynamique. C'est que, chez EXFO, la pratique est de constituer des groupes d'action («task forces») qui assurent une extrême focalisation sur les objectifs. À partir des choix technologiques faits par MM. Lamonde et Tremblay, une définition très précise des produits est obtenue, ce qui permet d'établir une fiche technique complète des produits nouveaux à réaliser. Le mandat de la R-D consiste alors à réussir la conception et le développement économique à l'intérieur d'échéanciers souvent très courts, le tout dans une ambiance de stabilité, convivialité et de créativité. Ce sont, pour Germain Lamonde, les diktats de la R-D. Il faut s'y plier, les accepter, et savoir perdre parfois.

Le marché dans lequel oeuvre EXFO est très particulier. Germain Lamonde explique que le cycle de vie de ses produits est fort court, soit environ 18 mois. Non seulement faut-il fournir un effort soutenu de R-D afin d'améliorer constamment les produits et en sortir de nouveaux, mais il faut aussi adapter constamment le design, l'ingénierie et la production. Une sorte d'atelier flexible, quoi!

Dans ces conditions, explique Germain Lamonde, les préceptes de la **qualité totale** s'appliquent difficilement. *«Un tel contrôle présuppose un produit déjà développé, rodé, qui ne bouge pas, à propos duquel on peut bâtir un corpus de statistiques valable à propos des défectuosités,* *des revendications, des temps d'exécution et autres données exprimant la qualité de chacune des opérations. Mais comment faire,* demande Germain Lamonde, *lorsqu'il faut constamment changer les designs, modifier les logiciels, adapter les équipements et les modes de production, et tenter de répondre à une demande qui vient par vagues et qu'on désire satisfaire le plus tôt possible?».*

EXFO réussit car elle nourrit une remarquable synergie entre la R-D, le marketing, l'ingénierie et la production. C'est à ce point que les équipes de production et de ventes sont engagés dans un continuel **marathon**. Ce sont les «ventes» qui, traditionnellement ont été le champion mais depuis peu la «production» a gagné beaucoup de terrain et est souvent en mesure de répondre sans délai indu à toutes les commandes. *«C'est un processus difficile,* explique Germain Lamonde, *car la hausse de la production nécessite des changements dans la cadence de travail et la formation de nouveaux employés dans un contexte de zéro défaut».* Néanmoins, la compagnie va bientôt instituer un trophée mensuel pour reconnaître qui, de la production ou des ventes, mène réellement la course.

EXFO a choisi de tout faire. Le design de A à Z, à l'exception des boîtiers, est l'oeuvre des ingénieurs de la compagnie. *«À long terme,* affirme son président, *il est plus avantageux pour une firme de posséder toute la technologie utilisée, car l'indépendance technologique procure un avantage concurrentiel appréciable».*

EXFO accorde rarement des contrats de sous-traitance. Le montage des plaquettes électroniques est fait manuellement sur place alors que l'assemblage des composants, qui requiert des compétences très pointues, est assuré par deux employés. La soudure des plaquettes électroniques est faite en sous-traitance chez BOMEM en utilisant la technologie électronique de soudure par vagues.

Le contenu en main-d'oeuvre directe de chaque produit ne dépasse pas 10%, mais soulignons que la compagnie utilise intensément la conception et la fabrication assistées par ordinateur. EXFO utilise des émulateurs et simulateurs de logiciels pour accélérer son processus de design.

La compagnie fait assez souvent appel aux services spécialisés de recherche de l'Institut National d'Optique (INO) situé à Québec, à qui elle octroie de petits contrats pour des tâches spécifiques. Elle maintient aussi des liens avec les départements de physique et de génie électrique de l'Université Laval, notamment pour faciliter son recrutement de jeunes diplômés brillants. Soulignons que la région de la Ville de Québec contient la plus grande concentration de chercheurs et d'étudiants aux études supérieures en optique au Canada.

7. Voir et vouloir

On peut qualifier le management d'EXFO «d'autocratie participative». Il n'y pas de processus formel mais les grandes décisions sont prises par les deux dirigeants, MM. Lamonde et Tremblay. *«Ceux-ci sont très exigeants envers les employés mais ils le sont autant envers eux-mêmes»*, ajoute Germain Lamonde. *«Au départ, j'étais celui qui voulait risquer alors que mon associé était plutôt pondéré»*, confie le jeune président. *«Aujourd'hui, nous avons trouvé un juste équilibre. C'est une des raisons de notre succès».* Selon lui, il doit aussi exister une bonne complémentarité dans l'équipe de direction, ainsi que des compétences techniques très élevées. *«Et puis*, ajoute Germain Lamonde avec modestie, *«il faut un peu de chance: le premier contrat de Bell Canada, par exemple, a été un coup de pouce déterminant, et beaucoup de travail: de 70 à 80 heures par semaine».*

Durant toute l'entrevue, Germain Lamonde a insisté sur deux mots: vision et mission. **Vision** parce qu'il faut voir et sentir bien avant les autres les secteurs, les marchés et les technologies prometteuses, et **mission** parce qu'il faut vouloir réussir et surtout rester fidèle à son engagement, avec ténacité.

Pour EXFO, la **vision** c'est l'optique; sa **mission,** c'est l'instrumentation. Jusqu'à maintenant, ses performances sont exceptionnelles. La compagnie rêve d'un avenir à 100 employés et elle songe à se diversifier. Germain Lamonde ajoute cependant qu'il faut rester fidèle à sa mission et s'assurer du bon moment («un bon timing»).

Pourtant, la compagnie n'envisage pas d'émission publique de capital-actions pour faciliter sa croissance. Au dire de son jeune président, la compagnie croît actuellement à un rythme satisfaisant. Elle peut alimenter sa R-D et soutenir son expansion grâce à ses propres revenus.

8. Leçons à tirer

Le cas d'EXFO permet de dégager plusieurs leçons fort intéressantes pour une PME technologique émergente. On aura compris à la lecture du texte qu'il s'agit en quelque sorte de ce que Georges Archier et Hervey Sérieyx (1984) ont appelé **l'entreprise du 3e type**. Récapitulons les leçons qui s'en dégagent.

1.   La volonté farouche de percer au niveau mondial et de se mesurer aux meilleurs dans le domaine: **détermination** et **courage**.

2.   L'habilité entrepreneuriale d'entreprendre tout le temps, d'innover constamment, et de saisir toutes les opportunités qui se présentent: **entrepreneurship éclairé**.

3. La hantise du succès et le courage de réinvestir pratiquement tous les profits dans la R-D (25-35% des ventes!): **vision** et **désir de bâtir l'avenir.**

4. La synergie nécessaire entre les équipes de R-D, de marketing, d'ingénierie et de production: **assurer la symbiose de l'effort.**

5. L'occupation d'une niche lucrative renforcée par un bon réseau de distribution: **une stratégie axée sur l'innovation, la qualité, et le support à la clientèle.**

6. La pondération dans les objectifs et dans l'utilisation des ressources: **des dirigeants qui se comprennent, se complètent et s'influencent mutuellement.**

7. La participation des employés aux décisions stratégiques de l'entreprise tout en demeurant fidèle à la mission qu'on s'est fixée au début: **l'autocratie participative.**

8. Les atouts de la jeunesse: **la créativité, la souplesse, l'acceptation du risque, le désir de foncer et la détermination à atteindre les objectifs.**

* * * * * *

CAS N° 6
CORPORATION TECHNOLOGIES EICON INC.

1. **SECTEUR:** Micro-électronique et télé-communications

2. **NATURE DES PRODUITS:** Dispositifs de connectivité distribuée pour ordinateurs de réseaux locaux (LANs)

3. **ANNÉE DE FONDATION:** 1984

4. **PROGRESSION DES VENTES:**
   (fin d'exercice: 30 juin)

1985	37 000$
1986	1 060 000$
1987	2 000 000$
1988	10 000 000$
1989	16 000 000$
1990	26 000 000$
1991	36 000 000$

5. **RÉPARTITION DES VENTES EN 1989:**

Québec	2%
Reste du Canada	13%
États-Unis	28%
Reste du monde	57%

6. **DÉPENSES COURANTES DE R-D:** 20% des ventes

7. **NOMBRE D'EMPLOYÉS:** 138 (âge moyen: 30 ans) dont 90 ingénieurs et informaticiens

8. **PERSONNEL DE R-D:** 60 (dont 50 professionnels)

9. **PRÉSIDENT:** Peter Brojde (45 ans)

10. **RÉPARTITION DU CAPITAL-ACTIONS:**

Peter Brojde	35,1%
Maks Wulkan	33,7%
Net-3 Systems Inc.	10,6%
Autres	20,6%

11. **AVOIR DES ACTIONNAIRES:** 5 445 000$

12. **VALEUR DES ACTIFS:** 9 761 000$

13. **ADRESSE DE LA COMPAGNIE:** 2196, 32ième avenue
    Lachine (Qué.) Canada
    H8T 3H7

    Tél. : (514) 631-2592
    Fax : (514) 631-3092

TABLE DES MATIÈRES

Page

1. PETER BROJDE, ENTREPRENEUR 117

2. LES ORIGINES D'EICON 117
   Des subventions heureuses 118
   Des contrats structurants 119

3. DES PRODUITS HAUT DE GAMME 120

4. UN MARCHÉ IMMENSE, UNE CONCURRENCE
   FAIBLE 122

5. UNE ENTREPRISE SYMPATHIQUE 123

6. STRATÉGIES GAGNANTES 123
   Les défis de la production 123
   L'obsession du marketing 124
   L'approche R-D 126

7. LES LEÇONS DU SUCCÈS 126

Technologies EICON, incorporée le 12 octobre 1984, débute ses activités en 1985. L'entreprise vise le marché des produits de télécommunications servant à relier des ordinateurs entre eux, soit des micro et des mini-ordinateurs ainsi que des ordinateurs centraux (*mainframe*) à l'intérieur de technologies de réseaux locaux («*LANs*»).

Trois années plus tard, la carte enfichable ACCESS/SDLC d'EICON reçoit la mention «**produit de l'année**» du LAN Magazine. Sa pénétration du marché mondial lui mérite alors, en octobre 1989, le «**Prix d'Excellence du Canada pour l'exportation**». En 1990, l'entreprise reçoit le **prix d'excellence en marketing**, ACCOLADES '90, de la Chambre de Commerce du West Island de Montréal, et rafle le **premier prix d'Excellence en gestion** dans un concours national organisé par la revue Canadian Business. Et ce n'est sans doute que le début d'une panoplie d'honneurs qui viendront reconnaître les mérites exceptionnels de cette firme propulsée vers les sommets. De fait, depuis sa création, la croissance d'EICON est phénoménale: les ventes annuelles passent de 1 060 000$ en 1986 à 36 000 000$ durant l'exercice terminé le 30 juin 1991. Plus de 85% de sa production est exportée, soit 43% vers l'Europe, 28% vers les États-Unis et plus de 14% en Asie et autres pays. PME technologique s'il en est, EICON fait partie de celles qui ont du succès.

1. Peter Brojde, entrepreneur

M. Peter Brojde est âgé de 45 ans et père de deux enfants. Né en Union Soviétique, il a émigré au Canada en 1970. Bien que titulaire d'un diplôme en physique du solide *(«solid-state physics»)* de l'Université de Varsovie, il éprouve à l'époque beaucoup de mal à trouver du travail au Canada dans sa profession. Mais à force de persévérance, il finit par devenir ingénieur senior chez AES Data où il contribue au développement d'une nouvelle technologie, celle du traitement de texte. AES finit par atteindre un chiffre d'affaires de 250 millions de dollars.

En 1974, il devient co-fondateur de MICOM, une entreprise qui connaît tellement de succès qu'elle est achetée par la multinationale Philips en 1978. Cette société atteindra plus tard environ 300 millions de dollars de ventes par année. M. Brojde reste chez Micom jusqu'en 1984 où il s'occupe de la R-D. Il avoue que son expérience chez Philips lui donna **la chance d'être exposé aux marchés mondiaux. Cette expérience lui permettra de comprendre comment développer un système de distribution efficace pour EICON.**

Au fil des années, sa passion pour l'informatique ne se dément pas. Il obtient une maîtrise en génie à Varsovie et fait la connaissance de Maks Wulkan, titulaire d'une maîtrise en informatique, qui lui-même deviendra co-fondateur de MICOM. Chez MICOM, il rencontre N. Shyamprasad, ingénieur électricien et aussi titulaire d'une maîtrise. Ces trois experts allieront leurs compétences pour créer, en 1984, la Corporation Technologies EICON.

2. Les origines d'EICON

Dès le départ, les fondateurs d'EICON ont eu l'idée brillante de pénétrer l'extraordinaire marché de la **connectivité** entre ordinateurs personnels «PC» d'une part, et entre ces derniers et l'ordinateur central, d'autre part, qu'il s'agisse d'un *«mini-ordinateur»* ou d'un *«mainframe»*. Leur grande familiarité avec les systèmes informatiques les avait convaincus du grand besoin d'offrir des solutions novatrices à l'usage de plus en plus répandu des micro-ordinateurs, grâce à des cartes enfichables de haute performance pouvant être simplement branchées et pouvant procurer un réseau local, un «Local Area Network» ou LAN.

Avant de fonder la compagnie en 1984, les fondateurs avaient élaboré un plan d'affaires portant sur le développement d'un nouvel ordinateur fonctionnant sur système UNIX. Mais ils se sont vite rendus compte que ce marché était déjà saturé et qu'il leur serait probablement très difficile d'y faire des percées C'est ainsi qu'ils ont opté pour le marché de la connectivité qui était alors très petit, mais qui offrait un fort potentiel de croissance.

La vision des fondateurs s'est avérée exacte car le marché de la connectivité a augmenté ces dernières années à un taux annuel de 30 à 40% et les études de marché indiquent qu'il en sera de même pour plusieurs années à venir. En fait, de nos jours, seulement 30% des ordinateurs personnels sont inter-reliés, ce qui laisse encore beaucoup de place au «**traitement distribué**» pour exploiter au maximum l'équipement informatique existant. La petite niche originale de la connectivité est maintenant devenue un marché important *(«mainstream market»)* dans lequel EICON se trouve très bien positionnée et où elle s'avère un des leaders mondiaux.

Des subventions heureuses

La levée de fonds constitue toujours un exercice difficile pour une jeune compagnie, surtout quand celle-ci offre un produit nouveau. Au 24 janvier 1986, la mise de fonds était de 685 000$ et l'avoir des actionnaires de 385 813$. Au 15 décembre 1985, la situation financière d'EICON s'établissait comme suit:

Revenus:	37 044$
Profit net après impôts:	(55 810$)
Fonds de roulement:	(52 496$)
Dette à long terme:	40 600$
Avoir des actionnaires:	140 190$

Cette situation alors précaire aurait pu être dangereuse car la compagnie maintenait des investissements très importants en R-D, soit plus de 60% de ses frais d'opération. Elle réussit heureusement à obtenir diverses aides gouvernementales qui lui ont permis d'élaborer une gamme de produits gagnants. De 1986 à 1988, EICON obtient plus de 2,4 millions de dollars sous forme de prêts et subventions:

AGENCE	NATURE	PROGRAMME	MONTANT
MEIR	Subvention	PDIR	455 363$
SODICC	Prêt		383 150$
AQVIR	Prêt		368 261$
SDI	Prêt	CAPI	370 500$
SDI	Prêt	PARIQ	750 000$

L'utilisation judicieuse de ces ressources a contribué pour une large part au succès actuel d'EICON. M. Brojde affirme, entre autres, que la contribution de l'AQVIR a été essentielle même s'il ajoute, en souriant, que les termes du prêt ne sont pas raisonnables. Selon lui, la mise de fonds des fondateurs ainsi que l'ensemble des prêts et subventions ont rendu la compagnie financièrement saine en lui assurant une bonne sécurité au départ. Cette sécurité financière est d'autant plus importante qu'EICON a dépensé plus de 4 millions de dollars en R-D de

1985 à 1988 dans le développement de nouveaux produits.   On se rappellera cependant la riche expérience que M.Brojde a acquise au sein d'AES Data et de MICOM, qui lui a permis de maîtriser les règles du jeu dans le secteur très concurrentiel où il oeuvre.

Des contrats structurants

Comme dans bon nombre de PME technologiques à succès, EICON a eu la chance de décrocher quelques contrats structurants au départ, notamment des commandes pour de nouveaux produits qui l'ont obligée à bien cibler et structurer ses efforts de R-D et qui l'ont entraînée à veiller de très près à ses clients.   Sa première vente se produisit au Québec pour le compte de Videoway: il s'agissait d'un contrat de R-D de 1 500$ pour produire un interface de communication et d'aiguillage entre les micro-ordinateurs de la compagnie et son réseau de données X.25 («datapac»). Plus que le montant, EICON venait de gagner son premier client.

EICON a vendu ses premières cartes enfichables en juillet 1985 et continua à développer son produit. Ses efforts de marketing aux États-Unis l'ont rapidement convaincue que la technologie de communication X.25 ne fournissait qu'une solution partielle et qu'il lui fallait également offrir la solution SNA pour assurer la compatibilité avec les équipements IBM. Le premier produit commercial incorporant les modes X.25 et SNA (*«Systems Network Architecture»*) fut terminé en décembre 1985 et présenté à une foire informatique internationale en mars 1986, grâce à une modeste subvention du gouvernement du Québec. Le produit attira très vite l'attention de géants de l'informatique, dont Hewlett-Packard, AT&T, IBM et plusieurs autres.

Lors de cette foire, un visiteur finlandais s'est particulièrement intéressé au produit pour le compte de la Union Bank de Finlande mais EICON a appris par la suite que le contrat pour équiper 600 succursales de cette banque avait été octroyé à IBM. En juillet de la même année, EICON reçut un appel d'urgence du représentant finlandais: *«IBM n'avait pu livrer la solution et est-ce que EICON pourrait le faire et ce, en moins de trois mois?»* Voilà le genre de défi qui stimule une   entreprise émergente! Eh bien, EICON réussit à livrer la marchandise, dans les délais prévus. Cet autre contrat structurant fut le point de départ d'une longue série d'exploits technologiques et commerciaux qui est loin d'être achevée.   C'est grâce à de tels exploits qu'une PME, même si elle est très petite au départ et fort peu connue, réussit petit à petit à s'imposer dans les marchés internationaux.

3. Des produits haut de gamme

EICON se positionne d'emblée sur un marché de haute technologie, celui des communications informatiques. Tel qu'illustré en Figure 1, les produits offerts permettent:

- aux PC de communiquer avec d'autres PC;

- aux PC de communiquer avec les systèmes centraux;

- à un LAN («Local Area Network») de communiquer avec un autre LAN.

Ce marché, hautement technologique, comprend plusieurs standards et protocoles qu'il faut pouvoir intégrer entre eux.

La gamme de produits d'EICON est un système complet basé sur les PC et permettant une commutation en X.25, X.25 à SNA et SNA à X.25 en plus d'une communication entre LANs géographiquement dispersés. Le système, équipé du logiciel adéquat (fourni également par EICON), fonctionne comme un serveur de fichiers ou comme un courrier électronique, et cela avec un ensemble d'outils permettant facilement la gestion et la configuration des réseaux. Dans tous les cas, EICON développe le «hardware» et le «software» tout en s'assurant que ces produits soient bien adaptés aux besoins des clients.

Le côté novateur du produit est explicité ainsi par la compagnie: *«L'épine dorsale du système d'EICON est l'EiconCard, une carte de communication intelligente adaptable pour les familles d'ordinateurs PC et PS/2 d'IBM. L'EiconCard possède son propre micro-processeur et sa propre mémoire. Elle gère à elle seule tout le système complexe de communication des protocoles SDLC et X.25, permettant ainsi au PC-hôte d'accomplir d'autres tâches. [...] Elle fournit une interface constituée d'un menu interactif valable pour toutes les applications».*

Soulignons que la compagnie ouvre déjà de nouveaux horizons en développant l'imagerie informatique. À cet égard, EICON («image» en grec) fabrique une carte d'interface qui permet de réaliser des graphiques sophistiqués tout en émulant à très grande vitesse les meilleures imprimantes laser. Ce marché, de l'avis de M. Brojde, sera très important dans les années à venir.

Chez EICON, le mot d'ordre est de relier les gens à l'information disponible. La force d'EICON est d'accomoder de nouvelles applications. En fait, EICON fut la premièr firme dans le monde à offrir des solutions informatiques sur Windows et sur OS/2. De nos jours, elle est la seule à offrir un produit qui fonctionne simultanément sur les passerelles SNA et OSI. L'*EiconCard* est programmable à 100%. En y insérant le logiciel

FIGURE 1 - EXEMPLES DE RÉSEAUX QUE L'ON PEUT CRÉER GRÂCE AUX CARTES EICON

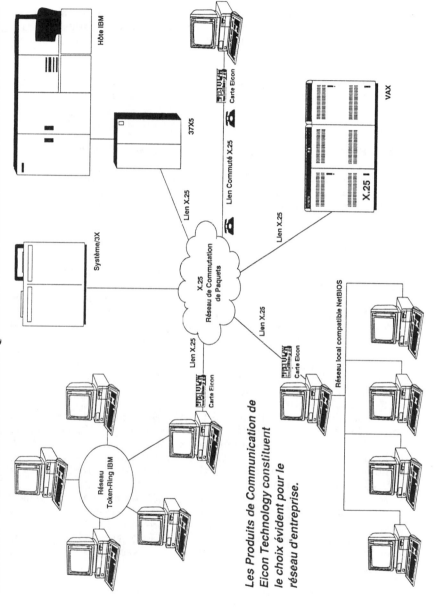

Les Produits de Communication de Eicon Technology constituent le choix évident pour le réseau d'entreprise.

d'applications désiré, le client peut obtenir tout environnement de communication adéquat. Dans chaque cas, la technologie est *ouverte*, en ce sens qu'elle est compatible avec les standards de l'industrie. Le catalogue des produits informatiques d'EICON compte pas moins de 250 pages.

Les produits d'EICON sont distribués à travers le monde entier et sont utilisés quotidiennement dans plus de 75 000 installations dans pas moins de 45 pays.

4. Un marché immense, une concurrence faible

Le marché de la micro-informatique, et plus particulièrement celui des PC en réseau (LAN) via les protocoles SNA de la compagnie IBM et X.25 pour les réseaux commutés par paquet, est l'un des plus prospères actuellement.

Une étude de «Data Communications» estime le marché américain des micro-ordinateurs à 27 milliards de dollars U.S. en 1988 et celui des réseaux locaux à 1.5 milliard de dollars U.S.. Selon le *Local Area Network Source Book*», il y aura plus de 500 000 LANs en opération à travers le monde en 1990, comparativement à 191 000 en 1987. Pour illustrer l'ampleur du marché, rappelons qu'il y avait 22 millions de postes de travail en Amérique du Nord en 1986 et que *International Data*» prédit qu'il y en aura 80 millions à la fin des années 90.

Les revues spécialisées sont unanimes à reconnaître une forte croissance des LANs et des systèmes de commutation. Elles anticipent des augmentations annuelles supérieures à 20%.

Dans un marché d'une telle taille, EICON peut évidemment choisir sa propre niche et ne répondre qu'à une clientèle spécifique. La compagnie se perçoit comme complémentaire et non comme concurrent face à IBM qui domine le marché. Aux dires d'un spécialiste québécois des télécommunications: *«l'approche d'IBM est complexe, lourde, inefficace et très coûteuse. EICON bat IBM sur tous les fronts. Par contre, la dimension du marché est tellement vaste qu'EICON n'a pas et n'entend pas se confronter à IBM»*. Par ailleurs, les entreprises offrant des produits similaires sont relativement peu nombreuses. Il en existe quatre ou cinq au Canada et aucune au Québec. Aux États-Unis, GATEWAYS Communications offre des produits plus avancés sur le plan technologique.

En fait, EICON a déjà assis sa position en comptant parmi ses clients de grosses compagnies ou institutions financières telles: American Airlines, la bourse de Vancouver, la banque Hong-Kong Shanghaï, etc. Et dans le domaine des communications «LAN-to-LAN», les gros fournisseurs de

LANs tels Novell, Banyan, Torus et Waterloo Microsystems utilisent tous les produits d'EICON.

5. Une entreprise sympathique

À sa première année d'opération, la compagnie comptait 12 personnes dont trois gestionnaires. Aujourd'hui, elle compte plus de 130 employés répartis au siège social et dans de nombreuses succursales à travers le monde (Chicago, New York, Los Angeles, Londres, etc.). Le siège social se trouve à Lachine, en banlieue de Montréal, où s'effectue l'essentiel de la R-D.

Le personnel est jeune (âge moyen: 30 ans), dynamique et cosmopolite, et l'ambiance est très détendue et très ouverte. M. Brojde s'enorgueillit de connaître chacun et chacune par son nom.

La structure de l'entreprise, typique de ce genre de compagnie, est simple. Les divisions sont petites et regroupent peu d'employés: un peu plus d'une dizaine dans les départements et 4 ou 5 dans les succursales, la plus grande proportion allant aux activités de R-D (environ 40 employés). Soulignons que le personnel technique compte des ingénieurs et techniciens de haut niveau.

6. Stratégies gagnantes

Les défis de la production

EICON offre une gamme de produits très sophistiqués dont la qualité est garantie à 100%. La qualité est une stratégie majeure de l'en-treprise: offrir aux clients une qualité et une fiabilité totales. La fabrication se fait par sous-traitance car la compagnie n'a pas la taille pour s'engager dans la production à grande échelle. Elle préfère donc concentrer ses efforts sur la R-D et sur le service à la clientèle tout en faisant confiance aux sous-traitants québécois (Comterm, Multi-Meg et autres) pour la production. Des spécifications très strictes et une inspection rigoureuse lui assurent une qualité irréprochable. La procédure en est la suivante:

- choix sélectif des sous-traitants;

- design précis et simple des composants commandés;

- tests obligatoires par le sous-traitant avant envoi;

- tests de tous les produits après assemblage final et avant expédition par EICON.

Les partenaires stratégiques d'EICON sont de puissantes firmes multinationales reconnues pour la qualité de leur technologie, telles AT & T,
Ericsson, NCR, Nokia, Siemens, Toshiba et autres. Ces firmes intègrent
dans leurs produits les solutions qu'offre EICON.

Des objectifs élevés de performance, de fiabilité et de qualité totale sont
au coeur de ce principe. La Figure 2 résume les principales étapes de
développement d'un produit chez EICON.

L'obsession du marketing

M. Brojde affirme que la tâche la plus difficile est le marketing, en fait
beaucoup plus que la production. Lorsqu'on lui demande les raisons de
son succès, il estime qu'il faut:

- *introduire les produits très vite sur le marché;*

- *vendre les produits aux bons clients;*

- *écouter les exigences des clients; et*

- *modifier les produits pour satisfaire les besoins.*

Ces principes, enseignés dans n'importe quelle école de gestion, sont
vécus quotidiennement par EICON. L'explication de M. Brojde est fort
simple: si on arrive trop tard sur le marché, cela veut dire qu'on a mis
trop de temps à développer le prototype et donc dépensé trop d'argent.
Plus vite on mettra le produit en circulation, plus vite on pourra s'adapter
aux exigences des clients. Le président d'EICON ajoute que cette
approche permet d'impliquer le personnel dans le cycle complet de
l'adaptation du produit: de l'identification du problème au suivi de
l'installation en passant par la fourniture d'une documentation complète.

La mise en marché chez EICON se fait par un réseau de distribution très
efficace, réseau implanté grâce à l'expérience internationale de M.
Brojde.

Il s'agit d'un réseau:

- de vente directe aux grandes entreprises effectuée par les bureaux de
  Montréal et Toronto;

- de distributeurs exclusifs dans les pays d'Europe, d'Asie et en
  Australie;

- de détaillants à valeur ajoutée, par exemple NOVELL;

- de manufacturiers d'origine (OEM).

FIGURE 2

PROCESSUS DE DÉVELOPPEMENT CHEZ EICON

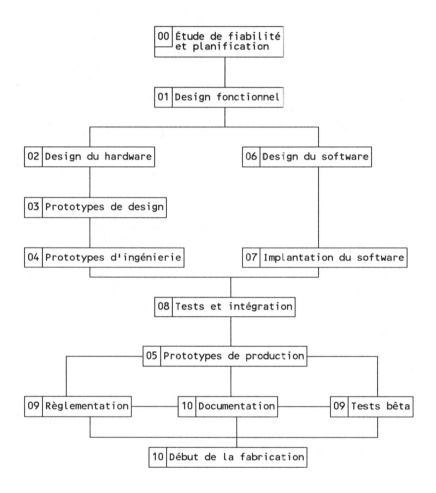

La promotion est faite lors de foires commerciales, environ une quinzaine annuellement à travers le monde.   Elle est aussi supportée par la publication de nombreux articles dans les revues spécialisées.

Bien qu'EICON cherche à être le leader mondial en matière de produits de communication informatiques, elle ne veut pas compétitionner directement avec les vendeurs de LAN, mais plutôt faire en sorte que les clients s'approvisionnent à un seul endroit pour tous leurs besoins en produits de communication.   Dans sa stratégie de marketing, EICON exploite différentes niches car, dit M. Brojde, *«IBM laisse plusieurs opportunités à ceux qui veulent les exploiter»*.

Bref, l'obsession du marketing chez EICON se résume en une phrase: **exploiter efficacement les opportunités du marché en écoutant attentivement les exigences des clients.**

L'approche R-D

«Les idées ne font pas les produits», s'exclame M. Brojde, ce qui peut paraître étrange pour une compagnie résolue à maintenir ses dépenses en R-D à 20% de ses revenus.   En fait, il est convaincu que le personnel de R-D doit dialoguer constamment avec les clients pour trouver des idées et améliorer les produits.

L'approche de la compagnie en matière de R-D est donc orientée vers le client. EICON cherche à développer des solutions *«hardware»* et *«software»* à des problèmes réels que rencontrent les clients. Cette approche permet d'ajouter des caractéristiques supplémentaires à la ligne de produits de base et permet d'anticiper les problèmes que les clients semblables sont susceptibles de rencontrer.

7. Les leçons du succès

Pour Peter Brojde, le succès d'EICON s'appuie sur trois pôles stratégiques:

- Innovation

- Marketing

- Ressources humaines

Les produits offerts sont à la fine pointe de la technologie. De l'«Eicon-Card», la fameuse carte intelligente, à la carte «EiconScript», nouveau concept d'interfaçage graphique, l'**innovation est partout**. Des efforts constants de R-D assurent le leadership technologique d'EICON.   Le dialogue permanent avec les clients renforce la qualité des produits et prévient la désuétude.

Le **marketing** est une obsession: exploiter les différentes niches d'un marché énorme, éviter la concurrence directe avec les grosses entreprises, distribuer efficacement les produits et dialoguer avec le client. Ce sont les leitmotivs en matière de marketing.

«Recruter des personnes compétentes et leur confier les bonnes tâches», voilà le credo de Peter Brojde lorsqu'il nous parle de **ressources humaines**. Le processus d'embauche est permanent. EICON engage autant les jeunes ingénieurs et informaticiens fraîchement émolus de l'université que les professionnels d'expérience à l'emploi d'autres compagnies. En cela, la compagnie vise un but très simple: allier dynamisme et compétence.

EICON se distingue également par sa **vision** et son **opportunisme** dans le bon sens du terme. Après s'être installée dans le marché lucratif des communications entre ordinateurs, l'entreprise flaire déjà le filon de l'imagerie informatique et y intensifie ses recherches avec déjà un premier produit, la carte EiconScript.

Où s'en va EICON? Peter Brojde répond sans équivoque: «**devenir leader du marché!**». Mais il confie: *«Notre entreprise, c'est du travail et beaucoup de sueur; travailler fort, c'est le secret de la réussite»*. Pour lui, c'est la solution qui compte!

À ses débuts, la compagnie exigeait de lui sept jours de travail par semaine. Elle ne lui en prend plus que six maintenant. Il en reconnaît d'ailleurs l'incidence sur sa vie familiale. Mais, réaliste, il avoue que ce genre de PME exige au moins trois ans pour émerger. Aujourd'hui, alors qu'EICON est lancée sur les sentiers de la gloire, il reste calme: *«Il faut de la patience, rien ne se fait du jour au lendemain»*.

Qu'est-ce qui motive Peter Brojde? L'argent? Non. Plutôt le goût du défi, la soif de croissance. Pour lui, l'argent, c'est une récompense, ce n'est que la mesure du succès. La vraie réussite, c'est la reconnaissance par les pairs.

Dédié à sa compagnie, il circule souvent à travers tous les départements et connaît parfaitement les caractéristiques de tous ses produits. Les employés, dit-il, ont beaucoup de liberté et peuvent s'exprimer à tout moment. Cette compagnie pourtant, il avoue qu'il la vendrait peut-être un jour si l'offre s'avérait intéressante. Sans doute pour en démarrer une autre...

* * * * * *

CAS N° 7
C-MAC INC.

1. **SECTEUR:**	Micro-électronique
2. **NATURE DES PRODUITS:**	Circuits électroniques hybrides, circuits imprimés à trous métallisés et montés en surface, services d'assemblage
3. **ANNÉE DE FONDATION:**	1985

4. **PROGRESSION DES VENTES:**
(fin d'exercice: 31 déc.)

1986	nil
1987	1 740 000$
1988	3 191 387$
1989	6 115 165$
1990	20 500 000$
1991	30 645 000$

5. **RÉPARTITION DES VENTES EN 1989:**

Québec	90%
Reste du Canada États-Unis Reste du monde	10%

6. **DÉPENSES COURANTES DE R-D:**	5% des ventes
7. **NOMBRE D'EMPLOYÉS:**	290 (âge moyen: 27 ans) dont 90 à l'usine de TIE Communications: 13 ingénieurs au total
8. **PERSONNEL DE R-D:**	4 (dont 3 professionnels)
9. **PRÉSIDENT:**	Dennis Wood (51 ans)
10. **RÉPARTITION DU CAPITAL-ACTIONS:**	N/D
11. **AVOIR DES ACTIONNAIRES:**	N/D
12. **VALEUR DES ACTIFS:**	11 891 169$
13. **ADRESSE DE LA COMPAGNIE:**	800, boulevard Industriel Sherbrooke (Qué.) Canada J1L 1V8

Tél. : (819) 821-4524
Fax : (819) 248-1167

TABLE DES MATIÈRES

Page

1. AU COEUR DES CIRCUITS 131
   Design 131
   Impression sérigraphique automatisée et assemblage
   de microcircuits 131

2. HISTORIQUE 132

3. LA LUTTE POUR LES CONTRATS 135
   La qualité, un tour de force 135
   La vente agressive 136

4. LA GESTION STRICTE DE L'INTERNE 137
   La recherche-développement 137
   La production 137
   Les ressources humaines 138

5. MARIAGE STRATÉGIQUE 138

6. DÉFIS, LEÇONS ET PERSPECTIVES 139
   Leçons 140

Dans la banlieue de Sherbrooke, nichée près du boulevard Industriel, une usine de circuits électroniques ronronne d'une activité bourdonnante. Telle une véritable ruche humaine, 160 employés vêtus de blanc de la tête aux pieds s'y affairent fébrilement, penchés sur des équipements compliqués et d'une extrême précision. On les voit à travers de grandes baies vitrées dans des locaux ultra-modernes d'une extrême propreté. Grâce à une imposante machinerie d'épuration de l'air et de climatisation, on maintient les salles «blanches» au niveau de classe 10 000, soit des chambres où les poussières sont rarissimes car on doit éviter à tout prix les poussières afin d'assurer la qualité et la fiabilité des circuits intégrés qui y sont fabriqués en série. Par exemple, une maison jugée très propre peut révéler une «*contamination*» un million de fois plus élevée. La température et l'humidité sont également rigoureusement contrôlées. Tout est propre, y compris le plancher qui brille d'un éclat mat.

À voir dans ces lieux ultramodernes des équipements très sophistiqués où circulent discrètement des femmes et des hommes vêtus de combinaisons blanches, de bonnets blancs et de pantoufles protectrices, on se croirait dans une clinique d'hôpital d'avant-garde. Sauf qu'ici on fabrique quotidiennement quelque 15 000 de ces bijoux de haute technologie que sont les microcircuits électroniques.

Ce haut-lieu de la microélectronique de pointe n'est autre que l'usine de C-MAC, acronyme pour la Corporation de microélectronique et d'assemblage canadienne. Cette PME vient de connaître un redressement spectaculaire et s'est même permis le luxe d'acquérir, en janvier 1990, une installation voisine appartenant au géant TIE Communication. À travers l'étude de ce cas, c'est à une visite au coeur des affaires et de la technologie de pointe que le lecteur est convié.

1. Au coeur des circuits

C-MAC se spécialise principalement dans les circuits hybrides. Cette technologie date déjà d'une trentaine d'années. Mais avec l'avènement des céramiques et le règne de la miniaturisation, sa fiabilité lui vaut une utilisation fréquente dès qu'il s'agit d'usages en environnement difficile. Ainsi, la technologie des circuits hybrides est surtout développée pour l'aérospatiale mais on la retrouve de plus en plus dans d'autres secteurs, comme dans les voitures où ces circuits servent au contrôle des systèmes d'injection électronique. De fait, C-MAC conçoit, développe et fabrique, **sur demande expresse** de clients, des circuits hybrides à couches épaisses (*circuits actifs et réseaux résistifs de précision*) en petits et grands volumes.

La compagnie offre également une large gamme de services allant de l'assemblage des cartes de circuits imprimés au moyen de la technologie du montage en surface («*surface mounted technology*») à l'impression multicouches de haute précision sur céramique pour fins d'utilisations militaires. Les compétences de la firme lui permettent, en fait, d'offrir tous les types courants de technologies d'assemblage de circuits électroniques.

Design

C-MAC ne vend pas de produits. Elle agit plutôt comme manufacturier auprès de clients qu'elle fournit sur une base relativement régulière. C'est ainsi que chaque circuit est conçu en étroite collaboration avec le client et à partir de règles de conception strictes. Tout le processus de design est assisté par ordinateur (CAO), à partir des dessins électroniques et des schémas d'implantation jusqu'à la documentation technique (cf. Figure 2). Les prototypes et les résultats des essais sont fournis, sur demande, au client afin qu'il les évalue et les certifie.

Impression sérigraphique automatisée et assemblage de microcircuits

La technologie de la couche épaisse est basée sur l'impression sérigraphique. On imprime de l'encre à base de métal, de verre et de véhicules organiques, sur de la céramique. Chez C-MAC, le processus bénéficie d'une automatisation complète, à partir de la cuisson contrôlée par ordinateur jusqu'aux ajustements des résistances par des systèmes lasers YAG à haute vitesse, au montage par robot des composantes en surface, à l'insertion automatique des broches, au polissage à haut rendement et au nettoyage par robot des lots de production à fort volume.

Notons qu'une philosophie d'assurance qualité imprègne très fortement toute la structure de production (cf. Figure 3). La démarche est **préventive** plutôt que **corrective**. Un programme de contrôle statistique des procédés (CSP) permet de surveiller et de contrôler en temps réel tous les paramètres critiques des procédés. Le système implanté s'inspire des méthodes AQAP1 et AQAP6 utilisées par les grosses compagnies. Ce grand souci de la qualité totale a mérité à C-MAC le statut de «ship-to-stock zero defect preferred supplier» en 1989, décerné par un de ses gros clients, Northern Telecom. Trois millions d'unités avaient été livrées sans le moindre défaut!

2. Historique

Dennis Wood, âgé de 51 ans et natif de la Grande-Bretagne, est venu au Canada en 1948. Il commença des études en commerce à l'Université Sir George Williams (devenue l'Université Concordia) mais quitta rapidement l'université pour bâtir tout de suite sa réussite car, avant tout, c'était un homme d'affaire porté vers l'action.

Avant de devenir président de C-MAC, M. Wood avait fondé *«Les Papiers Peints Berkeley»*, une compagnie de 350 employés, qu'il vendit avec profit en 1985. Il avoue posséder encore des investissements dans plusieurs entreprises.

La naissance de C-MAC fut laborieuse et ponctuée d'événements spectaculaires. En 1979, le gouvernement québécois en place visait des lieux spécifiques pour l'implantation économique de firmes de haute technologie. Sherbrooke bénéficiait de la proximité d'une université spécialisée en microélectronique (*cours sur les circuits hybrides et sur la technologie des couches épaisses*) et de l'existence de la *Société de microélectronique industrielle de Sherbrooke (SMIS)*. Un groupe sherbrookois de promoteurs décida alors d'effectuer une étude, subventionnée par le gouvernement du Québec, sur la rentabilité d'une compagnie éventuelle qui se spécialiserait dans la fabrication, sur commande, de circuits électroniques, principalement des circuits hybrides. L'analyse conclut que cette voie était un véritable filon. Sauf qu'au moment d'y mettre effectivement de l'argent en 1984, les parties intéressées (*Groupe Technica, Groupe Les Placements Hybrides, etc.*) se révélèrent très frileuses. Finalement, l'Office canadien pour le renouveau industriel (OCRI) finança 40% du projet et une quinzaine d'investisseurs audacieux, dont des banques, s'associèrent pour démarrer C-MAC.

Les premières années d'opération furent un désastre. La belle usine ultrasophistiquée de Sherbrooke qui avait coûté près de 8 millions de dollars générait à peine 1,7 million de dollars de ventes en 1987. Des pertes de 70 000$ par mois étaient enregistrées. Et les clients étaient quasi inexistants. C'est à ce point de l'histoire que surgissent l'homme d'affaires Dennis Wood et le notaire Louis Lagassé, actuellement actionnaires principaux de la compagnie. En 1984, avec une mise de 1,5 million de dollars recueillis par le programme SPEQ (Les Placements Hybrides), ils faisaient déjà partie des investisseurs. À la fin de 1987, ils finirent par réunir les banquiers, le Conseil d'administration, les cadres, le gouvernement et toutes les parties prenantes de C-MAC. Avec une mise supplémentaire de 2,5 millions de dollars, ils leur annoncèrent la prise de contrôle de la compagnie.

La situation financière de la compagnie évolua alors très rapidement: 2,5 millions de dollars de pertes en 1987, diminuées à 350 000$ en 1988 (*dues en grande partie à la dépréciation*), et profits de 660 000$ dès l'année suivante, en somme une augmentation combinée de 356% entre 1987 et 1989.

Selon Dennis Wood, ce redressement est dû à **deux facteurs**:

a) l'obtention d'un contrat de 5 millions de dollars de la part de Northern Telecom;

b) l'embauche en 1988 de M. Lorenz Mink à la direction générale de la compagnie (*voir figure 1*). Les cadres de C-MAC reconnaissent sa grande compétence dans le domaine de la production. Lorenz Mink a travaillé chez Marconi Canada et est à l'origine de Circo Craft où il dirigeait la division de microélectronique. Ses 25 années d'expérience font que les cadres de C-MAC reconnaissent son extrême habileté dans le domaine de la production.

Les employés de l'usine attribuent également le revirement de l'entreprise à l'existence d'une «**main forte**» à la tête de l'entreprise.

À l'époque de la fondation de C-MAC, messieurs Lagassé et Wood étaient respectivement présidents de la Chambre de Commerce du Québec et de la Chambre de Commerce de Sherbrooke. Tous les deux voulaient absolument réussir et ne voulaient en aucune manière être associés à une faillite. «*Nous étions*, confie Dennis Wood, *partis avec un rêve qui, au deuxième tournant, s'est transformé en confiance et en certitude car nous avions en main une équipe d'ingénieurs très dynamiques*».

Figure 1
Organigramme de C-MAC Inc.

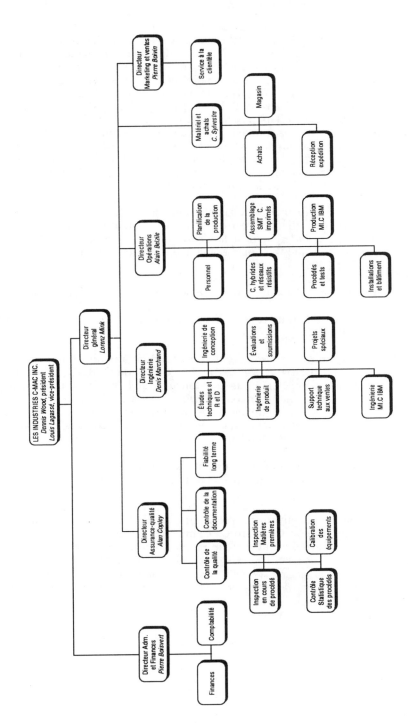

3. La lutte pour les contrats

La clientèle de C-MAC se compose maintenant d'entreprises prestigieuses telles que Northern Telecom, Compaq Computer, Apple, Philips, Marconi, Silicon Graphics, etc. Ce sont des compagnies du secteur de l'électronique, plus particulièrement dans les domaines des télécommunications, de l'informatique et de l'instrumentation qui constituent les intervenants favoris.

C-MAC s'est bâtie une belle réputation de qualité en devenant, entre autres, un *«fournisseur certifié»* de Northern Telecom. Elle s'est très vite taillée une carte de visite à la mesure de ses ambitions. Une des rares PME canadiennes de microélectronique à oeuvrer à la fois dans les circuits hybrides, le montage en surface, les circuits conventionnels et les couches épaisses, l'entreprise prétend que, dans des conditions normales, elle peut concurrencer avantageusement les Asiatiques. Sans nous en confier les secrets, M. Dennis Wood raconte qu'une grosse partie des ventes de certaines compagnies japonaises dans les réseaux résistifs a été raflée par C-MAC qui les fabrique elle aussi.

De fait, une compagnie comme C-MAC ne survit et ne prospère que par les contrats qu'elle obtient. *«Dans ce domaine*, confie M. Wood, *la plupart des décisions d'affaires sont prises avec le ventre et non avec la tête. C'est ce piège que C-MAC a jusqu'à présent réussi à éviter».* Dans sa lutte pour les contrats, l'arme principale de C-MAC se trouve donc être son usine *«état-de-l'art»*, à la fine pointe de la technologie, produisant une qualité totale et fournissant les demandeurs en *«juste-à-temps»*. Avec cette arme, les «vendeurs» suivent une stratégie agressive, mais calculée, de recherche de clients.

La qualité, un tour de force

De l'implantation initiale aux acquisitions actuelles, tout a été pensé par une équipe de scientifiques et d'ingénieurs qui travaillent encore, en majorité, pour C-MAC. Le démarrage de la production a exigé un délai d'un an et demi. Au cours de cette période, aucun consultant n'a été utilisé. Par contre, l'élaboration du devis de l'usine s'est faite à l'aide de la SMIS qui, pour sa part, a assuré pendant quelques mois, en sous-traitance, une partie de la production. M. Denis Marchand, directeur de l'ingénierie et lui-même un ancien de la SMIS, qui faisait déjà partie du noyau technique de départ, rappelle également la contribution essentielle de Lorenz Mink, déjà cité plus haut. Ce dernier a apporté sa connaissance des réalités technologiques de la production en microélectronique. L'implantation de la qualité relève donc, chez C-MAC, d'un véritable tour de force interne qui témoigne de l'existence de scientifiques et d'ingénieurs chevronnés au sein de l'entreprise.

Cette bataille pour la performance est constamment menée sur tous les fronts: le **design** (*cf. Figure 2)*, un bon **système d'assurance-qualité** (*cf. Figure 3*) et **renouvellement constant d'un équipement** déjà hautement sophistiqué.

Le parc-machines de C-MAC avait une valeur de 1,5 million de dollars en 1989. Ce chiffre est déjà largement dépassé par les acquisitions récentes. Cette politique a permis à la compagnie d'être complètement indépendante des sous-traitants extérieurs grâce, entre autres, à un nouveau système de CAO qui permet le design graphique des circuits. Elle favorise également la pénétration d'autres marchés et l'accélération de la production. Notamment, des lasers YAG et CO_2 et une machine de montage DIP ont permis de produire d'autres types de circuits hybrides et de «*déboucher*» les goulots d'étranglement dans la ligne de fabrication. Notons que tous les investissements sont financés à même le fonds de roulement.

La «vente» agressive

C-MAC, qui agit toujours comme sous-traitant, a recours au démarchage pour obtenir ses contrats. Tel que souligné déjà, la compagnie ne vend pas des produits mais de l'expertise. Ainsi, le directeur des ventes est un ingénieur qui a déjà été concepteur de circuits mais qui est également doué pour la commercialisation. Celui-ci est souvent «sur la route» pour faire des sollicitations directes auprès de clients potentiels. De même, la signature récente de contrats de représentation avec cinq agents manufacturiers bien implantés dans le marché de la sous-traitance va permettre à la compagnie d'être à l'affût de toutes les opportunités. Finalement, la participation à de nombreuses foires commerciales munie de «lettres de créance» de clients prestigieux satisfaits (Northern Telecom, Industries Litton, CDC, etc.) procure un maximum de visibilité.

Le marché visé par C-MAC est l'Amérique du Nord où la concurrence est internationale. La compagnie commence tout juste à lorgner sur l'Europe.

Au Canada, C-MAC est le principal fournisseur de Northern Telecom (80% des recettes), qui est le plus grand acheteur de circuits hybrides au pays. Aux États-Unis, ses activités sont moindres mais elle vient d'obtenir des contrats au sein du marché californien en concluant des ententes avec les prestigieuses sociétés Apple et Silicon Graphics. Tout en consolidant ses acquis, en s'adressant aux diverses divisions de Northern Telecom réparties au Canada et aux États-Unis, C-MAC reste également ouverte à toutes les occasions. Elle vient de signer, dans un domaine connexe à ses activités, un contrat avec IBM pouvant atteindre 25 millions de dollars en cinq ans. Il s'agit de fournir dans ses propres locaux un système d'assurance-qualité pour certaines composantes produites par le géant de l'informatique.

4. La gestion stricte de l'interne

La recherche-développement

Chez C-MAC, 65 produits différents, soumis et vérifiés par divers clients, attendent d'entrer dans la ligne de production. Sept autres produits, toujours à la demande de clients, sont à l'étude au bureau du design. Ce foisonnement d'activités, brillamment maîtrisé par l'ingénierie, est bien sûr à l'honneur de M. Denis Marchand, son directeur. Ce dernier nous confie qu'il n'y a pas à proprement parler de recherche chez C-MAC. Par contre, les quatre ingénieurs du design doivent constamment faire face aux nouvelles exigences des clients; ils développent de nouvelles méthodes ou bricolent des procédés pour satisfaire les besoins. Les défis de la division «Développement» consistent à réussir à maîtriser, à chaque modification requise, toutes les ramifications d'une technologie très complexe. L'impression par sérigraphie de trous sur céramique, par exemple, nécessite un effort technique que la compagnie a dû accomplir toute seule. Car, bien sûr, personne n'a voulu lui montrer le chemin puisqu'il s'agit d'un savoir-faire propre à chaque entreprise et hautement concurrentiel.

La production

«Tout ce qui sort de l'usine est garanti à 100%», clament les dirigeants de C-MAC. Derrière cette affirmation se cache un imposant système de production dominé par le souci de la qualité, nous l'avons dit, mais aussi structuré pour un maximum d'efficacité. Environ 15 000 circuits sortent tous les jours du ventre de C-MAC et sont livrés aux clients. Ces circuits se vendent entre 1$ et 25$ l'unité. Le «produit vedette» est un circuit hybride qui est un réseau résistif protecteur de surtension, optimisé de façon originale, à la fois dans sa conception et dans sa production.

La productivité est suivie en terme de prix de revient et en terme de rendement, par lot et par étape. Le contrôle des coûts s'effectue à partir des données obtenues sur les lignes de fabrication. Ces données deviennent ensuite des «standards» qui, sous le contrôle conjoint de la comptabilité et de la production, sont fournis à l'ingénierie comme base d'évaluation des nouvelles soumissions. Les rendements globaux se situent dans la majorité des cas au-dessus de 90% (comparaison des intrants et des produits finis). Le ratio des coûts de main-d'oeuvre directe et de matières premières par rapport aux ventes est de 41%, ce qui constitue des résultats excellents pour une entreprise de circuits hybrides à grand volume, affirment les dirigeants.

Les ressources humaines

C-MAC emploie 252 personnes, dont 90 à l'ancienne usine de TIE Communications (dont nous parlerons à la section suivante). Lorsqu'en plaisantant M. Dennis Wood affirme qu'il n'a aucun diplôme sauf un MBWA («*Management By Wandering Around*»), il révèle en fait l'importance qu'il accorde à la valeur du capital humain. Pour cet homme d'affaires, l'argent n'est pas le principal problème d'une entreprise, ce sont plutôt les employés, qui peuvent être un moteur fabuleux ou bien les artisans de la ruine. «*Il faut, dit-il, développer une accessibilité tout azimut, car tout le monde a besoin de parler et de communiquer. Même quand on pense qu'il n'y a pas de problèmes, il y en a toujours. Et c'est la discussion qui permet de les résoudre. Les problèmes sont dans l'usine, les solutions aussi!*»

La sélection s'opère selon des critères de dynamisme et de sociabilité. À ce sujet, C-MAC a la «chance» d'être localisée dans une ville où l'université et le CEGEP donnent une formation de base dans la technologie hybride et la microélectronique.

Les initiatives de formation permanente sont encouragées par le défraiement des frais de scolarité. De plus, chaque nouvelle recrue bénéficie d'un cours de base de six semaines initié à l'origine par la SMIS.

La motivation passe par l'enrichissement des tâches et le sens des responsabilités. Un système de rotation permet, par exemple, à chaque ouvrier de maîtriser quasiment tous les équipements. Les conditions salariales s'accompagnent d'un plan d'assurance très complet et des fêtes sont régulièrement organisées, notamment lorsqu'on atteint un objectif important.

Notons que le personnel de l'usine se compose majoritairement de femmes qui, selon toute apparence, font preuve de plus d'adresse et de patience que les hommes.

5. Mariage stratégique

Le 19 février 1990, C-MAC devenait propriétaire des actifs à Sherbrooke de la société TIE Communications Canada Inc. L'usine acquise par la compagnie comprend 25 acres de terrain, une bâtisse de 55 000 pi.ca. et des équipements de production opérationnels depuis 1983. Les effectifs de 90 employés de TIE se sont alors adjoints au personnel de C-MAC. L'ancienne installation de TIE répondait au départ à la demande du marché en matière de systèmes téléphoniques pour petites et moyennes entreprises. Son niveau de production a déjà atteint 6 millions de dollars par mois avec un plafond de 450 ouvriers répartis sur deux équipes de travail. Depuis que les ventes de la société-mère ont baissé considérablement, l'usine de Sherbrooke s'est mise à offrir également des services d'assemblage sur le marché de la sous-traitance.

Cette usine possède aujourd'hui les équipements de production requis pour assembler tout produit électronique conventionnel (technologie des circuits imprimés à trous métallisés, montage, fabrication et assemblage de systèmes). Elle n'opère qu'à 10% de ses capacités mais se trouve en pleine restructuration depuis son acquisition par C-MAC. Parmi les changements importants, il faut noter que, même si l'usine garde comme principal client TIE Communications en téléphonie (assemblage de systèmes et tests), elle est désormais en mesure d'offrir aussi ses services à des ex-compétiteurs de TIE.

C-MAC dirige l'ancienne usine de TIE en tant que société en commandite. Elle est opérée séparément et les structures administratives sont distinctes à l'exception de la haute direction où siègent Louis Lagassé et Dennis Wood.

En parlant de cette acquisition le président de C-MAC affirme qu'il s'agit pour la compagnie de *«reculer pour mieux sauter»*. En effet, ce mariage complète parfaitement la gamme des services offerts par **C-MAC**. Beaucoup de produits, par exemple, requièrent l'utilisation concurrente de deux types de technologie d'assemblage, celle par trous métallisés et celle du montage en surface. **C-MAC devient ainsi le plus gros sous-traitant en électronique au Canada** et pratiquement le seul à offrir tous les types de technologie d'assemblage de circuits. Pour l'homme d'affaires qu'est M. Wood, c'est un mariage hautement stratégique.

6. Défis, leçons et perspectives

Interrogé sur la philosophie générale de l'entreprise, M. Dennis Wood répond: *«Notre stratégie, c'est d'offrir la qualité totale à prix raisonnable. Il ne s'agit pas d'être absolument les moins chers mais plutôt d'**être les meilleurs!**»*. L'ambiance C-MAC transparaît également lorsqu'il affirme: *«ce que nous aimons, ce sont les clients exigeants, ça nous rend beaucoup plus efficaces»*.

Il n'est alors pas étonnant qu'une telle firme ait des objectifs jalonnés de défis extrêmement ambitieux. C-MAC veut, ni plus ni moins, devenir le leader: le meilleur fabricant dans son domaine, dans le marché américain et dans le marché mondial. Perspective encore à long terme, on ne peut nier pourtant que C-MAC en a, au moins au point de vue de l'humain, les moyens et les armes. Car, dans ce cas, on peut véritablement parler d'un état d'esprit C-MAC.

Encore peu connue dans le grand public, cette entreprise typiquement québécoise est en voie de rafler au Canada la sous-traitance en fabrication de micro-circuits électroniques en grande série. En 1989, dans le cadre du concours annuel de la Chambre de Commerce du Québec, C-MAC se classait, parmi 6 000 entreprises, l'une des dix finalistes pour la meilleure entreprise de production au Québec. Et le 11 juin 1990, elle se voyait octroyer de la part de la très puissante société IBM un second contrat quinquennal de 25 millions de dollars pour des opérations d'essais et de fin de ligne sur des mémoires vives *(«RAM»)*, au taux de 100 000 dispositifs par jour, sept jours par semaine.

Chez C-MAC, le redressement financier des dernières années a accentué une cohésion déjà grande aux niveaux des cadres et des ouvriers. Il n'y a, affirment les cadres, ni jeux politiques, ni mesquineries hiérarchiques dans la compagnie. Il n'y a pas non plus de syndicat dans cette jeune entreprise de 290 employés.

Chez C-MAC, la qualité et la propreté sont une seconde nature. On reconnaît que ce sont les humains qui sont les plus grands contaminants et chaque ouvrier nettoie systématiquement sa propre machine. La garantie à 100% des produits est plus qu'une fierté ou une exigence, c'est la façon de vivre de l'usine.

Leçons

1. C-MAC est née du mariage d'investisseurs audacieux et d'universitaires chevronnés dans une région qui favorisait la technologie choisie. Cette **base de départ** a été suffisamment solide pour conforter la vision et l'obstination d'entrepreneur-homme d'affaires tel MM. Dennis Wood et Louis Lagassé.

2. Des débuts cahoteux ont mis en danger la vie de la compagnie. Il fallait à l'entreprise une **bonne focalisation**, une **direction sans équivoque** et une **coordination des efforts** menant à bon port.

3. Ce cas est particulièrement intéressant parce que M. Wood a su acquérir une **entreprise déjà existante** plutôt que de réinventer la roue et partir complètement à neuf, et il a su opérer le redressement qui s'imposait.

4. Les ingénieurs de chez C-MAC ont tout conçu à partir de zéro pour gagner leur propre savoir-faire et édifier une structure de production alliant qualité et souplesse (*«Just-in-time supplier»*). Ce fut une tâche ardue dans laquelle la SMIS a joué un rôle prépondérant, et Lorenz Mink, le nouveau directeur général, un rôle essentiel. En haute technologie, l'**extrême compétence scientifique** des ressources humaines est d'une importance primordiale.

5. Les moyens de la qualité passent également par un **équipement sophistiqué** qui, inévitablement, gruge les bénéfices du début. Il faut donc viser le long terme.

6. Gagner des clients, c'est tout d'abord, avoir des atouts (qualité, fiabilité), travailler très fort pour **en débusquer un qui soit prestigieux** et ensuite acquérir des titres de noblesse en le satisfaisant constamment. Avec en main une excellente *«carte de visite»*, par exemple comme fournisseur de Northern Telecom, C-MAC pénètre ensuite **progressivement** tout le marché.

7. Le modèle japonais, où l'entreprise est un second «chez soi», ne s'applique peut-être pas en Occident mais chez C-MAC les leitmotivs de propreté, qualité, souplesse et productivité imprègnent suffisamment les employés pour créer **une osmose** particulièrement réussie. La haute direction infuse son style de gestion et s'entoure de gens compétents et avertis. Les ouvriers et les cadres bénéficient d'une atmosphère de travail où règnent transparence, ouverture et convivialité.

8. Les acquisitions stratégiques préparent **le futur** et, à condition d'en avoir les moyens, déterminent des objectifs et stimulent les efforts.

* * * * * *

FIGURE 2

ÉTAPES DU DESIGN

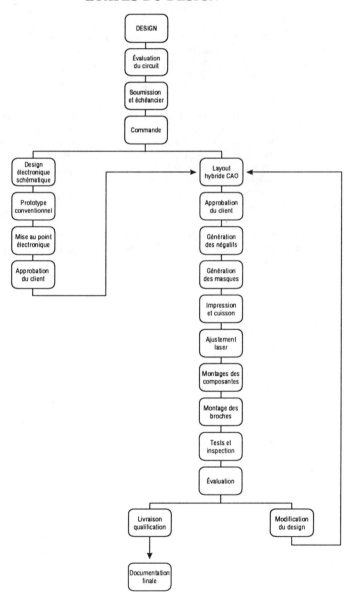

FIGURE 3

ORGANIGRAMME DE L'ASSURANCE-QUALITÉ ET DES PROCÉDÉS

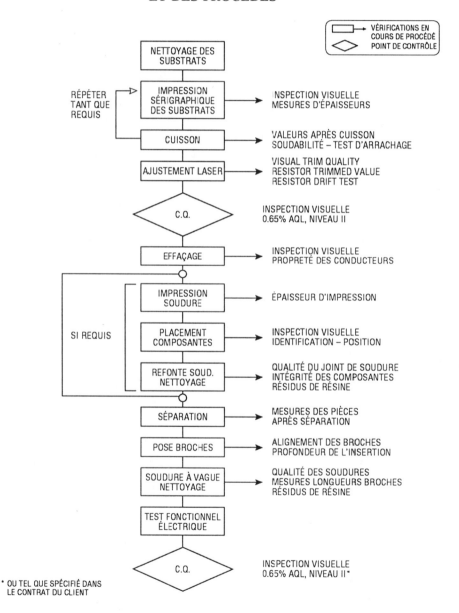

CAS N° 8
DAP ÉLECTRONIQUE INC.

1. **SECTEUR:**   Micro-électronique

2. **NATURE DES PRODUITS:**   Micro-ordinateurs de main; alarmes de recul pour véhicules; appareils de télémesure et de télécommande

3. **ANNÉE DE FONDATION:**   1979

4. **PROGRESSION DES VENTES:**
(fin d'exercice: 31 août)

1985	2 200 000$
1986	2 900 000$
1987	2 900 000$
1988	3 400 000$
1989	4 300 000$
1990	5 000 000$

5. **RÉPARTITION DES VENTES EN 1989:**

Québec	57%
Reste du Canada	26%
États-Unis	7%
Reste du monde	10%

6. **DÉPENSES COURANTES DE R-D:**   13% des ventes (600 000$/an)

7. **NOMBRE D'EMPLOYÉS:**   55 (âge moyen: 30 ans) dont 7 ingénieurs

8. **PERSONNEL DE R-D:**   6 (dont 4 professionnels)

9. **PRÉSIDENT:**   Michel Lapointe (43 ans)

10. **RÉPARTITION DU CAPITAL-ACTIONS:**

Michel Lapointe	50%
Robert St-Laurent	50%

11. **AVOIR DES ACTIONNAIRES:**   1 775 000$

12. **VALEUR DES ACTIFS:**   2 463 091$

13. **ADRESSE DE LA COMPAGNIE:**   955, Place Dufour
Vanier (Qué.) Canada
G1M 3B2

Tél. : (418) 681-7833
Fax : (418) 681-7734

TABLE DES MATIÈRES

Page

1. INNOVER TOUS LES ANS   147

2. RECHERCHE-DEVELOPPEMENT: UNE STRUCTURE
   LÉGÈRE   148

3. DANS L'ARÈNE DES GÉANTS   149

4. LA MÉCANIQUE DU SUCCÈS   151

Vers la fin des années 70, une petite entreprise québécoise du nom de Sélect-O-Sonore connut des difficultés financières.   Elle se spécialisait dans des produits électroniques et possédait une division qui concevait et commercialisait des alarmes de recul pour automobile.   Alors qu'elle s'apprêtait à fermer ses portes, Michel Lapointe, qui en était le directeur de la production, offrit d'acheter les actifs.   Il acquit la division des alarmes pour 35 000$ et fonda DAP Électronique Inc. en février 1979.

Pour améliorer la gamme des alarmes de recul, M. Lapointe, lui-même technicien spécialisé en électronique, engagea un ingénieur et un technicien grâce à une subvention de contrepartie (i.e. 50:50) de 25 000$ du Conseil National de Recherches du Canada (CNRC), ce qui permit à la compagnie de décrocher des contrats lucratifs de sous-traitance et de distribution. Avec quelques autres subventions de même source (PARI-H, PARI-L, etc.), DAP réussit assez rapidement à entrer chez les gros distributeurs en offrant une gamme d'alarmes de recul sous étiquette privée. Les revenus ainsi engendrés permirent d'augmenter petit à petit les facilités de production. Dix ans plus tard, les alarmes de recul pour véhicules de toutes sortes demeurent un important débouché pour la compagnie, soit environ 40% de son chiffre d'affaires. Elle en produit 80 000 unités par année, à un prix unitaire variant entre 20$ et 50$. Cette famille de produits contribue puissamment à alimenter sa trésorerie et lui permet de s'aventurer dans les produits de haute technologie commandant un prix élevé et pouvant entraîner des profits très substantiels.

Une fois les alarmes mises au point, DAP chercha à exploiter pleinement le potentiel de sa jeune équipe de R-D. Déjà à cette époque on parlait beaucoup de terminaux portatifs pour la saisie de données et la facturation automatique.   DAP eut vent de l'intérêt de Vachon Inc., la puissante compagnie québécoise de produits alimentaires, dans ce genre de technologie pour équiper sa flotte de camions.   Malheureusement, en dépit d'une bonne soumission et de l'apport original de DAP dans la définition du nouveau produit, ce contrat lui échappa. Huit mois plus tard, en mai 1982, DAP déposa une offre d'une technologie semblable à la Société des Alcools du Québec pour équiper 400 succursales au coût de 1,5 millions de dollars. Cette fois, DAP réussit à dépasser ses adversaires et obtint le contrat. Aujourd'hui, DAP a réussi à s'imposer dans le marché toujours croissant de la micro-électronique, tant par la qualité de ses produits que par son pouvoir d'innovation. Elle est devenue un important sous-traitant pour nombre d'entreprises canadiennes. Sans tambour ni trompette, elle évolue avec les grands de l'électronique et de l'informatique.

Son président, Michel Lapointe, se décrit comme *«un gars de la production»*. Véritable autodidacte, il apprit le management sur le tas mais il n'hésite jamais à prendre conseil auprès des membres de sa compagnie et à consulter les experts. Tout dans son entreprise reflète l'ordre et l'efficacité. Sans prétention pour un sou, ce gestionnaire averti et fin stratège nous explique les principaux faits relatifs à l'oeuvre de sa vie, l'entreprise DAP dont l'acronyme signifie: **Développement, Assemblage, Production**. Selon lui, il ne faut jamais perdre de temps dans les tergiversations: **le temps, c'est de l'argent**.

1. Innover tous les ans

DAP possède trois familles de produit:

- des **micro-ordinateurs portatifs** («hand-held computers») qui tiennent dans la paume de la main et qui servent à la saisie de données sur le chantier, d'une valeur unitaire entre 2 500 et 5 000$);

- des **alarmes de recul électroniques** pour véhicules de toutes sortes, vendus entre 20$ et 50$ l'unité;

- des **appareils de télémesure** pour le contrôle à distance, la télécommande et la télésurveillance d'équipements industriels et commerciaux, coûtant en moyenne 2 500$ l'unité.

Les deux premières familles comptent respectivement pour 55% et 40% du chiffre d'affaires, respectivement, alors que la troisième est en lancement.

La compagnie est structurée en cinq unités autonomes qui ont été récemment fusionnées;

- **Data Solutions**, division des logiciels;

- **DAP Cartier**, division véhicules pour les alarmes électroniques;

- **DAP Signal Data**, division des systèmes de télémesure;

- **DAP Électronique**, division de R-D et de fabrication;

- **DAP Technologies**, divisions de commercialisation des micro-ordinateurs.

Pour chaque division, le leitmotiv *est «un produit nouveau chaque année».*

Après s'être spécialisée dans les alarmes sonores de recul, la compagnie se tourne maintenant vers les alarmes visuelles. Sa nouvelle génération de clignotants électroniques pour les camions et les ambulances est à la fine pointe de la technologie.

Mais c'est surtout dans les micro-ordinateurs de main que l'éveil technologique de la compagnie est remarquable. DAP est à la veille d'introduire sa toute nouvelle innovation, le Microflex PC-9000.

Concernant ce produit, la presse spécialisée ne tarit pas d'éloges. Voici ce qu'en dit le quotidien Le Soleil du 10 novembre 1989 dans sa section Économie: *«L'appareil peut être lancé sur le béton, immergé dans l'eau et fonctionne aussi bien par temps froid (jusqu'à -20°C) que par temps chaud (jusqu'à +50°C) [..]. Le nouveau prototype mesure dix pouces sur quatre, pèse moins d'un kilo et peut être équipé d'un disque dur qui porte sa mémoire à 20 Megs. Pour donner une idée de sa puissance, disons qu'il peut condenser toutes les statistiques et les fichiers-clients d'une même entreprise dans un appareil qui tient dans la paume d'une main».*

L'utilité d'un micro-ordinateur très robuste et tenant dans la main est considérable, surtout s'il faut travailler par temps difficile en optimisant le temps d'opération. *«Pensons à la foresterie, aux mines ou simplement aux usines et l'on réalisera les importants avantages de cette nouvelle technologie»*, déclare le président de DAP. Une importante compagnie explique, dans la revue Food Processing de mai 1989, que la famille d'ordinateurs Microflex de DAP sauve près d'une heure et demie par jour à ses vendeurs en rendant possibles les opérations de saisie de commandes, de vérification des inventaires et de tenue des livres alors que le représentant est sur la route.

Michel Lapointe affirme que ce produit sophistiqué contient toutes les spécifications, le design et la qualité demandés par les clients. Il souligne qu'à elle seule la conception du moule en polycarbonate pour la fabrication de cet appareil a coûté 250 000$. *«Mais*, ajoute le président, *de DAP, il va faire fureur car rien de semblable n'a encore été conçu par les concurrents».*

2. Recherche-développement: une structure légère

L'équipe de R-D de DAP compte un designer industriel, un technicien en CAO/FAO et 4 ingénieurs Le personnel de R-D a déjà culminé à 18 sur un total de 55 employés lorsque la compagnie faisait de la R-D pour des clients externes. Mais, selon Michel Lapointe, cela empêchait l'entreprise de se concentrer sur sa mission et retardait les activités à l'interne. Actuellement, DAP commande certains volets de ses projets de R-D à l'extérieur car son équipe de recherche est trop occupée avec les projets en cours. Les montants impliqués varient entre 2 500$ et 50 000$.

Cette structure volontairement légère reflète une volonté de souplesse et de flexibilité. «*Cependant*, comme l'affirme le dépliant publicitaire de DAP, *la R-D n'est pas seulement une affaire de chercheurs confinés dans les laboratoires mais aussi d'enthousiasme d'une équipe de spécialistes qui connaissent la réalité des entreprises et qui sont à l'écoute des clients*». Et ce ne sont pas des paroles en l'air puisque Noranda, Forêts Canada, Holstein Canada et de nombreux autres clients font confiance à DAP.

De la R-D, Michel Lapointe dira que c'est la **pierre angulaire** de l'entreprise. Au cours des cinq dernières années, DAP a investi près de 2,5 millions de dollars dans la R-D, essentiellement grâce à ses fonds propres, pour une moyenne d'environ 12 % du chiffre d'affaires. C'est un impératif pour être en mesure de coller aux besoins des clients et rester compétitif. Mais sa gestion est délicate car pour une PME, il faut optimiser l'allocation des ressources. À ce niveau, DAP, comme tant d'autres, essaie de maintenir les coûts au minimum et de respecter l'échéancier. «*Il faut alors*, affirme le président de DAP, *faire un devis détaillé pour chacun des projets de R-D, les choisir judicieusement en fonction du potentiel commercial et des capacités internes, savoir gérer les personnes et utiliser le mieux possible les compétences de chacun*».

3. Dans l'arène des géants

Les concurrents de DAP ont pour nom: TELXON, MSI PRECO, MOTOROLA. Ce sont pour la plupart des entreprises de quelques centaines de millions de dollars de chiffre d'affaires. La compétition est féroce et on comprendra que DAP se sente comme un «David» à l'assaut de quelque «Goliath». Pour gagner, elle mise sur une qualité exceptionnelle de ses produits et sur un marketing agressif.

DAP se positionne d'emblée dans le **haut de gamme**. La saisie des données représente, selon une étude de Frost et Sullivan, un marché de 1,6 milliard de dollars (U.S.) pour les cinq prochaines années, alors que DAP s'attaque à des niches spécialisées et en détient déjà 1%. DAP couvre toutes les foires internationales et recueille les faveurs de la presse que ce soit au Japon, en Allemagne ou aux États-Unis. Dans le domaine des alarmes pour automobiles, DAP revendique 60% du marché canadien et 4% du marché américain. Le système de télémesure est, quant à lui, tout récent et affrontera bientôt la concurrence.

Le budget de marketing, les différents salaire exclus, ne dépasse pas 5 % du chiffre d'affaires. Toutefois, l'infrastructure de vente, au dire du président de DAP, est déjà solidement établie et l'approche repose sur les éléments suivants:

- unicité des produits,

- créneaux spécialisés,

- qualité et performance supérieures,

- services de qualité et bon suivi des clients.

L'exportation est une priorité chez DAP. *«Il faut*, selon Michel Lapointe, *être absolument partout car c'est ce qui va permettre à l'entreprise de grandir, d'exploser. La compagnie a plus de 70 distributeurs, qui sont des détaillants offrant une valeur ajoutée («Value-Added Retailers»), répartis dans 26 pays. Il n'y pas vraiment de ventes directes. On fait affaire avec des distributeurs qui, géographiquement plus proches des clients, se chargent de leurs préoccupations immédiates».* Les distributeurs sont recrutés lors de foires ou à la suite d'annonces et ils sont ensuite entraînés par DAP.

En 1988, DAP a ouvert un centre de distribution au Kansas pour couvrir plus adéquatement le marché américain et y avait mis en poste 4 représentants ayant une bonne expérience dans la vente de produits similaires. Après six mois, les objectifs de vente étaient loin d'être réalisés et Michel Lapointe n'hésita pas à fermer ce bureau. Depuis, il a ouvert un nouveau bureau à Tempa en Floride, et y a placé une équipe nouvelle de 3 représentants expérimentés dans le domaine des micro-ordinateurs de main.

La concurrence avec les grands se joue aussi sur la qualité. C'est pourquoi l'effort consenti par DAP à ce niveau est énorme:

- l'infrastructure de production est hautement automatisée même si le contenu de main-d'oeuvre de chaque produit s'élève encore à près de 20%;

- la productivité est suivie par un système informatique de prix de revient;

- un département entier s'occupe de l'assurance-qualité avec des procédures et des manuels qui définissent exactement chaque étape de la fabrication.

L'automatisation de la production a été facilitée par une subvention de 50 000$ du programme PDIR d'Industrie, Science et Technologie, Canada, équivalant à 17% du coût des équipements d'insertion automatique des composantes électroniques.

En expliquant les réussites de production, Michel Lapointe lance cette boutade: *«Nous avons un problème avec notre service après-vente: nos produits ne se brisent pas assez!».* Soulignons cependant que pour des volumes de plus de 20 000 unités (i.e. 5% du chiffre d'affaires), DAP a recours à la sous-traitance. Ce choix s'explique par les limites inhérentes aux équipement de production.

En s'adressant aux marchés haut de gamme dans la saisie de données. DAP veut se démarquer de ses concurrents. *«Les brevets*, déclare son président, *sont inutiles. La vraie protection, c'est la maîtrise de la technologie, une bonne performance en innovation et des coûts de production aussi bas que possible. Dans cette optique, notre compagnie a essayé d'instaurer un système de juste-à-temps (JAT) mais l'expérience n'a pas réussi car les fournisseurs manquaient de souplesse».* Selon Michel Lapointe, il est pratiquement impensable de pouvoir implanter le JAT dans une PME manufacturière qui dépend de plusieurs fournisseurs. Chez lui, le délai d'un seul fournisseur serait désastreux et il lui serait très difficile de faire des pressions sur les fournisseurs fautifs. Pour lui, le JAT est réservé pour les agents manufacturiers (OEM) majeurs (*«Original Equipment Manufacturers»*).

Ajoutons que cette petite compagnie de 55 employés a réussi à régler une grève de deux mois qui avait été déclenchée par suite de l'automatisation de certains de ses procédés.

4. La mécanique du succès

DAP n'est pas encore au faîte des grands exploits commerciaux. Mais il faut admirer la mécanique bien huilée d'un «petit» qui deviendra «grand». À sa tête se trouve un gestionnaire averti qui ne manque pas d'audace et qui a confiance en lui et en son équipe.

Interrogé sur les leçons de la croissance et sur les ingrédients du succès, Michel Lapointe nous livre méthodiquement ses recettes et ses préoccupations. Ce qui fait le succès de DAP se retrouve aussi, assez souvent, dans d'autres PME technologiques à succès mais il convient de dégager ici les facteurs que Michel Lapointe associe à la réussite de son entreprise.

1. **La R-D est vitale** pour une entreprise technologique car c'est la base de l'innovation, source de compétitivité. Mais elle est ni une formule magique, ni une boîte noire d'où jaillit le succès chaque fois qu'on l'alimente en argent frais, ni un simple groupement d'experts scientifiques. Chez DAP, les ressources sont maigres, il faut donc en optimiser l'utilisation: la structure de R-D y est légère et elle est concentrée sur les objectifs essentiels. On n'hésite pas à s'allier les compétences des organismes ou de consultants externes. La rareté du personnel scientifique nécessite l'utilisation maximale des potentialités de chacun.

2. **Visibilité, qualité, et écoute du client**, ce sont les fondements d'une stratégie simple mais exigeante imposée par une concurrence féroce. Les percées technologiques de la compagnie sont annoncées dans toute la presse, de l'Orient à l'Occident, grâce à une publicité sans

relâche. On participe aussi à des foires techniques et l'on publie des annonces dans les revues spécialisées. Pour illustrer les préoccupations de qualité, soulignons que le micro-ordinateur portatif PC-9000 est l'heureuse synthèse des exigences des clients. Le service est assuré par un réseau de distributeurs en relation étroite avec DAP. La qualité est au coeur des procédés de production par l'imposition de procédures et de contrôles continus. Enfin, l'automatisation gagne sans cesse du terrain dans l'usine.

3. **Bonne gestion des ressources humaines**. Michel Lapointe sait bien s'entourer et il reste constamment ouvert aux conseils des autres quand il ne cherche pas lui-même de nouvelles solutions. Sa version de la motivation, c'est la responsabilisation des employés. Il leur fait confiance. En apprenant à prendre les bonnes décisions, ceux-ci lui permettent de se consacrer à la croissance et non aux problèmes courants des opérations. La délégation et la transparence sont sources d'enthousiasme dans l'entreprise, souligne son président.

4. **Stratégie claire et décisive**. DAP a choisi d'exploiter le marché haut de gamme dans des niches spécialisées. Elle ne met pas tous ses oeufs dans le même panier car elle cherche à diversifier la nature de ses produits, mais toujours en relation avec sa mission et sa capacité. Elle n'est pas indûment attachée à un produit particulier. «*Il faut*, déclare Michel Lapointe, *savoir identifier les produits d'avenir et sélectionner les bonnes avenues technologiques. La stratégie d'une compagnie ne se résume pas par un énoncé de moyens et d'objectifs quantitatifs. Elle se nourrit de la vision des dirigeants et de leur volonté de conserver une mission corporative*». De fait, de multiples décisions, à des moments critiques, ont traversé l'histoire de la compagnie. Au cours de l'entrevue, il fit part d'au moins cinq décisions stratégiques:

   a) Michel Lapointe n'a pas tardé à fermer un premier bureau de ventes aux États-Unis, i.e au Kansas, qui ne répondait pas suffisamment aux objectifs de vente préalablement fixés.

   b) En dépit de milliers d'unités en stock, à 19$ chacune, il n'a pas hésité à mettre la croix en 1983 sur un nouveau thermostat électronique mis au point conjointement avec le Centre de Recherche Industrielle du Québec (CRIQ), car le bénéfice net réalisé sur ce produit ne dégageait pas assez de revenus pour l'énergie qu'exigeait la vente; de plus, le réseau de vente du nouveau produit était différent de celui des alarmes de recul, s'adressant aux consommateurs alors que les alarmes étaient destinées aux véhicules lourds.

   c) Alors que le CPM était encore le système d'exploitation informatique dominant en 1985 et que DAP venait de remporter un deuxième gros contrat d'approvisionnement, cette fois de Loto-Québec au montant de 1,5 millions de dollars, la demande pour le micro-ordinateur de main DAP augmentait (télécommande et téléviseur en foresterie, et industrie manufacturière, etc.). Aussi Michel Lapointe vit rapidement l'émergence du MS-DOS, ce qui l'entraîna à être un des premiers à obtenir une licence Microsoft sur ROM en mémoire morte alors qu'on ne la distribuait que sur disquettes;

d) Lorsque ses produits furent bloqués pendant huit mois par les douanes américaines à cause de problèmes d'homologation, il réorienta son exportation vers l'Europe où la législation en la matière est moins sévère, de sorte que DAP y vend maintenant dans 26 pays et plus qu'aux États-Unis. À cause de l'éloignement géographique, DAP ne fait pas de ventes directes en Europe mais fonctionne plutôt par un réseau de distributeurs sur place, notamment en Belgique.

e) Michel Lapointe revendit récemment une firme récemment acquise de haute technologie après avoir découvert que cette opération introduisait un surcroît d'éparpillement technologique.

Sur une note plus personnelle, le président de DAP attribue son succès aux facteurs suivants:

beaucoup d'efforts, d'énergie, de travail, doublés de ténacité et de persévérance;

avoir appris à déléguer, ce qui est toute une discipline à acquérir pour un entrepreneur;

voir bien communiquer avec tous et motiver les employés;

ser non seulement la technologie et le marketing, mais aussi nistration et la finance.

finaliste pour le prix MICA de l'Association de l'industrie du Québec en 1988, de même que dans plusieurs concours es entreprises, notamment aux Mercuriades de la Chambre du Québec dans la catégorie Fabrication en 1984 et pour hambre de Commerce de la Ville de Québec comme e en 1983. En quelques mots, DAP est une compagnie re, avec des objectifs corporatifs ambitieux mais grâce à une équipe dynamique.

* * * * * *

téléviseur en foresterie, en industrie manufacturière, etc.). Alors, Michel Lapointe vit rapidement l'émergence du MS-DOS, ce qui l'entraîna à être un des premiers à obtenir une licence Microsoft sur ROM en mémoire morte alors qu'on ne la distribuait que sur disquettes;

d) Lorsque ses produits furent bloqués pendant huit mois par les douanes américaines à cause de problèmes d'homologation, il réorienta son exportation vers l'Europe où la législation en la matière est moins sévère, de sorte que DAP y vend maintenant dans 26 pays et plus qu'aux États-Unis. À cause de l'éloignement géographique, DAP ne fait pas de ventes directes en Europe mais fonctionne plutôt par un réseau de distributeurs sur place, notamment en Belgique.

e) Michel Lapointe revendit récemment une firme récemment acquise de haute technologie après avoir découvert que cette opération introduisait un surcroît d'éparpillement technologique.

Sur une note plus personnelle, le président de DAP attribue son succès aux facteurs suivants:

- **beaucoup d'efforts, d'énergie, de travail, doublés de ténacité et de persévérance;**

- **avoir appris à déléguer, ce qui est toute une discipline à acquérir pour un entrepreneur;**

- **savoir bien communiquer avec tous et motiver les employés;**

- **maîtriser non seulement la technologie et le marketing, mais aussi l'administration et la finance.**

DAP a été finaliste pour le prix MICA de l'Association de l'industrie électronique du Québec en 1988, de même que dans plusieurs concours d'excellence des entreprises, notamment aux Mercuriades de la Chambre de Commerce du Québec dans la catégorie Fabrication en 1984 et pour le prix de la Chambre de Commerce de la Ville de Québec comme nouvelle entreprise en 1983. En quelques mots, DAP est une compagnie innovatrice prospère, avec des objectifs corporatifs ambitieux mais réalistes, qui réussit grâce à une équipe dynamique.

* * * * * *

CAS N° 9
DIAGNOSPINE RECHERCHE INC. ET SPINEX INC.

1. **SECTEUR:**	Biomédical
2. **NATURE DES PRODUITS:**	Logiciels de diagnostic pour les maux de dos
3. **ANNÉE DE FONDATION:**	1985 DIAGNOSPINE et 1987 pour SPINEX

4. **PROGRESSION DES VENTES:**
(fin d'exercice: 28 février)

1988	nil
1989	558 257$
1990	1 147 596$
1991	1 300 000$
1992	1 700 000$

5. **RÉPARTITION DES VENTES EN 1989:**

Québec	5%
Reste du Canada	1%
États-Unis	90%
Reste du monde	4%

6. **DÉPENSES COURANTES DE R-D:**	39% des ventes brutes
7. **NOMBRE D'EMPLOYÉS:**	18 (âge moyen: 28 ans) dont 12 ingénieurs et informaticiens
8. **PERSONNEL DE R-D:**	9 (tous professionnels)
9. **PRÉSIDENT:**	Serge Gracovetsky (47 ans)

10. **RÉPARTITION DU CAPITAL-ACTIONS:**

DIAGNOSPINE:		*SPINEX:*	
Serge Gracovetsky	90%	Serge Gracovetsky	65%
Caisse de dépôts et placements	10%	Caisse de dépôts et placements	25%
		Geneviève Sansone	10%

11. **AVOIR DES ACTIONNAIRES:**	300 000$
12. **VALEUR DES ACTIFS:**	1 250 000$
13. **ADRESSE DE LA COMPAGNIE:**	800, bl. René-Lévesque O. Chambre 2637 Montréal (Qué.) Canada H3B 1Y2
	Tél. : (514) 879-1380 Fax : (514) 879-1368

TABLE DES MATIÈRES

Page

1. AU-DELÀ DE LA DÉCOUVERTE SCIENTIFIQUE 156

2. LE PRODUIT 157

3. LES VENTES DE SPINEX 158

4. LE FINANCEMENT 158

5. LA STRUCTURE CORPORATIVE 160

6. FACTEURS DE SUCCÈS 161

7. L'AVENIR DE DIAGNOSPINE/SPINEX 162

Mal de dos, mal du siècle!   Le mal de dos est une des causes d'absentéisme les plus fréquentes tant au Canada qu'au Québec.   Pour la Commission de la Santé et de la Sécurité du travail (CSST) du Québec, les maux de dos semblent être un trou sans fond: des travailleurs de tout âge et de tous les secteurs industriels se plaignent de maux de dos.   Aux États-Unis, le coût des indemnités pour blessures au dos s'élève à près de six milliards de dollars depuis 1986.

Le diagnostic des maux de dos fait appel à un ensemble de compétences: compétences en pathologie, en physique, en biomécanique et en physiothérapie.   Si on ajoute le génie électrique, l'informatique et l'intelligence artificielle, il est facile de s'imaginer comment les maux de dos constituent une excellente occasion d'affaires.

1. Au-delà de la découverte scientifique

Créée en 1985 par Serge Gracovetsky, alors professeur d'ingénierie à l'Université Concordia qui détenait à cette époque neuf brevets d'invention, DIAGNOSPINE Recherche Inc. poursuit des efforts de recherche commencés dès 1975 à l'Université Concordia.   De 1975 à 1985, une subvention de 500 000$ a permis à M. Gracovetsky d'étudier les dysfonctionnements de la colonne vertébrale et d'identifier des idées susceptibles de faire avancer la recherche sur les maux de dos.   En se basant sur les résultats de ces recherches, DIAGNOSPINE a réussi à mettre au point une méthode *«non-intrusive»* d'examen de la colonne vertébrale.   De 1985 à 1988, il a fallu consacrer trois millions de dollars pour passer de la recherche théorique à l'instrument de diagnostic qu'est le **Spinoscope**.

En 1987, Serge Gracovetsky réalise que la vente du **Spinoscope** doit faire appel à des compétences totalement différentes de celles qui lui ont permis de mettre au point son invention. Alors que DIAGNOSPINE est une entreprise de R-D, elle doit s'attaquer à la recherche de marché, à la vente, à la distribution, au service après-vente ainsi qu'aux questions de commercialisation. Jugeant préférable de laisser DIAGNOSPINE à sa mission de recherche, M. Gracovetsky décide de créer SPINEX et de lui confier le mandat exclusif d'exploiter commercialement la technologie du **Spinoscope** développée par DIAGNOSPINE.

On se retrouve donc en 1990 avec deux entreprises: l'une, DIAGNOSPINE Recherche Inc., dont les actions sont détenues à 90% par Serge Gracovetsky et à 10% par la Caisse de dépôts et de placements du Québec (M. Gracovetsky possède les droits sur la technologie du **Spinoscope**); l'autre, SPINEX, dont les actions sont détenues à 65% par M. Gracovetsky, à 25% par la même Caisse de dépôts et à 10% par Geneviève Sansone. SPINEX détient une licence exclusive d'exploitation de la technologie du **Spinoscope**.

2. Le produit

Le **Spinoscope** I est un instrument de diagnostic utilisé par des médecins (physiatres et orthopédistes), par des chiropracticiens, ou par des entreprises privées. Le marché visé est celui des médecins spécialistes dont l'influence sur la demande du produit est cruciale.

On utilise le **Spinoscope** pour étudier le fonctionnement de la colonne vertébrale, pour en déterminer de façon très précise les dysfonctions. Cet instrument innovateur mesure le fonctionnement de la colonne alors que la personne est en mouvement: coordination entre la colonne et le bassin, mouvements de chaque segment de la colonne vertébrale, changements dans la cambrure, effets des torsions sur la colonne, impact sur la colonne de mouvements du patient soulevant des poids, et ainsi de suite.

Cette innovation est protégée par des brevets au Canada, aux États-Unis, au Royaume-Uni, en France et en Italie.

3. Les ventes de SPINEX

Créée en 1987, SPINEX a effectué ses premières ventes en 1988 pour un
montant de 558 257$. En 1989, les revenus de SPINEX atteignent déjà
1 147 596$, dont 90% proviennent de ventes aux États-Unis (*voir
Tableau 1*). Les administrateurs estiment que ces résultats illustrent bien
le marché potentiel. Ils évaluent qu'il y a 200 000 clients possibles au
Canada et aux États-Unis soit un total de deux milliards de dollars. Avec
5% de ce marché, DIAGNOSPINE verrait ses ventes s'élever à 100
millions de dollars.

Le marché américain est le marché le plus intéressant, autant à cause du
niveau de vie de la population que des règles de facturation de l'assurance-
maladie. En effet, la limite de facturation ne s'appliquant pas aux États-
Unis, le professionnel peut charger le prix qu'il juge à propos; donc
l'appareil se rentabilise beaucoup plus facilement et, surtout, plus
rapidement. C'est pourquoi M. Gracovetsky se demande si son entreprise
ne se développerait pas mieux s'il allait s'installer aux États-Unis.

En 1990, SPINEX aborde une étape importante de son développement: le
renforcement du réseau de vente et la mise sur pied d'un réseau de
distribution aux États-Unis. L'entreprise procède lentement car elle n'a
pas d'expérience dans le développement d'un réseau de distribution et elle
recherche le financement qui lui donnera les moyens de bâtir un tel réseau.

Les ventes initiales aux États-Unis et au Canada ont permis à SPINEX de
développer une stratégie de mise en marché: dans un premier temps, on
cherche à établir une sensibilisation à la technologie du **Spinoscope**, puis
à assurer le service après vente; dans un deuxième temps, on tentera une
expansion progressive de la ligne de produits.

4. Le financement

Le financement d'une nouvelle entreprise engagée dans le développement
d'une nouvelle technologie exige des efforts constants de la part de
l'entrepreneur. Jusqu'à ce jour, le financement de DIAGNOSPINE
provient de trois sources: les économies personnelles du fondateur, la
Caisse de dépôts et de placements, et les fonds de recherche.

Serge Gracovetsky admet que le financement constitue une préoccupation
majeure autant pour lui que pour SPINEX et DIAGNOSPINE. Les
démarches auprès de firmes de capital de risque pour les intéresser à ses
projets ont été plus souvent qu'autrement des sources de frustration: d'une
part les spécialistes de capital de risque veulent obtenir un rendement très
élevé sur leur capital ou un droit de regard sur les activités de la
compagnie ou les deux à la fois. D'autre part, l'entrepreneur qui lance

une nouvelle entreprise à fort contenu technologique a besoin de capital mais il sait qu'il ne peut pas garantir de rendement car le produit est nouveau.

M. Gracovetsky résume le conflit en disant: «*Il y a une contradiction fondamentale entre la nature de l'entrepreneur et le désir de bien des investisseurs de prendre le contrôle de la compagnie: d'une part, l'investisseur essaie d'établir la valeur d'une entreprise en faisant des études de marché pour un produit qui n'existe pas. D'autre part, l'entrepreneur est convaincu de la valeur intrinsèque de son idée puisqu'il accepte d'y investir tout son temps et la très grande part de ses économies*».

M. Gracovetsky regrette que le coût du capital nord-américain soit si élevé (trois fois plus cher qu'au Japon) que l'investisseur en vienne à vouloir prendre une partie importante de la compagnie en échange de l'argent. Il estime que cette réaction des investisseurs provient de ce qu'ils adoptent une perspective temporelle trop courte. Ces derniers veulent rentabiliser leur placement à court terme alors que dans les secteurs où oeuvrent DIAGNOSPINE et SPINEX, il faut attendre au moins cinq à sept ans pour atteindre un seuil de rentabilité.

DIAGNOSPINE a bénéficié de programmes comme le PARI, du Conseil National de Recherches du Canada, et d'une mise de fonds de l'Agence québécoise de valorisation industrielle de la recherche (AQVIR). Depuis sa création, DIAGNOSPINE a reçu en prêts ou subventions 800 000$ de la part de l'AQVIR, 347 000$ du PARI du Conseil National de Recherches du Canada, et 132 000$ de Santé et Bien-Être Social Canada. Il faut également mentionner l'appui essentiel que représentent les crédits d'impôt à la recherche scientifique et au développement expérimental tant fédéraux que québécois. Même s'il admet que ces programmes ont été très utiles, M. Gracovetsky estime que l'entreprise a dû y consacrer beaucoup de temps.

Selon ce dernier, il faudrait investir pas moins de 600 000$ durant chacune des trois prochaines années pour réaliser une commercialisation suffisante. Il croit que le financement de cette phase des opérations sera aussi difficile que le financement de la recherche, mais il est convaincu que SPINEX a maintenant acquis une masse critique qui peut assurer son propre développement.

TABLEAU 1

Résultats financiers 1989 - 1990*

DIAGNOSPINE		SPINEX	
Revenus		**Revenus**	
Subventions	2 004$	Ventes	1 049 049$
Crédits impôts	167 607$	Services	32 246$
Autres revenus	142 628$	Autres	65 301$
Services vendus à			
SPINEX	141 666$		
	453 905$		1 147 596$
Dépenses		**Dépenses**	
Frais de recherche	453 905$	Achats	477 779$
		Coûts de vente	223 913$
		Coûts de recherche (achetée de DIAGNOSPINE)	254 277$
		Administration	108 933$
		Autres	82 694$
	453 905$		1 147 596$
Net:	- 0 - $	Net:	- 0 - $

* *Période terminée le 28 février 1990*

NOTE: La stratégie de SPINEX/DIAGNOSPINE est d'investir tous les argents disponibles en R-D et dans le développement commercial. Ainsi, les profits sont nuls. En pratique, si on excluait la recherche, les profits de SPINEX seraient de 250 000$, soit 25 % des revenus bruts.

5. La structure corporative

Le tableau 2 indique qu'il y a superposition entre la structure de SPINEX et celle de DIAGNOSPINE: les deux entreprises fonctionnent de facto comme la même entité.

TABLEAU 2

STRUCTURE DES ENTREPRISES SPINEX ET DIAGNOSPINE

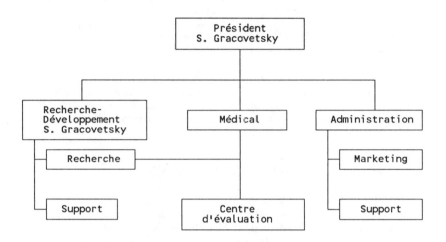

Il s'agit d'une structure simple, dominée par M. Gracovetsky qui ne s'en formalise pas du tout car il estime qu'une nouvelle entreprise technologique doit être menée fermement par son fondateur tant et aussi longtemps qu'elle n'a pas stabilisé sa pénétration du marché. Rappelons que l'entreprise a été fondée par une équipe d'ingénieurs liés à l'Université Concordia. Depuis quelques mois, l'entreprise embauche des spécialistes du marketing et de l'administration mais l'influence des ingénieurs reste dominante. En mars 1990, les deux entreprises comptent 18 employés.

6. Facteurs de succès

M. Gracovetsky attribue le développement de ses entreprises à la compétence et à la qualité des fondateurs, à l'énergie qu'ils y investissent constamment. D'ailleurs, l'importance de ces facteurs est confirmée par le fait que les firmes de capital de risque évaluent d'abord le fondateur avant d'accepter de prêter de l'argent.

Le fondateur de DIAGNOSPINE ajoute qu'il a toujours cherché à maintenir une équipe de R-D capable de continuer à améliorer le produit et d'en créer de nouveaux. En fait, il faut conserver dans l'entreprise «les **connaissances qui ont conduit au produit**». Il s'agit de la petite équipe

de trois à cinq personnes ou du noyau central qui a développé le produit.
La présence de ce noyau est une garantie que le nouveau produit est bien
protégé - ça rassure les clients et c'est essentiel. L'investisseur, comme
le client, a besoin de savoir que le produit est appuyé par cette équipe.
De plus, Serge Gracovetsky est convaincu que la présence d'une telle
équipe est essentielle pour favoriser le flux d'idées technologiques:
l'équipe entretient le feu sacré et cherche toujours à maintenir des produits
qui seront à la fine pointe du progrès.

Serge Gracovetsky estime aussi que les fondateurs doivent garder le
contrôle de l'entreprise qu'ils ont créée: céder le contrôle prématurément
sans avoir la certitude qu'un investisseur externe restera fidèle à
l'entreprise, revient à introduire dans l'entreprise le germe d'un cancer qui
finira par la ronger.

7. L'avenir de DIAGNOSPINE/SPINEX

Le marché pour le **Spinoscope** est prometteur, surtout si on inclut
l'Europe et les États-Unis dans la définition du marché. L'avenir des
deux entreprises repose sur la capacité de SPINEX de construire un réseau
efficace de vente/distribution/service après-vente. L'établissement d'un tel
réseau requiert des compétences dont DIAGNOSPINE n'avait pas besoin
dans la phase initiale de développement de la technologie. Cette expansion
nécessite aussi l'injection de nouveaux fonds.

Le soutien d'une croissance rapide de DIAGNOSPINE/SPINEX passe
donc par une nouvelle injection de fonds qui servira essentiellement à
consolider et à appuyer ce réseau commercial. Cette étape semble assurée
grâce à l'appui de la Société de développement industriel du Québec (SDI)
et par la venue d'autres investisseurs avec qui l'entreprise discute.
*«L'entente n'est pas facile car les financiers ont de la difficulté à
comprendre le cycle de la recherche ainsi que les risques qui en découlent.
La recherche est perçue par eux comme une dépense parasitaire qui
engloutit les profits»*, déclare M. Gracovetsky. Ce dernier estime que le
maintien de SPINEX sur la scène internationale exige un effort soutenu de
R-D. Selon lui, il n'y a pas d'alternative acceptable car, autrement, les
clients perdront confiance et auront l'impression que le produit deviendra
rapidement désuet.

Serge Gracovetsky est également convaincu que l'avenir de ses deux
entreprises passe par un élargissement de la gamme de produits: appareils
de diagnostic du dos, diagnostic du cou, etc. Il songe en particulier au
Spinoscope cervical et à d'autres sous-produits du même type, tel un
système expert qui permettra de développer le Spinoscope II. Pour
développer le Spinoscope cervical, DIAGNOSPINE a reçu un prêt à
redevance de 194 072$ de la part de l'AQVIR et de 371 000$ de PARI.

Le système expert envisagé aiderait le professionnel de la santé à prendre des décisions cliniques.   Ces systèmes tiennent compte de données médicales sur les patients, permettent d'interpréter les observations et de formuler une thérapie.

Ce choix illustre ce que l'on peut appeler la stratégie d'innovation technologique envisagée par Serge Gracovetsky. On peut la résumer ainsi: développer un produit, puis l'adapter à des usages connexes pour ensuite ajouter d'autres produits par développement vertical qui viennent bonifier ou améliorer de façon substantielle les produits initiaux.   Ainsi, l'entreprise développe des nouveaux produits susceptibles d'aider ceux qui achètent la technologie plutôt que de chercher à identifier les besoins des clients en raison du fait qu'il s'agit d'une technologie nouvelle dans un marché encore inexploité.

Cette stratégie est possible car elle s'appuie sur une base importante de recherche fondamentale qui définit l'enveloppe des produits à portée de l'entreprise. Cette somme de connaissances au coeur de l'entreprise, qui est encore inexploitée commercialement, définit les paramètres d'une industrie de l'évaluation non-invasive du système musculo-squelettique. Ainsi, dans cette perspective, les Spinoscopes I et II ne représentent que le début d'une longue série d'outils dont l'existence et l'utilité sont déterminées par la recherche fondamentale.

Pour implanter cette nouvelle industrie SPINEX et DIAGNOSPINE se sont assurées d'une somme de 1 700 000$ pour les années 1990 et 1991. C'est ainsi que ces nouvelles entreprises technologiques commencent à émerger d'un long tunnel et commencent à se tailler une place au soleil.

* * * * * *

CAS N° 10
MEDICORP SCIENCES INC.

1. **SECTEUR:** Biotechnologie médicale

2. **NATURE DES PRODUITS:** Sérums, vaccins, trousses de diagnostic

3. **ANNÉE DE FONDATION:** 1985

4. **PROGRESSION DES VENTES:** (fin d'exercice: 31 déc.)

1987	nil
1988	1 600 000$
1989	2 300 000$
1990	2 300 000$
1991	2 700 000$

5. **RÉPARTITION DES VENTES EN 1989:**

Québec	65%
Reste du Canada	30%
États-Unis	nil
Reste du monde	5%

6. **DÉPENSES COURANTES DE R-D:** 30% des ventes (1 000 000$/an)*

7. **NOMBRE D'EMPLOYÉS:** 30 (âge moyen: 36 ans) dont 8 scientifiques

8. **PERSONNEL DE R-D:** 10 (dont 8 professionnels)

9. **PRÉSIDENT:** Elliot Block (41 ans)

10. **RÉPARTITION DU CAPITAL-ACTIONS:**

Bio Canada Recherche	42%
Martin Varsavsky	22%
Cadres de l'entreprise	12%
Scientifiques de McGill	19%
Autres	5%

11. **AVOIR DES ACTIONNAIRES:** N/D

12. **VALEUR DES ACTIFS:** N/D

13. **ADRESSE DE LA COMPAGNIE:** 5800, ave. Royalmount Montréal (Qué.) Canada H4P 1K5

    Tél. : (514) 733-1900
    Fax : (514) 733-1212

---

* *La très grande partie de la recherche est de la recherche clinique faite par des spécialistes externes.*

TABLE DES MATIÈRES

Page

1. LES ORIGINES DE MEDICORP 166

2. LES PRODUITS 168
   Medicorp 168
   Immunocorp 169

3. LES VENTES 169

4. LE PERSONNEL 171

5. LE FONCTIONNEMENT DE MEDICORP
   ET IMMUNOCORP 172

6. LE FINANCEMENT 173

7. L'AVENIR 174

8. LES SUCCÈS 174

MEDICORP Sciences est une entreprise de biotechnologie médicale qui s'intéresse à l'immunologie et au diagnostic médical. L'entreprise est un petit consortium (dont le nom est MEDICORP Sciences) qui réunit d'une part MEDICORP Inc. et, d'autre part, IMMUNOCORP Science Inc. MEDICORP est principalement la compagnie de R-D et IMMUNOCORP, la compagnie de distribution des produits développés par MEDICORP ou par d'autres entreprises. Cette division est commode car elle permet à chacune des entités légales de poursuivre sa vocation en étroite collaboration.

MEDICORP Sciences appartient à une entreprise appelée Bio-Canada Recherche (42 %) et à Martin Varsavsky (22 %). Un groupe de scientifiques de McGill contrôle 19 % des actions alors que l'équipe de gestion en détient 12 %. Le reste est détenu par trois actionnaires et le plan de participation aux actions de l'entreprise. MEDICORP Sciences détient 100 % des actions de MEDICORP Inc. et détient un peu plus de 90 % de IMMUNOCORP; tandis que la Société Générale de Financement (SGF) a en main les autres actions.

1. Les origines de MEDICORP

MEDICORP est le résultat d'une idée qui a germé dans l'esprit de C. Cuello en 1982. À cette époque, il travaillait sur les anticorps monoclonaux en collaboration avec César Milstein (*prix Nobel de médecine*) à Cambridge, Angleterre. Durant ce séjour, il avait imaginé la commercia-

mais il décide de ne pas s'y aventurer et de laisser le champ libre à Cuello. Il offre cependant à ce dernier de lui présenter la famille Madanes d'Argentine. La famille Madanes possède des entreprises de pneus et d'aluminium, et elle était à cette époque intéressée à investir dans des nouveaux domaines, tels celui de la biotechnologie.

Tout en poursuivant le projet de fonder MEDICORP, il accepte la direction du département de pharmacologie à l'Université McGill. Arrivé à Montréal, il entreprend la tâche d'intéresser d'autres chercheurs à ce projet d'entreprise. Grâce à ses talents de persuasion, il réussit à convaincre P. Gold, chef-chirurgien à l'Hôpital Général de Montréal, A. Fuks, professeur de pathologie à l'Université McGill, R. Guttman, professeur de médecine et directeur du Centre d'immunologie et de transplantation clinique de l'Hôpital Royal Victoria, et J. Shuster, professeur de médecine et de biochimie à McGill et directeur d'immunologie clinique à l'Institut de recherche de l'Hôpital Général de Montréal de se joindre à l'entreprise. En fait, ce groupe réunit des personnes dont le point commun est l'immunologie et dont la réputation scientifique est hors-pair. Dès lors, l'opportunité d'affaires est l'utilisation des anticorps monoclonaux bi-spécifiques pour établir des diagnostics.

En principe, la famille Madanes accepte d'engager des fonds dans cette idée d'affaires mais elle confie à Martin Varsavsky, un Américain originaire de l'Argentine qui vit à New York, le rôle d'agir en son nom dans le projet MEDICORP. Non seulement a-t-il déjà des liens antérieurs avec la famille Madanes, mais il possède sa propre entreprise - Urban Capital Corporation - oeuvrant au niveau de l'immobilier et du capital de risque. Sa venue dans MEDICORP ajoutait de l'expertise d'affaires. Pour renforcer la dimension affaires, Varsavsky réussira à convaincre Elliott Block, Ph.D., un scientifique et entrepreneur de Boston ayant créé Hygeia Science Inc., de se joindre à MEDICORP. Hygeia Science Inc., qui avait développé un test de grossesse, a été vendue à Tampax en 1985.

Block apportait donc une expérience en matière de création d'entreprises bio-technologiques en plus d'une expertise en immunodiagnostic car il avait été vice-président de Becton Dickinson Immunodiagnostics. Il a été convenu que Block serait président de MEDICORP.

À ce groupe, MEDICORP s'est adjoint Pierre Du Ruisseau, Ph.D., comme directeur de la recherche «Diagnostic». Il faut souligner que Pierre Du Ruisseau avait aussi accumulé une bonne expérience dans une entreprise fondée par son père, Bio-Ria, entreprise spécialisée dans l'immunodiagnostic. Du Ruisseau arrivait avec une excellente formation professionnelle, un héritage d'affaires dans la biotechnologie et des contacts dans le milieu suite à la vente de l'entreprise familiale à Bio-Mega. La venue de Du Ruisseau s'accompagna de l'achat de la division diagnostique de Bio-Mega, que l'on renommera IMMUNOCORP Sciences Inc.

En résumé, MEDICORP qui est née d'une idée de Cuello, s'appuie sur le support d'une équipe scientifique de premier rang, tous associés à l'Université McGill. L'entreprise bénéficie de l'expérience d'affaires de deux personnes ayant déjà dirigé une entreprise de biotechnologie (Block et Du Ruisseau), a accès à du capital de risque - la famille Madanes et Martin Varsavsky, et est construite sur une base d'affaires achetée à un ex-concurrent, Bio-Mega. Il faut souligner que cette combinaison de talents est extrêmement rare dans les expériences de création d'entreprises.

Au début en 1985, MEDICORP n'était qu'une compagnie de recherche, mais l'achat de la division diagnostique de Bio-Mega donnait à la compagnie une capacité de production, un réseau de clientèle, des produits de même famille que ceux sur lesquels on travaillait du côté de la recherche. Suite à cet achat, on a créé en 1987 un Holding - MEDICORP Sciences Inc. - qui possède à 100% MEDICORP Inc. et IMMUNOCORP Sciences Inc. (Tableau 1)

TABLEAU 1

MEDICORP Sciences Inc.	
100%	90%
MEDICORP Inc.	IMMUNOCORP Sciences Inc.
Recherche-Développement	Distribution Fabrication et Vente

MEDICORP Inc. demeure une compagnie de recherche et IMMUNO-CORP est une compagnie de production, de vente, de distribution de produits développés par MEDICORP Inc. et/ou IMMUNOCORP et distribue également des produits pour d'autres entreprises de biotechnologie.

2. Les produits

MEDICORP

Les activités de MEDICORP se regroupent autour de quatre projets d'où naîtront les produits qui seront commercialisés. Un projet est destiné au traitement du SIDA par la méthode dite de l'immuno-thérapie passive, qui consiste à injecter chez des patients séro-positifs et symptomatiques un sérum qui contient des anticorps générés par des personnes qui ont le virus mais qui sont dans la phase passive (*ils sont porteurs mais ne sont pas malades*). Ce traitement a été breveté en septembre 1989 aux États-

Unis. On est actuellement à la phase de tests cliniques dont les résultats devront être soumis aux organismes de contrôle gouvernementaux avant d'obtenir l'autorisation de vendre le produit sur une base commerciale.

L'intérêt pour le traitement de MEDICORP tient à ce que l'approche est unique. Plusieurs traitements alternatifs, tout en donnant des résultats intéressants, sont toxiques et entraînent des effets secondaires importants. Cependant, l'immunothérapie passive et ces traitements alternatifs peuvent se compléter: le premier augmente l'immuno-résistance et les seconds s'attaquent aux virus du SIDA.

Le deuxième projet concerne le développement d'anticorps monoclonaux afin d'identifier un marqueur de la maladie d'Alzeimer. Le troisième concerne le développement d'un marqueur tumoral du colon à l'aide des anticorps monoclonaux bi-spécifiques et le dernier porte sur la purification d'anticorps de façon à lutter contre les rejets des tissus.

À ces quatre projets de recherche ont été greffés des produits que l'on distribue sur le marché canadien. Ainsi, MEDICORP a entrepris de développer ce que l'on appelle le marché du cabinet de médecin. Il s'agit d'une série de trousses de diagnostic, simples à utiliser mais dont l'efficacité est bien établie. Les trousses peuvent être développées à partir des recherches faites par MEDICORP ou il peut s'agir de distribution pure et simple de trousses développées par d'autres entreprises avec qui on signe des accords. On offre actuellement aux cabinets de médecin des produits tels un test de grossesse, appelé Ultra-Test, un test pour identifier les infections de gorge, le STREP-PAC, un test pour mesurer le sang dans les selles, le COLOTRACK.

IMMUNOCORP

IMMUNOCORP, pour sa part, est une entreprise manufacturière qui développe et vend les produits développés par MEDICORP et/ou IMMUNOCORP. On y produit des trousses servant à mesurer les hormones thyroïdiennes (T3U, T4), placentaires (HCG), et hypophysaires (TSH, FSH, LH, PRL) et ainsi permettre un diagnostic. Finalement, IMMUNOCORP distribue pour des entreprises étrangères - ICN, Becton-Dickinson, Binax, Ventrex, Seradyn, Eiken, Quidel, Euro-diagnostics, New-Horizon, Meridian, Biosoft, Cellular Products, E-2-EM, WAKO, - des produits diagnostiques en endocrinologie et en microbiologie, ainsi que des produits de recherche en immunologie.

3. Les ventes

Pour vendre ses produits, surtout ceux qui nécessitent un effort très considérable de commercialisation et de distribution, MEDICORP procède par vente sous licence. Ainsi pour l'immunothérapie passive, elle a accordé une licence à HemaCare en Californie où se trouve le plus gros marché du SIDA. L'entreprise négocie avec d'autres distributeurs une licence pour le reste des États-Unis.

Procéder par licence de distribution offre à MEDICORP plusieurs avantages: d'abord cela lui permet de choisir des distributeurs qui ont la compétence et les ressources financières pour pénétrer des marchés aussi importants; ensuite, de bénéficier des distributeurs qui ont l'expérience du marché américain, ce qui lui donne l'accès à un savoir-faire face aux agences de contrôles gouvernementaux; finalement, le système d'accord de licence permet une pénétration rapide du marché. En effet, le fait d'arriver le premier sur un tel marché confère des avantages concurrentiels extrêmement intéressants pour l'entreprise qui réussit à relever ce défi. Placer un médicament, par exemple une drogue éthique, sur le marché, coûte entre 100 et 125 millions de dollars et exige un délai entre sept et dix ans. S'il s'agit d'un médicament dit biologique, ça prend cinq à sept ans sauf que dans le cas du SIDA, le gouvernement des États-Unis a mis sur pied une procédure accélérée avec comme objectif d'aller sur le marché en trois ou quatre ans.

Il s'agit d'une course contre la montre: personne n'a encore proposé en fait un traitement générique pour le SIDA. L'entreprise qui réussira cette percée aura accès à un marché énorme tant aux États-Unis que dans la plupart des pays industrialisés. Le marché potentiel est calculé de la façon suivante: aux États-Unis, il y a en 1990, quelque 44 000 patients traités pour le SIDA. Le traitement mensuel d'un patient serait d'environ 750$ d'où des ventes annuelles totales de 396 millions de dollars. À ce chiffre, il faut ajouter les nouveaux cas de SIDA, si bien que les experts estiment qu'en 1992, les ventes annuelles seront de 1,5 milliard de dollars. Si on ajoute l'Europe et les autres pays industrialisés, on imagine l'ampleur du marché.

On peut dire que le potentiel de marché pour ces produits est énorme mais il y a trois écueils à surmonter: avoir suffisamment de capital pour poursuivre les recherches jusqu'au bout, obtenir les brevets et autorisations et finalement, avoir accès à des compétences et à du capital de commercialisation et distribution. C'est une course à très haut risque mais les résultats potentiels justifient que certains s'engagent sur cette voie.

IMMUNOCORP vend 95% de ses produits sur le marché canadien. En 1976, l'entreprise avait créé une filiale U.S. qui a fermé ses portes en 1983. Les principaux problèmes associés à la vente de ses produits aux États-Unis ont été causés par le contrôle de la technologie par certains brevets.

En 1990, les ventes seront de 3 millions de dollars avec un premier bénéfice. Il s'agit en fait d'un retournement extrêmement important car la division de Bio-Mega avait accumulé des pertes durant cinq ans avant qu'elle soit achetée par MEDICORP. En 1989, MEDICORP avait réussi à vendre pour 2,3 millions de dollars mais elle a dû supporter des pertes de 230 000$.

En 1990, IMMUNOCORP occupe 15% du marché canadien des ventes de tests reliés à l'endocrinologie, 65% à 70% du marché pour le test Strep A. Ajoutons que la compagnie commence à distribuer les trousses de test de sang et d'urine produits par la compagnie américaine Wako.

La force de vente est regroupée autour d'un directeur du marketing et de trois représentants: un pour les Maritimes, un pour le centre du Canada et l'autre pour les provinces de l'Ouest. De plus, l'entreprise participe aux principaux congrès scientifiques et fait des envois directement aux médecins, aux biochimistes, aux responsables des achats dans les établissements de santé. Ajoutons aussi que l'on distribue des catalogues pour présenter ces produits.

Au delà des pratiques de commercialisation, c'est la nature de la concurrence qui préoccupe les dirigeants. On réalise que la véritable concurrence est internationale (États-Unis, Allemagne, France et Japon) et non canadienne. De plus, on a appris comme bien d'autres que cette concurrence est dure, elle ne fait pas de cadeau d'où la nécessité de s'allier pour atteindre les objectifs scientifiques ou financiers.

La force de la concurrence est déterminée par la force du réseau de distribution: ou bien on cherche à s'associer à des gros distributeurs, Canlab et Fisher, Roche, Abbott, ou bien on établit un réseau entre les petits distributeurs comme IMMUNOCORP. Ces ententes de distribution sont souvent négociées lors de foires internationales, comme celle de Düsseldorf (MEDICA) ou celle organisée par l'AACC (*American Association of Clinical Chemistry*). C'est lors de ces foires que l'on établit des contacts et que les firmes s'associent pour distribuer leurs produits. IMMUNOCORP a choisi la voie de l'association avec des petits distributeurs car ils réagissent plus rapidement que ne le font les gros distributeurs.

4. Le personnel

Le personnel de MEDICORP est essentiellement composé de scientifiques: biologistes, microbiologistes, chimistes, auxquels se greffe une petite équipe de support réunissant des secrétaires et quelques techniciens.

À ce personnel, il faut ajouter des équipes de recherche clinique qui, dans divers hôpitaux à travers le monde, testent les produits de MEDICORP. Ainsi pour le SIDA, il y a une équipe au «Bronx Veterans Hospital» à New York, une autre au «Stephen's Hospital» de Londres. Ces équipes agissent comme sous-contractants sous la supervision de l'équipe scientifique de MEDICORP. Sans être membre du personnel de

MEDICORP, ils sont un rouage essentiel dans l'équipe de MEDICORP (tous les frais sont payés par MEDICORP). Cet ensemble constitue le réseau MEDICORP.   En fait, MEDICORP est un réseau d'associés beaucoup plus qu'un groupe d'employés. Ce réseau sera complété par ceux qui exploiteront sous licence les produits de MEDICORP (c'est-à-dire HEMACARE). A terme, MEDICORP sera un réseau dans lequel on retrouve deux sous-groupes: des chercheurs et des distributeurs (sous licence).

Dans le milieu de la recherche biomédicale, on admet que le réseau de MEDICORP regroupe des chercheurs de réputation internationale classés parmi les meilleurs.

Chez IMMUNOCORP, on compte une équipe de 30 personnes composée de techniciens de laboratoires, de commis de bureau et de secrétaires. Une partie de ce personnel syndiqué provient de l'achat de la division de Bio-Mega.   La direction d'IMMUNOCORP reconnaît qu'il lui a fallu procéder à de sérieux coups de barre car cette division était associée à des pertes chez Bio-Mega. Après trois ans de travail sérieux, on estime avoir réussi un redressement: les états financiers de 1990 montreront un premier bénéfice.

5. Le fonctionnement de MEDICORP et IMMUNOCORP

Au jour le jour, les deux entreprises sont dirigées par un comité de gestion composé de Du Ruisseau, vice-président de la recherche et directeur général, Varsavsky, président du Conseil d'administration et Block qui agit comme président.   Notons que Varsavsky habite New York, Block habite Boston et seul Du Ruisseau vit à Montréal.   Le téléphone, le télécopieur et les rencontres régulières sont les moyens les plus fréquemment utilisés pour suivre l'évolution de la compagnie.

Les grandes orientations sont débattues au comité scientifique qui se réunit au moins une fois par mois.   Ce comité scientifique réunit les docteurs Gold, Cuello, Fuks, Guttman et Shuster.   Ce comité dirige et supervise toutes les recherches faites par MEDICORP. À ce groupe se joignent, à titre de consultants, Abraham Karpas, directeur du département d'hématologie à l'Université Cambridge et Mark Wainberg, directeur du laboratoire de recherche sur le SIDA à l'Hôpital Juif de Montréal.

Pour assurer la coordination, le comité de gestion et le comité scientifique se réunissent une fois par mois.   Lors de ces rencontres, on révise les projets de recherche, on discute des nouveaux projets de recherche et on examine les projets qui ont été présentés à MEDICORP.   Ainsi c'est dans ce groupe que l'on a discuté des propositions faites à MEDICORP dans le récent programme des Centres d'excellence du Canada.

L'échange entre les personnes et la mise à profit des réseaux de chacune d'entre elles constituent la force la plus grande de MEDICORP Sciences. En fait, tous les spécialistes conjuguent leurs talents et leur réseau en vue d'exploiter ensemble une entreprise de recherche et une entreprise commerciale. Soulignons que plusieurs membres du comité scientifique sont associés à l'Université McGill qui est reconnue comme un centre canadien d'excellence en matière de sciences de la santé. D'ailleurs, les ententes entre McGill et MEDICORP sont marquées au signe de la coopération, de la souplesse et du support mutuel. Lors d'une entrevue, Du Ruisseau avouait que cette association McGill-MEDICORP était un des facteurs importants dans le succès de MEDICORP car, au départ, ça donnait à l'entreprise une garantie de succès, une marque de compétence.

Rappelons que MEDICORP sous-contracte certaines activités, particulièrement la recherche clinique dans le projet SIDA. Elle veut développer la pratique de sous-contrat avec plusieurs partenaires car cette façon de procéder offre une grande souplesse tout en permettant un bon contrôle sur les coûts.

6. Le financement

MEDICORP Sciences a été créée par du capital privé: la famille Madanes a injecté dans cette entreprise le capital qui a permis sa création. De plus, les administrateurs et les scientifiques possèdent tous des actions.

Le capital privé a été secondé par des subventions. Lorsqu'on demande à M. Du Ruisseau quel a été le rôle des programmes de subvention dans le succès de MEDICORP, il distingue deux aspects. D'une part, l'incubation dans le Centre de recherche en biotechnologie de Montréal a été à ses yeux extrêmement utile. D'autre part, MEDICORP a bénéficié d'une subvention fédérale d'une durée de 27 mois pour poursuivre des travaux relatifs à un marqueur tumoral.

Réfléchissant à leur expérience en matière de financement, les administrateurs de MEDICORP réalisent que l'investissement dans ce secteur ne paiera pas avant quatre à dix ans. Dans ce sens, les seuls financiers capables d'agir dans ce secteur sont ceux qui abordent le secteur avec patience et tolérance face à leur retour sur les investissements: les fonds privés appartenant à des familles, les caisses de retraites leur semblent plus patientes que les firmes de capital de risque!

Depuis le début, l'entreprise a investi plus de 4 millions de dollars en R-D - il lui faudra en trouver autant pour finaliser le développement de la compagnie car dans ce secteur, il faut accepter d'investir 10 à 15 millions de dollars avant de prétendre être bien placé sur les marchés.

7. L'avenir

Le futur d'une entreprise comme MEDICORP est fortement influencé par le succès de ses programmes de recherche; un seul succès dans un seul domaine et elle deviendra rapidement une moyenne entreprise, sinon une grande.

La direction actuelle est bien consciente des enjeux mais elle veut aussi diminuer son risque. Voilà pourquoi elle examine actuellement l'achat de quelques petites entreprises ayant développé des produits prometteurs. Elle reconnaît cependant que son véritable succès dépend de l'accès au marché des États-Unis: un dollar de R-D au Canada donne accès à un marché de 25 millions de personnes; un dollar aux États-Unis donne accès à 250 millions de personnes.

L'entreprise veut aussi répartir ses risques en ajoutant des activités du côté de la biologie moléculaire tout en restant plus proche du diagnostic que du thérapeutique car c'est dans le domaine diagnostique que se situent les forces de l'entreprise. Malgré ces perspectives, l'entreprise dit avancer très prudemment car elle reconnait qu'en biotechnologie, on est aux premiers pas. La biotechnologie se situe là où était l'électronique il y a 40 ans; les entreprises qui survivront seront celles où il se fait de la *bonne science* c'est-à-dire une recherche de qualité, de pointe.

8. Les succès

Interrogé sur le succès de MEDICORP Sciences, M. Du Ruisseau mentionne les aspects suivants:

(1) **Accès à du capital privé:** la famille Madanes, l'équipe scientifique et les cadres de l'entreprise ont tous des actions dans l'entreprise. Ce *capital patient* a permis de passer à travers les premières années et surtout à travers les phases initiales de la recherche et du développement.

(2) **Association avec l'Université McGill:** M. Du Ruisseau ne se gêne pas pour admettre que MEDICORP Sciences a bénéficié et bénéficie encore de la réputation et du support de l'Université McGill. Le support a surtout pris la forme d'ententes de collaboration sur des projets de recherche.

(3) **Association avec l'Institut de recherche en biotechnologie:** situé à Montréal, ce centre du Conseil National de Recherches du Canada a été un lieu privilégié d'incubation pour MEDICORP pendant les premières années de son existence. L'accès, à très bon prix, à des espaces, à des laboratoires et surtout la stimulation entre chercheurs sont tous des éléments qui ont aidé MEDICORP.

(4) **La construction de réseaux**: MEDICORP est avant tout un réseau de chercheurs qui partagent un même intérêt pour l'immunologie. Ce réseau est une des pierres angulaires de MEDICORP. Le développement et l'alliance avec des distributeurs et d'autres entreprises constituent une autre facette importante du réseau MEDICORP.

* * * * * *

CAS N° 11
LABORATOIRES OSMOCO INC.

1. **SECTEUR:** Biomédical

2. **NATURE DES PRODUITS:** Trousses de soins d'urgence et divers produits pour sinistrés, ainsi que services biotechniques dans le cas de catastrophes

3. **ANNÉE DE FONDATION:** 1979

4. **PROGRESSION DES VENTES:** (fin d'exercice: 30 nov.)

1985	299 872$
1986	305 041$
1987	399 000$
1988	377 000$
1989	686 000$
1990	1 100 000$

5. **RÉPARTITION DES VENTES EN 1989:**

Québec	36%
Reste du Canada	38%
États-Unis	21%
Reste du monde	9%

6. **DÉPENSES COURANTES DE R-D:** 32% des ventes (283 000$)

7. **NOMBRE D'EMPLOYÉS:** 23 (âge moyen: 29 ans) dont 4 ingénieurs

8. **PERSONNEL DE R-D:** 9 (dont 4 professionnels)

9. **PRÉSIDENT:** Paul J. Chamberland (31 ans)

10. **RÉPARTITION DU CAPITAL-ACTIONS:**

Paul J. Chamberland	70%
Proche parent	30%

11. **AVOIR DES ACTIONNAIRES:** 638 457$

12. **VALEUR DES ACTIFS:** 1 007 732$

13. **ADRESSE DE LA COMPAGNIE:** 8, rue Victoria
Pointe-Claire (Qué.)Canada
H9S 4S3

Tél. : (514) 694-4591
Fax : (514) 694-0100

TABLE DES MATIÈRES
Page

1. UNE MISSION BIEN DÉFINIE ET UNE ORIENTATION
   À LA MESURE DE SES MOYENS   179

2. DEUX PRODUITS VEDETTES   181
   Lit Acucair pour grands brûlés   181
   Pansement à micro-atmosphère contrôlée (*"Micro-Environmental
   Dressing"*)   183

3. UNE PHILOSOPHIE D'ENTREPRISE BIEN ANCRÉE
   DANS LA RÉALITÉ   185
   Une entreprise résolument tournée vers l'innovation
   technologique mais...   185
   Plusieurs sources de nouvelles idées   186
   Un processus de décision éclairé   187
   Une administration "maigre" mais efficace   187
   Une philosophie de partenariat   188
   Une stratégie technologique bien arrêtée   188

4. RAISONS DU SUCCÈS   189

5. CONCLUSION   190

OSMOCO, c'est l'histoire pittoresque d'une petite entreprise de Pointe-Claire en banlieue Ouest de Montréal, qui a réussi des innovations remarquables dans le secteur des équipements de sauvetage et des soins pré-hospitaliers. C'est surtout l'histoire de son jeune président (32 ans) à la fois inventeur, innovateur et entrepreneur. Il s'agit de M. Paul Chamberland, technologue spécialisé en technologie médicale d'urgence.

Issu d'une famille d'entrepreneurs, c'est dès l'âge de 21 ans que Paul Chamberland fonde OSMOCO, en 1979. Les débuts sont très modestes: jusqu'à 1986 le chiffre d'affaires n'augmenta qu'à 308 085$, avec un profit net après impôts de 15 474$.   Motivé dès le départ par l'opportunité de desservir le marché lucratif des produits biomédicaux, notre entrepreneur a commencé à brasser des affaires en commercialisant un nouveau produit osmoplastique poreux pour plâtres médicaux qui, par la suite, s'est avéré un produit très intéressant comme filtre pour piscines domestiques. Plus de 30 inventions se sont enchaînées par la suite, dont deux principales sont décrites en Section 2. Lors d'un stage de 18 mois à la compagnie Tul Safety Inc. à Hawkesbury, Ontario, en 1980-81, il fut donné à Paul Chamberland de travailler au développement d'un prototype de lit coussiné pour grands brûlés, le CAIRBED I. Ces recherches appliquées l'incitent à se spécialiser en technologie médicale des catastrophes. Suite à ce stage, il entreprit durant trois ans des études approfondies en management des technologies d'urgence aux universités Carnegie-Mellon et Northeastern aux États-Unis, suivies d'une année d'apprentissage clinique à l'Hôpital Général Lakeshore de Pointe-Claire et à l'Hôpital Bellevue de New York.

L'envol industriel de la compagnie ne se produisit vraiment qu'à son retour d'études en 1986 alors que notre entrepreneur peut enfin se consacrer à OSMOCO à temps complet. Dès lors les événements commencèrent à se précipiter et ça continue...

L'histoire qui suit illustre le cas d'une PME innovatrice qui a su pénétrer une petite niche de marché lucrative et qui a déjà réussi à percer grâce à de nouveaux produits de haute qualité et relativement uniques. C'est non seulement un succès technique mais aussi un succès commercial comme on le verra plus loin.

1. Une mission bien définie et une orientation à la mesure de ses moyens

À l'instar des entreprises à succès, OSMOCO s'est donnée une mission bien définie dont elle ne dévie pas: fournir des produits et des services de qualité supérieure pour les besoins biomédicaux d'urgence, qu'il s'agisse de catastrophes de tout genre ou d'accidents comportant des matières dangereuses ou causant des brûlures graves.

Plusieurs de ces produits et services sont réputés innovateurs. Ils sont conçus pour répondre à un besoin clairement exprimé ou pressenti plutôt que comme des artefacts technologiques à la recherche d'un marché. Ils apportent une solution précise à des problèmes dont la gravité n'a d'égale que l'urgence d'agir vite et bien.

Voici une liste des principaux produits et services:

- **Véhicule de sauvetage couplé à un hôpital de campagne intégré**, qui permet une rapidité et une flexibilité d'intervention des plus avancées. Avec une capacité de 20 patients, l'hôpital démontable permet de pratiquer la stabilisation des victimes ainsi que leur décontamination. Il est muni de chauffage, de climatisation, d'électricité, d'alimentation en eau potable et de services d'hygiène. On peut même y ajouter une morgue mobile. Il est implanté dans plusieurs aéroports, dont ceux de Mirabel et de Dorval, et diffusé dans les armées canadiennes et américaines.

- Une série de **trousses de premiers soins** pour brûlures à divers degrés et autres accidents découlant de sinistres. Cet équipement est maintenant utilisé, entre autres, par Transport Canada dans plusieurs aéroports du pays et par le ministère des Affaires sociales du Québec.

- Une variété **d'habits de protection** contre le froid, la chaleur intense, ou l'exposition aux matières dangereuses.

- Le **lit Acucair** pour grands brûlés.

- Le **pansement Micro-Environmental Dressing** (MED)

- Des services de techniciens et d'auxiliaires paramédicaux spécialement formés en médecine de la catastrophe qui assurent le sauvetage, les premiers soins, la stabilisation, la décontamination et le suivi des victimes et des sauveteurs lors de sinistres, y compris les déversements accidentels de matières dangereuses. OSMOCO est la première compagnie indépendante du Québec à s'être dotée de telles équipes.

- La prestation de **séminaires et de sessions d'entraînement** sur les aspects médicaux, biologiques et environnementaux des déversements de matières dangereuses et sur la décontamination.

OSMOCO est à l'avant-garde des compagnies canadiennes spécialisées en premiers soins à l'occasion de catastrophes ou sinistres. Des 34 compagnies québécoises présentes dans ce secteur en 1985, il n'en reste plus que quatre dont OSMOCO est le leader.

Tout en demeurant fidèle à sa mission, OSMOCO se considère comme une **entreprise de recherche et non de fabrication.** *«Je n'ai pas les talents qu'il faut pour être un bon manufacturier,* affirme son président, *ma force réside plutôt dans ma capacité à inventer et à innover. Si fabrication il y a, je la confie à des sous-traitants. Mais je me réserve le contrôle de la qualité et la commercialisation».*

En fait, pour chaque dollar investi en recherche, OSMOCO a constaté qu'elle réalisait 2,30$ de ventes ou de royautés mais qu'en fabrication elle encourait une perte de 25 cents! Voilà pourquoi elle suit la voie de la sous-traitance pour la fabrication. C'est non seulement beaucoup plus économique mais plus efficace au point de vue technique ainsi qu'en terme de risque.

Un autre élément de la stratégie d'OSMOCO est d'alimenter la trésorerie de fonds suffisants pour la R-D grâce à la vente sur le marché local de certains services d'urgence et de produits standards, mais toujours en continuité avec la mission de la compagnie. Ces services et produits standards sont la vache à lait de l'entreprise. Ils procurent environ 50% des entrées de fonds et assurent la rentabilité actuelle alors que la croissance et la profitabilité à long terme dépendront des innovations radicales. Ces dernières sont d'une grande importance pour la survie de l'entreprise car dans ce secteur, la marge bénéficiaire est souvent de trois à cinq fois le coût de fabrication. Par exemple, un pansement coûtant 3,85$ à fabriquer se vendra 19,35$.

2. Deux produits vedettes

OSMOCO n'a jamais eu à emprunter à ce jour. Elle réalise son expansion en réinvestissant constamment ses profits. Sa capacité innovatrice, depuis 1986, a permis de mettre sur le marché deux innovations importantes: un lit très innovateur pour grands brûlés, et un pansement radicalement nouveau pour plaies ouvertes. L'histoire de ces deux produits différents fait ressortir comment OSMOCO a réussi à s'en tenir à une même famille de produits et à demeurer fidèle à sa mission.

Lit Acucair pour grands brûlés

Ce système de support-patient pour grands brûlés est un genre de matelas de vinyl constitué de 20 oreillers transversaux gonflables et d'un sous-matelas en vinyl soudé, également gonflable, le tout recouvert d'un produit de teflon jetable. La grande originalité de ce produit est qu'il permet de ventiler le patient et de le supporter avec le moins de points de pression possible, de sorte que le patient a vraiment l'impression de reposer sur un coussin d'air.

Ce système en apparence simple est très complexe. La solution n'aurait pu être trouvée sans l'apport de l'ordinateur et de savants calculs, ainsi que de nombreuses expériences sur la répartition de la pression d'air dans chacun des oreillers et le sous-matelas. L'air dans le support-patient est alimenté par un compresseur muni d'une instrumentation complexe et couplé à des jauges incorporées dans le matelas. De plus, il fallait transiger avec une géométrie de pièces de vinyl très complexe et mettre au point une technique de soudage à l'ultrason pour coudre toutes ces pièces à faible coût, soit moins de 150$ pour chaque matelas. Le tissu jetable de teflon devait par ailleurs ne pas coller à la peau ni aux brûlures. Il fallait enfin mettre au point un compresseur assez puissant, compact, engendrant peu de vibrations, peu bruyant, pourvu de l'instrumentation nécessaire et coûtant moins de 2 000$ l'unité.

Suite à plusieurs générations de prototypes, il a fallu procéder aux études cliniques en milieu hospitalier, dans des conditions rigoureusement contrôlées et selon un protocole établi par des médecins spécialisés en soins d'urgence et en traumatismes. Une fois cette étape franchie avec succès, et après avoir reçu l'aval de Santé et Bien-Être, Canada, on a alors pu faire l'ingénierie finale du produit, puis procéder à une production pré-série de 2 000 unités expérimentales essayées en divers milieux avant de lancer l'offensive commerciale.

Tous ces développements depuis 1986 ont coûté plus de 7 millions de dollars, dont 1 million fourni par OSMOCO et 6 millions fournis par Support Systems International (SSI) de Caroline du Sud, le plus gros fabricant et franchiseur de lits thérapeutiques au monde et qui, dès le départ, s'est déclaré intéressé à distribuer le produit. SSI maintenait alors quelque 23 000 lits en usage dans le monde avec un taux d'utilisation de 87 %, ce qui lui donnait 43 % du marché mondial.

OSMOCO n'a pu trouver de partenaire canadien compétent pour assurer la fabrication de l'Acucair, et encore moins pour défrayer les millions de dollars requis pour son développement. Une production pré-série de 8 000 unités par un fabricant canadien, le meilleur qui s'offrait, s'est avérée un désastre: des 8 000 unités produites, 25 % étaient défectueuses et les autres ont dû être abandonnées. De plus, cette production a exigé un délai d'un an.

En revanche, après un pré-avis d'un mois, SSI a réussi a trouver un fabricant américain expérimenté et bien outillé qui, en un mois seulement, a réussi à produire 2 500 unités, dont une seule était défectueuse. Ce fabricant est maintenant dédié à SSI et il s'est depuis doté d'une grosse capacité de fabrication.

Le développement de l'Acucair fut loin d'être une génération spontanée. D'abord, il y eut les coûteux efforts de la société Tul Safety Inc. visant à développer un lit thérapeutique pour grands brûlés pour le compte du ministère canadien de la Défense. Après cinq ans d'efforts, le projet fut abandonné car la société ne parvenait pas à mettre au point un lit satisfaisant, i.e. qui évite les pressions sur les parties douloureuses. L'affaire fut reprise par Paul Chamberland en 1986 et deux ans plus tard le révolutionnaire **lit Acucair** était né. À force de détermination et d'ingéniosité, et grâce à l'appui financier de SSI, Paul Chamberland a réussi à réaliser son idée.

L'Acucair est non seulement une brillante innovation technique, c'est aussi un succès commercial. Depuis la fin de son développement technique, SSI a installé au cours des deux dernières années pas moins de 2 600 de ces lits dans le seul État de la Floride et SSI ne parvient pas à répondre à la demande. Le fabricant est en voie de hausser la production à 20 000 unités par année. À un taux de location variant entre 35$ et 65$ (U.S.) par jour, SSI va réaliser en 1990 plus de 150 millions de dollars (U.S.) de ventes (!) dont une partie des profits reviendra à OSMOCO sous forme de royautés. Et ce n'est que le début d'une pénétration des marchés mondiaux...

Le succès d'**Acucair** tient au fait que le produit convient non seulement aux sinistrés mais surtout aux personnes âgées. Cette dernière application est très importante car les besoins gériatriques sont 5 000 fois plus grands. Par exemple, le Canada ne compte actuellement que 235 lits pour grands brûlés alors que les alités âgés exigeraient plus de 600 000 lits Acucair. On peut dès lors imaginer une expansion phénoménale des ventes au cours des prochaines années. C'est à ce point vrai qu'au moins quatre compagnies américaines ont déjà introduit récemment des lits thérapeutiques ressemblant étrangement à l'Acucair. Heureusement que

SSI a la puissance financière pour les poursuivre pour contrefaçon car Paul Chamberland détient un brevet d'invention sur le lit en question.

Pansement à micro-atmosphère contrôlée ("Micro-Environmental Dressing")

Le succès du lit Acucair a amené Paul Chamberland à identifier un besoin pour des pansements convenant non seulement aux brûlures mais aussi à toutes sortes de plaies ouvertes, lentes à guérir et à se cicatriser. Les pansements ordinaires pour ce genre de plaie sont des surfaces lisses très adhésives et très douloureuses à enlever.

C'est en constatant ces faits que notre entrepreneur conçut un pansement radicalement nouveau. Il s'agit d'un matériau composite stratifié, le "Micro-Environmental Dressing (MED)", ayant d'excellentes propriétés bactériostatiques, facile à appliquer et à enlever, avec d'extraordinaires qualités d'absorption. Ce matériau permet d'augmenter considérablement l'échange gazeux à la surface de la peau atteinte d'une plaie lente à guérir ou souffrant d'un point de pression prolongée (*ulceris decubitus*), ou réfractaire à l'épithilisation à cause d'un état de choc ou de dégradation des tissus lors du traitement.

Cette invention de Paul Chamberland satisfait toutes les exigences: le pansement ne colle ni à la peau ni aux plaies, et fournit un micro-environnement ventilé, aseptique et à humidité contrôlée; de plus, il est isolant, et permet de maintenir le corps au chaud tout en minimisant l'entrée de contaminants. M. Chamberland a déposé une demande de brevet aux États-Unis, au Canada et dans plusieurs autres pays.

Ce composite stratifié a été développé par OSMOCO en collaboration avec une compagnie suédoise, Dry Forming Processes (DFP), qui a fourni l'expertise pour la mise au point de la surface aluminisée (film mylar) et qui a investi près de 2 millions de dollars dans le projet. Les droits sur le brevet appartiennent à parts égales à OSMOCO qui se réserve tout le marché biomédical, et à son partenaire suédois qui hérite de toutes les autres applications, dont celles de l'hygiène personnelle, à savoir l'immense marché des serviettes sanitaires.

Pour assurer le **micro-climat** voulu, le MED comprend un dispositif de la taille d'une radio "Walkman" muni d'une chambre aseptisée qui permet de générer l'humidité voulue dans le pansement durant 2 jours, avec additifs pharmaceutiques. On y trouve aussi un filtre qui enlève tout contaminant plus gros que $0,22~\mu$ venant de l'eau ou de l'air ambiant; un jeu de piles, une pompe électrique de la taille d'une balle de ping-pong; et un pouce cube, et d'une tubulure reliant l'appareil portatif au pansement.

La fabrication de la toile aluminisée est effectuée par DFP en Suède alors que le reste du pansement MED est fabriqué à l'usine d'une filiale de cette compagnie à Saint-Pascal de Kamouraska. La partie électrique est fabriquée au New Jersey par une petite entreprise spécialisée en micromoteurs électriques et en technologie de moulage de matières plastiques. Malheureusement, OSMOCO n'a pu trouver une telle entreprise au Canada. De plus, cette PME américaine a beaucoup investi dans la mise au point technique de ce minuscule moteur.

Le pansement MED sera éventuellement fabriqué en grande partie au Québec et sa distribution à l'échelle mondiale sera faite par la puissante firme SSI, la même qui assure la commercialisation du lit Acucair. Cette fois, OSMOCO sera le vendeur et en retirera directement tous les profits.

En plus de la contribution de la firme suédoise DFP, ce développement technologique a été rendu possible grâce à l'octroi en février 1989 d'une subvention de 238 400$ de l'Entente Canada-Québec portant sur le développement technologique. La mise au point, qui a coûté à ce jour environ 600 000$ (à part la contribution suédoise), est presque terminée, y compris les essais contrôlés d'une durée de 1800 heures nécessaires à l'amorce des études cliniques et à l'éventuelle homologation par Santé et Bien-Être, Canada.

Le marché pour ce genre de produit innovateur est intéressant. OSMOCO anticipe des ventes de plus de 100 millions de dollars d'ici 5 ans. Bien sûr, il s'agit d'un pansement spécialisé et assez différent de ceux que vend à bas prix la multinationale Johnson & Johnson qui détient 24 % du marché mondial des pansements, suivie par Kimberly Clark (19 %), 3M (15 %), Smith Nephew (13 %) et plusieurs autres puissantes compagnies. L'objectif de ventes d'OSMOCO peut paraître irréaliste mais il faut rappeler l'implication de SSI dans la commercialisation de ce produit à l'échelle mondiale de même que le fait que ce produit se greffe au support-patient fourni par le lit Acucair. De plus, il s'agit d'un produit unique qui pourra desservir, entre autres, l'immense marché des besoins gériatriques et celui des plaies de lit.

Seulement aux États-Unis, on estime que les blessures causées par un point de pression prolongée (*ulceris decubitus*) nécessitent des soins évalués à environ 7 milliards de dollars par année. On signale plus de 1 500 000 nouveaux cas chaque année et on estime que plus d'un million de personnes, en majorité fort âgées, souffrent de plaies lentes à guérir. On imagine dès lors l'immense potentiel du MHP inventé par M. Chamberland, dans un monde où la proportion de personnes âgées croît de plus en plus.

Il y a aussi le marché de l'espace qui pointe à l'horizon car la micro-gravité a d'étonnants effets sur l'organisme. Par exemple, en milieu d'apesanteur, l'écoulement du sang dans une plaie, continue sa trajectoire sans arrêt car les méthodes d'absorption utilisées sur terre ne fonctionnent pas. Déjà, OSMOCO a entrepris des recherches dans cette direction en collaboration avec la division de Génie mécanique du Conseil National de Recherches du Canada (CNRC). L'entreprise compte également développer des applications militaires du MED qui pourraient déboucher sur d'importants contrats d'approvisionnement.

3. Une philosophie d'entreprise bien ancrée dans la réalité

OSMOCO réalise son développement et sa croissance par un effort bien ciblé et soutenu de recherche-développement (R-D) et en faisant appel à de solides partenaires, tant dans la fabrication en sous-traitance que dans la mise en marché internationale.

Une entreprise résolument tournée vers l'innovation technique mais...

Pour Paul Chamberland, la façon de faire des innovations est de partir d'un problème existant, de découvrir une bonne opportunité commerciale, puis de trouver ou mettre au point la technologie qui servira à combler ces besoins et ce, à un coût abordable. Cette nouvelle technologie devra être efficace et facile d'utilisation car ce sont des gens ordinaires qui seront appelés à fabriquer le produit ou à l'utiliser. *«Il faut surtout,* déclare-t-il péremptoirement, *qu'il y ait une grande demande pour le nouveau produit et que celui-ci puisse être fabriqué à un coût raisonnable».*

«Une chose simple à utiliser est souvent très complexe à concevoir», affirme M. Chamberland. Son matelas Acucair en est un exemple frappant.

Paul Chamberland est loin d'être à court de nouvelles idées, mais il s'en tient toujours au secteur où OSMOCO a fait son nid. En contraste marqué avec nombre de *"patenteux"* ou d'inventeurs bricoleurs, sa démarche est structurée et scientifique. Il sait très bien qu'il encoure des risques technologiques élevés car les projets de R-D qu'il entreprend sont difficiles et coûteux à réaliser. D'ailleurs, c'est lui qui paie la note. Souvent la voie à suivre n'est pas évidente.

En dépit d'une démarche scientifique bien ordonnée et d'innovations remarquables qui en ont résulté, OSMOCO n'a pas encore réussi à convaincre les conseillers scientifiques de Revenu Canada de la validité des ses réclamations de crédits d'impôt à la R-D.

Un autre problème affectant l'effort de R-D de l'entreprise est l'attitude des banquiers. *«Les banquiers éprouvent énormément de difficulté à comprendre le pourquoi et le comment d'une activité comme la R-D qui gruge les maigres ressources de l'entreprise et dont les retombées bénéfiques se produiront généralement beaucoup plus tard que l'actuel exercice financier. La R-D fait peur aux gérants de banque,* d'affirmer

M. Chamberland. *Même si les états financiers montrent des crédits d'impôt de R-D à recevoir, ils n'en tiendront pas compte car ils les considèrent trop problématiques».*

Au dire de M. Chamberland, le financement du développement technologique et commercial des nouveaux produits est un problème crucial pour les PME technologiques. Même si une entreprise reçoit une subvention de 50% du coût de développement technologique, elle doit tout de même défrayer l'autre 50%, qui comprend le reste des frais ainsi que tous les coûts supplémentaires non prévus originellement, par exemple les délais de livraison, la hausse du coût des équipements, les contrats de sous-traitance qui coûtent plus cher que prévu, etc., M. Chamberland est catégorique: «*Pour le banquier, l'investissement en R-D n'a aucune valeur et n'est qu'une dépense parmi d'autres».*

Ces mêmes difficultés surgissent lorsque l'entreprise bénéficie d'un prêt à la R-D, comme ceux qu'offrait l'Agence québécoise de valorisation industrielle de la recherche (AQVIR). En effet, le prêt va au passif de l'entreprise et réduit d'autant la capacité d'emprunt de l'entreprise. Ainsi, un fort actif intellectuel devient un lourd passif financier! Le financement de la mise en marché n'est pas plus facile car il faut encore investir dans un produit dont la mise au point technique est à peine terminée.

Selon M. Chamberland, les partenaires de capitaux de risque au Canada sont rarissimes et il est extrêmement difficile pour une PME technologique d'obtenir de tels capitaux. Par contre, aux États-Unis les contrats militaires permettent très souvent de financer le développement de nouvelles technologies, de A à Z.

À cause de la pénurie de tels capitaux, OSMOCO doit absolument maintenir des opérations ordinaires pour fournir les fonds internes requis pour la R-D et assurer ainsi sa croissance future.

Plusieurs sources de nouvelles idées

Bien que le P.D.G. d'OSMOCO soit une fontaine de nouvelles idées, c'est toute l'équipe qui est directement impliquée dans le processus d'innovation. Toujours à l'affût de besoins à combler, les techniciens d'OSMOCO sont près des clients, ce qui leur donne toutes sortes d'idées pour de nouveaux produits. Ces idées sont ensuite discutées avec les professionnels de la R-D et ceux qui s'occupent du marketing. Finalement, c'est le P.D.G. qui décide car ce sont ses "sous" qui sont en jeu. Cependant, ce dernier se garde bien de faire cavalier seul, même pour des idées qui lui sont chères.

Ces nouvelles idées sont également alimentées par les contacts étroits avec les infirmières, celles-là même qui traitent les patients et sont près d'eux à longueur de journée. Le personnel d'OSMOCO se tient également au courant des développements récents en médecine d'urgence. «*On est à l'écoute de ce qui se passe un peu partout dans le monde à cet égard, on parcourt les revues scientifiques spécialisées, on participe souvent à des congrès scientifiques et à des foires de nouveaux produits dans le domaine*», déclare Paul Chamberland.

Un processus de décision éclairé

Chez OSMOCO, tout projet de nouveau produit fait d'abord l'objet d'une étude de marché. Il ne s'agit pas d'études de marketing classiques mais plutôt d'investigations approfondies par des professionnels d'OSMOCO qui connaissent bien le secteur de la médecine d'urgence et des soins aux sinistrés.

Une fois l'idée élaborée, on prépare une esquisse ou une maquette illustrant le nouveau concept. On invite ensuite un groupe d'infirmières à dîner et on discute en profondeur du concept. «*La vraie vente se fait aux infirmières*, affirme M. Chamberland, *car ce sont elles qui vont se servir de nos produits*».

Par la suite, on estimera combien coûteront le développement et la fabrication du produit. «*Il faut surtout se demander quelles économies le produit permettra de réaliser pour les infirmières. Dans le secteur biomédical, la concurrence ne se joue pas tellement sur les prix des produits mais plutôt sur la qualité et l'économie des soins ainsi offerts*», affirme le P.D.G. d'OSMOCO.

D'autre part, le processus de décision est à la fois formel et informel. Le P.D.G. surveille tout ce qui se passe, est étroitement impliqué dans toutes les offensives, et prend les principales décisions. Par contre, il délègue beaucoup, confie d'importantes responsabilités à son personnel et se fie à ses employés pour plusieurs décisions d'ordre opérationnel. Dans une certaine mesure, OSMOCO est un *"one-man show"* mais jamais, semble-t-il, les décisions importantes sont prises isolément ou à la légère.

Une administration *"maigre"* mais efficace

Chez OSMOCO l'administration est simple, adhocratique et efficace. Le président peut être consulté en tout temps et il fait partie de l'équipe. Les paliers administratifs sont quasi inexistants. Les employés ont une description de tâches et se voient confier des responsabilités précises.

La structure de l'entreprise est extrêmement simple: il y a le président, M. Paul Chamberland. Puis, il y a les employés, à peu près tous sur le même palier mais avec des chefs d'équipe ou des assignations de tâches particulières.

OSMOCO n'a pas de Conseil d'administration, ni de comité technique d'experts. Cependant, Paul Chamberland maintient des échanges soutenus avec des experts techniques de l'extérieur, en particulier ceux du CNRC, ainsi qu'avec des fiscalistes, un avocat spécialisé en brevets et autres hommes d'affaires.

Une philosophie de partenariat

Au lieu de chercher à tout faire, OSMOCO mise sur le partenariat et les alliances stratégiques, par exemple avec SSI, avec DFP, avec ses sous-traitants. *«C'est une affaire de gros bon sens*, d'affirmer Paul Chamberland, *et une excellente façon de réduire les risques».* Pour lui, le marché, c'est le monde, et il n'en a pas peur.

Cependant, pour réussir au Canada et dans les marchés extérieurs, Paul Chamberland sait très bien qu'il lui faut offrir des produits uniques et de qualité supérieure, qui résultent en des économies appréciables ou qui fournissent des avantages singuliers aux clients. Or, il ne suffit pas d'offrir les meilleurs produits, il faut aussi pouvoir les distribuer efficacement et procurer de bons services après-ventes, ce qui, pour OSMOCO, signifie le partenariat avec de puissants alliés. Par exemple, SSI a 700 agents à travers le monde et son chiffre d'affaires dépasse un milliard de dollars.

Une stratégie technologique bien arrêtée

La stratégie technologique d'OSMOCO vise le **leadership mondial**, sinon national, dans certains produits inventés, conçus et développés par l'entreprise. L'attitude est pro-active et l'orientation étroitement liée aux besoins du marché. *«On ne cherche pas à épater mais plutôt à satisfaire. On vise à démystifier, à simplifier les choses complexes, à les rendre simples d'utilisation et à en diminuer les coûts»*, déclare Paul Chamberland.

Dans ce domaine, les marges bénéficiaires sont très élevées, ce qui attire nombre de requins investisseurs. *«Mais pour réussir vraiment*, affirme Paul Chamberland, *il faut bien connaître son métier, son marché et être foncièrement honnête. Ce marché est extrêmement déloyal et la piraterie d'idées et de spécialistes est monnaie courante».* Ainsi, Paul Chamberland s'est vu offrir un million de dollars pour se joindre au principal compétiteur de son partenaire SSI.

OSMOCO veut être un pionnier innovateur dans son domaine, un leader reconnu internationalement pour la qualité de ses produits. Paul Chamberland n'hésite pas à oser, à investir son argent personnel dans des développements relativement risqués mais pouvant rapporter gros.

La stratégie de l'entreprise repose également sur la formation continue du personnel. En 1989, cinq employés recevaient une formation approfondie en conception assistée par ordinateur (AUTOCAO) car l'entreprise venait de se doter d'un équipement ultramoderne de graphisme interactif et de conception automatique. Cette année, la formation portera sur l'amélioration du design.

4. Raisons du succès

Quand on demande à Paul Chamberland les raisons du succès de son entreprise, il répond sans hésiter que c'est d'abord la **persévérance et la volonté farouche d'innover.** Il en sait quelque chose puisqu'il lui a fallu plus de sept années pour mettre au point l'Acucair. *«Il ne faut pas se décourager*, déclare-t-il. *Il faut développer patiemment l'idée, et savoir s'entourer de spécialistes pour mettre au point un produit pour lequel existe un bon marché».*

Une autre raison du succès d'OSMOCO tient à la **bonne santé financière de l'entreprise.** Celle-ci génère assez de revenus pour alimenter la R-D interne, laquelle engendre finalement d'autres revenus et le cycle recommence. *«Ce qui tue les idées de recherche*, déclare Paul Chamberland, *ce sont les difficultés financières. Comment un entrepreneur peut-il bien mener son effort de R-D quand son banquier est continuellement à ses trousses, quand il est pris avec un rappel de prêt? Souvent ce qui fait tomber l'entreprise, c'est l'incompréhension du banquier».*

Une autre raison majeure est **l'association délibérée avec d'autres entreprises.** De l'avis de M. Chamberland, trop souvent les PME québécoises sont craintives et hésitantes à s'adjoindre des partenaires étrangers. Pourtant, dans une économie devenue globale, il faut être en mesure d'affronter la concurrence et de pénétrer les marchés étrangers. L'expérience d'OSMOCO suggère qu'une PME est peut-être mieux de se limiter à un créneau et de laisser à des firmes spécialisées les opérations dans lesquelles elles excellent. SSI sait distribuer, DFP sait fabriquer, OSMOCO sait inventer.

L'association avec le CNRC a été très bénéfique à l'entreprise, surtout le contrat de 144 000$ reçu en 1985 qui a eu un effet déterminant pour le développement du lit Acucair. Les deux subventions reçues du programme de développement technologique de l'Entente Canada-Québec ont également été d'une importance capitale: 164 000$ pour l'ACUCAIR en décembre 1986, et 238 400$ pour le pansement MHP en février 1989. L'entreprise a aussi bénéficié des programmes universitaires coopératifs et elle a même engagé plusieurs anciens stagiaires. D'autre part, elle n'aime pas confier des contrats de recherche aux universités à cause des énormes difficultés à y maintenir le secret commercial.

M. Chamberland ajoute que les autres raisons du succès sont la **bonne connaissance du marché** et la **qualité de son équipe** constituée de jeunes personnes compétentes et fortement motivées.

Enfin, Paul Chamberland ajoute que le succès d'OSMOCO n'est pas étranger à **l'équilibre entre la vache à lait,** qu'assurent les services et produits conventionnels, **et les produits nouveaux** qu'engendre la R-D. Sans cet équilibre, déclare-t-il, impossible de réussir.

5. Conclusion

Paul Chamberland est non seulement un inventeur prolifique, c'est aussi un innovateur qui sait rendre ses projets à terme et les commercialiser. En dépit de son jeune âge (32 ans), il maîtrise assez bien la finance et l'administration tout en demeurant la locomotive de l'innovation dans son entreprise. Il a mis en place une stratégie qui lui permettra de croître sans trop de difficultés bien qu'il soit conscient des énormes problèmes d'organisation qu'entraîne le succès.

Son message de la fin s'adresse aux écoles d'ingénieurs et aux collèges d'enseignement technique: il faut à tout prix sensibiliser nos techniciens et ingénieurs à l'entrepreneurship technologique et leur procurer le minimum vital de formation en gestion, marketing et finances.

* * * * * *

CAS N° 12
IAF BIOCHEM INTERNATIONAL INC.

1. **SECTEUR:** Biomédical

2. **NATURE DES PRODUITS:** Trousses diagnostiques, vaccins et thérapeutiques (ex. SIDA, cancer)

3. **ANNÉE DE FONDATION:** 1986

4. **PROGRESSION DES VENTES:** (fin d'exercice: 31 janv.)

1986	nil
1987	316 593$
1988	1 597 924$
1989	3 157 732$
1990	6 206 044$
1991	16 500 000$

5. **RÉPARTITION DES VENTES EN 1989:**

Québec	
Reste du Canada	}10%
États-Unis	
Reste du monde	}90%

6. **DÉPENSES COURANTES DE R-D:** 60% des ventes (3 875 000$/an)

7. **NOMBRE D'EMPLOYÉS:** 136 (âge moyen: 36 ans) dont 77 scientifiques

8. **PERSONNEL DE R-D:** 80 (dont 65 professionnels)

9. **PRÉSIDENT:** Francesco Bellini (42 ans)

10. **RÉPARTITION DU CAPITAL-ACTIONS:**

Caisse de Dépôts	13,5%
FTQ-Cascades	13,5%
IFCI Spa	7,0%
Direction IAF Bio.	10,0%
Public (REA)	56,0%

11. **AVOIR DES ACTIONNAIRES:** 25 831 812 $

12. **VALEUR DES ACTIFS:** 28 761 047 $

13. **ADRESSE DE LA COMPAGNIE:** 10 900 rue Hamon Montréal (Qué.) Canada H3M 3A2

Tél. : (514) 335-9922
Fax : (514) 335-9919

TABLE DES MATIÈRES

Page

1. GENÈSE D'UNE RÉUSSITE 193

2. LA MATIÈRE GRISE 194

3. LES LIGNES DE FORCE 195
   Les produits diagnostiques 195
   La prévention: les vaccins 196
   Les médicaments 196

4. MARCHÉS MONDIAUX ET CONCURRENCE FÉROCE . 197

5. LA STRATÉGIE BIOCHEM 198

6. VERS LES SOMMETS 200

Depuis que le SIDA défraie la chronique, chaque nouveau médicament fait la une des journaux. À travers le monde, tous les grands laboratoires intensifient leurs recherches et se livrent une formidable guerre scientifique et économique dont les enjeux se chiffrent en centaines de millions de dollars.

À ce jour, la redoutable FDA américaine (*Food and Drug Administration*), dont les décisions font «loi» dans le domaine des produits pharmaceutiques, n'a approuvé qu'un seul produit: l'AZT, un composé antiviral qui ralentit la progression de la maladie. Mais depuis quelques mois, une nouvelle molécule, le BCH-189, redonne espoir à la communauté médicale. Derrière cette découverte, se trouve une compagnie pharmaceutique québécoise, IAF BioChem qui, depuis sa création, accumule innovations et percées technologiques.

La compagnie avait perdu 941 000$ en 1988-89. L'année suivante se termine avec un profit de 225 000$. Le chiffre d'affaires est passé de 316 593$ en 1987 à 16 500 000$ en 1991. Avec la création de IAF BioVac, acquise de l'Institut Armand Frappier, on prévoit 15 millions de dollars pour l'année 1991. La compagnie, qui retient la confiance des investisseurs, est une des trois entreprises canadiennes de biotechnologie (*BIO MIRA et Quadralogic sont les deux autres*) à être inscrites en Bourse à Montréal, Toronto ou Vancouver.

Parmi la centaine d'entreprises qui constituent l'industrie pharmaceutique canadienne, IAF BioChem est une des rares à se spécialiser dans la recherche de base orientée vers la mise au point de nouveaux principes actifs en immunologie.

1. Genèse d'une réussite

Lorsque la direction des Laboratoires Ayerst décida en 1982 de relocaliser son nouveau centre de recherche à Princeton au New Jersey, cinq personnes sur les 45 qui avaient été invitées à déménager ont choisi de rester à Montréal. Le Dr Francesco Bellini, actuel président d'IAF BioChem, était de celles-là. Il créa tout d'abord la nouvelle division de produits biochimiques à l'Institut Armand Frappier. Pour rendre cette division rentable, le Dr Bellini avoue avoir *«fabriqué des peptides la nuit pour les vendre le jour»*. Cette situation dura deux ans, durant lesquels l'Institut connut de grandes difficultés internes. C'est alors que le Dr Bellini eut l'idée de démarrer une compagnie pharmaceutique canadienne rentable et innovatrice, orientée vers la recherche de nouveaux principes actifs agissant sur le système immunitaire.

Après avoir rallié d'éminents scientifiques tels le Dr Bernard Belleau et le Dr Gervais Dionne, le Dr Bellini convainc l'Institut Armand Frappier d'opérer un transfert d'actifs pour créer IAF BioChem. Le 31 décembre 1986, grâce à la réputation de l'Institut, une émission publique d'actions avec le programme REAQ recueillit plus de 13 millions de dollars. Le financement public visait à rendre IAF BioChem indépendant économiquement de l'Institut Armand Frappier et surtout à créer un fonds pour financer les efforts de R-D. Dès lors, la compagnie avait dans ses coffres une ressource essentielle à son développement: l'argent.

Détenues, à ses débuts, à 45 % par l'Institut, à 49 % par le public et à 6 % par les employés fondateurs, ses actions se répartissaient en juin 1989 comme suit:

- Caisse de Dépôts: 13,5 %

- Consortium FTQ-Cascades: 13,5 %

- Public investisseur: 56,0 %

- IFCI Spa: 7,0 %

- Direction d'IAF BioChem: 10,0 %

En juin 1990, IAF BioChem se portait acquéreur, au prix de 3,3 millions de dollars financé par le vendeur, de la division des vaccins de l'Institut Armand Frappier. Suite à cet achat, on crée une nouvelle entreprise qui reçoit les actifs achetés. Après la transaction, la structure est la suivante:

TABLEAU 1

IAF BIOCHEM INTERNATIONAL INC.

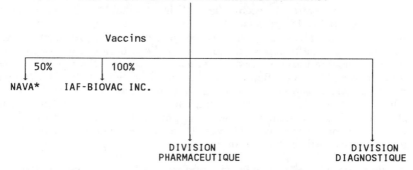

NAVA est une entreprise américaine dont le titre s'échange sur AMEX

2. La matière grise

IAF BioChem International Inc. (incluant les compagnies affiliées) compte aujourd'hui 170 employés. Une politique dynamique de recrutement a permis d'engager un personnel cosmopolite mais éminemment compétent. Quarante employés possèdent un doctorat en sciences ou en médecine.

Ce personnel hautement qualifié comprend des chercheurs de renommée internationale (e.g. le regretté Dr Belleau, les Dr Bellini, Dionne et H. Jennings) associés à des institutions prestigieuses, telles que l'Université McGill ou le Conseil National de Recherches du Canada. De plus, la compagnie a créé un réseau de collaboration étroite avec d'éminents scientifiques à travers le monde.

Pour le Dr Bellini, des firmes de ce type doivent être dirigées par des scientifiques, car eux seuls sont capables de repérer les opportunités d'un domaine très pointu. *«La haute direction doit néanmoins avoir des qualités de management*, ajoute t-il. *L'équipe de BioChem aborde avec beaucoup de pragmatisme le marché pour convertir très rapidement le fruit de ses découvertes en produits utiles et rentables»*. À son avis, les efforts de R-D doivent être mariés à des préoccupations commerciales si l'on veut percer dans le secteur de la biotechnologie.

L'ambiance d'IAF BioChem est très informelle, les communications se font entre experts qui ne s'embarrassent pas de bureaucratie. Pour le Dr Bellini, une des raisons de la réussite, c'est la motivation de tout le monde vers un seul et même but: le succès d'IAF BioChem. La compagnie en a fait, d'ailleurs, un critère de sélection: le recrutement des chercheurs se fait non seulement sur la base des compétences scientifiques, mais aussi sur les qualités d'entrepreneurship et d'enthousiasme.

3. Les lignes de force

L'activité scientifique et commerciale d'IAF BioChem s'articule autour de trois lignes de force: le dépistage (les trousses diagnostiques), la prévention (les vaccins) et les médicaments (le traitement des maladies impliquant le système immunitaire, dont le SIDA et le cancer). La figure 1 présente l'action de l'entreprise pour chacune de ces lignes de force.

Les produits diagnostiques

Dans ce domaine, IAF BioChem a remporté en 1989 **la palme d'or**, catégorie invention, au concours des **prix Canada pour l'excellence en affaires** grâce à la mise au point de la trousse diagnostique EIA, l'un des meilleurs modes de dépistage du SIDA au monde.

Ce mode de dépistage repose sur une technologie d'identification des sites de reconnaissance des protéines virales par les anticorps. Les sites sont ensuite synthétisés chimiquement et modelés pour imiter le mieux possible leur forme originale sur la protéine nature. Le procédé est inégalé aux plans sensibilité, spécificité et commodité. Il permet de réduire le temps nécessaire au dépistage et diminue les coûts d'analyse grâce à la détection simultanée des virus HIV-1 et HIV-2. L'utilisation de peptides synthétiques élimine, en outre, la nécessité de faire appel à des substances biologiques dangereuses dans la fabrication des trousses.

IAF BioChem a investi plus de 3 millions de dollars en efforts de recherche et de mise au point de ce produit, dont le contenu scientifique est uniquement canadien.

Par ailleurs, l'expertise de la compagnie dans la synthèse d'épitopes peptidiques, base du succès de la trousse diagnostique EIA, lui permet d'intensifier les recherches dans des trousses de nouvelle génération pour d'autres infections virales ou immunitaires.

Les trousses sont produites par des procédés hautement mécanisés et automatisés. La capacité de production sera portée à 250 000 trousses par an. Les trousses et les peptides synthétiques pour la détection du SIDA ont été, jusqu'en juin 1990, la principale source de revenus de IAF BioChem.

Pour le SIDA, on a développé deux trousses: DETECT-HIV qui identifie le virus du SIDA, et SELECT-HIV qui distingue entre deux sortes d'infection.

Pour la leucémie des lymphocytes-T, on a aussi développé deux trousses: DETECT-HTLV qui permet la détection des anticorps dirigés contre le

HTLV et le HTLV-II et SELECT-HTLV, qui permet d'identifier de quel virus il s'agit.

La prévention: les vaccins

IAF BioChem possède une *«technologie de vaccins conjugués semi-synthétiques qui s'applique à plusieurs vaccins de nouvelle génération contre le méningocoque (méningite), le pneumocoque et l'Haemophilus influenza».*

Le vaccin d'IAF BioChem contre la méningite B, par exemple, est à la fois plus efficace et plus spécifique que les vaccins conventionnels.

D'autre part, sa technologie de synthèse peptidique lui permet de développer un vaccin promoteur de croissance utilisable dans l'élevage. La compagnie travaille également sur de nouveaux immuno-adjuvants: substances que l'on utilise pour stimuler le système immunitaire lors de la vaccination.

IAF BioChem détient les droits exclusifs d'exploitation de ses technologies. Des alliances stratégiques avec d'autres compagnies ou des multinationales lui permettent, on le verra plus loin, de renforcer ou d'améliorer son *«savoir-faire»*.

Au mois de juin 1990, IAF BioChem a acheté la division des vaccins de l'Institut Armand Frappier pour créer BIOVAC dont le mandat est d'exploiter les vaccins traditionnels tels les vaccins contre la grippe, la rubéole et l'hépatite. Ce segment de marché est desservi par des produits connus et matures. L'objectif est de développer le marché canadien et de s'attaquer aux marchés internationaux dès 1991. Le développement de BIOVAC nécessitera une nouvelle construction, dans le parc technologique de Laval, dont les coûts sont estimés à 20 millions de dollars. Chez IAF BioChem, on est convaincu que cette entreprise générera un accroissement substantiel des ventes dès 1991.

Pour les vaccins de nouvelle génération, IAF BioChem possède depuis février 1990, 50% du capital-actions de NAVA, une compagnie qui détient en propriété exclusive American Vaccine Corporation. NAVA développe surtout des vaccins destinés au marché pédiatrique pour protéger contre les méningocoques, l'hémophilus influenza B et les streptocoques B. Dans tous les cas on utilise la technologie dite d'animation réductive à base de polysaccharide-protéines, dont IAF BioChem détient les droits mondiaux.

Les médicaments

Dans la lutte contre le SIDA, les composés BCH-189 et BCH-203, inventés par l'illustre et regretté Dr Belleau, constituent l'atout et l'espoir majeur d'IAF BioChem.

Plusieurs des composés destinés à lutter contre le SIDA sont soumis chaque année au National Cancer Institute, une division du prestigieux National Institute of Health aux États-Unis. Seulement 38 ont été retenus depuis six ans, dont les fameux BCH-189 et BCH-203.

Tout comme l'AZT, seul composé actuellement connu et administré mondialement, le BCH-189 est un analogue nuclosique. En d'autres termes, comme le virus du SIDA doit utiliser les nuclosides pour reproduire son ADN, il se laisse tromper par l'analogue et fait des copies de lui-même qui ne sont pas viables. Ceci constitue un moyen de freiner la progression de la maladie et de prolonger la vie du patient. L'AZT, malheureusement, trompe également les cellules humaines et cause ainsi des effets secondaires très graves sur la moelle osseuse. Ce qui n'est pas le cas du BCH-189 qui, de ce fait, est beaucoup moins toxique.

Selon IAF BioChem, les premiers tests in vitro et les essais précliniques ont démontré que le produit est très prometteur et le médicament devrait être sur le marché en 1992, ce qui serait un record de rapidité et un succès extraordinaire pour la compagnie.

En matière de médicaments, la compagnie étudie d'autres traitements basés sur l'utilisation de peptides pour guérir diverses formes d'arthrite. Pour le cancer, on teste l'utilisation d'un dérivé de l'anthracycline (BCH-142) dont les effets secondaires sont moins importants que ceux associés aux principaux médicaments en usage, dont l'andriamycine.

4. Marchés mondiaux et concurrence féroce

Plus de 60% des ventes d'IAF BioChem sont réalisées en Europe, le reste (40%) se répartissant également entre le Canada et les États-Unis. Le marché pour le dépistage du SIDA est évidemment très important. En 1987, le marché total était estimé à 200 millions de dollars (U.S.). La majorité de cette somme provient des ventes de trousses diagnostiques. Les principaux fabricants sont les Laboratoires Abbott avec 40% du marché, suivis de ElectroNucleonics et de Dupont & Genetics Systems.

Le marché du traitement du SIDA est encore plus important. Les experts s'entendent pour parler d'un marché d'un milliard de dollars (U.S.). Ce marché est dominé par l'AZT de Burroughs Wellcome dont les effets secondaires font que 40% des sidatiques ne peuvent l'utiliser. Avec son BCH-189, IAF BioChem est une des cinq entreprises qui essaient d'offrir une alternative à l'AZT. Les autres entreprises sont Bristol Myers, Squibb (le DDT et le D4T), Hoffman-LaRoche (DDC), Smith Kline Beecham (CD4) et Triton Bio Sciences (AZDU). Les études ont prouvé l'efficacité du BCH-189 et sa faible toxicité, ce qui permet à IAF BioChem et à son associé, Glaxo Holdings, d'espérer remplacer l'AZT.

On voit donc que dans le segment du dépistage et surtout dans celui des médicaments, la compétition est féroce. Le fait que IAF BioChem ait pu jusqu'à présent tirer son épingle du jeu témoigne de sa compétence et de son dynamisme. Cette réussite s'explique, au moins partiellement, par l'effort consenti dans l'amélioration des ressources internes.

Au cours de l'année 1988, IAF BioChem s'est dotée de services de production et de mise en marché. Le département des trousses diagnostiques, par exemple, a bénéficié d'une très forte automatisation. L'entreprise entend se doter, rappelons-le, d'une capacité de production de 250 000 trousses diagnostiques par an, ce qui lui permettrait de répondre à ses propres besoins.

Les peptides synthétiques qui entrent dans la fabrication de la trousse EIA vendue par IAF BioChem étaient fabriqués artisanalement au début. Le système de production est maintenant des plus modernes. Le Dr Bellini affirme que son entreprise possède dans ce domaine les meilleurs équipements au Canada.

5. La stratégie d'IAF BioChem

IAF BioChem s'est donnée la mission de constituer une entreprise pharmaceutique canadienne, innovatrice et rentable, vouée à la R-D et, par la suite, à la fabrication et à la vente des produits issus de la R-D. L'objectif d'IAF BioChem à long terme est de devenir une compagnie pharmaceutique intégrée.

C'est par le biais d'alliances, d'ententes et d'associations contractuelles conclues avec des firmes réputées ou des multinationales que le Dr Bellini réalise sa **vision stratégique** (*cf. Figure 1 en annexe*). Il reconnaît la faiblesse actuelle d'IAF BioChem en matière de marketing et croit que ces associations permettent de pallier cette faiblesse. Pour le président d'IAF BioChem, à moyen ou long terme elles peuvent s'avérer stratégiquement décisives. En effet, de par sa taille, la compagnie n'a pas les moyens de soutenir une guerre commerciale et doit pour l'instant, selon le président, *«éviter de se faire remarquer par les grands»*.

1. Le segment du dépistage

Au Canada, IAF BioChem possède sa propre force de vente: on s'adresse à un petit nombre de clients rencontrés dans les ministères de la santé ou dans les laboratoires d'analyse sanguine. À l'extérieur du pays, on a procédé par alliances. La multinationale allemande Behringwerke AG s'est vu accorder une licence non exclusive de fabrication et de distribution des trousses de dépistage pour le monde, en vertu de laquelle elle s'engage à utiliser les peptides synthétiques d'IAF BioChem. De plus, Behringwerke AG s'engage à verser des royautés à IAF BioChem.

Dans le même sens, Orgenics d'Israël commercialise et fabrique une trousse diagnostique qui utilise les peptides d'IAF BioChem pour les marchés des cliniques médicales et les pays en voie de développement. Technicon Instruments Corporation de Tarrytown, New York, et IAF BioChem ont conclu une entente pour développer des tests automatisés relatifs au SIDA. Si on réussit ce développement, Technicon exploitera ce test mais versera des royautés à IAF BioChem.

2. Le segment de la prévention

La société américaine AMVAX (American Vaccine Corporation) et IAF BioChem ont créé NAVA (North American Vaccine). En vertu de l'entente, les deux compagnies réunissent leurs technologies de vaccins respectives et les actifs qui s'y rapportent. La vocation de NAVA est de développer des vaccins de nouvelle génération, surtout les vaccins pédiatriques, particulièrement un vaccin contre la coqueluche et un vaccin DCT (diphtérie, coqueluche, tétanos).

NAVA espère commercialiser ces vaccins vers 1993. Elle veut capter 25 % d'un marché estimé à 3,7 millions d'enfants. NAVA met aussi beaucoup d'espoir dans la production de vaccins synthétiques capables d'agir sur l'influenza B, les streptocoques B et les méningocoques.

IAF BioChem a créé BIOVAC qui s'est portée acquéreur en mai 1990, de la division des vaccins de l'Institut Armand Frappier. BIOVAC exploite les vaccins classiques tels le vaccin contre l'influenza et le BCG contre la tuberculose. BIOVAC détient aussi les droits exclusifs canadiens pour le vaccin semi-synthétique contre la méningite B et les droits canadiens pour tous les vaccins de NAVA. De plus, elle bénéficie d'une porte d'entrée sur le marché américain par l'intermédiaire de NAVA. Seule une compagnie américaine peut vendre des vaccins aux États-Unis.

3. Le segment des médicaments

Pour le SIDA, c'est avec Glaxo Holdings, une multinationale pharmaceutique britannique (*38 000 employés dans 50 pays, 4 milliards de dollars de ventes en 1989*) qu'IAF BioChem a conclu une entente exclusive de licence. Cette dernière détiendra tous les droits exclusifs à travers le monde sauf aux États-Unis et au Canada moyennant une royauté payable à BioChem. Glaxo Canada Inc. et IAF BioChem formeront alors une entreprise en co-participation pour la commercialisation du BCH 189. En vertu de ces ententes, Glaxo versera des redevances à BioChem et supportera un contrat de recherche de 3 millions de dollars par année et ce, pour une période pouvant aller jusqu'à cinq ans.

Ces alliances stratégiques constituent, selon le Dr Bellini, la meilleure manière pour une entreprise comme IAF BioChem de consolider sa position en vue d'atteindre ses objectifs à long terme.

6. Vers les sommets

Le fait que l'Institut National du Cancer des États-Unis ait sélectionné le BCH-189 d'IAF BioChem et que Glaxo soit activement impliquée dans le développement du BCH-189 est sûrement un gage de notoriété. La compagnie montréalaise n'aura, à ce sujet, qu'à fournir le produit tout en conservant les droits et l'usage des brevets. L'Institut, qui s'occupe de promouvoir la recherche en choisissant les pistes les plus intéressantes, défraie les coûts de recherche précliniques (près de 5 millions de dollars). Et la relève sera prise par Glaxo qui, elle, assumera les frais de l'étude clinique (*jusqu'à 100 millions de dollars*).

Un article de la Revue Commerce (novembre 88) rapporte que malgré les pertes cumulées par IAF BioChem, dues aux frais de R-D, l'attrait du titre d'IAF BioChem en bourse est considérable, cela à cause de l'avenir prometteur de la compagnie. En effet, selon le Dr Bellini les frais de recherche, qui constituent une assurance pour le futur, finiront bientôt par être dépassés par les ventes et l'encaissement des diverses redevances et royautés. Il cite le cas d'Hoffman-Laroche, entreprise pharmaceutique mondialement célèbre qui, avant la découverte du valium, vivotait et injectait des sommes exorbitantes en R-D.

IAF BioChem espère répéter cet exploit, peut-être avec le BCH-189. Heureusement la confiance des investisseurs lui a toujours permis de régler ses problèmes de financement.

Dotée d'un management de haut calibre et de chercheurs éminents, IAF BioChem navigue dans un marché en pleine expansion et avance un à un ses pions sur le grand échiquier de la biotechnologie. Du succès, le Dr Bellini a très peu d'explication. *«En recherche*, dit-il, *il faut tout simplement apprendre à travailler ensemble»*. Sans doute voulait-il ajouter: **intelligemment!**

* * * * * *

FIGURE 1

SECTEURS D'INTERVENTION, PRODUITS ET LIENS COMMERCIAUX DE IAF BIOCHEM INTERNATIONAL INC.[1]

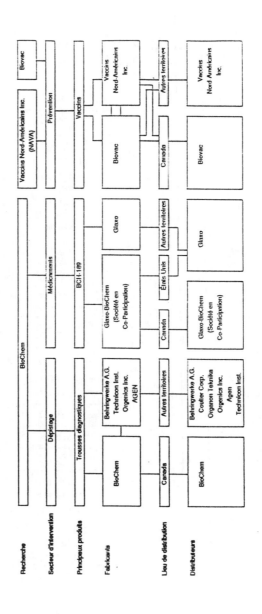

[1] IAF BioChem International Inc.: Objectif croissance
N. Roy-Lévesque, Beaubien, Geoffrion, juin 1990.

TABLEAU 2

BILAN DE IAF BIOCHEM INC.
AU 31 JANVIER 1990

	1990	1989
ACTIF À COURT TERME		
Encaisse et placements temporaires	18 259 424 $	10 533 571 $
Débiteurs	4 269 796	1 650 058
Stocks	382 731	377 157
Frais payés d'avance et dépôts	58 082	113 197
	22 970 033	12 673 983
PRÊTS À DES DIRIGEANTS ET EMPLOYÉS	445 998	466 663
IMMOBILISATIONS	4 837 123.	3 620 773
DROITS	296 908	69 770
FRAIS REPORTÉS	134 840	
AVANTAGE FISCAL	76 145	590 398
	28 761 047 $	17 421 587 $
PASSIF À COURT TERME		
Créditeurs et charges à payer	1 139 741 $	887 940 $
Tranche à moins d'un an de la dette à long terme	64 871	61 432
	1 204 612	949 372
DETTE À LONG TERME	1 648 478	1 131 343
CRÉDITS D'IMPÔTS À L'INVESTISSEMENT REPORTÉ	76 145	590 398
CAPITAUX PROPRES		
Capital-actions	29 919 991	18 428 254
Déficit	(4 088 179)	(3 677 780)
	25 831 812	14 750 474
	28 761 047 $	17 421 587 $

TABLEAU 3

RÉSULTATS FINANCIERS D'IAF BIOCHEM INC.
POUR L'EXERCICE CLOS LE 31 JANVIER

	1990	1989
Produits d'exploitation		
Ventes et redevances	3 317 298 $	2 190 060 $
Contrats de recherche et de développement	667 580	
	3 984 878	2 190 060
Intérêts et autres produits	2 221 166	967 672
Total des produits d'exploitation	6 206 044	3 157 732
Frais		
Coût des ventes, frais de vente et d'administration	2 213 242	1 595 967
Recherche et développement	3 875 424	2 921 512
Crédits d'impôts à l'investissement afférents		
à la recherche et développement	561 330	490 777
	3 314 094	2 430 735
Frais financiers	178 552	76 148
Total des frais	5 705 888	4 102 870
Bénéfice (perte) avant impôts sur le revenu	500 156	(945 138)
Impôts sur le revenu relatifs aux redevances étrangères	275 000	
BÉNÉFICE NET (PERTE NETTE)	225 156 $	(945 138) $
Bénéfice (perte) par action	0,03 $	(0,17) $
Référence		
Amortissements		

DÉFICIT

exercice clos le 31 janvier

	1990	1989
Solde au début	3 677 780 $	2 656 477 $
Perte nette (bénéfice net)	(225 156)	945 138
	3 452 624	3 601 615
Frais d'émission d'actions ordinaires	635 555	76 165
Solde à la fin	4 088 179 $	3 677 780 $

TABLEAU 4

ÉVOLUTION DE LA SITUATION FINANCIÈRE D'IAF BIOCHEM INC. POUR L'EXERCICE CLOS LE 31 JANVIER

	1990	1989
RENTRÉES (SORTIES) NETTES D'ENCAISSE		
LIÉES AUX ACTIVITÉS SUIVANTES:		
EXPLOITATION		
Bénéfice net (perte nette)	225 156 $	(945 138) $
Éléments sans incidence sur l'encaisse		
Amortissement	362 852	240 026
Crédit d'impôts à l'investissement reporté	(363 504)	(317 038)
Gain sur réalisation d'équipement	(4 805)	(25 190)
	219 699	(1 047 340)
Variation des éléments hors caisse du		
fonds de roulement d'exploitation	(2 012 398)	(652 603)
	(1 792 699)	(1 699 943)
FINANCEMENT		
Émission d'actions ordinaires	11 491 737	4 500 003
Emprunts à long terme	584 026	1 218 655
Remboursement de la dette à long terme	(63 452)	(25 880)
Frais relatifs à l'émission d'actions ordinaires	(635 555)	(76 165)
Matérialisation d'avantage fiscal	514 253	460 349
	11 891 009	6 076 962
INVESTISSEMENT		
Réalisation d'équipement	25 284	43 600
Acquisition d'immobilisations, net de subventions		
de 241 683 $ (168 663 $ en 1989)	(1 735 807)	(2 416 680)
Variation des prêts à des dirigeants et employés	155 398	(466 663)
Débours à récupérer relatifs à		
un investissement en cours	(440 731)	
Acquisition de droits	(241 761)	(49 791)
Frais reportés	(134 840)	
	(2 372 457)	(2 889 534)
ACCROISSEMENT DE L'ENCAISSE	7 725 853	1 487 485
ENCAISSE AU DÉBUT	10 533 571	9 046 086
ENCAISSE À LA FIN	18 259 424 $	10 533 571 $

L'encaisse comprend les placements temporaires.

1. **SECTEUR:**   Biotechnologie - Agro-alimentaire

2. **NATURE DES PRODUITS:**   Bactéries lactiques lyophylisées; bactéries fixatrices d'azote pour inoculer les légumineuses

3. **ANNÉE DE FONDATION:**   1934 (amalgamé à Rougier en 1962)

4. **PROGRESSION DES VENTES:**
   (fin d'exercice: 31 déc.)

1985	1 456 961$
1986	1 700 516$
1987	2 374 143$
1988	2 914 696$
1989	3 407 471$
1990	3 538 906$

5. **RÉPARTITION DES VENTES EN 1989:**

Québec	16%
Canada (autre)	25%
États-Unis	44%
Reste du monde	15%

6. **DÉPENSES COURANTES DE R-D:**   6% des ventes (225 000$/an)

7. **NOMBRE D'EMPLOYÉS:**   55 (âge moyen: 36 ans) dont 9 scientifiques

8. **PERSONNEL DE R-D:**   8 (dont 7 professionnels)

9. **PRÉSIDENT:**   Dr Edouard Brochu (77 ans)

10. **RÉPARTITION DU CAPITAL-ACTIONS:**   100% (Rougier)

11. **AVOIR DES ACTIONNAIRES:**   N/D

12. **VALEUR DES ACTIFS:**   2 214 000$

13. **ADRESSE DE LA COMPAGNIE:**   8480, Boul. St-Laurent, Montréal (Qué.) Canada H2P 2M6

    Tél. : (514) 381-5631
    Fax : (514) 393-4483

TABLE DES MATIÈRES

Page

1. UN ESSAIMAGE DE L'INSTITUT AGRICOLE D'OKA . .   207

2. DU LAIT, ENCORE DU LAIT ET DES DÉRIVÉS DU LAIT   207
   La mise au point d'un procédé exceptionnel   207
   Développer les principes actifs   208
   Des clients exigeants   208

3. DES PRODUITS VARIÉS   209
   Cultures destinées à l'industrie laitière   209
   Cultures destinées à l'industrie alimentaire   209
   Cultures destinées à la diététique, à l'hygiène et aux soins
   de beauté   209
   Cultures destinées à la fixation de l'azote atmosphérique pour
   les légumineuses   210

4. LA RECHERCHE-DÉVELOPPEMENT (R-D)   210

5. LA GESTION DE L'INSTITUT ROSELL: D'UN LABORATOIRE
   À UNE ENTREPRISE COMMERCIALE   210

6. LES LEÇONS   211
   L'importance d'un personnel qualifié   211
   L'importance de la recherche   212
   La qualité du produit   212

Les succès des entreprises de fabrication de yoghourt n'auraient pas été possibles sans la certitude de pouvoir s'appuyer sur des entreprises capables de fournir les cultures qui permettent l'ensemencement du lait.

Fondé en 1932 par José-Maria Rosell, Gustave Toupin et Edouard Brochu et incorporé en 1934, l'Institut ROSELL Inc. se spécialise dans la production de ferments lactiques utilisés dans l'industrie alimentaire, en hygiène, en prophylaxie et en thérapeutique (probiotiques). Grâce à ses techniques avancées, ROSELL s'est taillé une place de premier rang dans la production des cultures concentrées par le séchage à froid - la lyophilisation. Les produits de ROSELL sont bien connus des fabricants de yoghourt, de fromage, de produits de beauté, ainsi que des entreprises pharmaceutiques. Les inoculants de légumineuses (bactéries fixatrices de l'azote moléculaire) sont produits et commercialisés sous la forme de poudres lyophilisées.

1. Un essaimage de l'Institut agricole d'Oka

L'Institut ROSELL est né au début des années 30 à l'Institut agricole d'Oka qui constituait alors la Faculté d'agriculture de l'Université de Montréal. Dès ses débuts, l'entreprise a opté pour une orientation scientifique et s'est intéressée à l'amélioration de la qualité du lait qui portait souvent, à cette époque, les germes de la tuberculose et de la mammite (*i.e. une infection de la glande mammaire des vaches laitières*). Peu à peu, l'entreprise s'est intéressée aux microbes impliqués dans la production du fromage, puis du yoghourt. Ses premiers contrats sont avec la Laiterie Laval et la Laiterie Canadienne de Montréal. La vocation de l'Institut ROSELL s'affirme alors clairement: produire des ferments lactiques.

À la fermeture de l'Institut agricole d'Oka en 1962, on décide d'établir la Faculté d'agriculture à l'Université Laval de Québec. L'Institut ROSELL Inc. se joint alors à la compagnie pharmaceutique Rougier Inc. (propriété de la famille Angers). En 1962, Edouard Brochu, spécialiste de l'industrie laitière, décide de se joindre à l'Institut de technologie des aliments de St-Hyacinthe à titre de professeur et de continuer à oeuvrer à l'Institut ROSELL, car il lui apparaît que le coeur de l'industrie laitière se situe dans la région de Montréal. Or, 28 ans plus tard - en 1990 - Edouard Brochu est toujours président de l'Institut ROSELL qu'il dirige d'une main de capitaine expérimenté.

À la fermeture des laboratoires de recherche pharmaceutique de la compagnie Ayerst en 1982, plusieurs chercheurs se sont vus offrir diverses options - suivre Ayerst au New Jersey, se joindre à des firmes telles Bio-Mega, IAF-Biochem, ou poursuivre leur carrière ailleurs. Claude Vézina, spécialiste des antibiotiques, qui oeuvrait chez Ayerst depuis 22 ans, s'est retrouvé d'abord à l'Institut Armand Frappier. Puis en 1988, Edouard Brochu lui offre la direction générale de l'Institut ROSELL Inc. Le recrutement de Vézina ajoutait l'expérience d'un spécialiste en microbiologie, expérience acquise au sein d'une grande entreprise dotée d'une grande capacité de production et de commercialisation. Sa venue ajoutait à l'Institut ROSELL une expertise additionnelle, celle des antibiotiques.

2. Du lait, encore du lait et des dérivés du lait...

La mise au point d'un procédé exceptionnel

Depuis longtemps, l'homme a appris que le lait pouvait se transformer en divers produits obtenus par fermentation, comme le yoghourt, mais c'est depuis Pasteur qu'on sait que cette transformation repose sur l'activité des micro-organismes, surtout des bactéries. Le problème n'est pas surtout de produire les bactéries, c'est plutôt de les conserver vivantes et de choisir celles qui sont les plus désirables à la fabrication des produits fermentés, des fromages, des yoghourts et autres.

L'Institut ROSELL Inc. remportera ses premiers succès dans la mise au point d'un procédé industriel qui permet de conserver longtemps vivantes les bactéries lactiques - la lyophilisation. Le procédé consiste à geler rapidement les bactéries pour transformer l'eau en fins cristaux de glace, puis à appliquer le vide pour sublimer la glace en vapeur d'eau qui se condensera sur des éléments froids hors de la masse bactérienne, laissant les bactéries complètement sèches. La poudre résiduelle (lyophilisée) peut alors se conserver des mois ou des années. En plus des capacités associées à la conservation, on peut aussi procéder à des mélanges de souches bactériennes, pour satisfaire les exigences (goût, arôme) du consommateur pour tel produit fermenté.

Développer les principes actifs

L'entreprise se distingue de ses concurrents en ce qu'elle fabrique sur place ses principes actifs, c'est-à-dire les bactéries qui déclenchent la fermentation. La majorité des «conditionneurs» et distributeurs se contentent d'acheter leurs principes actifs pour la revente sous formes diverses. ROSELL a choisi l'intégration globale de la production des principes actifs, leur vente directe au consommateur et leur distribution par l'intermédiaire de firmes spécialisées dans la vente au consommateur.

Des clients exigeants

L'Institut ROSELL est une entreprise peu connue dans le milieu des affaires et ce, pour deux raisons. D'abord elle oeuvre dans un segment très spécialisé, mais elle vend surtout ses produits à d'autres entreprises. Ces entreprises fabriquent des lignes de produits qui ont tous une image qui leur est propre: de la crème sure, du yoghourt, des fromages Brie, du fromage Camembert, du fromage de type Suisse, du fromage de type bleu, du saucisson sec, etc. La facture finale du produit est fortement influencée par la fermentation, donc par les bactéries utilisées au départ. En conséquence, chaque fabricant a ses exigences particulières: il veut avoir certaines souches bactériennes spécifiques ou il recherche un mélange particulier de souches bactériennes. ROSELL doit donc satisfaire une demande individualisée et il doit pouvoir assurer chacun des clients que les bactéries sont toujours de la même qualité: un léger écart dans la qualité des bactéries suffit à changer les propriétés des produits finis. Dès lors, les clients sont exigeants, voire un peu capricieux, car ils savent que leurs produits sont affectés par la matière première fournie par l'Institut ROSELL.

3. Des produits variés

Les produits de l'Institut ROSELL peuvent se grouper en cinq familles: des cultures destinées à l'industrie laitière, des cultures pour l'industrie alimentaire, des cultures comme suppléments alimentaires (probiotiques), des cultures destinées à la diététique et à l'hygiène et des cultures destinées à la fixation de l'azote atmosphérique en symbiose avec les légumineuses. Ces produits desservent des clients dont 60% sont aux États-Unis, en Corée et au Japon.

Cultures destinées à l'industrie laitière

ROSELL produit plusieurs produits utilisés dans l'industrie laitière:

- des cultures de yoghourt (4 types), de Kéfir (2 types), de lait acidophile (2 types), des cultures lactiques aromatiques (7 types qui servent à la fabrication du lait de beurre, de la crème, du beurre et des fromages);
- des cultures lactiques thermophiles;
- des bactéries propioniques;
- des bactéries du rouge pour la maturation de certains fromages;
- des moisissures blanches employées dans la fabrication du type Brie ou Camembert;
- des moisissures bleues (type Roquefort) et des oïdies.

Cultures destinées à l'industrie alimentaire

La famille des cultures pour l'industrie alimentaire est moins longue mais elle représente pour ROSELL un potentiel extrêmement intéressant. On y retrouve trois groupes de produits:

- les cultures lactiques pour la fabrication des saucissons secs et demi-secs. Il s'agit de cultures ROSELLAC qui servent à la conservation des viandes;
- les cultures lactiques pour la fermentation des aliments d'origine végétale: choucroutes, concombres, olives;
- les cultures pour ensilages: en vue de préserver et d'améliorer la valeur nutritive du fourrage.

Cultures destinées à la diététique, à l'hygiène et aux soins de beauté.

On retrouve dans cette famille des produits dits de santé, tels que Gastro-AD, qui facilite la digestion; le Vagilac, qui permet de rétablir la flore vaginale et de combattre certaines vaginites à *candida albicans*.

ROSELL offre aussi des produits de beauté, tous à base de yoghourt, tels que shampooings ou crèmes faciales.

Cultures destinées à la fixation de l'azote atmosphérique pour les légumineuses

Ces produits servent à l'inoculation des graines de légumineuses par des bactéries fixatives d'azote; la symbiose qui s'ensuit réduit la fertilisation par engrais azotés et procure aux agriculteurs des économies considérables dans la culture de ces plantes.

4. La recherche-développement (R-D)

L'Institut ROSELL s'est d'abord attaqué à des problèmes de développement associés à la production de bactéries lactiques: fermentation, concentration des cellules bactériennes et lyophilisation.

Récemment, la sélection et la production d'inoculants (***Rhizobium***) de légumineuses ont nécessité des efforts considérables. La validation du procédé en serre et en terre s'est effectuée avec l'aide d'Agriculture Canada qui a aussi investi des sommes considérables.

Plus récemment, la préparation de cultures actives de bifidobactéries a mobilisé des ressources énormes. Le second projet, Biofido, porte sur le développement de bactéries lactiques. ROSELL cherche à cultiver au moins quatre espèces de genre ***Bifidobacterium*** qui joue un rôle indispensable en hygiène intestinale. Ce projet est réalisé en collaboration avec le Ministère de l'Industrie, du Commerce et de la Technologie du Québec qui a versé une subvention de 106 000$ et du Conseil national de recherches du Canada qui a ajouté une subvention de 206 700$.

5. La gestion de l'Institut ROSELL: d'un laboratoire à une entreprise commerciale

L'Institut ROSELL Inc. est une filiale à part entière de l'entreprise pharmaceutique Rougier, propriété de la famille Guy Angers. A ce titre, ROSELL bénéficie des services centraux de Rougier, particulièrement en matière de gestion du personnel et du service d'achat. La production, la distribution, la recherche, le développement et le contrôle de la qualité sont gérés directement par ROSELL (*voir l'organigramme en Figure 1*).

Pour bien comprendre les modes de gestion de l'entreprise, il faut savoir que Guy Angers exerce une surveillance étroite sur les activités financières, surtout les investissements, mais il laisse à Edouard Brochu - âgé de 80 ans - et à Claude Vézina le rôle d'orienter et de gérer l'entreprise. Ces derniers ont choisi de s'entourer d'un comité de gestion dans lequel on retrouve tous les autres cadres supérieurs.

Jusqu'en 1975, l'Institut ROSELL était surtout un laboratoire de production; depuis, la dimension commerciale s'est implantée car les demandes des clients sont devenues plus spécifiques, plus spécialisées. En fait, les ventes se font entre spécialistes: tel ou tel spécialiste d'une entreprise s'adresse à un spécialiste de l'Institut ROSELL pour obtenir les bactéries qui lui permettront de développer un produit spécifique. Il s'agit plutôt d'une vente de produits scientifiques que d'une vente de biens de consommation de masse. C'est une vente individualisée: chaque client se présente avec les exigences que lui commande son produit.

Rappelons que 60% des ventes se font hors du Canada par le biais de distributeurs. Pour le Canada, la vente s'appuie sur un réseau de représentants auprès des entreprises. Les distributeurs sont souvent des entreprises qui produisent aussi des bactéries et sont des concurrents. C'est pourquoi la direction de l'Institut ROSELL a un peu l'impression d'alimenter ses propres concurrents et de répondre à plusieurs marchés dans plusieurs pays.

En terme de gamme de produits, l'Institut ROSELL vend 60 principes actifs différents. Vues sous un autre angle, les ventes se présentent comme suit: une seule espèce bactérienne produit 35% du chiffre de vente et 10 espèces bactériennes comptent pour 80% du chiffre de ventes. Les autres souches de bactéries sont nécessaires car on se trouve dans un marché de spécialités mais qu'il est onéreux à supporter. Si la production d'un nombre aussi grand de bactéries représente des coûts élevés, elle permet cependant à l'Institut ROSELL d'entrer dans plusieurs segments: 95% du gruyère français est produit grâce à des bactéries achetées à l'Institut ROSELL.

ROSELL emploie des professionnels qui s'intéressent au développement et à la commercialisation des dérivés du lait. Le reste du personnel comprend des spécialistes de laboratoire, du personnel de bureau et du personnel de soutien, par exemple l'expédition des produits et l'entretien des équipements. Dans l'ensemble, ce personnel spécialisé est difficile à recruter mais sa contribution est essentielle au succès de l'entreprise.

6. Les leçons

Lors de la rédaction du cas, nous avons demandé aux administrateurs de tirer des leçons de leur expérience. Après hésitation et avec modestie, ils soulignent trois aspects:

L'importance d'un personnel qualifié

L'expérience a démontré maintes fois, et bien clairement, qu'un personnel qui n'est pas très bien qualifié, pas très compétent, occasionne des pertes coûteuses de temps et de produits, une productivité moindre, une atmosphère de travail pas toujours au beau fixe. La compétence du personnel se cultive, se développe et doit être un souci constant. Ceci vaut pour tous les niveaux: un mauvais nettoyage peut conduire à des contaminations; au niveau supérieur, les négligences, les «mauvais coups», sont encore plus coûteux.

L'importance de la recherche

Il faut une recherche bien planifiée et répondant aux besoins et objectifs de l'entreprise. Pour son développement rationel, celle-ci a besoin d'aide. Les programmes gouvernementaux doivent être efficaces et répondre aux besoins des entreprises, surtout les petites. Ils doivent aussi devenir des incitatifs pour que les activités de recherche deviennent des activités normales, que l'on ne remet pas en question à tout bout de champ. D'autre part, les responsables de la recherche se doivent, évidemment, d'être de bons chercheurs, mais aussi de bons «vendeurs». Ils doivent convaincre la «haute direction» que les activités de recherche sont essentielles au progrès de l'entreprise.

La qualité du produit

Comme d'autres entreprises, ROSELL a réalisé que le sens des responsabilités, la fierté du produit, la fierté de l'entreprise, et la qualité, sont à la base de la crédibilité et de la réussite. Se mériter et conserver la crédibilité auprès des clients, des organismes publics, du public en général est une condition essentielle à la survie et au progrès.

* * * * * *

Figure 1

ORGANIGRAMME - INSTITUT ROSELL INC.

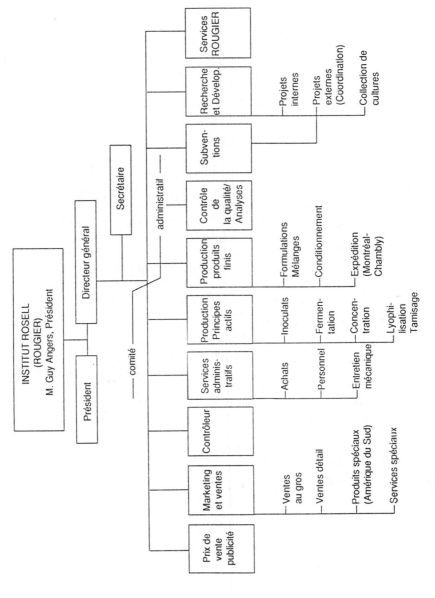

CAS N° 14
ELECTROMED INTERNATIONAL LTÉE

1. **SECTEUR:**	Biomédical
2. **NATURE DES PRODUITS:**	Équipements rayons X pour le secteur médical
3. **ANNÉE DE FONDATION:**	1982
4. **PROGRESSION DES VENTES:** (fin d'exercice: 31 mars)	1985 (31 déc.) 1 879 473$ 1986 3 263 068$ 1987 5 753 102$ 1988 (31 mars) 780 576$ 1989 5 129 058$ 1990 3 446 182$ 1991 11 400 475$
5. **RÉPARTITION DES VENTES EN 1990:**	Québec 5% Reste du Canada nil États-Unis 75% Reste du monde 20%
6. **DÉPENSES COURANTES DE R-D:**	17,5% des ventes[1] (2 000 000$ en 1991)
7. **NOMBRE D'EMPLOYÉS:**	34 (âge moyen: 30 ans) dont 5 ingénieurs
8. **PERSONNEL DE R-D:**	12 (dont 3 professionnels)
9. **PRÉSIDENT:**	Michel Robert (47 ans)
10. **RÉPARTITION DU CAPITAL-ACTIONS:**	Gestion Haute Technique M.R. 41,9% S.D.I. 29,7% 143030 Canada Inc. 18,2% Miller & Khazzam 10,2%
11. **AVOIR DES ACTIONNAIRES:**	195 224$
12. **VALEUR DES ACTIFS:**	5 970 000$
13. **ADRESSE DE LA COMPAGNIE:**	310, boul. Industriel St-Eustache (Qué.) Canada J7R 5V3 Tél. : (514) 491-2100 Fax : (514) 491-4138

---

[1] *Via un financement public dans une filiale de R-D.*

TABLE DES MATIÈRES

Page

1. LA SEMENCE ENTREPRENEURIALE 217
   Le grand saut 218

2. LE CHEMIN DE LA DÉCOUVERTE 218
   Les transistors remplacent les tétrodes 219
   Un long programme de recherche 220
   Les affres du financement 220

3. DES PRODUITS À LA FINE POINTE DE LA
   TECHNOLOGIE 221

4. UNE STRATÉGIE ÉVOLUTIVE 223
   Enfin, une hausse des ventes 224
   Une croissance équilibrée 224
   Une philosophie de R-D ancrée dans la pratique 225

5. UNE GESTION ASSEZ SERRÉE 225

6. DES LEÇONS À RETENIR 226

On ne le dira jamais assez, une entreprise de haute technologie ne se fonde pas tout bonnement sur la simple inspiration d'une nouvelle idée ou la seule perception d'une opportunité de marché. Il faut au départ maîtriser la technologie nouvelle susceptible de propulser l'entreprise à des succès commerciaux. Il faut donc un apprentissage adéquat à tous les secrets de la technologie qui servira d'éperon à l'entreprise.

Parallèlement, il importe de s'initier au marché en comprenant bien les besoins des clients. Une mauvaise connaissance des clients, de leurs besoins et surtout de leur désir d'acheter les produits rend les prévisions de ventes précaires, bien douteuses. Tout le reste devient alors un échafaudage bien fragile.

La naissance d'ELECTROMED illustre bien l'importance souveraine du couple produit-marché. Bien avant la création de l'entreprise, Michel Robert faisait ses armes en milieu hospitalier et s'astreignait à répondre rapidement et efficacement aux besoins techniques en radiologie de grands spécialistes en physiologie respiratoire.

Diplômé du Collège d'Ahuntsic, le jeune technicien qu'est Michel Robert entre à l'Hôpital Sacré-Coeur à Montréal dans l'équipe du docteur J.J. Gauthier où il devient rapidement le directeur technique du Service de physiologie respiratoire. Pendant les dix années consacrées à ce poste, il poursuit des études en physiologie de la respiration à l'Université McGill sous la direction des professeurs McLean et Bates.

Puis, en 1973, il se dirige vers la France pour occuper un poste semblable à l'Institut National d'Enseignement et de Recherche Médicale, l'INSERM, avec en poche un contrat de trois ans. C'est là qu'il approfondit son métier, toujours en physiologie respiratoire. Il s'initie également à la recherche scientifique en devenant l'assistant technique d'éminents spécialistes de la médecine, dont le professeur Charpin de Marseille et le professeur Chrétien de Paris. Que M. Robert soit rattaché à un organisme aussi prestigieux que l'INSERM était déjà un exploit puisque cet institut de grande réputation est chargé de certifier le corps médical français au niveau de la recherche scientifique. Le jeune Robert finit par s'imposer par sa compétence technique et il donne l'heure juste aux médecins à propos des nouvelles méthodes de diagnostic qu'ils cherchent à développer. Il acquiert de la sorte les deux fondements de l'entreprise qu'il devrait créer quelques années plus tard: maîtrise de la technologie et acuité de perception des besoins du client, dans ce cas les médecins.

1. La semence entrepreneuriale

Très jeune, Michel Robert fut initié au secteur des soins à la santé car son père était directeur commercial salarié d'une entreprise pharmaceutique. Mais il lui fallait plus que cela et l'expérience hospitalière qu'il acquit par la suite pour lui donner l'idée de partir en affaires. Alors que les enfants de ceux qui ont fondé une entreprise ont souvent l'idée d'émuler leurs parents entrepreneurs, il fallait à Michel Robert une semence typiquement entrepreneuriale, c'est-à-dire une expérience d'innovation technologique, de production, de commercialisation, de vente. Il lui fallait aussi pouvoir sentir le parfum du profit. Or, cette expérience initiale, si modeste soit-elle, compte pour beaucoup dans le succès des entrepreneurs de type technologique.

Après son mandat à l'INSERM, et comme la France lui plaisait beaucoup, Michel Robert trouva un emploi chez Leim, un sous-traitant de la Société Comex, une firme marseillaise spécialisée en exploration sous-marine. Cette petite firme d'ingénieurs cherchait à se diversifier et c'est ainsi qu'avec l'aide de Michel Robert, elle se donna une division biomédicale. Ce dernier fut alors appelé à développer de nouveaux équipements de fonction respiratoire, pour lesquels il obtint cinq brevets d'invention. Ce faisant, il demeure en étroite liaison avec divers fabricants français de divers équipements biomédicaux. De 1979 à 1981, il est directeur des opérations et responsable du développement des produits biomédicaux de Leim en France, ce qui l'amène à créer de nombreux liens également avec le ministère de l'Industrie et le ministère de la Santé nationale de France, ainsi qu'avec plusieurs grands laboratoires du Centre national de la recherche scientifique (CNRS) et avec des écoles universitaires de médecine.

Le grand saut

Le jeune Robert revient au Canada en mai 1981 à la suite de la vente de la filiale biomédicale de Leim. À l'instar de beaucoup d'inventeurs et d'artisans qui ont beaucoup donné et qui se retrouvent un jour devant rien - sauf leurs talents, leur capacité et leur courage d'entreprendre - le jeune Robert décide de faire le grand saut et de créer sa propre entreprise car les nouveaux propriétaires de Leim ne veulent pas lui accorder une quelconque participation dans l'actionnariat de la compagnie qui exploite les fruits de ses inventions. Il se dit que la meilleure façon de réaliser son rêve d'entrepreneur est de tirer profit des connaissances et de l'expérience qu'il a acquises à la fois en technologies de physiologie respiratoire et en médecine nucléaire, et de créer des produits novateurs. Il est convaincu qu'il peut faire pour lui-même ce qu'il sait si bien faire pour d'autres, dont Leim.

Il réussit à expliquer son projet au ministre de la Science, Gilbert Paquette, et au ministre de l'Industrie et du Commerce, Bernard Landry, qui l'encouragent à aller de l'avant. M. Landry lui conseille de s'adjoindre Robert Béland, responsable du développement de l'équipement de rayons X chez Genifab, une filiale de Picker International, une multinationale renommée dans l'équipement biomédical.

Béland et lui se mettent d'accord pour fonder conjointement une nouvelle entreprise, Electromed International Ltée, qui voit le jour en mars 1982. Mais au lieu de se précipiter dans la R-D ou dans la fabrication et la vente, nos deux nouveaux entrepreneurs choisissent plutôt de voyager à travers le monde afin de découvrir quels sont les besoins du marché et qui seront leurs concurrents, avec leurs forces et leurs faiblesses. Confiants dans leur perspicacité, ils financent eux-mêmes cette étude internationale.

Cette mission leur permet de découvrir beaucoup de choses. Entre autres, ils s'aperçoivent que la haute résolution requise en imagerie biomédicale sur ordinateur va imposer des modifications profondes dans l'ingénierie des générateurs de rayons X et nécessairement entraîner de nouvelles spécifications techniques.

2. Le chemin de la découverte

Suite à leur étude internationale et leurs rencontres avec de nombreux fournisseurs d'équipements de rayons X, Béland et Robert deviennent convaincus qu'il y a place pour une technologie plus précise, plus raffinée et plus rapide que celle qui est alors utilisée par tous les grands manufacturiers de générateurs de rayons X.

Les transistors remplacent les tétrodes

Béland et Robert se rendent vite compte qu'il y a lieu de remplacer les tétrodes[1] par des transistors[2] avec traitement des signaux par microprocesseur[3]. Ils décident de mettre au point une technologie d'avant-garde pour les générateurs de rayons X qu'ils comptent mettre sur le marché, se donnant ainsi une nette longueur d'avance sur leur concurrents, y compris de puissantes multinationales comme Siemens.

Ce choix des transistors comporte trois grands avantages:

(1)   Il permet de régulariser le voltage et de contrôler rigoureusement la source d'énergie durant l'examen médical aux rayons X. Le médecin est ainsi rassuré que ce qu'il voit dans son appareil ou sur une radiographie n'est pas l'effet d'une quelconque fluctuation de la source d'énergie.

(2)   Il améliore la précision du diagnostic. L'image est de grande qualité et permet un diagnostic plus précis. De plus, cette technologie se prête facilement à l'examen sélectif: le radiologiste peut supprimer à l'écran l'image des os pour ne conserver par exemple que le coeur et les artères.

(3)   Cette technologie offre au médecin une grande souplesse. Durant l'examen, le radiologiste peut arrêter une image et l'étudier en détail ou il peut reculer pour scruter l'image précédente emmagasinée dans la mémoire de l'ordinateur. Il peut aussi se concentrer sur un détail, un phénomène particulier. En fait, l'appareil permet au clinicien de bien exercer son jugement en lui permettant d'obtenir le maximum d'information durant l'examen même.

---

[1]   Une tétrode est un tube électronique comportant une anode, une cathode, une grille de contrôle et une grille-écran.

[2]   Un transistor est un dispositif à semi-conducteur qui accomplit les mêmes fonctions qu'un tube électronique mais qui est ultraperformant, beaucoup plus durable, beaucoup plus petit et dégageant très peu de chaleur. Cette invention radicale par des chercheurs de Bell Telephone aux U.S.A. dans les années 40 a révolutionné l'industrie de la micro-électronique.

[3]   Un microprocesseur est un circuit intégré constitué de transistors miniaturisés. De nos jours, une puce électronique de la taille d'un ongle du petit doigt peut contenir jusqu'à un million de transistors.

Un long programme de recherche

Non seulement la technologie des signaux micro-électroniques faisait-elle alors des pas de géant mais l'imagerie sur ordinateur évoluait aussi très rapidement. Grâce à l'expérience de ses deux fondateurs, ELECTROMED se trouvait à réunir l'essence du programme de recherche à entreprendre: l'électrotechnique appliquée aux générateurs de rayons X et, d'autre part, l'analyse de l'imagerie médicale. On comprit dès 1982-83 que l'imagerie sur ordinateur allait imposer de profondes modifications dans la conception et le fonctionnement des générateurs de rayons X, ouvrant ainsi la voie à de nouveaux équipements de radiologie que procurerait la parfaite maîtrise de la haute tension.

Sous le leadership de Robert Béland, l'entreprise s'acharna en 1983-87 à développer sa technologie de base des générateurs de rayons X qui devait par la suite engendrer la gamme des produits EDEC ("*Electronic Dual Energy Control*"). Le programme de recherche se réalisa en plusieurs étapes, en commençant par un concept simple, celui de l'EDEC 100. Ce produit n'était pas un générateur complet mais plutôt un appareil d'appoint intercalé entre un générateur conventionnel et le tube de rayons X. ELECTROMED conclut sa première vente de cet appareil en fin 1983, soit à l'Institut de recherche médicale Henry Ford à Détroit.

Au cours de cette période et après avoir investi pas moins de 3 millions de dollars en R-D, l'entreprise réussit à mettre au point plusieurs variantes de son générateur EDEC pour la radiologie conventionnelle, la cardiologie et l'angiographie vasculaire. Non seulement fallait-il utiliser les meilleurs technologies disponibles en micro-électronique, en électro-technique et en informatique médicale, mais aussi répondre aux nouveaux besoins du marché en radiologie et en traitement d'images. On a également voulu adopter au départ une conception modulaire et polyvalente de façon à passer assez facilement d'un champ d'application à un autre.

Les affres du financement

Un des problèmes les plus aigus pour les fondateurs d'une entreprise technologique est le financement de la R-D pour concevoir, construire et mettre au point de nouveaux produits innovateurs, surtout ceux du début. D'une part, les banquiers ne veulent pas prêter car ils considèrent que le risque est trop grand, et ils n'ont pas complètement tort car beaucoup de projets de R-D échouent ou n'atteignent pas l'étape de la commercialisation. D'autre part, les investisseurs de capitaux de risque sont très exigeants: ils ne s'intéressent qu'à certaines technologies à la mode (*p.ex. les biotechnologies, les micro-ordinateurs*) ou qu'à certaines entreprises offrant un potentiel de rendement extrêmement élevé et/ou à court terme avec un ratio de gain de plus de 30:1. De plus, ces investisseurs veulent s'accaparer une part du capital-actions que les promoteurs jugent excessive.

Puisque dans ces cas il est prématuré de vouloir recourir à l'épargne publique, il reste les investissements privés provenant des promoteurs eux-mêmes, de leur famille, de leurs amis et d'autres connaissances. Mais ces moyens sont fort limités car les millionnaires sont peu nombreux et rares sont ceux qui s'intéressent à ce genre d'entreprises au Canada.

Heureusement, les gouvernements du Québec et du Canada interviennent pour aider au financement de la R-D et diminuer en quelque sorte les risques financiers encourus. Il y a d'abord les crédits d'impôts à la R-D qui, cumulés, représentent environ 60% des montants investis par l'entreprise. Il y a aussi les prêts gouvernementaux à l'innovation technologique ainsi que les subventions gouvernementales à la R-D. Dans le cas qui nous occupe, ELECTROMED a bénéficié d'une subvention de recherche PARI-R du Conseil National de Recherches du Canada au montant de 185 884$ en juillet 1986 pour développer un système d'inspection de bagages par rayons X, ainsi que d'une aide de la Société de Développement Industriel du Québec (SDI) totalisant 2 874 750$ de juin 1984 à juillet 1989. Cette aide consistait en des prêts à la R-D et à l'investissement (2 234 750$), en crédits à l'exportation (400 000$) et en garantie bancaire au financement de l'entreprise (240 000$). *«La SDI a été d'une importance capitale dans notre développement,* affirme M. Robert, *elle a toujours bien joué le jeu avec nous. Elle ne se trompait pas puisque 90% de nos projets de R-D furent un succès menant à une exploitation commerciale».*

3. Des produits à la fine pointe de la technologie

Le premier produit complet fut un générateur dédié à l'angiographie cardiaque, l'EDEC 2000, dont la commercialisation débuta en mi-1986. Avec les raffinements apportés par la suite, cet équipement haut de gamme entièrement transistorisé permet la commutation et la régulation à haute vitesse (3,5 ms) d'un haut voltage (100 kV) aux bornes du tube de rayons X. Le système est complètement géré par microprocesseur et permet la radiographie numérisée, la cinéradiographie. Il intègre 7 techniques de travail avec 8 protocoles chacune, ce qui permet 56 options programmables au choix de l'utilisateur.

L'EDEC 2000 offre une soustraction parfaite des images radiographiques grâce à son exceptionnelle répétabilité, qui est de 0,1 kV à cadence rapide. Grâce aussi à des cadences jusqu'à 250 images par seconde, le radiologue peut suivre fidèlement toute l'évolution des techniques de diagnostic nécessitant des images rapides, telles les coronographies et les ventriculographies et ce, sans aucune limitation. Avec la possibilité de raccordement au système numérique, le générateur de rayons X peut être contrôlé automatiquement par ordinateur, soit les paramètres de voltage, d'ampérage et de temps d'exposition.

En mode cinéradiographique, le radiologue peut, à tout moment, fixer les constantes en cours d'injection de rayons X. Grâce à une tension maintenue rigoureusement constante dans la plage de 50 à 125 kV, il peut choisir tout créneau de 1 kV particulier et avec un temps de pause très court, i.e. 3,5 millisecondes, il peut obtenir une parfaite image coronographique. Pour les examens angiographiques par soustraction d'énergie, le radiologue peut faire appel à plusieurs niveaux d'énergie sur une même pose de rayons X et ce, grâce à une programmation préalable allant jusqu'à 8 niveaux de kV et à un temps de réponse ultra-rapide (200 microsecondes). L'exposition est choisie dans l'un de 24 créneaux allant de 1 milliseconde à 7,5 secondes.

Le deuxième produit, l'EDEC 80, est un générateur servant à la radiographie conventionnelle, y compris la mammographie. Fonctionnant à potentiel constant et entièrement géré par un microprocesseur, ce dérivé de l'EDEC 2000 s'en distingue par sa boucle d'asservissement de la source haut voltage, ce qui permet de compenser les variations de voltage dans la région où se trouve l'appareil, ainsi que la mauvaise régulation du voltage. Il permet de mesurer le courant réel du tube de rayons X directement dans le circuit de haute tension. Ses circuits de compensation corrigent les effets de cuve causés par les transitions de voltage à haute vitesse, ce qui améliore beaucoup la forme de l'onde de sortie et ainsi, la radiographie obtenue.

Une variante, l'EDEC 80 R/F, permet la fluoroscopie pulsée en plus de la radiologie conventionnelle. Son programmeur anatomique est un système évolutif adapté aux besoins de l'utilisateur. Il comporte 294 sélections, soit 6 choix de corpulence du patient dans 7 régions du corps avec 7 examens par région, ce qui permet en appuyant sur une seule touche du clavier de l'appareil de réaliser pas moins de 80% des examens conventionnels. Les générateurs EDEC 60 R/F et EDEC 100 R/F ressemblent beaucoup à l'EDEC 80 R/F, sauf qu'ils opèrent à des voltages différents.

Quant aux générateurs EDEC 50 et EDEC 90, qui sont les produits les plus récents, ils ont été spécifiquement conçus pour permettre l'optimisation des examens cardiaques, que ce soit en mode ciné, en mode digital à haute vitesse ou en fluoroscopie pulsée. Ces générateurs sont interfacés avec des équipements complémentaires spécialisés (ciné-caméra, système digital); ils offrent des cadences élevées d'exposition (20 à 120 images par seconde, ce qui permet de suivre le mouvement cardiaque) et permettent de hautes vitesses d'exposition, ce qui donne une image plus limpide au niveau des contours. Enfin, le contrôle automatique des paramètres de courant, de tension et d'exposition permet d'obtenir une image optimale en tout temps, ce qui aide le médecin à se concentrer exclusivement sur son patient.

4. Une stratégie évolutive

Contrairement aux entreprises biomédicales de type biotechnologique, ELECTROMED poursuit une *stratégie technologique* plutôt que *scientifique* (*voir à ce sujet les définitions apportées dans le Chapitre 3*). Comme ce fut le cas pour l'emploi des transistors et des microprocesseurs, elle cherche constamment à appliquer à ses produits les derniers résultats des nouvelles technologies. En ce sens, sa stratégie est évolutive. «*Une PME comme la nôtre doit être à l'affût de tout ce qui se passe dans le marché de même que dans l'univers technologique dans lequel nous évoluons*», affirme M. Robert.

La stratégie d'ELECTROMED est donc d'offrir des produits haut de gamme et de se classer ainsi dans le peloton de tête des entreprises spécialisées en imagerie médicale par rayons X tout en fournissant un excellent service après vente. La pierre angulaire de cette stratégie est d'ordre technologique: incorporer dans ses produits les meilleures technologies possibles.

L'entreprise a commencé par des générateurs destinés à la cardiologie et l'étude cardiovasculaire pour satisfaire les besoins spécifiques des médecins, par exemple en cinécardiographie ou en fluoroscopie pulsée. Puis, elle a étendu sa gamme de produits. Maintenant, forte de sa réputation, l'entreprise cherche à pénétrer le champ de la radiologie conventionnelle en offrant des appareils à meilleur coût et permettant une plus grande flexibilité d'opération que ceux des concurrents. Pour ce faire, elle consacre au moins 15 % de ses ventes à la R-D. La partie médicale de cette recherche se fait toujours en étroite association avec des hôpitaux universitaires alors que la partie électrotechnique, électronique et informatique, qui est le point névralgique de la technologie, se fait à l'interne.

Les concurrents sont des géants, soit General Electric (*U.S.A.*), Siemens (*Allemagne*) et Philips (*Hollande*). Non seulement ceux-ci accaparent-ils 90 % du marché cardio des générateurs de rayons X, mais ils offrent des salles de radiologie complètement équipées, y compris les micro-ordinateurs qui sont maintenant d'usage courant dans les examens cliniques.

La stratégie d'ELECTROMED est donc d'une part de chercher à pénétrer le marché occupé par les géants en vendant directement à certains d'entre eux des produits de grande qualité entièrement compatibles avec les propres systèmes (Picker, XRE, Philips). D'autre part, grâce à son réseau de plus de 30 distributeurs au Canada, aux États-unis et en Europe, l'entreprise tente de conclure des ventes en s'adressant directement aux clients. Afin de réduire ses frais de marketing et de ventes, elle se propose de conclure un partenariat avec des fabricants étrangers d'équipements complets de radiologie. Dans cette lancée, elle doit faire la démonstration médicale que ses générateurs de rayons X sont parmi les plus performants dans le monde entier.

Enfin, une hausse des ventes

Après avoir connu une expansion assez rapide de 1985 à 1987, les ventes d'ELECTROMED ont plafonné en 1988 et 1989 et diminué en 1990 (*voir la fiche signalétique au début de ce texte de cas*). Ce plafonnement et la baisse en 90 sont dus d'une part à la suspension d'une activité satellite, soit la production et la vente d'un système rayons X d'inspection de bagages dans les aéroports et autres lieux exigeant des mesures de sécurité. Ce système fut vendu à la société CAEROCOM de Laval. D'autre part, en 1990 la compagnie a dû franchir une période de transition à la suite du lancement de l'EDEC 80 et de l'EDEC 90, lesquels n'étaient pas tout à fait au point, alors que les ventes de l'EDEC 2000 fléchissaient durant cette période.

Fort heureusement, les ventes ont connu une hausse extraordinaire en 1990-1991, soit une augmentation de 231% par rapport à l'exercice précédent. Et les résultats anticipés pour 1991-1992 sont supérieurs à 12 millions de dollars. Au dire de la compagnie, la principale cause de cette hausse remarquable est l'effet de l'arrivée de ces nouveaux produits (*gamme plus complète*) sur le marché. «*Dans notre genre d'entreprise*, déclare M. Robert, *il faut voir à long terme, être en mesure de soutenir un programme de recherche durant plusieurs années avant de pouvoir en récolter les fruits. Il faut pouvoir demeurer longtemps en selle, même dans les périodes de vaches maigres*». On comprendra que ce "*staying power*" n'est l'apanage que des meilleures entreprises. ELECTROMED vend maintenant plus de 200 unités de ses divers produits par an. Ceux-ci se vendent entre 25 000$ et 75 000$ U.S.

Une croissance équilibrée

ELECTROMED ne veut pas croître plus vite que ses capacités le permettent. Non seulement lui faut-il les ressources humaines nécessaires mais surtout l'argent requis pour financer une rapide augmentation de la production et des ventes. Jusqu'à maintenant elle a réussi à s'en tirer assez bien.

Dès le départ en 1982-1983, la direction s'est donné un plan d'affaires. Ce plan stratégique est révisé annuellement et son horizon est de dix ans, avec une section détaillée couvrant l'année suivante. C'est une sorte de gyroscope qui permet de garder le bateau dans la bonne direction. Ce plan d'affaires est le document de référence pour filtrer les décisions hebdomadaires du comité de gestion de l'entreprise, qui se compose de six membres de la Direction.

Une philosophie de R-D ancrée dans la pratique

La longue expérience technologique de MM. Robert et Béland se trouve prolongée et aiguillonnée par un effort soutenu de R-D et d'ingénierie d'application. A toute fin pratique, à part les immobilisations et le fonds de roulement, c'est la majeure partie des profits qui s'y trouvent réinvestis. En effet, aucun dividende n'a été versé aux actionnaires à ce jour.

La philosophie de R-D de l'entreprise est ancrée dans la pratique et consiste à maintenir une longueur d'avance sur les concurrents en adaptant continuellement les nouvelles technologies disponibles. On se concentre sur les produits haut de gamme, qui sont les porteurs de la haute réputation d'ELECTROMED dans le monde médical. Accessoirement, on développe maintenant des produits de moyenne et basse gammes en radiologie, en adaptant le savoir-faire acquis des produits haut de gamme. Ces produits sont destinés à un marché qui couvre 35 % des 4 milliards de dollars que représentent les appareils médicaux de rayons X de par le monde.

Dans un tel marché, la concurrence est particulièrement féroce et se joue sur les prix, mais toujours dans le cadre de produits raffinés et hautement sécuritaires. C'est ainsi qu'ELECTROMED a instauré un programme de réduction des coûts de production, tout en préservant soigneusement la qualité.

Un troisième principe consiste à ne pas pénaliser financièrement l'entreprise par l'effort de R-D qu'elle mène. Sauf pour le prêt participatif qu'elle a obtenu de la SDI, l'entreprise n'a aucune dette. Elle parvient à financer sa R-D à l'aide de ses revenus et des crédits d'impôt fédéraux et provinciaux à la R-D.

Un quatrième principe, déjà mentionné, est d'oeuvrer en étroite collaboration avec le milieu médical universitaire de façon à répondre le mieux possible aux besoins des clients d'avant garde que sont les radiologues chercheurs et, par là, à satisfaire pleinement les autres radiologues. À cet effet, un comité scientifique sera bientôt mis en place afin de consolider les orientations et les décisions de l'entreprise dans ses futurs développements.

5. Une gestion assez serrée

Toute entreprise qui franchit le cap de 10 millions de dollars de ventes annuellement et qui, par surcroît, oeuvre dans le domaine biomédical, ne peut fonctionner avec un style artisanal de gestion. Aussi, ELECTROMED est bien structurée sur le plan de la gestion.

Chaque semaine toutes les activités de l'entreprise sont passées en revue par le comité de gestion où sont représentés la direction et chacun des départements de l'entreprise: finances, production, ingénierie et R-D, marketing et affaires corporatives. Ainsi, chaque cadre sait exactement où l'entreprise s'en va car ces réunions sont accompagnées de tableaux de données financières et autres ainsi que de rapports écrits. Par surcroît, le même comité se réunit à chaque trimestre pour évaluer la performance de l'entreprise, revoir les plans et établir la stratégie à suivre durant le trimestre suivant.

Les dirigeants d'ELECTROMED attachent la plus grande attention aux ressources humaines. *«J'ai choisi personnellement chacun des employés»*, affirme son président. Même si la très grande majorité des employés sont canadiens-français, le président insiste beaucoup sur la nécessité pour tout employé d'*être international* tant en esprit qu'en faits et gestes. Déjà, l'entreprise a investi plus d'un million de dollars dans ses opérations européennes. Elle se considère en excellente position pour occuper une niche lucrative dans le riche marché commun européen.

À l'instar de beaucoup de PME, l'entreprise fonctionne comme une famille où chacun se connaît et n'hésite pas à aider l'autre. Les lignes de responsabilité sont clairement établies, ce qui n'empêche pas de maintenir une grande collégialité dans la définition des plans d'action et dans leur exécution. En cas de divergence d'opinions, le président n'hésite pas à trancher. C'est lui également qui se préoccupe particulièrement du long terme et des grandes orientations de la compagnie. Il laisse aux cadres le soin de trouver les meilleurs moyens de mettre les plans à exécution. Il travaille toujours en étroite liaison avec son associé Robert Béland qui assume toute la responsabilité du développement technique, domaine dans lequel il excelle et qui le passionne. Quant à lui, il maintient son insatiable curiosité envers le monde médical.

L'esprit de famille chez ELECTROMED s'étend également aux familles des employés car beaucoup d'événements sportifs et sociaux permettent à chacun de fraterniser. Ces événements sont organisés par les employés eux-mêmes.

6. Des leçons à retenir

Le président d'ELECTROMED sait où il s'en va: il veut monter une entreprise rentable, exportatrice, d'envergure internationale, reconnue pour la qualité de ses produits et son service après vente.

Invité à souligner les leçons qui se dégagent de son expérience entrepreneuriale, il résume sa pensée comme suit:

1. **Avoir une vision stratégique et à long terme.** Il y a beaucoup de bonnes entreprises qui disparaissent à cause d'un manque de vision. Il faut faire le nécessaire pour demeurer en selle, pour être là demain. *«Le mot succès n'existe pas en électronique,* déclare M. Robert. *Le succès, ce n'est pas une fin, c'est un cheminement, une façon d'être. Il faut toujours chercher le succès. Il faut travailler sans arrêt à faire un succès de tout ce qu'on entreprend. Ce n'est pas seulement une question de technologie. Il faut surtout bien comprendre le marché et bien cibler ses activités».*

2. **Bien s'entourer.** Les fondateurs d'une entreprise doivent apprendre très tôt à s'entourer d'un personnel qualifié, notamment sur le plan financier. Le dirigeant d'entreprise doit savoir déléguer des responsabilités plutôt que de chercher à tout faire lui-même. Il doit pouvoir se reposer sur ses adjoints.

3. **Obtenir assez de financement.** Pour ELECTROMED, le financement par la SDI s'est avéré d'importance capitale pour pouvoir défrayer la R-D durant plusieurs années. De juin 1984 à juillet 1989, ce financement s'est élevé à plus de 3 millions de dollars. L'entreprise a également bénéficié d'une subvention du Conseil National de Recherches du Canada en mi-1984, au montant de 185 884$, et d'un investissement privé d'un million et demi de dollars en 1985.

4. **Importance des alliances stratégiques.** Selon M. Robert, les alliances stratégiques sont la plus belle chose à faire pour toute entreprise qui veut oeuvrer à l'international. La mondialisation des marchés ouvre de nouvelles perspectives commerciales très intéressantes mais pour en profiter, il faut être bien équipé. En haute technologie, les concurrents ne sont pas nécessairement de puissantes firmes multinationales mais de petites firmes innovatrices qui occupent des créneaux précis du marché. Dans le cas d'ELECTROMED, la principale alliance stratégique s'est faite avec la firme XRE de Boston, qui se spécialise depuis 20 ans dans la fabrication d'équipements radiologiques complémentaires à ceux d'ELECTROMED. Grâce à cette alliance, XRE vend environ quatre salles complètes d'examens cardio-vasculaires par mois aux États-unis, ELECTROMED assurant la commercialisation de ces salles XRE au Canada et en Europe. À ce jour, elle en a vendu quatre à des hôpitaux en France, soit à Paris et à Strasbourg. Non seulement XRE a-t-elle beaucoup investi dans ELECTROMED sans chercher à en prendre le contrôle, mais elle en est également un client important pour ses générateurs EDEC.

5. Complémentarité des dirigeants. Enfin, comme cela se produit souvent dans les PME technologiques à succès, les deux fondateurs de l'entreprise se complètent merveilleusement bien: M. Robert est spécialisé dans le biomédical et s'occupe plus particulièrement du marché, alors que M. Béland est féru d'électrotechnique et dirige le développement des nouvelles technologies qui permettront à ELECTROMED de garder une longueur d'avance sur ses concurrents.

* * * * * *

1. **SECTEUR:** — Produits informatiques

2. **NATURE DES PRODUITS:** — Logiciels de simulation et de contrôle de procédés de production

3. **ANNÉE DE FONDATION:** — 1983

4. **PROGRESSION DES VENTES:**
   (fin d'exercice: 31 déc.)

1985	425 000$
1986	450 000$
1987	900 000$
1988	550 000$
1989	650 000$
1990	651 000$
1991	1 374 000$

5. **RÉPARTITION DES VENTES EN 1989:**

Québec	70%
Reste du Canada	30%
États-Unis	nil
Reste du monde	nil

6. **DÉPENSES COURANTES DE R-D:** — 115% des ventes (750 000$)

7. **NOMBRE D'EMPLOYÉS:** — 20 (âge moyen: 30 ans) dont 17 ingénieurs et informaticiens

8. **PERSONNEL DE R-D:** — 3 (tous professionnels)

9. **PRÉSIDENT:** — Robert O'Reilly (39 ans)

10. **RÉPARTITION DU CAPITAL-ACTIONS:**

Direction	78%
Investisseurs	17%
Employés	5%

11. **AVOIR DES ACTIONNAIRES:** — (1 710 000$)

12. **VALEUR DES ACTIFS:** — 540 000$

13. **ADRESSE DE LA COMPAGNIE:** — 1, Place Ville-Marie, #1730
Montréal (Qué.) Canada
H3B 2C1

Tél. : (514) 392-1440
Fax : (514) 392-1448

TABLE DES MATIÈRES

Page

1. UNE COURSE À OBSTACLES   231
   Un départ difficile   231
   Un parcours semé d'embûches   232
   Le besoin d'un coach   233
   La restructuration   234
   Les affres du financement de capital de risque   235

2. LES ACTIVITÉS DE LA COMPAGNIE   236

3. L'INTELLIGENCE ARTIFICIELLE, i.e. SIMSMART,
   À L'APPUI DE L'INTELLIGENCE HUMAINE   237
   Le Simsmart   238
   Système de gestion des stocks et de livraison   240

4. UNE ÉQUIPE JEUNE ET DYNAMIQUE   240

5. UN SIMULATEUR SANS PAREIL   241

6. RÉUSSIR OU MOURIR   242

7. LES DURES LEÇONS DE L'EXPÉRIENCE   244

L'évolution du Groupe AHT Inc. est intéressante à plus d'un titre. D'une part, on y trouve un groupe de spécialistes qui ont développé une approche nouvelle pour concevoir et gérer les procédés de production industrielle. D'autre part, on y observe une évolution parsemée d'obstacles, de défis, mais aussi marquée par certains succès.

Le Groupe AHT fut créé en 1983 en vue de réaliser des travaux d'automatisation et de créer des logiciels spécialisés pour l'industrie manufacturière, tout en offrant des services d'ingénierie de procédés. Dès 1984, Robert O'Reilly entrevit un grand marché et un énorme potentiel pour la simulation dynamique de procédés industriels. Non seulement peut-on ainsi réaliser d'importantes économies mais aussi améliorer la gestion de ces systèmes en facilitant la tâche des employés, notamment ceux qui sont peu scolarisés.

Ce cas décrit sommairement l'évolution de l'entreprise jusqu'en fin 1990 alors qu'elle fut l'objet d'une importante restructuration administrative, financière et légale pour devenir le Groupe Haute Technologie Appliquée AHT Inc., un holding réunissant trois filiales, chacune ayant des fonctions spécifiques (*cf. Figure 1*).

1. Une course à obstacles

Un départ difficile

L'origine de la technologie d'AHT remonte à 1984 alors que Robert O'Reilly, spécialiste des procédés industriels, fut engagé comme consultant par la grande papetière québécoise Donohue pour superviser l'implantation d'un nouveau système de simulation industrielle sur ordinateur que Donohue s'était procuré à prix fort d'une compagnie ontarienne. Finalement, après beaucoup d'efforts, O'Reilly en vint à la conclusion que le système informatique en question était mal conçu et ne pouvait pas répondre aux besoins de Donohue.

L'idée fit son chemin et O'Reilly fournit les concepts fondamentaux et la structure de base du simulateur à son ingénieur de R-D, Don Waye (McGill, 1967), qu'il chargea de développer ce qui est maintenant devenu *Simsmart*, un puissant simulateur dynamique de procédés industriels.

À l'âge de 15 ans, Don Waye travaillait dans une usine de pâtes et papiers à Trois-Rivières. Son patron paria un jour qu'il était capable d'identifier l'origine de chaque échantillon de papier tant par le numéro de la machine que le nom de l'opérateur. Il gagna évidemment sa gageure mais l'incident marqua le jeune Don Waye. Ce dernier réalisa que dans l'usine, même les opérateurs peu scolarisés avaient une connaissance intime de leur machine et du procédé afférent. C'est pour cela qu'après le chaos qui survient souvent après le changement d'une équipe d'opérateurs, tout revient toujours dans l'ordre. Don Waye en déduisit que tout procédé industriel est contrôlable, à condition qu'on connaisse bien à la fois les hommes et l'équipement. Sa pensée se résume en une formule lapidaire: «*Mettre l'art, la science et l'ingénierie dans une même boîte*». Et c'est dans cette expérience, cette conviction, qu'il faut voir l'origine de Simsmart.

«*L'art*, déclare-t-il, *c'est en quelque sorte l'intuition quasi-divinatoire de l'opérateur; il ne faut pas le perdre car il est limité par la durée de vie des individus. La science, quant à elle, fournit les principes sous-jacents aux technologies, et l'ingénierie, le lien entre les technologies et les hommes. Si on réussit à informatiser ces trois éléments majeurs - l'art, la science et l'ingénierie - le tour est joué!*».

Cette obsession de l'informatisation, Don Waye la poursuivra lors d'études doctorales en génie électrique à l'Université de Manchester en Angleterre et commencera à l'appliquer dans son premier emploi à Foxboro, compagnie qui se spécialisait dans les contrôles industriels. Il devait par la suite s'en donner à coeur joie au sein du Groupe AHT.

Un parcours semé d'embûches

Le développement de Simsmart fut long et pénible. Bien sûr, la technologie à développer était très complexe, d'autant plus que la simulation d'une usine comme un moulin de pâtes et papier comporte des milliers d'éléments interagissant entre eux. Mais à l'instar de plusieurs nouvelles PME qui démarrent avec des idées de technologies d'avant-garde, le plus grand problème est de trouver de l'argent pour financer la R-D sans pour autant donner sa chemise aux investisseurs.

Après de vaines démarches de financement auprès des banques et d'investisseurs privés, AHT vit dans la fondation de l'Agence québécoise de valorisation de la recherche industrielle (AQVIR) en novembre 1984 une occasion inespérée d'obtenir l'appui financier nécessaire. Aussi, après avoir soigneusement enquêté sur ses marchés potentiels et rédigé un plan d'affaires en bonne et due forme, AHT sollicita un prêt de l'AQVIR au montant de 700 000$ qu'elle obtint en mars 1985.

Selon l'échéancier établi avec l'AQVIR, la compagnie devait livrer un premier prototype de Simsmart 18 mois plus tard, soit en fin 1986. Ce simulateur, destiné à Donohue et valant 125 000$, fut livré à temps, mais après beaucoup de labeur et de surtemps bénévole de la part de Don Waye et des 12 jeunes ingénieurs engagés au début. Surtout, il y eut beaucoup de tension, de stress accumulé.

Même si l'échéancier fut respecté, la livraison du produit s'avérait prématurée car le produit n'était pas prêt, le système n'était pas rodé, d'où une nouvelle vague d'appréhensions et de tension. Finalement, ce qui devait être prêt en mi-1987 au plus tard ne fut vraiment terminé qu'en fin 1990. Au lieu de coûter un million de dollars et ne requérir que 18-24 mois de R-D, le prototype opérationnel a exigé pas moins de 3,2 millions de dollars et quatre ans d'efforts soutenus!

Selon le même échéancier, AHT devait vendre un autre prototype en 1987, cette fois à la papetière Domtar. Cette livraison s'avéra elle aussi prématurée car le produit n'était pas prêt. Le produit fut enfin livré en juin 1988.

Une autre action prématurée fut l'établissement, dès la fin de 1986, d'un réseau de ventes à Toronto, les États-Unis et l'Angleterre, ce qui devrait s'avérer très dispendieux car AHT ne pouvait pas vraiment livrer alors un produit sophistiqué et sans faille.

Il ressort clairement de cette expérience que même si l'idée est géniale et que les ingénieurs entrepreneurs sont très compétents, le succès de la R-D n'en découle pas automatiquement. Même si la R-D est d'importance fondamentale pour développer une technologie d'avant-garde et acquérir un fort avantage concurrentiel, et même si on ne saurait l'astreindre à des cadres trop rigides, il n'en reste pas

moins vrai qu'en raison des risques techniques et commerciaux, les dépassements de budgets et d'échéancier sont malheureusement chose fréquente en R-D.

Dans le cas présent, l'enthousiasme contagieux de Don Waye, de même que son indiscutable compétence n'ont pas suffi dans cette course aux obstacles. Il fallait un bon encadrement et plus de rigueur dans la gestion de l'entreprise, rigueur qui manquait parfois à cause de l'absence fréquente de Robert O'Reilly, alors très occupé à gagner des sous comme consultant en ingénierie pour faire vivre l'entreprise et sa R-D.

Le besoin d'un coach

De l'avis de Gavin Elbourne, vice-président à la planification et ex-cadre supérieur de l'Alcan à son siège social à Montréal, le prêt de l'AQVIR a été d'une importance cruciale pour développer la technologie Simsmart. Il regrette cependant que cet organisme n'ait pas alors fait le suivi administratif de son investissement, c'est-à-dire conseillé l'entreprise sur sa gestion.

Au début, les choses allaient bien car à l'instar de nombreuses PME fortement engagées en R-D, AHT avait pu bénéficier d'importantes sommes d'argent provenant de son groupe de consultation en automatisation et en contrôles industriels.

Or, en mi-1988, la situation financière de l'entreprise était devenue critique, principalement à cause du fait que la R-D coûtait très cher et que plusieurs problèmes techniques n'étaient pas encore réglés. En effet, la source de l'AQVIR était tarie, les versements du prêt ayant cessé en mai 87, de sorte qu'AHT devait elle-même assumer tous les frais de R-D. De plus, les longs délais encourus à obtenir les crédits d'impôt à la R-D et les importants changements apportés par Revenu Canada dans les sommes à percevoir finirent par affecter gravement le fonds de roulement de l'entreprise.

C'est alors que M. O'Reilly engagea Martin Taylor, ex-directeur des Finances du Groupe SNC, pour sabrer dans les coûts et redresser la situation financière de la firme. Grâce à ses nombreux contacts dans le monde bancaire et les milieux financiers, Taylor réussit à obtenir l'apport d'investisseurs privés ainsi que des avances bancaires, ce qui permit de renflouer tant soit peu le fonds de roulement de l'entreprise.

Au même moment, Don Waye réussissait à obtenir un contrat majeur de la papetière Consolidated Bathurst pour un simulateur dynamique dédié notamment à la formation des opérateurs de son usine à Grand'Mère. Mais cet exploit devait s'avérer empoisonné car suite à leur révision des coûts, Taylor et O'Reilly se rendirent compte d'un manque à gagner de près de 700 000$ pour pouvoir terminer la R-D requise et exécuter le projet selon les spécifications. Ils tentèrent en vain de renégocier le contrat auprès de Consolidated Bathurst non seulement pour réviser à la hausse le contrat signé par Don Wayne mais aussi pour repousser la date de livraison du produit car celui-ci exigeait encore d'importants travaux de R-D.

Une magnifique commande, mais pas d'argent. Que faire? C'est alors qu'AHT approche Alcan en fin 1988 dans l'espoir de l'intéresser à investir dans l'entreprise puisqu'une technologie comme Simsmart pourrait s'appliquer facilement aux besoins d'Alcan de par le monde. Le géant de l'aluminium avait alors comme politique d'investir dans des PME technologiques offrant d'excellentes perspectives de croissance à long terme et dont les technologies pourront bénéficier directement à ses opérations. Lors des changements survenus à la direction d'Alcan en 1990, cette politique malheureusement a été fortement remise en cause. De la nouvelle orientation d'Alcan dépend quasiment la survie d'AHT. En effet, sur les 3,2 millions de dollars qu'a coûté Simsmart, Alcan a fourni jusqu'à présent près de 600 000$ en prêts et capital de risque. *«Si Alcan s'engage plus avant, tout est possible,* affirme Martin Taylor, v.-p. aux Finances, *si elle se retire, c'est la faillite».*

La restructuration

En avril 1990, l'entreprise croule de nouveau sous les dettes. Elle ne peut plus faire face à ses obligations. Elle doit fermer une de ses filiales, réduire son personnel et trouver de nouveaux locaux moins dispendieux au centre-ville. C'est alors qu'une rare opportunité de bureaux moins chers et plus pratiques se présente à la Place Ville-Marie et l'entreprise saute sur cette occasion.

Puis, il fallait trouver un nouvel investisseur. Après l'obtention de nouveaux capitaux spéculatifs de la part du groupe Eiffel, l'entreprise réussit à conclure un concordat avec ses créditeurs et restructura la compagnie tel qu'indiqué en Figure 1.

Ce redressement s'avérait absolument nécessaire car personne ne voulait investir dans une entreprise avec deux millions de dollars de dettes. D'autre part, la restructuration permet une gestion plus efficace des opérations.

FIGURE 1

ORGANIGRAMME DU GROUPE AHT

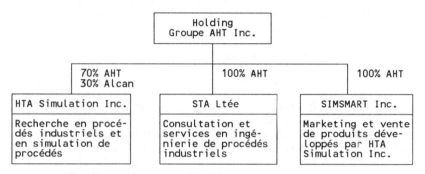

Les affres du financement de capital de risque

En dépit de l'importance industrielle incontestable de l'innovation projetée et de la compétence scientifique et professionnelle des promoteurs, il fut extrêmement difficile pour l'entreprise d'obtenir les fonds nécessaires à la réalisation du projet Simsmart dont le développement devait normalement s'étaler sur une période de 5-10 ans. Alors que le projet avait démarré en septembre 1985, quatre années plus tard l'entreprise avait réussi à amasser les fonds suivants:

Prêts à redevances de l'AQVIR	700 000$
Capital de risque et prêts fournis par Alcan	600 000$
Mise de fonds des actionnaires	6 000$
Crédits d'impôt à la R-D	350 000$
Divers programmes gouvernementaux de R-D	100 000$
	1 756 000 $

Or, rappelons-le Simsmart a déjà coûté 3,2 millions de dollars. La différence, l'entreprise l'a dénichée sous forme d'emprunts personnels et d'hypothèques de toutes sortes. Des contrats d'ingénierie avec plusieurs grandes papetières québécoises (Donohue, Domtar, etc.) sont également venus renflouer la caisse. Mais le compteur restait au rouge.

Avec la conversion des principaux prêts en capital-actions, et la radiation des autres dettes, le Groupe AHT se trouve maintenant en meilleure posture financière pour réaliser sa mission. Cependant, il y a encore loin de la coupe aux lèvres car AHT doit non seulement continuer son programme de R-D au montant d'environ un million de dollars par année, mais aussi et surtout entreprendre un programme agressif de marketing, de ventes et de service après-ventes de son produit et de ses variantes et ce, à l'échelle internationale.

Fort heureusement, Alcan a réalisé l'importance stratégique de la technologie Simsmart pour ses propres opérations ainsi que son potentiel pour d'autres secteurs. Les investissements d'Alcan ont été d'une importance inestimable dans le début du redressement financier de l'entreprise, ce qui est tout à l'honneur de ce géant industriel clairvoyant et dynamique. Cependant, ces investissements ne suffisent pas pour s'attaquer à un marché de taille internationale. C'est pourquoi AHT consacre actuellement beaucoup d'efforts pour intéresser une autre société multinationale et recueillir cette fois plusieurs millions de dollars pour asseoir comme il faut une offensive commerciale de grande envergure.

L'entrée en scène d'Alcan chez AHT en mars 1989 fut une bouffée d'air frais. En effet, jusque là, les cadres supérieurs ne recevaient aucun salaire durant un an. Non seulement s'agissait-il d'argent «frais», il y avait aussi les exigences que cela comportait, dont le renforcement de la gestion, le contrôle serré des finances, l'aiguillonnement de la R-D et ainsi de suite. L'investissement de 600 000$ de l'Alcan, payable en trois versements, était assorti d'un pouvoir considérable de surveillance et de prise de décisions. C'est cette mise de fonds qui, en définitive, a permis de financer le projet de simulateur destiné à Consolidated Bathurst. C'est alors que Gavin Elbourne est délégué par Alcan pour siéger au Conseil d'administration d'AHT. En avril 1990, attiré par le défi et confiant dans l'avenir de Simsmart, Elbourne se joint à l'équipe pour devenir vice-président à la planification chez AHT.

2. Les activités de la compagnie

Les activités du Groupe AHT se répartissent entre trois compagnies comme suit:

1. HTA Simulation Inc.

Il s'agit typiquement d'une entreprise de recherche dont la vocation est de continuer le développement de Simsmart (*voir plus bas*) et produits connexes. Ayant pour objectif essentiel le développement des connaissances et de nouvelles technologies, l'entreprise cherche par tous les moyens à se financer à partir de subventions, de prêts avec redevances ou de prêts participatifs, ou même d'injection de capital de risque ou d'investissements de fonds propres. HTA ne vise pas à faire des profits mais plutôt à développer des modèles, des instruments d'intervention, dont l'exploitation assurera l'existence à long terme de l'ensemble du Groupe.

2. *STA Ltée*

Pour sa part, Systèmes et Technologie Appliquée (STA) Ltée est une entreprise de consultation spécialisée en automatisation et en contrôle de procédés. On compte, par exemple, parmi ses clients:

- la Commission de transport de la Communauté urbaine de Montréal (CTCUM), pour le développement d'un nouveau système d'information pour son matériel roulant;

- la papetière Domtar, pour la préparation de logiciels relatifs à un projet-pilote de contrôle des procédés dans une usine de pâtes et papiers;

- la papetière Donohue, pour la supervision de l'installation et du démarrage du simulateur SACDA;

- la compagnie Gulf Canada, pour l'analyse d'un système de contrôle d'un compresseur à hydrogène;

- les Brasseries Molson du Canada, pour l'analyse et le contrôle de leurs procédés.

Présentement, STA génère la quasi totalité des recettes du Groupe.

3. *Simsmart Inc.*

Il s'agit d'une entreprise de vente et de distribution dont le rôle est de mettre en marché les produits développés par HTA Simulation Inc. Créée en 1990, cette entreprise n'en est encore qu'à ses débuts dans la difficile commercialisation des produits d'avant-garde mis au point par HTA.

3. L'intelligence artificielle, i.e. SIMSMART, à l'appui de l'intelligence humaine

Avec les développements spectaculaires des ordinateurs depuis 1980, surtout au niveau des micro-ordinateurs et des processeurs parallèles, le concepteur de systèmes a maintenant à la portée de la main une grande puissance de calcul et une grande vitesse d'exécution. Les développements en intelligence artificielle et en conception et ingénierie assistées par ordinateur (CAO/IAO) fournissent maintenant à l'ingénieur de puissants outils de simulation d'ensembles énormes et très complexes de systèmes de données et de dynamiques de procédés industriels à l'échelle des plus grandes usines. On crée ainsi des environnements virtuels qui servent à de nombreuses applications industrielles.

Simsmart

Ce qui maintient AHT en vie en dépit de ses angoissantes difficultés c'est sans doute sa foi inébranlable dans la technologie de simulation qu'elle a développée et son espoir d'exploiter l'énorme potentiel de Simsmart. Il s'agit d'une famille de simulateurs dynamiques en temps réel dédiés au contrôle de procédés industriels informatisés.

Au dire de Robert O'Reilly, il s'agit d'un outil sans égal pour la formation, le design, l'expérimentation et le contrôle, en temps réel, de procédés en continu. Alliant systèmes-experts, intelligence électronique et communications, Simsmart permet de:

● simuler les designs originaux des procédés et en repérer à l'avance les défauts et faiblesses, d'où une économie précieuse de temps lors du démarrage de nouvelles usines (économie de 2-6 mois);

● émuler les systèmes de contrôle une fois installés;

● former les opérateurs de manière continue en les confrontant à toutes les situations possibles tout en tenant compte de toutes les expériences de production;

● tester la compatibilité de deux machineries différentes;

● essayer sans coûts supplémentaire, et sans perte de production, de nouvelles configurations de production.

Selon les exigences du client, un contrat Simsmart peut rapporter entre quelques dizaines à quelques centaines de milliers de dollars.

Bien que la simulation soit déjà largement utilisée dans les industries aérospatiales, nucléaires et électroniques, surtout pour la formation du personnel, elle demeure encore à l'écart de beaucoup de procédés de fabrication industrielle. Jusqu'à ce jour, les simulations de systèmes complexes nécessitaient une grande puissance d'ordinateur, qui était généralement obtenue par une chaîne de processeurs parallèles. Et il n'était pas rare de voir des coûts au delà de 10 millions de dollars U.S. par simulateur dynamique.

Il existe donc un énorme marché pour des simulateurs dynamiques polyvalents peu dispendieux et pouvant fournir des résultats fiables et précis pour des procédés industriels simulés en temps réel. Simsmart remplit ces conditions essentielles et allie économie et rapidité d'exécution.

«Le simulateur Simsmart est particulièrement avantageux lorsqu'il s'agit d'essayer virtuellement diverses configurations d'équipements dispendieux, de définir les stratégies de contrôle des procédés et les paramètres de

la production, et d'élaborer les changements technologiques requis par une production optimale. Le simulateur est un outil puissant et très économique car on n'a pas à stopper la production pour vérifier telle ou telle partie du système ou pour éprouver de nouvelles configurations d'équipement. De même, il n'est pas nécessaire d'installer de nouveaux équipements avant qu'ils soient, par simulation dynamique, complètement vérifiés et rodés et que leurs implications pour la productivité et la qualité du procédé soient complètement évaluées», affirme le président d'AHT.

Par ailleurs, AHT croit que Simsmart peut également être extrêmement utile dans les essais et la validation des systèmes de contrôle des procédés de production. On peut aussi l'utiliser avec profit dans l'optimisation des usines, l'amélioration des procédés en vue d'atteindre la qualité totale, et les études des impacts sur l'environnement de certains procédés nouveaux.

Le simulateur Simsmart aide à réduire, grâce à une meilleure conception, les coûts des biens d'équipement qui, pour nombre de grandes usines, se chiffrent souvent à des centaines de millions de dollars. Il aide à accélérer considérablement la mise en marche de nouvelles usines, ce qui entraîne des économies très appréciables.

Par exemple, le démarrage d'une nouvelle machine à papier moderne, machine très complexe et d'un coût de plus de 250 millions de dollars, n'est jamais chose facile et donne des sueurs froides même aux concepteurs et opérateurs les plus avertis. Une seule journée perdue dans le démarrage ou dans des réparations coûte énormément cher. C'est à cet égard que le simulateur Simsmart peut s'avérer extrêmement utile car il sert à former les futurs opérateurs de la nouvelle machine dans un environnement pleinement virtuel et convivial.

Le simulateur est d'une richesse d'information inouïe. Il est presqu'aussi complexe que l'usine elle même. Chaque écran qu'utilise le formateur peut afficher 16 tableaux et un grand nombre de sous-tableaux, le tout schématisant l'ensemble de la machine, de ses multiples composantes et de tous les éléments de contrôle des procédés qui s'y rapportent. On y a incorporé la totalité des renseignements requis pour le bon fonctionnement de la machine, des plus banals aux plus complexes: de la taille des canalisations acheminant l'eau, la vapeur ou la pâte aux caractéristiques des pompes et des robinets d'ouverture; de la vitesse d'écoulement de la pâte à la vitesse de défilement de la feuille de papier. Chaque item du système de fabrication a donc dû être décomposé en ses multiples caractéristiques physiques, chimiques, mécaniques, y compris les éléments de volume, de densité, de température, de capacité, de puissance, de poids, de pression et quoi encore.

La simulation permet aussi d'améliorer la qualité de la formation et de la rendre plus complète car l'employé n'a plus à craindre de faire d'erreurs et il peut dès lors choisir le parcours optimal. Puisque tout se passe en simulation, il peut même voir l'effet de certaines erreurs en changeant telle ou telle variable et ce, sans crainte d'endommager l'équipement ou de nuire à la qualité du produit.

La simulation permet enfin de réduire considérablement les interruptions de production nécessitées par les changements apportés aux systèmes de contrôle des procédés. En effet, affirme Robert O'Reilly, il ne faut pas attendre qu'une machine tombe en panne et bloque tout le système de production pour faire les réparations qui s'imposent.

L'implantation de Simsmart permet une meilleure hiérarchisation des postes de contrôle, donc une meilleure distribution des responsabilités et une plus grande efficacité. La nouvelle structure s'avère particulièrement avantageuse pour mieux stimuler l'intérêt des employés et les encourager à travailler en équipes pour le bien-être général de l'entreprise. Elle s'avère indispensable lorsqu'une proportion relativement élevée de l'effectif est peu scolarisée, ce qui est souvent le cas dans les usines de moyenne ou faible technicité.

Enfin, la simulation ouvre de nouvelles perspectives dans le contrôle des procédés informatisés et automatisés car elle permet à l'opérateur de se rendre immédiatement compte de telle ou telle défectuosité et du malfonctionnement à des endroits précis dans des systèmes souvent extrêmement complexes. Ainsi, Simsmart reçoit tous les paramètres de l'usine et peut contrôler tout appareil de production. L'opérateur se sent davantage responsable et l'usine ne s'en porte que mieux. *«C'est la machine qui doit être au service de l'homme, et non le contraire»*, affirme Don Waye.

Système de gestion des stocks et de livraison

L'autre produit majeur d'AHT est un système sophistiqué de gestion des stocks et de livraison. Implanté sur un microprocesseur 386, il permet de gérer les inventaires, de planifier et de coordonner les mouvements de marchandises. Ce système utilise, entre autres, un lecteur portatif de code-barres qui classifie automatiquement les items reçus.

4. Une équipe jeune et dynamique

À l'instar de beaucoup de PME technologiques ayant déjà réussi des innovations remarquables, l'effectif d'AHT est peu nombreux - seulement 20 personnes, dont 17 ingénieurs informaticiens - et c'est un personnel jeune, l'âge moyen étant seulement de 30 ans. La majorité des ingénieurs sont de jeunes diplômés en génie mécanique de l'École Polytechnique de Montréal, qui ont déjà fait un stage d'été dans l'entreprise et qui sont rompus aux techniques les plus modernes de l'informatique.

«Dans notre champ d'activité, affirme Robert O'Reilly, *la qualité de l'équipe est de souveraine importance. Cependant, le recrutement est difficile car il nous faut les meilleurs des meilleurs, mais aussi des jeunes qui ont l'esprit d'équipe et qui adhèrent à nos valeurs, qui partagent notre rêve et qui sont des bûcheurs».*

La formation sur place est une nécessité. Il faut entre 2 et 6 mois pour former les recrues, parfois plus. Mais AHT n'a pas le choix. Des 13 personnes originellement impliquées dans le projet Simsmart, il n'en reste que deux. La compagnie n'a pas d'autre choix que de continuer à investir dans les ressources humaines.

Embarqué dans le «bateau» d'AHT, le personnel possède le dynamisme de la jeunesse et la foi des risque-tout. Au moment de la première entrevue en mars 1990, les employés n'étaient pas payés depuis un mois! Mais Simsmart, qui se vend encore très peu, est - au dire des experts du Conseil National de Recherches du Canada - au moins cinq ans en avance sur les systèmes de ce genre existant sur le marché. C'est le genre de remarque qui fouette la motivation de jeunes ingénieurs.

5. Un simulateur sans pareil

Chez AHT, on ne voit pas toujours l'avenir en rose. Aux intenses moments d'espoir succèdent les angoisses du financement. Car on le sait bien, l'avance technologique n'est pas un gage de réussite commerciale. Il faut surtout trouver des clients et ensuite vendre.

Don Waye souligne que lorsque les premiers «CAD» (*Computer Aided Design*) sont arrivés sur le marché il y a dix ans, personne n'en voulait. Comme on remplaçait l'homme par la machine, la résistance au changement était énorme. Par fierté ou par méfiance, on commença par refuser la technologie, au détriment d'avantages économiques évidents. Aujourd'hui, en pleine ère informatique, cette attitude n'a plus sa place. Un tel exemple illustre parfaitement le cas de Simsmart. Selon le président d'AHT, beaucoup de dirigeants industriels canadiens et américains ne se rendent pas encore compte de l'apport majeur que la simulation pourrait leur fournir dans le contrôle des procédés. Le défi d'AHT est de réaliser cette prise de conscience.

Il faut néanmoins dire que si le marché est indifférent, la concurrence, elle, est très faible au Canada, du moins à ce stade-ci. On cite uniquement le cas de chercheurs de l'Université de Western Ontario, regroupés dans la firme SACDA, qui ont conçu un simulateur analogue à Simsmart. Mais leur approche était trop théorique, signale Robert O'Reilly.

Aux États-Unis, le principal concurrent est Auto Dynamics, une firme affichant un chiffre d'affaires de 55 millions de dollars U.S. Par rapport à ses concurrents internationaux, AHT se distingue par sa force d'innovation technologique et la grande qualité de ses produits et services. Par contre, jusqu'à ce jour, elle n'a pas encore réussi de grandes percées en innovation commerciale et elle peut difficilement supporter une guerre de prix. Or, dans ce marché, la concurrence se joue partout sur la différentiation ainsi que sur la qualité et la nouveauté du produit, notamment au niveau des nets avantages technologiques qu'il procure aux yeux des opérateurs d'usines. Elle se joue aussi sur la segmentation du marché et l'excellence du service à la clientèle.

Incontestablement un *«technology push»*, Simsmart n'a donc besoin que d'une chose: une offensive de marketing solide, astucieuse et soutenue.

6. Réussir ou mourir

Pour l'instant, ce sont les activités d'expertise-conseil de la filiale STA Ltée qui font vivre le Groupe AHT. Après l'ébranlement de mai 1990 et la restructuration qui en a résulté, l'entreprise a resserré ses objectifs et restructuré son plan stratégique. La R-D a été ciblée de façon plus précise et les jeunes ingénieurs et informaticiens qui y travaillent sont maintenant mieux encadrés. Au dire de Robert O'Reilly, *«les jeunes de nos jours sont bien formés et offrent beaucoup de potentiel. Cependant, ils ont souvent tendance à aller le plus loin possible dans le développement technologique, alors que les impératifs commerciaux imposent des échéances aux projets de R-D ainsi que des limites budgétaires. C'est pourquoi la gestion d'une jeune équipe de R-D exige à la fois souplesse et rigueur, imagination et créativité, idéalisme et réalisme, rêve et action».*

Au moment d'écrire ces lignes en fin 1990, l'entreprise est à la recherche d'un partenaire majeur ayant des opérations un peu partout dans le monde et qui consente à y investir plusieurs millions de dollars au cours des cinq prochaines années. D'ores et déjà, Alcan appuie fermement les activités de R-D d'AHT, mais d'autres sommes importantes sont requises pour maintenir l'avance stratégique de cette entreprise en démarrage.

D'autre part, possédant maintenant une technologie éprouvée et définitivement supérieure, AHT doit de toute urgence entreprendre un programme de commercialisation de grande envergure et ce, à l'échelle mondiale. D'un côté, il s'agira de vendre des «enveloppes» Simsmart à de gros clients, par exemple les grandes usines de pâtes et papiers, les grandes affineries et usines de traitement de minerai, etc. D'un autre côté, on tentera de vendre des systèmes clé-en-main à toutes sortes d'industries.

Le jeune président d'AHT est convaincu qu'avec les crises économiques qui secouent périodiquement les pays industriels, ils s'édifiera peu de nouvelles usines au cours des prochaines années. Il faudra plutôt repenser les anciennes usines et adapter l'équipement existant en faisant du «*reverse engineering*». Ceci ouvre un champ énorme pour AHT et Simsmart.

La stratégie commerciale d'AHT est de se concentrer d'abord sur le réseau d'anciens clients et de répondre à leurs besoins accrus de conception de nouvelles usines et de contrôle des procédés en continu. Selon Gavin Elbourne, v.-p. à la planification et ancien cadre supérieur chez Alcan, si AHT réussit à attirer quatre ou cinq grosses compagnies d'exploitation de ressources naturelles, les autres suivront, même si dans ces industries les gestionnaires sont «naturellement» conservateurs.

Pour assurer la pénétration de Simsmart, on songe à une formule de crédit privilégiant les paiements périodiques. Ceci pour casser les cycles de dépenses d'immobilisation des grosses firmes, cycles qui dépendent trop souvent de la conjoncture économique et de l'air du temps.

Et puis, Simsmart gagnerait à être vendu avec une gamme de services appropriés: entretien, mise à jour, formation des techniciens, établissement de banques de données et de librairies. Déjà, il est offert sous forme modulaire avec des fournitures de base, de simulation de procédés de développement interne et expérimentation, ainsi que de formation. Au lieu d'offrir un ensemble complexe et fort dispendieux (*100 000$ et plus*), AHT offre des modules adaptés aux besoins des clients et à un prix fort abordable, soit entre 4 000$ et 15 000$ chacun.

En fait, les dirigeants du Groupe AHT sont unanimes. Actuellement, l'entreprise opère comme un cabinet d'experts-conseil, orienté vers la recherche et limité, par sa nature même, dans sa productivité. L'avenir passe par sa transformation en une compagnie intégrée et viable qui, de la recherche au produit livré, serait en mesure de commercialiser efficacement ses services.

Avec la restructuration amorcée en juin 1990, AHT est de nouveau en marche. Il lui reste à remporter le pari du succès commercial.

7. Les dures leçons de l'expérience

Robert O'Reilly reconnaît que le succès commercial d'AHT est encore loin d'être assuré car les problèmes chroniques de **sous-financement** qui grèvent l'entreprise depuis 1987 ne sont pas encore réglés.

Les promoteurs d'AHT ont-ils fait fausse route ou auraient-ils dû procéder autrement? À ce propos, Don Waye est catégorique: *«Notre vision initiale était correcte. Nous avons vu juste. Nous avons réussi les développements technologiques tel qu'anticipé. Là où nous avons erré, c'est d'être allé trop loin du côté technique sans alors pousser suffisamment et concurremment l'offensive commerciale. Notre approche marché était faible. Cette anomalie sera corrigée dès que nous aurons réussi à nous adjoindre un partenaire majeur».*

Le président du Groupe AHT considère maintenant que l'entreprise n'était pas prête à recevoir en 1985 l'important prêt de l'AQVIR (*prêt à redevances de 700 000$*): *«Nous nous sommes lancés tout feu, tout flamme dans les développements technologiques en oubliant la nécessité d'explorer en parallèle le développement des marchés».* À cet égard, l'approche japonaise de développer graduellement le design technique en testant continuellement le marché permet d'éviter de douloureux écueils plus tard, ne fut-ce que stopper à temps tel ou tel cheminement de développement technologique et économiser ainsi soucis, temps, labeur et argent. *«Nous aurions dû freiner nos dépenses et n'investir de façon majeure dans les développement technologiques qu'une fois ayant en poche d'importants contrats nous facilitant le financement de tels développements.»*

Enfin, les entrepreneurs technologiques qui s'aventurent dans cette voie souvent tortueuse et difficile doivent être prêts à passer au travers de périodes prolongées de stress intense. *«Pour nous,* déclare Robert O'Reilly, *l'expérience a été douloureuse. Les événements de juin 1990 ont été épuisants au point de vue psychologique. Nous avions déjà investi beaucoup d'argent personnel dans ce rêve de fournir aux entreprises mondiales un système de simulation à nul autre pareil».*

Le redressement qui s'est opéré en 1991 a été profond. Le président a repris les choses en main et s'est adjoint des cadres supérieurs ayant une longue et fructueuse expérience des affaires. Il est quotidiennement impliqué dans la gestion de la compagnie et il dirige les grandes offensives de vente des produits associés à SIMSMART. C'est lui qui exerce maintenant un contrôle de la R-D et en assure le suivi. Entre-temps, la filiale STA Ltée fait de bonnes affaires et apporte de l'eau au moulin. Bref, le Groupe AHT aspire maintenant à devenir l'«*AUTOCAD*» de la simulation des opérations manufacturières, rien de moins. Heureusement l'entreprise semble maintenant en position pour croître rapidement car d'importants contrats de vente de systèmes SIMSMART sont en vue.

En guise de conclusion, le Groupe AHT se trouve maintenant avec Simsmart à la fine pointe de la technologie de simulation des contrôles des procédés industriels de toutes sortes. Tellement à la fine pointe que l'entreprise souffre des mêmes maux que ceux qui affectent les pionniers, les défricheurs de technologie: un marché indifférent et des fonds rarissimes.

* * * * * *

CAS N° 16
GROUPE BERCLAIN INC.

1. **SECTEUR:**   Produits informatiques

2. **NATURE DES PRODUITS:**   Logiciels d'optimisation de la planification et de la gestion de la production manufacturière

3. **ANNÉE DE FONDATION:**   1985 (nov.)

4. **PROGRESSION DES VENTES:** (fin d'exercice: 31 mai)

1988	100 000$
1989	200 000$
1990	350 000$
1991	980 000$
1992	1 800 000$

5. **RÉPARTITION DES VENTES EN 1990:**

Québec	65%
Canada	10%
États-Unis	nil
Reste du monde (Mexique)	25%

6. **DÉPENSES COURANTES DE R-D:**   38% des ventes

7. **NOMBRE D'EMPLOYÉS:**   27 (âge moyen: 27 ans) dont 18 informaticiens et ingénieurs

8. **PERSONNEL DE R-D:**   8 (dont 6 professionnels)

9. **PRÉSIDENT:**   Bernard Têtu (32 ans)

10. **RÉPARTITION DU CAPITAL-ACTIONS:**

Bernard Têtu	32,8%
Louis Têtu	24,6%
Cadres	24,6%
SPEQ	18,0%

11. **AVOIR DES ACTIONNAIRES:**   N/D

12. **VALEUR DES ACTIFS:**   N/D

13. **ADRESSE DE LA COMPAGNIE:**   3175, des Quatre-Bourgeois Ste-Foy (Qué.) Canada G1W 2K7

Tél. : (418) 654-1454
Fax : (418) 654-0645

TABLE DES MATIÈRES

Page

1. UN STANDARD POUR LE SECTEUR MANUFACTURIER   248

2. QUATRE OFFENSIVES   250

3. UNE OBSESSION: DE MEILLEURS OUTILS INFORMATI-
QUES DE GESTION DE LA PRODUCTION   254
Tendances dans le secteur manufacturier   254
Le MOOPI^{MD}   255

4. UNE ENTREPRISE ÉQUILIBRÉE ET TOURNÉE VERS
L'AVENIR   259

5. UN CODE-SOURCE D'ENTREPRENEURSHIP   260

Le plus grand défi qui se pose à l'entreprise manufacturière est d'augmenter sa productivité afin de pouvoir faire face à la concurrence. De nos jours, aucune entreprise n'échappe au danger de perdre un morceau de sa part du marché ou de se voir supplantée par une autre qui offre des produits supérieurs. La compétivité apparaît haut dans l'agenda de tous les chefs d'entreprise. Personne n'est à l'abri des répercussions de l'économie globale, de l'internationalisation des marchés.

Pour affronter la concurrence, l'entreprise manufacturière ne doit pas seulement se doter de nouveaux équipements ou de nouvelles connaissances procurées par la R-D. Il lui faut aussi adopter les meilleures pratiques éprouvées de production manufacturière, tant au niveau de la planification que de la gestion de la production. Le problème est particulièrement sérieux au Canada comme au Québec où le secteur manufacturier est assuré majoritairement par des PME. Or, l'histoire de BERCLAIN s'inscrit directement dans cet effort si nécessaire de renouveau manufacturier.

1. Un standard pour le secteur manufacturier

BERCLAIN cherche, rien de moins, à offrir un standard reconnu pour l'ordonnancement et le contrôle de la production manufacturière. Cette petite firme d'ingénieurs et d'informaticiens offre aux manufacturiers des logiciels inédits de planification et de gestion de la production permettant d'atteindre le maximum d'efficacité sur un plancher de production. Ce n'est pas peu dire. Surtout, la technologie de BERCLAIN permet d'atteindre une plus grande productivité en fournissant un calendrier rigoureux de production optimale.

L'histoire de BERCLAIN commence avec le cheminement professionnel de son fondateur, l'ingénieur Bernard Têtu qui, à l'âge de 22 ans, devient fasciné par l'ordonnancement des opérations manufacturières. Dès sa graduation en génie mécanique à l'Université Laval en 1982, il s'intéresse à l'informatique manufacturière. A l'emploi du ministère de la Défense nationale, il travaille à la simulation de fabrication d'armements. Puis, après avoir suivi un deuxième cours en informatique et répondant au voeu d'un de ses amis, il consacre tous ses temps libres à la simulation sur ordinateur d'une usine de fabrication car, lui disait-on, la planification de la production faisait défaut et s'avérait toujours très difficile.

Finalement, en 1985, après deux ans d'efforts, il met au point avec son ami un premier prototype de logiciel en APL qui, sans être optimal, révèle d'énormes possibilités d'ordonnancement d'un grand nombre de tâches de production au lieu du *«first in, first out»* conventionnel des logiciels couramment utilisés dans le marché. Bien lui en prit, car l'implantation du logiciel dans l'usine de son ami résulta en une augmentation de 28 % de la productivité. Durant un court séjour en 1985 au Centre québécois pour l'informatisation de la production (CQIP) alors en voie d'être mis sur pied, il en profite pour passer systématiquement en revue la centaine de logiciels alors en usage aux États-Unis: *«Je n'étais pas assez occupé*, déclare Bernard Têtu, *et j'en profitais pour me documenter comme un dingue».*

Cette revue de la technologie montra clairement que les techniques de MRP II (*«Manufacturing Ressource Planning»*) employées un peu partout comportaient une grave lacune: elles présupposaient des capacités totales fondées sur la simple addition des tâches et sur une planification dite «infinie» (*«Infinite Capacity Planning»*) alors que la réalité est tout autre. En plus des bris imprévus des machines, il y a les pannes d'électricité, les changements inopinés aux calendriers de livraisons, les pénuries subites de matières premières ou de pièces, les absences non prévues de personnel clé, sans compter les congés, les arrêts plus ou moins prévus pour la maintenance, les taux variables de production des machines et de rendement des ouvriers, et l'effet du changement d'une variable sur toutes les autres.

Fort de son premier succès et du caractère prometteur de sa nouvelle technologie, Bernard Têtu veut s'assurer au départ qu'il existe un marché pour son nouveau produit. Au début de 1985, il commande une étude de marché qui l'assure qu'il y a en Amérique du Nord plus de 130 000 firmes qui pourraient utiliser son logiciel (*Têtu devait par la suite découvrir dans cette estimation l'omission malencontreuse des firmes de plastiques et de produits d'emballage, soit plus de 30% du marché potentiel*). Surtout, l'étude révèle qu'il n'y a pas de produit d'une telle qualité sur le marché. C'est alors que Bernard Têtu décide d'incorporer BERCLAIN GESTION OPÉRATIONNELLE INC. en novembre 1985.

Depuis, suite à la mise sur pied de trois filiales, la firme a été rebaptisée le Groupe BERCLAIN Inc.

2. Quatre offensives

Le démarrage et la croissance d'une entreprise émergente ne sont jamais l'effet du hasard. Si la démarche n'est pas déjà planifiée, elle doit tout au moins être réfléchie. Dans le cas de BERCLAIN, la rapide évolution de l'entreprise fait suite à quatre offensives distinctes, chacune ayant joué un rôle déterminant.

Offensive technique: quelques mois après l'incorporation de BERCLAIN, Bernard Têtu réussit à convaincre son frère Louis de se joindre à lui. Ce dernier est également ingénieur en mécanique avec de solides connaissances en informatique, étant alors directeur du marketing chez ADS Informatique inc. Bernard recrute également Luc Pelletier, ingénieur électricien déjà très familier avec le langage C de programmation, expertise qui devait s'avérer par la suite d'un pesant d'or. On établit alors une base de données d'un type nouveau, à caractère réseau, afin de permettre une grande capacité d'analyse. Encore de nos jours, cette base de données de type parents/fils (*«sets»*) demeure d'importance stratégique pour l'entreprise.

Offensive commerciale: très tôt, Louis Têtu en vient à partager l'enthousiasme de son frère à propos du potentiel de la nouvelle solution qu'offre l'entreprise naissante. Il découvre que Bernard et Luc ont une façon très particulière de faire des logiciels: *«qui s'avèrent corrects dès le premier coup».* Louis adore le projet de BERCLAIN mais il est estomaqué par la structure financière: l'entreprise vit aux dépens de subventions gouvernementales, à savoir un prêt de 60 000$ (avec redevances) de la part de l'Agence québécoise de valorisation industrielle de la recherche (AQVIR), un prêt aux jeunes entrepreneurs de 25 000$ garanti par le ministère de l'Industrie et du Commerce (MIC), et une subvention PSES de création d'emplois scientifiques de 30 000$ de la part du ministère de l'Enseignement supérieur et de la Science. *«C'était la chienne à Jacques,* d'avouer Bernard Têtu, *nous dépendions à 90% des fonds gouvernementaux, alors que les banquiers et autres investisseurs potentiels ne voulaient même pas discuter avec nous. Bien sûr, ils reconnaissaient la qualité de notre produit mais ils étaient très inquiets à propos de ce qui pourrait garantir le succès à long terme. Au début, notre situation était très précaire car chaque agence gouvernementale attendait après l'autre pour fournir l'assurance de sa contribution. J'ai dû "bluffer" en déclarant à chacune que l'autre avait donné le feu vert. Mais au 1er juin 1986, bien installés dans nos nouveaux bureaux à Sainte-Foy, avec de nouveaux équipements et quelques employés à payer, les fonds n'étaient toujours pas entrés. J'ai dû alors employer alors ma carte de crédit American Express, 18 000$ d'un seul coup».*

C'est dans ces circonstances que Louis, un passionné de marketing, lança l'offensive commerciale car il fallait absolument multiplier les ventes et assurer l'avenir immédiat de l'entreprise: *«Vous êtes d'excellents chercheurs*, dit Louis à Bernard, son aîné, *mais vous ne serez jamais capables de vendre votre produit».* Il établit donc un plan de marketing, bâtit l'image de la compagnie, donne un nom au produit - le MOOPI (*voir plus bas*) et se met sur la route avec son frère. Cette offensive a certes porté fruit puisque depuis le début des opérations en 1987-88 l'entreprise a réussi une augmentation moyenne des ventes de plus de 100% annuellement.

Offensive financière: Louis se rend vite compte que les ventes ne croissent pas assez vite et qu'il faut financer l'entreprise. A ce point tournant, BERCLAIN devient la plus jeune compagnie à s'adresser à la Commission des valeurs mobilières du Québec (CVMQ) pour former une SPEQ, une Société de Placements dans l'Entreprise Québécoise. Dès décembre 1988, BERCLAIN soumet son prospectus à la CVMQ pour une levée de fonds de 150 000$, alors que ses ventes des douze mois précédents n'atteignaient même pas 100 000$. Pour obtenir cette injection de capital, BERCLAIN dut céder 18% de ses actions. Premier acheteur de renom: Charles Sirois, président-propriétaire de National Pagette inc. Cette capitalisation permet d'entreprendre un programme de marketing ambitieux et d'engager, en 1989, Jean-Pierre Provencal (*un diplômé de l'École de Technologie Supérieure*) comme vice-président des Ventes. Jean-Pierre était alors à l'emploi de STI inc. après avoir travaillé pour Hewlett Packard Canada dont il était considéré un des meilleurs vendeurs au pays.

Offensive stratégique: enfin, après avoir consolidé sa position financière, affirmé ses produits, établi sa réputation comme *«détecteur de problèmes et fournisseurs de solutions»* et commencé à se faire connaître dans le marché, BERCLAIN s'est attaché à développer une stratégie de qualité totale, de partenariat et de projets internationaux.

Chez BERCLAIN, la qualité totale n'est pas un vain mot, c'est un **modus vivendi.** Cette façon de penser et de faire s'exprime à la fois par la qualité des logiciels produits et le soin tout particulier qu'on accorde au client, à la fois dans la compréhension de ses problèmes de planification, d'ordonnancement et contrôle de la production que dans la solution efficace et rapide de tels problèmes.

Ce souci de qualité s'exprime notamment par la **gestion juste-à-temps (JAT).** Dans la gestion traditionnelle, on se contente généralement de planifier la production à moyen ou à long terme, exposant ainsi l'entreprise aux brusques changements de conjoncture ou aux aléas pouvant survenir en usine. Par contre, le JAT est une gestion fondée sur une planification à court terme qui permet de synchroniser et de coordonner les opérations de manière à livrer à temps le produit, nonobstant les imprévus qui surviennent de temps à autre. Le JAT, qui est un des points forts du MOOPI (*voir Section 4*), a le triple avantage de raccourcir les délais de livraison, de diminuer les inventaires et de réduire les niveaux d'en-cours. Les économies qui en résultent peuvent être très substantielles.

Pour relever le défi de la **productivité**, l'entreprise manufacturière doit se fixer des objectifs clairs et mesurables de rendement mais, surtout, assez précis. Le but de l'entreprise n'est pas d'améliorer le rendement, d'abaisser les coûts, de diminuer les frais de main-d'oeuvre, de hausser la qualité du produit, de livrer en temps, ou encore de s'approprier une plus grande part du marché. Non, le seul et unique but de l'entreprise, c'est une **constante amélioration de tous ces éléments** de façon à procurer à l'entreprise une position stable et saine, en assurant toute la croissance et la rentabilité qu'elle mérite. Tout ce qui tend vers ce but de qualité totale est productif. Tout ce qui en éloigne est improductif, par exemple en ne se souciant pas assez du client. Chez BERCLAIN, le client est la première préoccupation. On cherche toujours à lui fournir des solutions adéquates, dans des délais raisonnables et à coût relativement bas. On le fait bénéficier gratuitement de toute amélioration du logiciel. On l'entraîne gratuitement à comprendre et à utiliser les produits de la compagnie.

Chez BERCLAIN, les informaticiens ne connaissent pas le terme *"patcher le logiciel"*. MOOPI est devenu leur logiciel, une création coopérative entre eux et les clients les plus aguerris. Chacun est conscient qu'il participe au développement d'un standard haut de gamme qui ne laisse pas de place aux compromis et à une qualité moyenne. *«Pour nous, la **qualité totale** c'est de bien faire, du premier coup, à tout coup, en y réfléchissant avant tout»*, a déclaré emphatiquement Bernard Têtu.

La stratégie de BERCLAIN passe également par le partenariat. Suite à des pourparlers amorcés en février 1989, l'entreprise réussit à conclure quelques mois plus tard une entente de partenariat avec la multinationale Hewlett-Packard (HP), puissant fabricant de mini-ordinateurs et de «mainframe» qui réalise 65 % de ses ventes dans le secteur manufacturier. Ce mariage s'avérait idéal pour les deux parties. D'une part, HP se cherchait une compagnie de logiciels qui puisse offrir à ses clients de puissantes solutions verticales de façon à augmenter les ventes de ses équipements. D'autre part, à titre de HP Gold VAR (*«**Value-Added Reseller**» préféré de HP*), BERCLAIN se joignait à un grand fabricant d'ordinateurs dont les équipements se prêtaient très bien aux exigences du MOOPI tout en donnant accès à un vaste réseau de points de vente. Cette alliance était d'autant plus heureuse que HP fut l'un des premiers fabricants à se convertir au système d'opération UNIX, qui constitue la pierre angulaire du système développé par BERCLAIN.

De plus, les logiciels de BERCLAIN fonctionnent sur toute la gamme de produits HP, à partir d'équipements de 15 000$ jusqu'à ceux de 500 000$. Ces avantages sont très importants pour BERCLAIN, qui aspire à devenir le standard du secteur manufacturier.

Consciente de la nécessité de dispenser à ses clients une formation appropriée en gestion optimale de la production, BERCLAIN a conclu en mi-1991 une entente avec le CEGEP de Lévis-Lauzon pour donner des cours aux industriels désireux d'utiliser MOOPI et d'améliorer la gestion de leur production manufacturière. De plus, BERCLAIN continue à travailler en étroite liaison avec le Centre québécois d'informatisation de la production (CQIP) et dispense des séminaires gratuits sur le logiciel MOOPI et l'ordonnancement de la production, la qualité totale (*principes et enjeux*), la collecte de données codes-à-barres (*pour le contrôle de la production en temps réel*) ainsi que plusieurs autres technologies de pointe susceptibles d'intéresser les manufacturiers et autres acheteurs potentiels de MOOPI. L'objectif est de promouvoir les produits développés par BERCLAIN.

Enfin, en mi-1991, BERCLAIN réussit ses premières ventes en-dehors du Canada. Elle est retenue par le Groupe Condumex du Mexique pour implanter son système MOOPI dans deux de ses 36 usines, relativement à un projet d'une valeur de plus de deux millions de dollars. En novembre 1991, elle recrute trois ingénieurs mexicains parlant français, ayant travaillé chez Hewlett-Packard Mexico, afin d'établir une filiale latino-américaine à Mexico. Le logiciel MOOPI est alors traduit en espagnol.

BERCLAIN a des bureaux à Ste-Foy, Dorval, Mexico et des revendeurs à Toronto. Ce dernier dessert également la région de Vancouver. L'entreprise lorgne maintenant vers les États-Unis mais elle demeure réticente à y mener une grande offensive car les coûts d'y faire affaires en informatique de ce genre sont plus élevés qu'ailleurs, notamment en Europe. Néanmoins, BERCLAIN compte établir une filiale à Chicago en 1992.

En 1991, le milieu québécois commence à reconnaître ce **jeune chef de file qu'est BERCLAIN**. À l'instar de la majorité des compagnies décrites dans cet ouvrage qui se sont méritées de grands honneurs, BERCLAIN se voit octroyer en mi-1991 un Prix Mercure de la Chambre de Commerce du Québec pour l'excellence de son travail en développement de la main-d'oeuvre, ainsi qu'un prix FIDÉIDE FORMATION - PME de la part de la Chambre de Commerce de la région de Québec. Elle se voit également décerner la Palme de Bronze du Conseil National de Recherches du Canada reconnaissant l'excellence de ses travaux de R-D.

3. Une obsession: de meilleurs outils informatiques de gestion de la production

Tendances dans le secteur manufacturier

L'ordonnancement des activités manufacturières représente un énorme marché potentiel. En effet, pour faire face à la pression naturelle qu'exerce le marché sur les manufacturiers, ces derniers sont forcés d'adopter des outils de gestion plus performants et de mieux contrôler les activités de fabrication.

Pour comprendre la mission que BERCLAIN s'est donnée, il faut tenir compte des nombreux changements qui ne cessent de se produire dans les pratiques courantes de production et de gestion des entreprises manufacturières. Ces pressions se font sentir sur plusieurs plans:

Clientèle	→ *Plus diversifiée et plus exigeante*
Cycle de vie des produits	→ *Plus court*
Délais de livraison	→ *Plus courts*
Diversité des produits	→ *Plus grande*
Taille des commandes	→ *Plus petite*

Ces tendances sont dues à plusieurs facteurs: informatisation, moyens de communication plus rapides, ouverture des frontières et internationalisation des marchés, concurrence de plus en plus vive, procédés de fabrication améliorés et plus flexibles permettant une réponse plus rapide et une fabrication rentable même en petits lots, demande pour un plus grande gamme de produits (*comme dans l'industrie automobile*) ce qui réduit la grosseur des lots, besoins de maintenir les inventaires au plus bas niveau possible et ainsi de suite.

Sur le plancher de l'usine, les effets des nouvelles pressions du marché sont majeurs, parfois catastrophiques. Pour faire face à une concurrence de plus en plus aguerrie et offrant la possibilité de produire à moindre coût, l'entreprise manufacturière doit réviser en profondeur ses modes de production et de gestion. Elle doit réduire les coûts, les délais et les tailles des lots afin de s'adapter à la demande le mieux et le plus rapidement possible. En somme:

	Approche traditionnelle	*Nouvelles tendances*
Stratégie de fabrication:	*Fab. pour stocks*	→ *Fab. sur commande*
Matières premières:	*Gardées en inventaire*	→ *Obtenues en JAT*
Contrainte principale:	*Matières premières*	→ *Toutes les ressources*
Cycles de fabrication:	*Longs*	→ *Plus courts*
Politiques de fabrication:	*Lots économiques*	→ *Lots «discrets»*

L'opportunité pour BERCLAIN provient du fait que les manufacturiers constatent maintenant les limites techniques que comportent les systèmes traditionnels de MRP II (*«Manufacturing Resources Planning»*), soit la planification de la production par capacité. Afin de demeurer concurrentiels, ils doivent maintenant tenir compte des faits suivants:

- Les ressources d'atelier (*main-d'oeuvre et machinerie*) sont critiques et doivent être gérées en prenant pour compte leur disponibilité exacte.

- La réaction aux imprévus et le changement de scénario face aux aléas de fabrication doivent être pratiquement instantanés: commande urgente, changement subit de taille de lot, nouvelle échéance de livraison, bris de machine, pénurie soudaine de matière première, temps de fabrication plus long que prévu, etc.

- Le calendrier d'approvisionnement des matières premières doit être le plus près possible du calendrier de fabrication aux postes de travail afin d'éviter un stockage coûteux.

- Les systèmes doivent être mis en place rapidement.

- Les systèmes doivent être flexibles et bien s'adapter aux modes de fonctionnement de l'entreprise.

- Les ouvriers de l'usine ont un rôle essentiel à jouer et ils doivent tirer orgueil de leur productivité et de leur ascendant sur les machines.

Le MOOPI[MD]

Le principal produit générique de BERCLAIN est le logiciel MOOPI, (*marque de commerce déposée au Canada, aux États-Unis et au Mexique*), ce produit répond très bien aux nouvelles tendances du marché. L'acronyme veut dire **Méthode d'Optimisation et d'Ordonnancement de la Production Industrielle**. Ce logiciel s'applique à la gestion synchronisée des opérations manufacturières quelles qu'elles soient et quelqu'en soit le secteur (*mécanique, électrique, électronique, spatial, pharmaceutique, etc.*), pour autant qu'il s'agisse d'événements de fabrication «discrets». Il combine à la fois les technologies de la simulation et les systèmes d'aide à la décision. On le considère comme étant le plus perfectionné sur le marché dans ce secteur particulier.

Le logiciel coordonne non seulement les ressources-plancher (*main-d'oeuvre et machinerie*) mais également maintient les matières premières à leur niveau optimum. De plus, il émet les recommandations d'achat en parfaite conformité avec le calendrier des postes de travail et ordonnance les produits finis au niveau voulu. Conçu pour les gérants de production, il fonctionne en temps réel, ce qui permet d'ajuster rapidement la gestion à la situation réelle des niveaux de production, étant capable de recalculer le scénario de fabrication complet en quelques minutes seulement.

En tout temps un module de suivi des bons de travail permet le réajustement aux conditions réelles du plancher de production, ce qui permet une coordination pratiquement en temps réel des activités de production.

Le logiciel est très convivial («*user friendly*»). Abondamment documenté, le système génère des menus d'aide qui se présentent sous forme de fenêtre à l'écran. Ainsi, en aucun moment on ne perd la page de travail initiale. La banque de données est d'une grande puissance et le système est ainsi conçu qu'il permet d'analyser un très grand nombre de données et d'ordonnancer la production en tenant compte des effets sur l'ensemble des opérations, de chaque variable et des changements à chaque poste de travail. Il permet l'optimisation en tout temps. La Figure 1 ci-après illustre la structure des informations traitées par ce logiciel.

Développé en langage C, le MOOPI fonctionne sur l'environnement UNIX. Il peut être installé sur les équipements 486, Hewlett-Packard 9000, IBM RISC 6000, ou tout autre équipement muni d'un compilateur C et d'un système d'exploitation UNIX.

Les bénéfices qui découlent de l'utilisation de MOOPI s'expliquent comme suit:

- Diminution des efforts de planification (*par un facteur de 5*) et obtention d'une précision nettement accrue.

- Planification plus exacte de la main-d'oeuvre requise ou disponible, et réduction du surtemps (*plus de 25% dans plusieurs cas*).

- Meilleur ordonnancement des tâches et élimination des pertes de temps, menant à une augmentation de 2% à 5% de la capacité de production.

- Réduction du cycle de production des lots («*manufacturing lead-time*») de l'ordre de 10% à 20%, et réduction d'espace de plancher de 5%.

- Synchronisation optimale des livraisons et réduction du niveau des matières premières (*pouvant atteindre 50%*).

- Approvisionnement des matières premières et des pièces en JAT i.e. au moment où on en a besoin, résultant en une diminution importante des inventaires.

- Économie sur le suivi des produits et sur les coûts de supervision des contrats.

- Réduction des coûts de transport occasionnée par une meilleure synchronisation des expéditions.

- Augmentation générale de la qualité grâce à une meilleure circulation de l'information vers les postes de travail.

Les bénéfices qualitatifs de MOOPI se résument comme suit:

- Contrôle extrêmement précis de la production au jour le jour.

- Réaction rapide aux imprévus (p.ex.: *absence imprévue d'opérateurs, livraison urgente, etc.*).

- Capacité d'évaluer rapidement des scénarios de production (*"what if?"*) tels que l'ajout d'un quart de travail, d'une ressource, de nouvelles priorités de livraison, etc.

- Décongestionnement du plancher de production grâce à l'alimentation régulière des postes de travail.

- Meilleur environnement de travail grâce à de meilleures communications au niveau du plancher.

- Archivage facile de toutes les données de production.

- Meilleure satisfaction de la clientèle grâce à de meilleurs produits qui, en plus, sont livrés à temps.

Depuis les ventes initiales en 1987, BERCLAIN a installé pas moins de 75 systèmes. Les prix varient entre 25 000 et 150 000$ (U.S.) selon les exigences des clients. Ceux-ci sont des PME manufacturières ou encore des géants tels Alcan ou Pirelli. Les partenaires valideurs des nouveaux développements de BERCLAIN sont nul autres que Bombardier et Hewlett-Packard.

Figure 1

STRUCTURE DES INFORMATIONS DU LOGICIEL MOOPI^MD

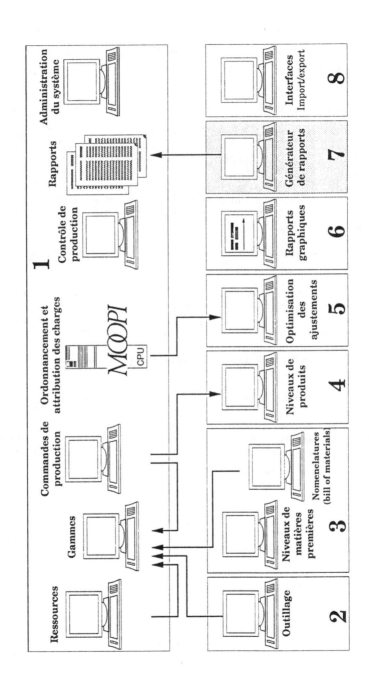

4. Une entreprise équilibrée et tournée vers l'avenir

Bernard Têtu voit son entreprise comme une organisation équilibrée, «*une chaise à quatre pattes*» selon son langage coloré. Il en décrit les quatre fondements comme suit:

Une excellente technologie: selon le président de BERCLAIN, le logiciel MOOPI demeure en avance sur les rares autres logiciels comparables qui existent sur le marché, soit le logiciel FACTOR de la compagnie américaine Pritzker, et le logiciel RHYTHM de la compagnie américaine Intellaction. «*Notre temps de réponse est beaucoup plus rapide que celui de nos concurrents immédiats. Notre avance tient aussi au fait que pendant le même temps de traitement, nous traitons un volume d'informations certainement 10 000 fois plus grand. Cela, parce que nous effectuons l'ensemble des calculs en mémoire vive (RAM), sans avoir à recourir aux composantes électromécaniques de l'ordinateur.*» C'est aussi à cause de la structure des informations qui prévaut à l'intérieur de MOOPI. Par dessus tout, déclarent ses inventeurs, ce logiciel est le seul qui soit vraiment complet pour la gestion de l'exécution manufacturière, et qui soit réellement accepté par les utilisateurs.

Fonctionnant sur le système UNIX, le système MOOPI est extrêmement performant. Il fournit un environnement informatique complet, compatible avec une gamme très étendue d'ordinateurs. Il procure des solutions optimales grâce à de savants algorithmes de calcul et de compilation que l'entreprise a développés et dont elle garde jalousement le secret. Il est «multi-usagers» en ce sens qu'il permet de relier un grand nombre de postes de travail au système. Il est trilingue français/anglais/espagnol et fonctionne dans l'autre langue sur simple pression d'une touche du clavier, et il peut facilement être traduit en tout autre langue.

«*Avec MOOPI, affirme Bernard Têtu, nous pouvons accéder instantanément au fichier historique complet de la production. Le logiciel permet de savoir si la production au temps X a pris plus ou moins de temps que prévu. Je peux ainsi savoir si ma productivité est bonne. Je peux aussi identifier les machines qui mériteraient d'être remplacées ou modernisées. Ça me permet également de repérer rapidement les goulots d'étranglement et de fournir à temps les solutions de rechange*».

Une approche marché: le marché potentiel est immense car il existe plus de 5 000 entreprises manufacturières de bonne taille au Québec, quelque 35 000 au Canada et environ 12 fois plus aux États-Unis. «*Si on pouvait seulement s'accaparer un pour cent du marché canadien*, dit M. Têtu, *on deviendrait survolté.*» Le problème est de bien comprendre les besoins particuliers des clients et de leur fournir une solution économique et en peu de temps. Pour ce faire, BERCLAIN dispose actuellement d'une force de ventes fort limitée mais qui ne cesse de grossir avec la venue de nouvelles liquidités. «*Notre goulot d'étranglement à nous, c'est le* *recrutement et la formation de représentants qui possèderont à la fois les qualités de vendeur et d'ingénieur industriel capable de bien comprendre la technologie et de structurer des projets d'implantation. Ça coûte beaucoup d'argent»*, déclare Bernard Têtu.

Une orientation tournée vers l'avenir: tout en cherchant à solutionner les problèmes du présent, BERCLAIN est résolument tournée vers l'avenir. Grâce aux contrats réguliers avec les clients qui la nourrissent d'idées, grâce aussi à un effort soutenu de R-D qui est de l'ordre de 40 % des ventes, l'entreprise cherche à se maintenir à la fine pointe de la technologie dans son domaine. Son approche marché lui permet d'anticiper les nouvelles tendances manufacturières et son orientation vers l'avenir l'incite à soupeser continuellement les mérites respectifs des nouveaux systèmes de gestion manufacturière, qu'il s'agisse du Kanban, du MRP-II ou des nouvelles techniques de recherche opérationnelle, sans oublier les méthodes de JAT et autres techniques d'optimisation faisant appel à l'interface homme-machines. *«Il ne faut surtout pas s'assoir sur un angle technologique. On doit se comporter en R-D comme si dans moins de 12 mois deux compétiteurs auront la technologie que nous avons actuellement. Si ça ne se produit pas, on gagne de toute façon»*, déclare Bernard Têtu. Chez BERCLAIN, l'effort de R-D représente quelque 3,2 millions de dollars d'ici 1994, et ce, en collaboration avec Bombardier.

Une constante valorisation des ressources humaines et un bon management: BERCLAIN est une petite famille où chacun se connaît et s'aide mutuellement. On cherche constamment à atteindre la **qualité totale**, tant à l'intérieur de l'entreprise qu'au niveau des produits et des services à la clientèle. *«Ma job*, déclare Bernard Têtu, *c'est de vendre ce rêve à l'interne»*. Par ailleurs, l'entreprise est équilibrée au niveau de son management et même si la direction est collégiale et la gestion est participative, chacun a des responsabilités clairement définies, avec des objectifs assez précis à rencontrer. *«Nos employés voient nos objectifs dans leurs céréales "Corn Flakes" le matin; ce sont des passionnés. Les moyens les plus créatifs et originaux peuvent être utilisés, cependant "formation" et "rigueur" sont toujours au programme»*, déclare Bernard Têtu.

5. Un code-source d'entrepreneurship

En informatique, le code-source fait foi de tout. Et c'est ce qui fait la force de MOOPI. Pour l'auteur de ce puissant logiciel, il existe également un code-source pour l'entreprise technologique, un ensemble de recettes d'entreprenariat qu'il propose spontanément. Nous faisons nôtre ce message que Bernard Têtu nous a livré lors de la longue entrevue qu'il nous a accordée le 4 novembre 1991.

C'est autant de leçons qui peuvent s'avérer utiles aux jeunes scientifiques et ingénieurs qui désirent partir en affaires.

1. **Savoir s'entourer des meilleures personnes.** Il y a des gens qui sont foncièrement prêts à se donner corps et âme à une entreprise, mais il faut pouvoir leur offrir un environnement intéressant et un travail captivant, avec de bonnes chances de croissance et de bonnes possibilités de développement personnel. Le milieu de la PME se prête bien à la communication et à la synergie. Mais le dirigeant doit être scrupuleusement honnête avec tous les membres de son organisation et faire attention à chacun, en favorisant l'entraide à tous les paliers. Ce n'est pas la moyenne académique qui compte, c'est ce que chacun peut fournir au travail de l'équipe. Il faut que chacun se sente motivé et considère l'entreprise comme son projet personnel. Il faut aimer travailler ensemble et savoir surmonter les périodes de crise.

2. **Avoir une mission claire.** La raison d'être de l'entreprise doit être juste, appropriée, et elle doit être claire et connue de tous. Chacun doit pouvoir s'y identifier. Pour BERCLAIN, la mission est d'être le N° 1 dans la conception, la mise au point et l'implantation de systèmes d'informatiques de gestion de la production manufacturière, pas nécessairement le plus gros mais le meilleur!

3. **S'assurer d'avoir une bonne technologie et ne cesser de la développer.** Bernard Têtu est d'avis que lorsqu'à l'intérieur d'une entreprise on doit développer quelque chose, chaque morceau doit être développé selon une optique à long terme. Il faut planifier le futur et se forcer à voir un peu plus loin que le problème actuel. Il faut trouver de nouveaux horizons, trouver des extensions à ce qu'on fait et à ce qu'on entrevoit. D'autre part, toujours selon Bernard Têtu, «*le développement informatique est un processus qui ne se termine jamais!*». Déjà, en dépit de la très grande robustesse de son système MOOPI qui avait été, par chance ou par calcul, très bien conçu au départ, BERCLAIN a pu diminuer de 60% la taille de son code-source en moins de trois ans, tout en livrant un produit amélioré et comportant de nouvelles fonctions. De plus, l'écriture des nouvelles fonctions exige trois fois moins de temps. L'entreprise entend continuer dans cette veine en faisant appel aux derniers développements en informatique et en gestion manufacturière. Déjà, elle offre un produit haut de gamme supérieur à ceux des multinationales, et à bien meilleur coût.

4. **Avoir assez d'argent pour pouvoir opérer comme il faut dès le départ.** Les PME souffrent d'une sous-capitalisation chronique. Passé l'étape de démarrage et de développement de nouveaux produits, l'entreprise doit faire ses frais et récolter assez de profits pour pouvoir assurer son avenir. Selon Bernard Têtu, il faut que le montage financier initial ne soit pas trop modeste. Par exemple, on planifie la fin d'une activité à douze mois et ça en prend dix-huit! Même si

l'entreprise a réussi à financer la R-D pour son premier produit, il lui faut payer la rançon du succès qu'est l'augmentation rapide des ventes avec toutes les exigences financières que cela entraîne. Dans le cas de BERCLAIN, depuis le début des opérations en 1987, les ventes ont doublé à chaque année et l'effectif a augmenté de 2 à 27. «*C'est pourquoi*, affirme Bernard Têtu, *il faut se contraindre à lâcher des morceaux de son capital-actions afin d'obtenir assez de fonds pour avoir une structure financière solide et, partant, pouvoir s'entourer des meilleures personnes qu'on puisse trouver et se gagner des alliés puissants*». Dans le cas de BERCLAIN, tous les profits sont continuellement réinvestis dans l'entreprise. Le président et son frère en sont les plus bas salariés.

5. **Savoir vendre.** Selon Bernard Têtu, les connaissances techniques ne sont pas le passeport complet pour les ventes, loin de là. La passion des techniques et celles des ventes sont deux choses bien différentes. On ne part pas une entreprise parce qu'on est fort dans quelque chose, on la part parce qu'on a quelque chose à vendre! Il faut que le rêve se transforme en réalité. Souvent il est avantageux de débuter le cheminement des ventes avant que le processus du développement technique soit complètement terminé. Puisque la qualité est primordiale et que le temps compte pour beaucoup, des pré-ventes permettent de recueillir les opinions des clients et de corriger rapidement les lacunes du produit. Selon Bernard Têtu, il faut arrêter d'avoir peur que les autres volent ou copient notre idée. Ce qui compte surtout c'est que les gens y voient une utilité pour eux.

6. **Garder un bon équilibre personnel.** Bernard Têtu a 31 ans et il n'est pas encore marié. Trop occupé, dit-il. N'empêche que pour lui-même et ceux qui l'entourent il prône un bon équilibre entre le travail et le plaisir, entre le bureau et la famille. Il faut continuer à pratiquer des sports et même à l'occasion prendre des vacances.

7. **Être réaliste.** Enfin, toujours selon Bernard Têtu, il ne faut pas espérer le million au début. Ça prend cinq ans, dit-il. Le malheur c'est que ce n'est que dans la sixième année qu'on apprend que ça prend autant de temps pour consolider l'organisation et en arriver à une situation assez stable!

* * * * * *

1. **SECTEUR:**   Produits informatiques

2. **NATURE DES PRODUITS:**   Logiciels multilingues

3. **ANNÉE DE FONDATION:**   1981 (début réel en 1985)

4. **PROGRESSION DES VENTES:**
   (fin d'exercice: 31 décembre)

   (est.)

1985	1 500 000$
1990	4 000 000$
1991	8 000 000$
1992	16 000 000$

5. **RÉPARTITION DES VENTES EN 1990:**

Québec	nil
Canada	nil
États-Unis	10%
Reste du monde	90%

6. **DÉPENSES COURANTES DE R-D:**   15% des ventes

7. **NOMBRE D'EMPLOYÉS:**   35 (âge moyen: 29 ans) dont 30 informaticiens et ingénieurs

8. **PERSONNEL DE R-D:**   12 (dont 11 professionnels)

9. **PRÉSIDENT:**   Claude Lemay (41 ans)

10. **RÉPARTITION DU CAPITAL-ACTIONS:**

Haute direction et employés	20%
Investisseurs	80%

11. **AVOIR DES ACTIONNAIRES:**   N/D

12. **VALEUR DES ACTIFS:**   N/D

13. **ADRESSE DE LA COMPAGNIE:**   3410, rue Griffith
    V. St-Laurent (Qué.) Canada
    H4T 1A7

    Tél. : (514) 738-9171
    Fax : (514) 342-0318

TABLE DES MATIÈRES

Page

1. UN CHANGEMENT DE CAP 265

2. ALIS... AU PAYS DES MERVEILLES 266
   Arabisation de l'ordinateur 266
   Travailler dans sa langue mais utiliser la technologie
   de l'Occident 267
   De la Tour de Babel à l'informatique de pointe 268

3. DES DÉFIS À COUPER LE SOUFFLE 269

4. UN DAVID PARMI LES GOLIATHS 271
   Positionnement dans les marchés 271

5. QUAND LES BOMBES PLEUVENT 273

6. UNE STRATÉGIE DE LEADERSHIP 274

7. UNE ORGANISATION SOUPLE 276

8. SEPT RÈGLES EN OR 276

9. CONCLUSION 277

Si le succès de toute entreprise émergente repose fondamentalement sur la qualité et l'expérience de l'équipe fondatrice, dans beaucoup de cas la clé du succès est l'entrepreneur chef d'orchestre lui-même. Ce dernier se distingue non seulement par sa compétence, sa débrouillardise, son énergie, sa vision des besoins des marchés et par sa confiance et son habileté à pouvoir trouver les moyens de satisfaire ces besoins, mais aussi par son habileté à rassembler et à diriger une équipe de gens compétents.

Flamboyant mais sans ostentation, dynamique mais posé, visionnaire mais réaliste, l'entrepreneur technologique qu'est Claude Lemay se perçoit avant tout comme un meneur d'équipe: «*Je suis profondément convaincu que le succès d'ALIS est dû à tous les employés. Je suis très fier du travail d'équipe et de la motivation que j'ai pu susciter chez chacun d'eux. Si j'ai un certain mérite, c'est d'abord d'avoir assez assemblé une équipe de direction du tonnerre: Ian Drummond, v.-p. Ventes et Marketing, Alain Cléroux, v.-p. Finance, Jean Bourbonnais, fondateur d'ALIS et v.-p. R-D, et Pierre Cadieux, v.-p. Technologie*».

Les antécédents de Claude Lemay étonnent et sa feuille de route est déjà impressionnante. Diplômé de la faculté de Droit de l'Université de Montréal, il devient avocat à l'âge de 23 ans. Passionné par les voyages et par l'apprentissage de langues étrangères, dès l'âge de 16 ans il entreprend l'allemand et passe l'été en Europe. Il apprend plus tard à maîtriser également l'italien, l'espagnol, puis le japonais. De plus, il se débrouille en arabe et en hollandais. Ses premiers pas professionnels se font à la Maison du Québec à Tokyo, qui vient alors d'ouvrir ses portes. Très tôt, il devient plongé dans les négociations à un haut niveau.

Il passe les treize années suivantes à pratiquer le droit commercial et il se spécialise dans la négociation de contrats de grande envergure. Il traite avec plusieurs grandes firmes et il prend part au contrat d'achat des appareils Airbus A-320 par Air Canada, contrat de 1,6 milliard de dollars qui devait se terminer par l'implantation d'une filiale d'Airbus au Canada.

1. Un changement de cap

En 1985, à la tête d'un cabinet d'étude prospère, avec une trentaine d'avocats et des bureaux à Montréal, Toronto, Paris et Dusseldorf, Claude Lemay fait le grand saut. Il vend sa participation dans le cabinet qu'il a fondé pour diriger à temps complet une petite compagnie d'informatique connaissant de sérieuses difficultés financières.

Cette compagnie, nommée ALIS, logeait dans le même édifice commercial que le cabinet de Me Lemay. À la suite du retrait d'un de ses deux investisseurs philippins, ALIS n'avait plus de fonds pour poursuivre ses efforts de R-D sur des logiciels en langue arabe. Les deux informaticiens de l'entreprise d'adressent alors à Me Lemay, déjà devenu un homme d'affaires prospère et propriétaire du même immeuble. De 1983 à 1986, Me Lemay réussit à trouver pas moins de 2 millions de dollars de fonds spéculatifs pour maintenir la petite entreprise en vie.

Mais en janvier 1986, c'est la débâcle. ALIS est de nouveau sans le sou et le produit est encore loin d'être terminé. Claude Lemay y a investi 400 000$ de sa poche et a donné sa caution morale aux autres investisseurs, ce qui le place dans une situation délicate car la banque exige de lui des garanties personnelles de 500 000$. Par goût du défi et sous pression financière, il abandonne son entreprise prospère d'une centaine d'employés pour s'occuper à plein temps d'une firme de neuf employés qui compte mettre au point des produits informatiques n'existant nulle part dans le monde. Sans salaire durant les six premiers mois, Claude Lemay organise la gestion, réaligne les objectifs de R-D et entreprend le début de l'offensive marketing.

2. ALIS... au pays des merveilles

Afin de comprendre le reste de cette histoire fascinante, il faut cerner d'abord la nature des produits d'ALIS Technologies Inc.

D'abord, il faut savoir que lorsque les arabes tentent d'utiliser les logiciels nord-américains dans leur version originale, c'est vraiment du «chinois» pour eux.

Saviez-vous aussi qu'il en coûte de 3 à 5 millions de dollars pour traduire et reprogrammer Lotus 1-2-3 en arabe? Et cette tâche énorme nécessite plusieurs années d'efforts de sorte qu'il y a grand risque que lorsque la version traduite est enfin prête, elle est désuète au départ. En effet, le monde merveilleux de l'informatique progresse à un taux époustouflant et est en voie de bouleverser nos vies. Ce milieu technologique connaît une grande effervescence et la demi-vie de ses produits est souvent moins qu'un an.

Le génie informatique consiste donc à concevoir et à mettre au point des logiciels originaux, robustes et ultraperformants dont on peut sauvegarder la cryptologie face à ses concurrents.

L'histoire d'ALIS remonte à 1977 lorsque deux jeunes chercheurs du département d'informatique de l'Université de Montréal, Jean Bourbonnais et Bachir Halimi, parviennent à mettre au point des concepts d'analyse informatisée de langues complexes, telle l'arabe. Ces jeunes chercheurs finissent par fabriquer une machine à écrire avec clavier anglais-arabe, un télex et un terminal anglais-arabe représentant les toutes premières applications de cette recherche.

Arabisation de l'ordinateur

Le tour de force d'ALIS a d'abord été d'arabiser l'ordinateur. Pour comprendre cet exploit, il faut savoir que l'écriture arabe s'effectue de droite à gauche et qu'une lettre peut avoir quatre formes différentes selon son emplacement dans une phrase, ce qui produit un alphabet de 160 signes en arabe. Ces difficultés ont été surmontées grâce à la technologie PLASMA d'ALIS.

PLASMA traite de façon transparente toutes les embûches de la langue arabe en contrôlant la direction de l'écriture de droite à gauche et en déterminant la forme appropriée de chaque caractère. La découverte a été brevetée dans 27 pays, y compris le Canada, les États-Unis, Taiwan et la République populaire de Chine. IBM a bien tenté de s'interposer lors du dépôt du brevet mais sans succès. *«Ce que nous avons réussi à faire,* dit Claude Lemay, *c'est de pouvoir prendre un logiciel anglais et le faire fonctionner en arabe sans aucune opération complexe».* Pour transférer instantanément de l'anglais à l'arabe, l'opérateur n'a qu'à appuyer sur deux touches du clavier. Pour passer à l'arabe ou à tout autre langue étrangère déjà ordonnancée par ALIS, il n'y a aucune modification à apporter à l'équipement ni aux logiciels d'applications. C'est ce que Claude Lemay appelle la *transparence absolue.*

Travailler dans sa langue mais utiliser la technologie de l'Occident

Tel que souligné pour l'arabe, les langues non-latines sont souvent très complexes:

- plusieurs s'écrivent de droite à gauche, avec des symboles qui varient selon leur position dans le mot ou dans la phrase (*comme c'est le cas en ourdou, en farsi ou en arabe*);

- par contre, d'autres langues comme le chinois, le japonais et le coréen s'écrivent en colonnes, du haut vers le bas, ce qui complique singulièrement la mise en page;

- de nombreuses langues utilisent des caractères différents de ceux du latin;

- plusieurs langues font appel à des caractères plutôt qu'à un alphabet (*jusqu'à 5000 caractères en japonais, 6640 en chinois traditionnel en R.P.C. et jusqu'à 20 000 en chinois à Taiwan*) ou emploient un grand nombre de symboles (*160 en arabe*).

D'autre part, les nationalismes culturels doivent composer avec la globalisation de l'économie et la mondialisation des marchés:

- même si l'anglais est devenue la *lingua franca* des affaires, et surtout de la technologie, les peuples tiennent de plus en plus à préserver leur langue et leur culture;

- en Europe, on mène souvent les affaires ou des activités culturelles ou scientifiques simultanément en plusieurs langues (*par exemple en anglais, en français, en allemand ou en espagnol ou italien*);

- les clients de pays orientaux veulent être capables de faire appel en même temps aux langues latines et non-latines sur un même ordinateur, ce qui exige des capacités intégrées de gauche à droite et de droite à gauche; en effet, plus de 90% des logiciels d'application dans le monde sont écrits en anglais ou en une autre langue occidentale, i.e. de gauche à droite;

- enfin, les résidents de l'Europe, du Moyen-Orient et de l'Asie veulent se servir de leur propre langue en plus d'avoir recours à l'anglais; dans certains pays, l'usage de la langue nationale est même obligatoire et prescrit par la loi;

- l'effondrement en 1991 du Bloc des pays de l'Est n'a fait que multiplier les pressions pour un *environnement multilingue.*

Il faut aussi tenir compte du fait que la reprogrammation d'un logiciel d'application (*ex. Turbo-Pascal, Lotus, DBase*) pour un milieu de langue étrangère complexe coûte généralement très cher (*2-3 millions de dollars*) et prend beaucoup de temps, avec risque de pénétration par des concurrents. Par exemple, on devra dépenser entre 50 000$ et 100 000$ pour rendre un logiciel écrit en anglais accessible en allemand; mais pour rendre le même logiciel disponible en chinois, il pourrait en coûter jusqu'à 5 millions de dollars... et plusieurs années, juste le temps pour qu'une nouvelle version concurrente fort améliorée devienne disponible! Et va-t-on réécrire les quelque 30 000 logiciels existants?

De la Tour de Babel à l'informatique de pointe

Les produits d'ALIS semblent promis à un brillant avenir et la croissance de l'entreprise qui est maintenant de 100% par année, a de bonnes chances de se maintenir.   Ces produits arrivent à point car l'interdépendance politique mondiale, la globalisation de l'économie et l'internationalisation des marchés imposent un besoin accru de communication entre les peuples, les firmes et les individus.   En contrepartie, tel qu'évoqué plus haut, les particularismes nationaux se font de plus en plus sentir et les idéologies des peuples cherchent toujours à s'affirmer.

L'ordinateur permet maintenant de réaliser des merveilles, qui font de plus en plus penser à l'intelligence humaine.   Même le PC, l'ordinateur personnel, est maintenant pourvu d'une puissance de calcul et d'une mémoire dépassant de beaucoup les capacités de l'énorme ENIAC, le premier ordinateur **"mainframe"** d'un poids de 30 tonnes (!), rendu opérationnel en 1946.   ALIS capitalise donc sur les progrès de la micro-électronique et de l'informatique, ainsi que sur les nouvelles opportunités qu'offre la mondialisation des échanges de toutes sortes.

Les produits d'ALIS sont essentiellement de deux catégories:

1. **Des systèmes d'exploitation multilingue des ordinateurs personnels (PC).** Sous forme de disquettes de PC, cette technologie fournit le code source nécessaire à la transposition d'un logiciel en une autre langue que l'anglais, avec toutes les caractéristiques d'orthographe, de symboles et d'écriture que cette langue exige, par exemple en arabe, en chinois, etc.   Cette technologie permet d'utiliser l'information standard des logiciels courants et de la réorganiser de façon à fournir à l'usager la représentation qui lui convient le mieux et entièrement conforme à l'esprit et la lettre de sa langue *(par exemple, en arabe le début d'une page se trouve en haut à droite au lieu d'à gauche).*

2. Des terminaux et des imprimantes laser. Ces équipements destinés aux ordinateurs "mini" et "mainframe" incorporent la technologie d'ALIS grâce à l'insertion, dans leurs microprocesseurs, de microcodes secrets constituant le coeur du système PLASMA d'ALIS.

Alors que les systèmes d'exploitation d'ALIS, qui fonctionnent en MS-DOS (*voir la Section 4 sur Microsoft*), sont vendus sous forme de licences aux grands manufacturiers originaux d'ordinateurs PC (*"Original Equipment Manufacturers" ou "OEM"*) qui les incorporent dans leur quincaillerie, les terminaux et les imprimantes sont fabriqués pour le compte d'ALIS et vendus directement par elle à travers le monde. Ce marché des "périphériques" est loin d'être négligeable: par exemple, 90 % du marché informatique au Moyen-Orient est occupé par les "mini" et les "mainframe", alors qu'aux Etats-Unis c'est l'inverse, les PC comptant pour 90 % du marché. Alternativement, ALIS vend aux OEM de "mini" et "mainframe" son enfichage PLASMA, lequel est incorporé par eux dans leurs périphériques.

Pour demeurer leader dans son domaine, ALIS doit se tenir au courant de tout ce qui se passe dans le monde, non seulement en programmation informatique, mais aussi en fabrication d'ordinateurs de diverses tailles et de leurs périphériques. C'est ce qui permet à ALIS de trouver les meilleurs partenaires, par exemple, IBM, HP, DEC, NCR, ICL et Wang pour les "mini" et les "mainframe", et Microsoft pour le code source. C'est ainsi qu'elle fait fabriquer à Taiwan ses claviers de terminaux destinés aux pays de l'Est, alors que les terminaux eux-mêmes sont fabriqués en Corée du Sud et les imprimantes laser aux États-Unis.

En somme, selon la phrase lapidaire du président d'ALIS: **"Ce qu'on a réussi à faire, c'est de permettre à tout logiciel du monde occidental de micro, de "mini" et de "mainframe" de fonctionner en arabe ou en tout autre langue étrangère déjà ordonnancée par ALIS, et ce, directement à partir de l'anglais".**

3. Des défis à couper le souffle

Le cheminement de Claude Lemay au sein d'ALIS est jalonné par une série ininterrompue de défis à relever. On peut les résumer comme suit, avec la leçon que Claude Lemay en tire dans chaque cas:

Au niveau gestion

Défi: Assurer un management professionnel de haut calibre.

Solution: Convaincre un des vice-présidents de Hewlett-Packard (Canada) Ltd. (2500 employés) de se joindre à ALIS (alors 19 employés) et lui confier la direction des opérations.

Recruter un spécialiste du marketing en la personne du président de ICL Computers (Canada) avec une grande expérience internationale.

Leçon: *«La planification stratégique est l'outil de croissance le plus important pour l'entreprise.»*

Au niveau financement

Défi: Obtenir un financement suffisant.

Solution: Trouver des investisseurs privés et institutionnels en ayant recours à ses amis et ses anciens clients.

Leçon: *«Ne jamais considérer un "non" comme définitif. La persévérance est le meilleur atout.»*

«Un entrepreneur doit comprendre qu'il vaut beaucoup mieux pour lui (elle) de détenir 25% d'une entreprise de 400 millions de dollars que 60% d'une firme de 10 millions de dollars.»

Au niveau produit

Hypothèse: Les gens désirent travailler dans leur langue maternelle mais veulent utiliser la technologie occidentale de pointe qui, pour l'informatique, est rédigée en anglais.

Défi: Comment faire en sorte qu'un logiciel occidental, rédigé en anglais et s'écrivant de gauche à droite, puisse être facilement transposé dans une langue étrangère complexe, par exemple avec un alphabet de 160 signes et une écriture se lisant de droite à gauche, avec des caractères qui changent de forme et de grosseur selon la grammaire et leur position dans un mot (*cf. Section 2*).

Solution: Charger l'inventeur du système anglais-arabe de créer une extension fonctionnelle du MS-DOS afin d'assurer la transposition automatique de l'anglais à l'arabe, et lui confier toute la responsabilité de la R-D, y compris le développement de terminaux et d'imprimantes appropriés.

Leçon: *«Être à l'écoute du client est toujours source d'enrichissement, au propre comme au figuré.»*

Au niveau marketing

Défi: Ouvrir de nouveaux marchés car les conflits politiques au Moyen-Orient causent l'effondrement des ventes en 1991.

Solution: Développer des périphériques parfaitement adaptés au système PLASMA d'ALIS et au MS-DOS de Microsoft.

Leçon: *«Tout est dans le timing.»*

               «Ne jamais sous-estimer l'importance de s'allier des partenaires de prestige. En telle compagnie, bien des portes s'ouvriront d'elles-mêmes.»

Au niveau stratégie

Défi: Faire face à l'imprévisible. La guerre du Golfe Persique en janvier 1991 cause l'effondrement du marché arabe, qui avait toujours été la pierre angulaire de la stratégie d'ALIS.

Solution: Profiter de la Foire internationale d'Hanovre de 1991 pour présenter un nouveau produit spécifiquement conçu pour les besoins du marché européen, soit un terminal de 7 bits et 8 bits multilingue utilisant les langues occidentales, y compris celles des ex-pays de l'Est, et pouvant utiliser n'importe quel logiciel écrit en anglais.

Leçon: *«Ne jamais prendre un marché pour acquis. Innover constamment.»*

4. Un David parmi les Goliaths

ALIS doit nécessairement oeuvrer à l'échelle de la planète et composer avec les géants de l'industrie hyperpuissante des ordinateurs. Comment une PME québécoise peut-elle donc se positionner parmi les Goliaths de l'informatique?

À bien y penser, il n'y a qu'une solution: offrir un produit unique, nettement supérieur à tout ce qui existe aux yeux des usagers, et conclure des alliances stratégiques avec le plus grand nombre possible de multinationales oeuvrant dans la même industrie.

Positionnement dans les marchés

Dès l'entrée en scène de Claude Lemay, qui a toujours eu une perspective internationale, ALIS a cherché à conclure des ententes avec des fabricants d'ordinateurs et de logiciels:

- en implantant la technologie ALIS dans les produits des fabricants de première source ("OEM"),

- en vendant aux OEM des terminaux vidéos et imprimantes spécialement conçus par ALIS et fabriqués en Asie pour son compte.

Voici quelques-unes des réalisations d'ALIS à ce chapitre:

Microsoft

Après 18 mois de négociations et autant de voyages à Seattle, Claude Lemay et son équipe de management réunissent, le 25 septembre 1987, à convaincre la direction de Microsoft de conclure une entente avec ALIS pour fusionner la technologie PLASMA d'ALIS au fameux système d'opération MS-DOS faisant la fortune de Microsoft. Fin et patient négociateur, Claude Lemay réussit à convaincre Microsoft de lui céder d'importantes royautés sur toute vente de micro-ordinateur incorporant le nouveau système MS-DOS arabique d'ALIS fonctionnant de droite à gauche, dont la mise au point fut terminée un an plus tard.

Digital Equipment Corporation (DEC)

Me Lemay est un fonceur et ne se décourage pas facilement. Pendant un an, il essaie de convaincre les dirigeants de DEC à Boston, Londres et Paris de distribuer son produit dans les pays arabes, cette compagnie étant solidement établie au Moyen-Orient et fournissant plus de 90% des terminaux vendus dans cette région. De guerre lasse et devant le refus répété des dirigeants des DEC, les spécialistes du marketing d'ALIS revêtent leur burnous et se rendent au Liban, en Iran et en Iraq et autres pays arabes où il réussissent à convaincre 60% des distributeurs locaux de vendre le terminal ALIS et ce, en dépit de la menace de DEC de suspendre ses livraisons d'ordinateurs et de terminaux. De guerre lasse, DEC finit par céder, pour n'utiliser en définitive que le terminal d'ALIS à compter de 1989.

Olivetti

En septembre 1989, Olivetti commande à ALIS une version de son MS-DOS arabique qui soit compatible avec l'adapteur d'affichage d'Olivetti. Depuis, cette firme en a commandé plus de 5000 copies. En janvier 1990, ALIS a commencé à fournir des terminaux et imprimantes pour les systèmes de mini-ordinateurs d'Olivetti au Moyen-Orient.

Philips

En décembre 1989, ALIS complétait l'arabisation du terminal de micro-ordinateur de Philips et commençait à fournir à cette multinationale toutes ses imprimantes destinées au monde arabe.

Texas Instruments

En février 1989, ALIS concluait une entente avec Texas Instruments (TI) qui lui permit d'équiper les terminaux vidéo de TI avec la technologie PRISME d'ALIS. Dorénavant, tous les mini-ordinateurs TI destinés au monde arabe seront pourvus des terminaux et imprimantes ALIS.

NCR

À l'instar de nombreux autres fabricants d'ordinateurs, NCR a adopté depuis le début de 1990 les produits ALIS pour ses ordinateurs destinés au monde arabe.

Hewlett-Packard

En mars 1990, H.P. et ALIS lancèrent conjointement l'imprimante HP LaserJet III à Dubai, Émirats Arabes. On sait que H.P. est le leader mondial des imprimantes laser.

Unisys

Depuis 1990, ALIS fournit tous les terminaux et imprimantes pour les ordinateurs d'Unisys au Moyen-Orient.

Et plusieurs autres ententes commerciales forts intéressantes pourraient être citées...

5. Quand les bombes pleuvent

Tout allait bien pour ALIS, quand survint la catastrophe en janvier 1991. La guerre du Golfe Persique venait d'être déclenchée et personne n'avait la moindre idée combien de temps elle allait durer. Les ventes d'ALIS dans cette région qui représentait 95 % de son marché ont vite descendu en flèche et l'avenir d'ALIS était sombre.

Fort heureusement, à cette même période ALIS entendit parler de la grande foire internationale d'informatique à Hanovre, en Allemagne. En mettant les bouchées doubles, ALIS réussit en moins de 60 jours à produire un terminal multilingue à l'intention des pays de l'Est. Le produit attira l'attention de beaucoup de visiteurs.

La technologie d'ALIS s'inscrit directement dans l'inévitable courant de la mondialisation des marchés. Ainsi, l'émergence particulière en Europe de réseaux de grande amplitude (WAN) a créé un nouveau besoin pour les multinationales, soit la possibilité d'utiliser une seule banque de données centrale, ORACLE par exemple, tout en fonctionnant simultanément dans plusieurs langues: le français au bureau de Paris, l'anglais au bureau de Londres, l'allemand à celui de Francfort, le polonais à celui de Varsovie, le russe au bureau de Moscou, l'espagnol à celui de Madrid, et ainsi de suite. Actuellement, le terminal multilingue d'ALIS (MLVT) est le seul dans le monde qui puisse fonctionner dans toutes les langues européennes et qui puisse traiter de façon transparente les logiciels d'application de 7 ou 8 bits. C'est le *nec plus ultra* de la fonctionnalité multilingue.

En plus des langues européennes et de l'arabe, les produits d'ALIS fonctionnent en cyrillique, de même qu'en farsi et en ourdou. Non seulement font-ils appel à un grand nombre de caractères ou de symboles, mais ils peuvent aussi changer facilement de caractères, par exemple du latin au grec, et ils fournissent les accents voulus, par exemple l'umlaut en allemand.

En plus de sa technologie PLASMA pour le traitement des caractères, ALIS a développé une nouvelle technologie de base, appelée PLANET, qui permet de traiter simultanément les caractères et les graphiques, tel que rendu possible par le système Macintosh d'Apple, de Microsoft et l'OS/2 d'IBM. Le traitement graphique est d'une importance particulière pour ALIS car nombre de langues non-latines accordent beaucoup d'importance à la qualité calligraphique des textes. Grâce à sa technologie PLANET, ALIS peut fournir des graphismes d'écriture de grande qualité, par exemple en arabe, en japonais ou en chinois.

Voyant l'intérêt dans cette nouvelle technologie, la grande société Fujitsu a approché ALIS afin d'utiliser le même principe par des terminaux japonais. Parallèlement, ALIS s'apprête à pénétrer l'immense marché chinois. Comme quoi la vision de l'équipe du management mène très loin...

Enfin, dans ses efforts de diversification, ALIS a développé récemment un tout nouveau produit, soit une interface de communication entre ordinateurs 7 bits et 8 bits, avec IBM comme premier client.

6. Une stratégie de leadership

ALIS a deux buts principaux:

1. Être le premier fournisseur mondial de technologie informatique multilingue.

2. Et pour ce faire, devenir une compagnie publique de grande taille qui saura maintenir sa position de leader mondial et continuer de fournir des produits multilingues efficaces et durables.

Pour ce faire, ALIS poursuit une stratégie à trois volets:

1. Maintenir sa supériorité technologique en continuant d'investir dans le développement de nouvelles technologies et de nouveaux produits. À ce jour, ALIS a investi pas moins de 10 millions de dollars dans le développement de nouveaux produits et plus de 5 millions de dollars dans le marketing. Ses dépenses courantes de R-D équivalent à environ 15% de ses ventes.

2. Assurer la distribution de ses produits en vendant directement aux OEM d'ordinateurs et de logiciels, ou en passant par son réseau de distributeurs internationaux.

3. Établir des relations privilégiées avec des usagers ultimes influents afin de stimuler la demande pour ses produits et demeurer en rapport étroit avec les marchés et les besoins de la clientèle.

Relativement au premier volet de sa stratégie, ALIS a développé au cours des dernières années une gamme impressionnante de produits convenant à une grande variété de besoins et d'usagers. Ces produits comprennent une série de logiciels spécialisés pour micro-ordinateurs, de même que des imprimantes et des terminaux multilingues pour micro-, mini- et macro-ordinateurs (*"mainframe"*).

En ce qui concerne le volet **ventes** de sa stratégie, ALIS compte de nombreux partenaires prestigieux et très influents, dont Microsoft, Oracle, DEC, Olivetti, Philips, Texas Instruments, NCR, Hewlett-Packard, Unisys, Data General, Ashton-Tate, Santa Cruz Operations et, récemment, IBM.

ALIS s'est donné un réseau international de distributeurs dans 15 pays du Moyen-Orient et de l'Afrique du Nord et a établi des relations avec des revendeurs internationaux de périphériques d'ordinateurs au Canada, aux États-Unis et en Europe afin de mieux desservir les marchés asiatiques et européens, en plus de ceux du Moyen-Orient.

Enfin, par le troisième volet de stratégie, ALIS a établi d'étroites relations d'affaires avec des organisations commerciales ou paragouvernementales dans nombre de pays, ce qui lui facilite l'accès à d'autres clients du monde arabe. Il s'agit, par exemple, de SCECO, la compagnie nationale séoudite d'électricité, de la Banque Nationale d'Égypte (*le 2ᵉ plus gros client d'IBM au Moyen-Orient*), et de l'ENSI, l'agence responsable de toutes les importantes d'ordinateurs et de logiciels en Algérie. C'est ainsi par exemple que les produits ALIS sont devenus standards en Algérie.

La stratégie commerciale d'ALIS s'étend par trois fronts principaux:

1985 à 1991:   marchés arabes du Moyen-Orient

| depuis 1991: | marchés multilingues des pays de l'Europe de l'Est et de l'ex-URSS |
| à partir de 1992: | marchés immenses de la Chine (RPC), de Taiwan, du Japon et de la Corée. |

7. Une organisation souple

L'effectif d'ALIS est d'une très haute technicité puisque 30 des 35 employés sont des informaticiens ou ingénieurs, y compris le chef de la direction qui est passé de la pratique du droit à celle de l'informatique. Ces employés sont de onze nationalités différentes et parlent 14 langues étrangères.

L'organisation d'ALIS est souple, afin de répondre rapidement et adéquatement aux besoins d'une clientèle très cosmopolite à travers le monde. Les cadres supérieurs de l'entreprise ont une longue expérience du monde des affaires: le président et chef de la direction est avocat polyglotte, très versé dans les affaires internationales; le vice-président au marketing et aux ventes est un ingénieur mécanicien d'origine écossaise avec 25 années d'expérience en gestion d'une société informatique en poste en Malaisie, en Egypte, en Inde, aux Émirats Arabes Unis, puis finalement au Canada; le vice-président à la R-D est un informaticien québécois francophone avec plus de 10 ans d'expérience en informatique multilingue. Enfin, la troisième direction d'ALIS est celle de la finance et de l'administration, dirigée par un B.A.A. et M.Sc. (Finance), avec 14 années d'expérience préalable en administration et gestion financière lorsqu'il s'est joint à ALIS.

Les informaticiens et ingénieurs d'ALIS sont quotidiennement en contact avec les quelque 30 représentants de l'entreprise dans autant de pays étrangers. À quelques heures d'avis ils peuvent s'envoler pour une de ces villes lointaines pour résoudre un problème technique ou pour dénicher un nouveau marché.

Bien que les lignes de responsabilité soient clairement établies, l'organisation est peu formelle, collégiale, avec beaucoup de communication entre tous les paliers de l'entreprise.

8. Sept règles en or

Avec l'humour et la bonne humeur qui le caractérisent, Claude Lemay se définit comme "*un avocat qui a mal tourné*". En vérité, peu d'avocats peuvent se vanter d'avoir fouillé autant les dédales mystérieux de l'informatique et de transiger des affaires en autant de langues étrangères. Surtout, il faut un courage et une éloquence extraordinaires et une grande persévérance, pour s'être gagné autant d'alliés puissants, tant du côté des financiers de capitaux de risque que des grands fabricants OEM d'ordinateurs et des puissantes firmes de progiciels. Non, Me Lemay a bien tourné!

Même s'il est le premier à admettre que la partie n'est pas encore gagnée et que d'autres crises comme la guerre du Golfe Persique de 1991 peuvent de nouveau ébranler son entreprise, Me Lemay peut néanmoins se vanter d'avoir mis sur pied une petite équipe gagnante dans un monde dominé par des Goliaths.

Passionné, visionnaire, obstiné, que cet homme à l'allure joviale. Pour lui, la réussite présente et future d'ALIS tient à sept règles en or:

- *Allez chercher à l'extérieur les gestionnaires chevronnés qu'il vous faut et convainquez-les de se joindre à vous.*
- *Attirez des investisseurs importants.*
- *Accordez beaucoup d'importance à la planification stratégique.*
- *Persévérez, ne lâchez jamais!*
- *Restez humble et modeste.*
- *Contrôlez vos dépenses.*
- *Occupez-vous de vos clients.*

9. Conclusion

Chose certaine ALIS ne serait pas devenue ce qu'elle est n'eussent été son équipe du tonnerre et le pouvoir de persuasion remarquable de Me Lemay.

Il fallait notamment beaucoup d'argent pour financer les projets de R-D de l'entreprise. Or, c'est grâce aux ressources personnelles de Claude Lemay et de celles de ses amis que le financement de départ put être assuré. Les banques, *"ces parapluies quand il fait soleil"* comme Claude Lemay les appellent, ne voulaient pas investir dans une entreprise qui perdait alors entre 50 000$ et 100 000$ par mois. L'entregent et le pouvoir de persuasion de Claude Lemay lui permirent d'obtenir tout de même 4 millions de dollars d'un investisseur californien qui, soit dit en passant, était financé par... une banque de Montréal! Pendant longtemps, le sous-financement demeura un problème majeur par ALIS. L'entreprise dut investir pas moins de 9 millions de dollars avant de pouvoir atteindre la rentabilité. Pour Me Lemay «*il ne faut pas avoir peur de s'associer avec quelqu'un, surtout si l'entreprise est en difficulté financière*».

Il ressort de l'expérience d'ALIS que les valeurs sûres pour partir une nouvelle entreprise de haute technologie sont:

- avoir une technologie nettement supérieure à tout ce qui existe, et un produit unique protégé par brevet;

- savoir où on s'en va et préparer un plan d'affaires;

- avoir des gestionnaires expérimentés et compétents;

- avoir une bonne vision d'affaires et connaître très bien ses marchés; et enfin

- avoir un conseil d'administration très fort.

Pour Claude Lemay, «*on ne naît pas entrepreneur, on le devient. Et ce, en développant son sens du leadership*». Pour cet entrepreneur qui s'est fabriqué lui-même, le monde des affaires n'est qu'un grand carré de sable où les enfants s'amusent!

* * * * * *

CAS N° 18
VIRTUAL PROTOTYPES INC.

1. **SECTEUR:**   Produits informatiques

2. **NATURE DES PRODUITS:**   Interfaces homme-machine virtuels

3. **ANNÉE DE FONDATION:**   1985

4. **PROGRESSION DES VENTES:**
   (fin d'exercice: 30 nov.)

1985	nil
1986	600 000$
1987	1 500 000$
1988	3 700 000$
1989	5 600 000$
1990	8 700 000$

5. **RÉPARTITION DES VENTES EN 1989:**

Québec	1%
Reste du Canada	8%
États-Unis	33%
Reste du monde	58%

6. **DÉPENSES COURANTES DE R-D:**   70% des ventes

7. **NOMBRE D'EMPLOYÉS:**   75 (âge moyen: 30 ans) dont 55 ingénieurs et informaticiens

8. **PERSONNEL DE R-D:**   40 (tous professionnels)

9. **PRÉSIDENT:**   Eugène Joseph (39 ans)

10. **RÉPARTITION DU CAPITAL-ACTIONS:**   Président-propriétaire

11. **AVOIR DES ACTIONNAIRES:**   1 088 000$

12. **VALEUR DES ACTIFS:**   2 747 000$

13. **ADRESSE DE LA COMPAGNIE:**   5252, boul. Maisonneuve
    Montréal (Qué.) Canada
    H4A 3S5

    Tél.   :   (514) 483-4712
    Fax   :   (514) 483-1231

TABLE DES MATIÈRES

Page

1. UN INNOVATEUR NATUREL 281

2. UNE PERCÉE TECHNOLOGIQUE 282

3. UN MARCHÉ PLANÉTAIRE 284

4. LA PASSION DE LA VENTE 285

5. UNE GESTION SANS DÉTOURS 286

6. BIEN GÉRER LA CROISSANCE 286

7. LES SECRETS DE LA RÉUSSITE 288

En entrepreneurship, les contes de fée ne courent pas les rues, surtout ceux qui se rapportent aux entreprises de haute technologie. Néanmoins, lorsqu'on examine les performances industrielles de certaines entreprises, on s'aperçoit qu'elles ont inscrit dans l'histoire des développements très réussis qui, à la différence de nos berceuses d'antan, ont lieu dans le monde réel. L'histoire de VIRTUAL Prototypes Inc. (VPI) est de celles qui fascinent.

Il était une fois une innovation majeure qui s'appelait VAPS: une nouvelle technologie de simulation virtuelle d'interfaces homme-machine. Son arrivée dans le marché fut un coup de foudre. Clou du spectacle au 39e congrès national de l'Aérospatiale et de l'Électronique réunissant les grandes compagnies d'aérospatiale, la NASA et les forces armées américaines à Dayton, Ohio, en mai 1987, elle continue d'attirer, bon an mal an, les foules scientifiques à toutes les foires (Foire aérienne de Paris, SIGGRAPH Computer Graphics Conference, Human Factors Show, etc.).

VPI s'adresse à un marché énorme: 60 de ses clients ont un chiffre d'affaires dépassant le cap du milliard de dollars! Les applications extraordinaires de la technologie de VIP révolutionnent le monde du prototypage et des interfaces homme-machine. La montée fulgurante de VPI lui vaut, en 1988, la **palme d'or dans la catégorie Innovation du Prix du Canada pour l'excellence en affaires.**

Le chiffre d'affaires de VPI, entreprise située à Montréal, double à chaque année: de 600 000$ en 1986 il dépassera vraisemblablement 10 millions de dollars en 1990. Les prévisions les plus conservatrices entrevoient déjà le cap des 50 millions de dollars en 1995.

Eugène Joseph, le père de la technologie VAPS et l'heureux président de VPI, nous raconte l'ascension de son météore: une firme qui, avec ses cinq années d'existence, est déjà dans le panthéon des PME technologiques à succès.

1. Un innovateur naturel

Eugène Joseph qui, dès l'âge de 14 ans, concevait son premier logiciel informatique, avoue avoir pensé, bien avant leur invention, aux disques optiques et aux systèmes CAD/CAM. Il est dommage, dit-il, qu'à l'époque, il n'ait pas eu un sou. Mais sa propre innovation, la technologie VAPS, promet maintenant de le mener très loin.

Né en Roumanie en 1951, Eugène Joseph a bourlingué à travers le monde. Il obtint un mineur en mathématiques appliquées et en informatique en 1976 à l'Université de Tel-Aviv. Une expérience de 5 ans dans les centres d'informatique de l'armée israélienne lui permet ensuite de rentrer dans le prestigieux Institut Weizmann pour entreprendre des études supérieures en informatique. Tout en poursuivant ses études, il travaille à l'optimisation des transports aériens en Israël et se spécialise dans la micro-informatique pour systèmes embarqués de l'aérospatiale, de même dans les systèmes de contrôle et la programmation en temps réel. En 1979, il fait la connaissance d'une charmante québécoise qui deviendra tôt après son épouse. Il décide alors d'émigrer au Canada où il travaillera chez le Groupe DMR, puis chez Marconi Canada à Montréal où il devient directeur des logiciels dans la division d'Avionique.

Sa passion pour l'informatique ne se dément pas. Il dirigera un projet d'expansion du nombre des terminaux et de formatage des écrans de saisie pour le compte de Loto-Québec. Sa soif d'indépendance et l'appel de l'entrepreneurship le poussent ensuite à créer «Consultation Softec», une firme d'expertise-conseil qui vivotera pendant quelques années.

Puis, au cours de l'été 1985, fort de 16 années d'expérience en informatique de pointe, lui vint l'idée brillante d'une nouvelle technologie pour construire rapidement à l'écran des prototypes virtuels de systèmes avioniques, des tableaux de bord d'aéronefs et toutes sortes d'autres interfaces homme-machine. Ce projet lui avait été inspiré par son expérience de l'aéronautique militaire et de l'informatique dans le transport aérien. Initialement désigné HIPS, «Human Interface Prototyping System» mais jugé trop freudien, l'acronyme de la nouvelle technologie devint VAPS pour signifier *«Virtual Avionics Prototyping System»*. Dès la mi-1985 la nouvelle compagnie VIRTUAL Prototypes Inc. était née et se voyait quelques mois plus tard octroyer un prêt, contre redevances, de 555 000$ de la part de l'Agence québécoise de valorisation industrielle de la recherche (AQVIR) dans le but de développer la nouvelle technologie VAPS et faire les ajustements nécessaires à sa commercialisation dans le monde entier. Un autre élément déclencheur du succès fut l'octroi, en 1986, par le ministère de la Défense nationale du Canada, d'un contrat de 817 000$ pour tester et valider la nouvelle technologie.

Il est intéressant de noter qu'Eugène Joseph, sûr de lui, s'est lancé dans cette aventure en se fiant essentiellement à ses connaissances et à son expérience dans les domaines analogues. Son surplus accumulé de Softec lui permit d'investir au départ pas moins de 55 000$ dans cette nouvelle entreprise qui devait par la suite absorber toutes ses énergies. Le premier plan d'affaires qu'il prépara au début de 1985 lui permit de poser les jalons essentiels au développement de la technologie VAPS et de franchir avec succès l'étape toujours très difficile du financement initial.

2. Une percée technologique

Dans le domaine militaire et plus particulièrement celui de l'aéronautique, la technologie VAPS fut accueillie comme une révolution.

Ce simulateur d'interface homme-machine est virtuel en ce sens qu'il implique uniquement l'interaction dynamique avec un écran graphique, simulant ainsi tout un éventail d'équipements réels. On élimine de cette façon tous les délais de prototypage mécanique qu'impliquent les systèmes hardware, ainsi que les énormes efforts d'adaptation pour chaque configuration.

VAPS est implantée sur des systèmes à temps réel sur des postes de travail graphiques. Il permet l'interaction avec un environnement donné en:

- restituant le comportement de l'environnement;
- produisant des animations sur écran;
- simulant totalement l'interfaçage entre l'homme et la machine;
- permettant l'entrée de données et la reconfiguration par l'opérateur;
- et en conversant avec tout autre environnement pertinent.

L'avantage majeur de VAPS est sa flexibilité d'opération. En effet, chaque prototype peut être interfacé avec les propres simulations existantes, ce qui permet une évaluation dynamique du système dans un très court laps de temps. VAPS permet ce qu'on appelle le prototypage rapide et évolutif.

Il offre un système de simulation visuelle que les grands avionneurs ne peuvent plus se permettre de ne pas acheter. «*Grâce à notre système*, dit Eugène Joseph, *ce qui pouvait prendre deux ans peut se faire maintenant en quelques jours*». On peut dessiner sur écran informatique les diverses composantes qui apparaîtront sur un tableau de bord. En reliant ce tableau à des données d'évolution, on peut ensuite voir le comportement simulé dans la réalité. «*Les simulateurs de vol développés par CAE Électronique sont peut-être beaucoup plus complets mais leur conception nécessite un délai énorme et leur coût dépasse largement le million de dollars. VAPS est beaucoup plus flexible et un système de base se vend entre 50 000$ et 500 000$.*»

C'est une technologie générique qui augmente la productivité par un facteur variant entre 8 et 25. Grâce à son premier achat fait au début de 1987, la Corporation Northrop Aircraft de Californie affirme pouvoir travailler dix fois plus vite.

Le système VAPS est fascinant. Il allie l'intelligence artificielle, la conception assistée par ordinateur et la simulation en temps réel. Son contenu technologique est, à tout le moins, impressionnant et pourtant, son utilisation est remarquablement simple.

Le système comporte quatre modules:

- L'éditeur graphique qui permet de «virtualiser» le hardware, i.e. d'en faire une représentation graphique qui soit fonctionnelle, ainsi qu'un éditeur de fontes qui affiche tous les caractères numériques et alphanumériques spéciaux.

- L'éditeur logique qui prépare la gestion des événements commandés par l'opérateur ou entraînés par l'environnement.

- L'éditeur d'intégration qui relie graphiquement les objets créés aux données-sources de l'environnement simulé.

- Le système d'exécution qui permet d'arrimer le prototype.

Le coup de génie, c'est que le système génère ses propres codes. À partir de l'étape de prototypage, le système VAPS fournira lui-même les logiciels nécessaires pour faire fonctionner l'interface dans un environnement d'équipement réel. C'est une caractéristique que nombre d'informaticiens ont tenté de créer à cause du gain énorme de temps de programmation.

Pour maintenir son avance aux frontières de la technologie et maintenir sa position de leader, l'entreprise doit investir beaucoup dans la R-D.

«Si nous faisons de la R-D, c'est pour être là demain, affirme Eugène Joseph, *et ce n'est pas une chose que nous faisons à la légère».* En fait, 70% des ventes sont réinvestis dans la R-D. Sur les 75 employés de la compagnie, 40 sont engagés dans la R-D et la plupart sont titulaires d'une maîtrise en informatique. L'âge moyen est de 30 ans. Chaque nouvelle recrue reçoit une formation intensive et doit maintenir constamment ses connaissances à jour en participant à des congrès et en parcourant les revues scientifiques et les périodiques spécialisés.

Le processus interne de R-D suit un chemin évolutif crucial:

- identification des besoins et repérage des clients potentiels;

- design extrêmement rapide;

- tests dans un environnement dynamique;

- adaptations et évolution dans des conditions réelles.

De cette manière, le temps de réponse aux besoins du marché est réduit au minimum et la fiabilité des solutions est optimale. Avec des produits qui sont en fait des cartouches de logiciel, le pourcentage de valeur ajoutée est de 100%. VIRTUAL Prototypes ne peut alors se permettre un seul faux pas.

3. Un marché planétaire

Les noms des clients sont confidentiels. On devine toutefois qu'ils comprennent les principaux fournisseurs pour l'industrie militaire et les grandes corporations technologiques.

La compagnie est présente dans toutes les régions du globe. Sa récente percée au Japon, à Singapour et en Corée du Sud, l'extension de ses activités en France et en Italie ainsi qu'en Allemagne, Angleterre et Suède, et le fait que 91% de ses ventes se font hors Canada ont amené la compagnie à raisonner en termes planétaires. Eugène Joseph passe le quart de son temps à voyager. Ses représentants couvrent les principales foires technologiques et expositions internationales. Le système téléphonique, qui a déjà été remplacé trois fois, ignore le décalage horaire et ne dérougit pas de la journée. Tout cela parce qu'une étude indépendante de Venture Economics a identifié VIRTUAL Prototypes comme étant le leader mondial dans le domaine du prototypage. La demande du marché est d'autant plus forte que la compagnie oeuvre jusqu'à présent en solitaire. Ceux qui travaillent dans le même secteur (*SIL Corp. et VI-Corp. aux États-Unis et CAE Électronique au Canada*) utilisent des technologies différentes qui ne font tout simplement pas le poids.

VAPS, de plus, s'adresse à un marché de masse dans la mesure où le système est applicable dès qu'il y a un interfaçage homme-machine interactif: que ce soit dans l'aviation, dans le domaine maritime (i.e. les sous-marins), dans le contrôle du trafic aérien ou plus simplement dans le domaine du transport terrestre.

4. La passion de la vente

Alors que nous nous apprêtions à l'interviewer, Eugène Joseph venait de conclure un contrat de 100 000$ par téléphone. Levé à 5 heures du matin pour compenser le décalage horaire, il déclarait: *«La vente, c'est pas honteux!»*. Et d'ajouter: *«Les meilleurs ingénieurs, ceux que je valorise le plus, ce sont ceux qui sont capables de faire du marketing tout en demeurant attachés à la R-D».*

VIRTUAL Prototypes se veut résolument tournée vers le marché, une entreprise dans laquelle Eugène Joseph affirme avec fierté qu'il n'a pas de comité scientifique consultatif sur lequel siègerait quelque sommité du monde scientifique ou du management. Ce sont les clients qui y siègent tous les jours!

Les problèmes du marketing sont abordés avec beaucoup de respect. Vendre quelque chose de nouveau n'est jamais facile, surtout si le contenu technologique est très élevé. C'est pourquoi les vendeurs de VPI sont des ingénieurs et techniciens aux talents de communicateurs. Leur approche est simple: laisser voir comment ça marche et surveiller l'utilité pour le client. Eugène Joseph décrit le processus de vente en quatre questions lapidaires:

- *Est-ce le bon moment pour approcher ce client?*

- *A-t-il de l'argent?*

- *A-t-il vraiment un besoin?*

- *Quelles sont les personnes-clé à qui parler?*

En France, dit-il, ce sont les ingénieurs qui achètent mais les entreprises mettent du temps à payer. Au Japon, les spécifications techniques doivent être rigoureuses et il ne faut jamais promettre la lune quand on ne l'a pas. La réputation est trop importante. Il faut connaître chaque segment du marché.

Chez VIRTUAL Prototypes, chaque ingénieur est régulièrement envoyé en mission pour faire des présentations à des clients potentiels. De cette manière, affirme Eugène Joseph, il descend de sa tour d'ivoire et acquiert une sensibilité à la dimension commerciale. Et il ajoute: *«Pour conserver notre avance technologique, il faut être capable d'écouter chaque client, d'adapter et d'améliorer le produit en fonction de ses besoins spécifiques. Dans ce marché de géants, c'est le porte-à-porte qui paie. Cela est coûteux mais ça marche».* Voilà l'essentiel de la philosophie commerciale de VIRTUAL Prototypes.

5. Une gestion sans détours

Interrogé sur sa philosophie de gestion, Eugène Joseph répond par une boutade: *«J'en avais une à un moment donné mais je l'ai oubliée».* Mais il ajoute, et cette fois c'est sérieux: *«Le point important, c'est de savoir comment on motive les employés. Tout le monde l'ignore. Si on le savait, cela ferait des entreprises fantastiques. Il est urgent d'innover dans ce domaine».*

Mathématicien, il explique: *«Le nombre de contacts d'échanges possibles entre «n» personnes est déterminé par le facteur n(n-1)/2; quand «n» devient trop grand, il est difficile d'assurer que tout le monde ait l'information qu'il leur faut pour faire leur travail superlativement bien».*

De fait, le processus de décision est plutôt informel chez VIRTUAL Prototypes. On évite la *«réunionite»* grâce à une grande délégation des responsabilités. Ce qui n'empêche pas Eugène Joseph d'intervenir çà et là dans les décisions critiques.

La seule formalisation est celle qui est associée à l'évaluation des nouveaux projets, aux affaires non standards. Ainsi, lorsque la compagnie décide d'investir d'importantes ressources dans un nouveau projet, on évalue méthodiquement l'impact financier, les implications techniques, les stratégies de vente et l'effet du nouveau projet sur le développement de l'entreprise.

Il y a deux types de risque selon Eugène Joseph: le **risque d'expansion,** risque que VPI prend assez facilement, et le **risque technologique**, qui est affaire d'intuition.

6. Bien gérer la croissance

On ne peut pas vieillir sans mourir mais on peut grandir sans crever. Une des angoisses permanentes des PME technologiques, c'est sans doute la gestion de la croissance. Semblables à des ballons de baudruche, elles peuvent monter très vite dans le ciel mais elles risquent parfois d'éclater.

«La vie d'une entreprise est un peu comme celle d'un individu», déclare M. Joseph. Il faut savoir gérer la croissance, par exemple:

- recruter des gestionnaires compétents, qui sauront présider à la croissance de l'entreprise et qui ont déjà la capacité de croître eux-mêmes;

- embaucher des personnes intelligentes et dynamiques qui trouveront naturellement leur place dans l'organisation;

- gérer de façon peu structurée, mais en suivant un organigramme flottant et en définissant bien les tâches ainsi que le partage des responsabilités; en somme, *«savoir exactement qui doit faire quoi»*;

- assurer en tout temps de bonnes communications à l'intérieur de l'organisation, notamment entre l'équipe de R-D et celles de marketing et de support-client;

- maintenir un contrôle financier très rigoureux: l'entreprise émergente a toujours beaucoup plus à faire que de ressources à sa disposition, de sorte qu'elle doit constamment faire des choix; ayant défini au préalable ses objectifs et bien planifié son développement, elle doit pratiquer l'art du possible, toujours à l'intérieur d'un cadre financier serré.

Chez VIRTUAL Prototypes, la phase de consolidation est abordée avec sérénité. De 900 pi.ca. du début, la compagnie occupe maintenant 22 500 pi.ca. d'espace de bureau et ne cesse de s'agrandir. On ajoute constamment des appareils téléphoniques.

La structuration se développe tranquillement: la firme a créé durant la dernière année cinq vice-présidences, à savoir le marketing, les finances et l'ingénierie et R-D, les ventes nord-américaines et les ventes internationales. Eugène Joseph explique, avec un évident plaisir, qu'après l'étape du financement de départ qu'il appelle **«seed financing»** et où l'on se bat pour obtenir des fonds, l'entreprise a atteint un stade où ce sont les investisseurs qui vous courtisent, le stade du **«mezzanine financing»**.

Même si l'accès aux ressources financières est plus facile, le président de VPI cherche à s'assurer que la croissance ne diminuera pas la flexibilité (rappelons-nous sa formule n(n-1)/2). Tout en reconnaissant la nécessité de certaines procédures, il tient à déléguer des responsabilités et à maintenir une organisation souple.

Le principal instrument de planification stratégique de VPI est son **plan d'affaires**. Celui-ci en est rendu à sa septième révision. *«Nos grands objectifs sont connus de tous les employés*, déclare Eugène Joseph, *mais* *l'arsenal tactique est constamment redéployé. Dans la gestion de la croissance, la ressource principale, c'est le temps. On en manque tous!».*

Cette démarche de planification et ces choix de formalisation n'ont pas diminué en rien le désir de réussir et encore moins la volonté farouche de VIRTUAL Prototypes d'être un leader.

7. Les secrets de la réussite

À l'instar d'autres PME technologiques à succès, l'histoire de VIRTUAL Prototypes permet de dégager un certain nombre de leçons qui sont autant de secrets de la réussite. Intuitivement, M. Joseph résume ainsi, sans ordre particulier, les leçons de son expérience en affaires.

1. **Avoir un produit nettement supérieur, jugé comme tel par les clients.** Lorsqu'en avril 1987, VPI réussit sa première vente commerciale à la Corporation Northrop, le grand fournisseur d'avions tactiques de combat de la U.S. Air Force, les flegmatiques colonels américains n'ont pas caché leur enthousiasme devant le système de reconfiguration en temps réel des cabines de chasseurs ultrasoniques que Northrop venait de dévoiler au 39e congrès national d'électronique aérospatiale, système fondé sur la nouvelle technologie VAPS. *«Cette technologie est différente de tout ce que nous avons vu à ce jour»*, déclara Paul Pencikowski, directeur de l'intégration des systèmes d'équipage chez Northrop. Et de déclarer le directeur de Laboratoire d'avionique de la U.S. Air Force à Wright-Patterson: *«On peut amener les pilotes à expérimenter avec le système. Cette nouvelle technologie nous permet de réduire de beaucoup le temps de conception d'un cockpit ou de l'intégration d'une composante particulière dans un poste de pilotage».*

La technologie VAPS est, à plusieurs égards, **révolutionnaire.** Comment expliquer autrement qu'en moins de trois ans VIRTUAL Prototypes se soit gagnée plus de 60 très gros clients de l'avionique et de l'aérospatiale, qui sont reconnus pour être les plus exigeants au monde et qui, à eux seuls, effectuent plus de 100 milliards de dollars de R-D chaque année?

Or, la technologie VAPS est non seulement supérieure sur le plan technique, elle l'est également au point de vue des économies ainsi réalisées par les clients: on peut, par ce moyen, réduire les coûts de conception à un dixième des montants habituels et on peut introduire des centaines, voire des milliers de changements aux configurations d'interface homme-machine alors qu'une compagnie, même la plus puissante, ne peut guère se payer le luxe de construire de nombreux prototypes de cabines de pilotage. Et le système VAPS ne coûte pas très cher: entre 50 000$ et 500 000$ selon les options requises.

De plus, et c'est là un des aspects les plus prometteurs, la technologie VAPS se prête à une multitude d'autres applications dans l'interfacage homme-machine, grâce surtout à son système de programmation automatique, par exemple le plan de vol complet d'une mission et l'étude du comportement du pilote dans divers environnements imprévus ainsi qu'en fonction de divers contrôles et appareils de commande (*rappelons le cas du système de défense AEGIS lors de l'attaque du Airbus iranien par le USS Vincennes en 1988*); la conception des tableaux de bord d'automobiles, y compris toute la mécanoïde et l'électronique sous-jacentes; la formation des pilotes pour la navette spatiale (*NASA*); le développement du Système de contrôle du trafic aérien de l'an 2000 (*IBM*); la conception des panneaux de contrôle de la «maison intelligente» (*Honeywell*); la simulatique visuelle pour le contrôle du trafic urbain (*ministère des Transports du Québec*) et du trafic aérien (*ministère des Transports du Canada*); la conception et le contrôle de procédés industriels, et ainsi de suite.

Dans sa brochette de clients, l'aérospatiale qui était dominante au départ, compte de moins en moins dans le chiffre d'affaires de la compagnie. Comme dit M. Joseph, *«la technologie VAPS peut s'appliquer à toute situation d'interface homme-machine»*.

2. **Maîtriser la technologie.** Des inventions comme celle de VAPS ne se traduiraient jamais en innovations commerciales sans une maîtrise des technologies en cause: les mathématiques, l'informatique, la systémique, la simulatique et, du moins en ce qui concerne l'envol de VPI, l'avionique, tous des domaines dans lesquels Eugène Joseph a oeuvré avant de fonder VIRTUAL Prototypes en 1985. L'idée d'utiliser une souris du genre de celle d'Apple Computer pour concevoir des cockpits d'avion et simuler virtuellement des conditions de vol lui est *«venue spontanément un bon après-midi au milieu de 1984»*.

Ça lui a pris près de cinq ans pour mûrir son idée et préparer son offensive de développement scientifique et expérimental. *«Sans mon expérience préalable dans le domaine*, avoue M. Joseph, *il est probable que j'aurais fait autre chose, que j'aurais lancé un autre type d'entreprise, comme quoi il importe pour un jeune entrepreneur potentiel (j'avais alors 31 ans) de maîtriser la technologie qui l'intéresse et de bien choisir les endroits où il travaille».* En vérité, dès 1980 il avait publié un article sur le contrôle, par des automates à état fini ("*finite-state machines*"), des interfaces homme-machines. Mais il lui restait à marier cette technologie potentielle avec des dispositifs sensibles au toucher afin d'engendrer des interfaces vraiment virtuelles. Pour le président de VIRTUAL Prototypes, il ne sert à rien de s'engager dans la voie de l'entrepreneurship technologique si on n'a pas une excellente idée de départ. Incontestablement, Eugène Joseph a eu cette idée brillante.

De l'avis de M. Joseph, *«il ne faut pas faire des choses dans des domaines où on n'est pas fort et il faut garder jalousement les niches où on est fort. Il ne faut pas hésiter à conclure des partenariats technologiques et il faut savoir s'associer à d'autres afin de développer une synergie dans la complémentarité».*

Ainsi, une entreprise de haute technologie doit exceller dans la **technologie de base** qui constitue le coeur et le centre nerveux de ces opérations. Pour les volets complémentaires, elle trouvera souvent avantage à recourir à des spécialistes externes ayant une expertise reconnue.

Cependant, affirme M. Joseph, *«pour vraiment être efficaces, les mandats confiés aux consultants doivent être bien définis et de courte durée. On doit demander à ces consultants de faire des choses bien ciblées, par exemple documenter un design informatique particulier basé sur le système UNIX ou valider, avec un nouveau produit, l'interface homme-machines dans des situations inédites et instructives. D'autre part, si l'entreprise accuse une certaine faiblesse en marketing, elle ne doit pas hésiter à retenir les services d'un consultant familier avec le marché qu'elle vise».* Il faut toujours chercher un bon équilibre entre les ressources internes et les ressources externes.

3. **Courtiser la clientèle.** *«Pour réussir*, déclare péremptoirement M. Joseph, *il faut réaliser la symbiose avec la clientèle, la courtiser constamment».* Ce n'est pas seulement une affaire de fréquentation pour décrocher une vente, explique-t-il, c'est une attitude vis-à-vis le client dont il faut s'imprégner, dès l'étape de la conception du produit et jusqu'au service après vente. Chez VIRTUAL Prototypes, cette préoccupation vis-à-vis le client est souveraine et dépasse d'emblée toutes les autres. C'est pourquoi chacune des ventes est personnalisée: *«Ça prend plus de temps, ça coûte plus cher, mais c'est plus efficace car nous nous assurons de livrer au client exactement ce qu'il désire, et même un peu plus»,* déclare M. Joseph. D'ailleurs, il s'occupe à l'occasion de certains gros clients et il voyage beaucoup. Il attache beaucoup d'importance à la capacité de vendre de ses informaticiens et de ses ingénieurs car le plus beau bijou de la nouvelle technologie ne signifie pas grand chose s'il ne se vend pas bien. C'est pourquoi son personnel de R-D, tous des professionnels, doit oeuvrer en constante interaction avec le marché.

Une des nombreuses leçons qui se dégagent du cas VPI est d'avoir trop tardé à concentrer les efforts sur le marketing. Au début, la compagnie a axé plutôt ses efforts sur la vente directe mais il apparaît maintenant impérieux de poursuivre une offensive systématique et suivie de marketing.

«Lorsqu'on oeuvre en nouvelle technologie, affirme M. Joseph, *il faut entreprendre un travail de missionnaire et aller prêcher, mais avec des homélies convaincantes. Et quoi de mieux que de démontrer, exemples vécus à l'appui, la nette supériorité de sa technologie?».*

D'autre part, toujours en matière de stratégie commerciale, VPI a très bien fait d'avoir, dès le début, commencé à pénétrer le marché international.

Un autre facteur de réussite est d'oeuvrer dans un marché en pleine expansion. D'une part, il s'agit de la puissante industrie des produits militaires, sous forme de postes de combat de toutes sortes: avions, sous-marins, chars d'assaut, tableaux de commande tactique, et ainsi de suite. D'autre part, ce marché comprend également l'avionique commerciale en quête de solutions de plus en plus intégratrices et économiques.

4. **Le moteur de l'entreprise, c'est le dynamisme et la motivation des employés.** Selon M. Joseph, c'est la communication qui assure la performance. À cet égard, la PME est privilégiée car la communication y est beaucoup plus facile que dans la grande entreprise car chacun se connaît. Cependant, il faut aussi que les membres de l'organisation se sentent vraiment motivés, car ils aideront ainsi à la croissance de l'entreprise. Il appartient donc à la direction de créer le climat nécessaire.

> Devenu gestionnaire, l'entrepreneur technologique doit savoir confier des responsabilités, animer ses troupes, inspirer les uns et les autres, galvaniser les énergies, maintenir d'excellentes communications, encourager la liberté d'expression, conserver la souplesse de l'organisation, favoriser le consensus et faire en sorte que chacun et chacune donnent leur pleine mesure et déploient le maximum de créativité et d'efficience dans leurs tâches. En définitive, le capital humain est d'importance primordiale.

«Il faut, déclare M. Joseph, *savoir trouver les personnes dont nous avons besoin, les embaucher, les former, les motiver et les garder! Il faut s'entourer de "mecs" qui sont bons dans ce qu'ils font. La médiocrité ne mène nulle part».*

5. **La loi Joseph d'adéquation entre la technologie à développer et les ressources à affecter.** Eugène Joseph explique sa loi comme suit: *«si on a un projet de développement d'une technologie dont le seuil critique ("threshold") est «T» et qui, pour son aboutissement, exige un investissement «X» d'argent, de temps et de ressources humaines, et si X est plus petit que T, alors X devient une perte, un investissement inutile. La plupart des malheurs que nous avons eus chez nous sont simplement dus au fait que pour chacun de ces projets nous n'avons*

pas réussi à dépasser le seuil critique qui s'imposait dans chaque situation. Il faut donc s'assurer que X soit supérieur à T, c'est-à-dire avoir les ressources suffisantes». C'est sans doute ce qui pousse VIRTUAL Prototypes à investir actuellement environ 70% de ses ventes dans la R-D et à consentir également beaucoup d'efforts dans le marketing afin d'avoir les connaissances et ressources suffisantes pour réussir à développer ses nouveaux produits. Bien sûr, ce montant exceptionnellement élevé pourra baisser substantiellement dès que l'entreprise aura réussi à convaincre les investisseurs de miser sur cette jeune compagnie en pleine croissance. À cette fin, des pourparlers sont en cours à la Bourse de Vancouver et celle de New York.

6. **Une philosophie de R-D bien articulée.** L'entreprise ne serait pas ce qu'elle est et n'aurait pas si rapidement atteint son ascension dans les marchés internationaux sans une stratégie technologique astucieuse et une philosophie de R-D d'avant-garde. Au dire de M. Joseph, cinq métriques s'avèrent particulièrement utiles pour dimensionner l'effort de R-D requis:

(1) **L'intensité:** tel qu'expliqué dans le paragraphe précédent, il faut que l'effort à consentir et les ressources à affecter excède le seuil critique, i.e. $X > T$, ce qui force actuellement VPI à investir un très fort pourcentage de ses revenus dans la R-D, soit environ 70%. *«Il faut toujours s'assurer,* déclare M. Joseph, *qu'on a les ressources suffisantes pour mener l'affaire jusqu'au bout, sinon ça ne sert à rien! Par exemple, pourquoi investir dans le développement d'une technologie quand on n'a pas les moyens de la commercialiser?».*

(2) **La convivialité:** dans le champ d'activité de VPI, il faut mettre au point des produits de plus en plus *"accessibles"*, faciles à opérer et qui, en somme, réduisent le besoin de savoir programmer.

(3) **L'expressivité:** une autre clé du succès est de faire en sorte que la même technologie générique puisse efficacement desservir d'autres marchés. M. Joseph explique ce facteur de la façon suivante: *«c'est un peu comme si on avait un espace vectoriel orthogonal: plus on a de vecteurs et de dimensions, plus les possibilités de combinaison linéaire des vecteurs sont grandes».*

(4) **La célérité:** pour la majorité, sinon la totalité, des entreprises de haute technologie, le laps de temps écoulé entre la conception initiale d'un produit et sa pleine commercialisation est un facteur déterminant de compétitivité, ce que les industriels japonais ont compris depuis longtemps. Entreprise modèle, VIRTUAL Prototypes demeure toujours à l'affût des moyens de réduire cet intervalle de temps si critique. De plus, un autre problème se

pose: *«va-t-on chercher à résoudre l'ensemble des problèmes d'un client ou une partie seulement? Va-t-on tenter d'offrir un système ou seulement une composante? Va-t-on en arriver à fournir rapidement un nouveau prototype ou doit-on aller plus loin jusqu'à assurer la formation du personnel chez le client?».* Évidemment, une direction de R-D éclairée ne peut esquiver de telles questions.

(5) **L'économie des moyens:** pour l'entreprise, la R-D est un investissement pour assurer la croissance, sinon la survie à long terme. Ce n'est pas une fin en soi. Il faut donc rechercher constamment l'économie des moyens. Pour VIRTUAL Prototypes, cette économie est souvent réalisée par des contrats de R-D, c'est-à-dire que les clients sont appelés à payer la R-D pour obtenir la nouvelle technologie qu'il leur faut. *«Cependant,* affirme M. Joseph, *il faut faire attention de ne pas devenir une "boîte" d'exécution de contrats car la meilleure façon de faire de l'argent en haute technologie est d'être une compagnie de produits».*

7. **Pour réussir à développer une nouvelle technologie, il ne faut pas que des talents, il faut aussi de l'argent.** Le cas de VPI, comme ceux de beaucoup de PME technologiques, illustre la difficulté fondamentale du développement de nouvelles technologies par des entrepreneurs privés au Canada. Au dire de M. Joseph, les investisseurs de capitaux de risque ne veulent rien savoir d'une technologie qui n'a pas fait ses preuves et, à plus forte raison, d'une technologie qui n'est qu'en puissance dans la tête d'un individu, même si cet individu est brillant et que l'idée est très prometteuse. Quant aux banquiers, ils sont encore plus sceptiques et ils considèrent que ce n'est pas leur rôle de promouvoir directement la naissance de nouvelles industries, alors que dans d'autres pays comme la Suède ou la Suisse (dont les populations sont égales à celles de l'Ontario et du Québec, respectivement), le secteur bancaire a été un puissant levier de développement industriel.

Le problème financier qui confrontait Eugène Joseph au départ était d'autant plus grave que ce dernier évaluait à plus de 2 millions de dollars le coût du développement de la nouvelle technologie qu'il avait en tête. Ne pouvant rien trouver dans le secteur financier et n'ayant pu obtenir d'appuis de la part de grandes compagnies québécoises ou ailleurs au Canada, M. Joseph eut la chance d'obtenir un prêt de 555 000$ de la part de l'AQVIR dès le début, ce qui lui permit de couvrir 90% de ses dépenses de première étape. Un autre facteur déterminant fut l'obtention d'un contrat de 817 000$ du ministère de la Défense nationale du Canada en 1986, ce qui lui permit de développer une bonne partie du système commercial faisant l'objet de sa première vente l'année suivante, en l'occurrence à la puissante Corporation Northrop.

De l'avis de M. Joseph, le gouvernement a un rôle à jouer dans la naissance et la croissance d'entreprises comme la sienne. Même s'il apprécie beaucoup l'aide initiale de l'AQVIR, il juge que les redevances exigées sont trop élevées et que les dépenses admissibles sont trop restrictives, par exemple on devrait être plus souple sur l'admissibilité des dépenses pour des équipements de R-D pouvant également servir à la production et on devrait admettre des dépenses de mise en marché.

Aussi, les contrats structurants de la part de ministères, d'agences gouvernementales ou de grandes sociétés peuvent jouer un rôle déterminant dans le démarrage technologique et l'envol commercial d'une société comme VIRTUAL Prototypes.

Bref, VIRTUAL Prototypes est une entreprise en pleine ascension qui croît rapidement depuis le début et qui n'a pas fini de faire parler d'elle car elle va certainement continuer à innover et à ouvrir de nouveaux horizons. **C'est un bel exemple d'entrepreneurship technologique de la meilleure espèce, fondé sur la vision, le courage, le talent et le travail.**

* * * * * *

1. **SECTEUR:** Produits informatiques

2. **NATURE DES PRODUITS:** Logiciels spécialisés pour le domaine des transports

3. **ANNÉE DE FONDATION:** 1979

4. **PROGRESSION DES VENTES:**
   (fin d'exercice: 30 juin)

1985	1 032 000$
1986	1 924 000$
1987	2 585 000$
1988	2 756 000$
1989	3 963 000$
1990	4 400 000$

5. **RÉPARTITION DES VENTES EN 1989:**

Québec	35%
Reste du Canada	12%
États-Unis	22%
Reste du monde	31%

6. **DÉPENSES COURANTES DE R-D:** 28% des ventes

7. **NOMBRE D'EMPLOYÉS:** 76 (âge moyen: 30 ans) dont 43 informaticiens

8. **PERSONNEL DE R-D:** 17 (dont 13 professionnels)

9. **PRÉSIDENT:** Jean-Yves Blais (39 ans)

10. **RÉPARTITION DU CAPITAL-ACTIONS:** 7 gestionnaires de l'entreprise

11. **AVOIR DES ACTIONNAIRES:** 1 855 000$

12. **VALEUR DES ACTIFS:** 4 240 000$

13. **ADRESSE DE LA COMPAGNIE:**
    75, rue Port-Royal est
    Chambre 500
    Montréal (Qué.) Canada
    H2L 3T1

    Tél. : (514) 383-0404
    Fax : (514) 383-4971

TABLE DES MATIÈRES

Page

1. HISTORIQUE   296

2. LES PRODUITS ET LES CLIENTS   297
   Giro Inc./Le Groupe en Informatique et Recherche
   Opérationnelle   297
      Les produits Hastus   297
      Giro Accès   298
      Consultation   298
   Les Conseillers en Maintenance LOGIMAINT Inc.   298
      Logimaint - Véhicule 2000   298
      Consultation   298
   Les Systèmes Informatiques Logiroute Inc.   298

3. LES VENTES DES ENTREPRISES GIRO   299

4. LE PERSONNEL   299

5. STRATÉGIE DE DÉVELOPPEMENT   300

6. FINANCEMENT   301

7. LES DÉFIS DE CRÉER UNE ENTREPRISE DU
   TYPE GIRO   301

8. STYLE DE GESTION   302

9. CONCLUSION   303

Vous connaissez Hastus? C'est un logiciel développé par le Centre de recherche sur les transports de l'Université de Montréal, amélioré et commercialisé par Les Entreprises GIRO Inc. HASTUS permet de gérer les horaires des véhicules et des chauffeurs des sociétés de transport en commun. Hastus est en usage dans 12 pays et a permis à plusieurs entreprises de transport d'assurer un meilleur service tout en réalisant des économies importantes.

1. Historique

C'est à la fin de 1979 que Jean-Marc Rousseau et Jean-Yves Blais ont jeté les bases de GIRO Inc. (le Groupe en Informatique et Recherche Opérationnelle) mais l'entreprise n'est devenue active qu'en 1981. À partir de recherches faites pour la Société de transport de la Communauté urbaine de Montréal (STCUM), les fondateurs ont songé à commercialiser les modèles sur lesquels ils travaillaient. Le logiciel Hastus a été développé à la suite d'efforts de recherche de 500 000$ sous forme de subventions ou de commandites. En examinant la liste des produits de GIRO, on peut arriver à imaginer le dynamisme et l'énergie que l'on sent bourdonner dans cette entreprise.

En 1985, on a créé Les Entreprises GIRO Inc./Systèmes d'information, une société de gestion («*holding*») qui regroupe GIRO Inc., Les Conseillers en Maintenance LOGIMAINT Inc. et Les Systèmes Informatiques LOGIROUTE Inc.

2. Les produits et les clients

■ GIRO INC./Le Groupe en Informatique et Recherche Opérationnelle

Les produits Hastus

Le logiciel Hastus a permis de développer cinq produits différents mais complémentaires. D'abord, Hastus-Bus est un système interactif, conçu pour aider les planificateurs d'horaires dans l'élaboration de leur grille-horaire. À partir de la fréquence que chaque circuit requiert à différentes périodes de la journée, Hastus-Bus produit les horaires et les tournées de chaque véhicule. Ce produit a été sélectionné par des organismes de transport public tels ceux de Montréal, Québec, Boston, New York, Calgary, Singapour, Stockholm, Tacoma, Santa Cruz, South Yorkshire, New-Castle, Barcelone, Helsinki, Turin et Nantes.

Pour sa part, Hastus-Macro permet de simuler des modifications que l'on veut apporter à l'exploitation d'un réseau de transport. À Paris, la R.A.T.P. s'est servie du système afin de mesurer l'impact de la réduction de la semaine de travail.

Hastus-Micro est un système informatique d'avant-garde pour aider les planificateurs d'horaires dans l'affectation des chauffeurs. Il permet de considérer toutes les données de la convention collective. Ce logiciel est utilisé dans les mêmes villes qui utilisent Hastus-Bus mais il faut y ajouter les villes de Lyon, Seattle, Ottawa et Los Angeles.

Hastus-Ddam est le compagnon d'Hastus-Micro. Il s'agit d'un logiciel de gestion des chauffeurs. Il permet au répartiteur d'enregistrer les absences et d'identifier les remplaçants par priorité.

Hastus-Graphicage est un module interactif qui permet de faire une représentation graphique des lignes de transport, des voitures et des voyages. Ce procédé permet au technicien d'effectuer rapidement la synchronisation des lignes utilisant des segments ou des points de transfert communs. Ce système est utilisé par Sun-Trans d'Albuquerque au

Nouveau Mexique et par les villes d'Omaha, de Buffalo, Nantes, Hull. Il est aussi en voie d'installation à Montréal.

Giro Accès

Giro Accès est un logiciel de gestion pour la planification du transport des personnes handicapées ou âgées. Il donne accès à une information à jour sur la clientèle desservie, fournit des précisions sur les demandes de déplacement des clients et donne à l'utilisateur les instruments de planification nécessaires à la confection des routes-véhicules. Il est utilisé à Toronto, Montréal, Boston et Hartford aux États-Unis.

Consultation

GIRO Inc. offre des services de consultation en matière de gestion du transport et en préparation d'horaires pour le personnel (*Human Resources Scheduling*). L'entreprise a également réalisé de nombreuses interventions ponctuelles pour l'application de méthodes de recherche opérationnelle dans divers domaines.

▪ Les Conseillers en Maintenance LOGIMAINT Inc.

Logimaint - Véhicule 2000

Il s'agit d'un logiciel modulaire sophistiqué qui permet la planification, l'ordonnancement et le contrôle des activités d'entretien pour une flotte de véhicules. Le logiciel permet de gérer l'entretien, la gestion des pneus, la gestion des inventaires et la gestion des achats. Ce produit est plus nouveau que les logiciels précédents mais des grandes entreprises l'examinent avec beaucoup d'intérêt. La ville d'Omaha vient d'adopter ce système. Il est aussi installé dans une vingtaine de sites au Québec.

Consultation

LOGIMAINT offre des services de consultation en matière d'organisation des départements de flottes de maintenance, autant pour les flottes de véhicules que pour les entreprises.

▪ Les Systèmes Informatiques LOGIROUTE INC.

Cette entreprise développe, grâce à un important programme de R-D, le module graphique GeoBus pour la gestion du transport scolaire et le logiciel GeoRoute pour une meilleure planification des parcours de véhicules ainsi que des horaires appropriés.

Les applications de ces logiciels sont nombreuses, aussi bien dans le champ de la distribution physique que pour les compagnies de services publics, les municipalités, etc. Plusieurs projets pilotes sont déjà en cours avec de très grandes sociétés.

3. Les ventes des Entreprises GIRO Inc.

Pour les années 1987 à 1989, les ventes des Entreprises GIRO Inc. sont concentrées au Canada (46,7%), en Europe (29,2%) et aux États-Unis (22,2%). Le reste est en Australie et en Asie.

Pour les mêmes années, les ventes peuvent aussi être regroupées par centres d'activité: 57,5% des ventes portent sur les horaires de transport; 23,9% sur la gestion et l'entretien; 9,9% sur les problèmes de routes; 4,0% sur les systèmes d'information de transport et 4,7% sur des problèmes de recherche opérationnelle.

C'est en examinant cette répartition d'activités que l'on arrive à mieux comprendre le lien entre le Centre de recherche sur les transports (CRT) de l'Université de Montréal et Les Entreprises GIRO Inc. Les services rendus découlent de recherches effectuées au CRT mais en revanche Les Entreprises GIRO Inc. versent des redevances à l'Université de Montréal et octroient des contrats de sous-traitance au CRT pour étudier certaines questions posées par ses clients. On songe en particulier aux projets qui s'appuient sur des techniques sophistiquées de recherche opérationnelle, à ceux qui font appel à des équipements ultra-spécialisés en particulier en matière de graphiques. Soulignons que l'un des gestionnaires des Entreprises GIRO Inc. est chercheur associé au CRT. Ce lien permet de capitaliser sur la réputation du CRT, de se maintenir à la fine pointe de la technologie et de participer aux congrès d'experts où se tissent les bases des activités commerciales à venir. D'ailleurs, en 1989, Les Entreprises GIRO Inc. ont accordé un contrat de 175 000$ au CRT pour développer un modèle particulier pour résoudre certains problèmes d'horaires de véhicules, d'horaires de chauffeurs dans le contexte du transport urbain, du transport des personnes handicapées, ainsi que du transport des écoliers. Les fondateurs des Entreprises GIRO Inc. n'hésitent pas à classer le lien avec le CRT comme un facteur clé de succès de leur entreprise.

4. Le personnel

Les Entreprises GIRO Inc. regroupent 76 personnes dont 35% détiennent une maîtrise ou un doctorat, 30% un baccalauréat et le reste un diplôme d'études collégiales. En plus d'une scolarité élevée, le personnel est très jeune: la moyenne d'âge est de 30 ans. Les fondateurs des Entreprises GIRO Inc. avouent que la gestion du personnel présente des défis aussi complexes et difficiles que le développement des produits. D'une part, il faut recruter du personnel qualifié et motivé à travailler pour une entreprise en croissance. D'autre part, il faut offrir à ce personnel des défis à la mesure de ses compétences. Les Entreprises GIRO Inc. font des efforts considérables pour développer leur personnel et le conserver en lui offrant, entre autres, un régime de participation aux bénéfices. De plus, on cherche à offrir un bon environnement de travail, on procède à une évaluation annuelle minutieuse, évaluation qui porte autant sur le rendement que sur la satisfaction au travail et la satisfaction des projets: on cherche à orienter les employé(e)s vers ce qu'ils aiment.

5. Stratégie de développement

Au niveau des **produits**, Les Entreprises GIRO Inc. procèdent par étapes. On développe d'abord un produit majeur sur lequel on fait un projet pilote. On recherche alors un second client pour ensuite généraliser à plusieurs autres clients. Dans le cas d'Hastus, la STCUM a été le projet pilote à partir duquel on a bâti la réputation du logiciel. Dans le cas de LOGIMAINT, on espère obtenir un contrat avec une grande entreprise de façon à répéter la même démarche. On y ajoute ensuite des produits périphériques de façon à mieux répartir les coûts de la R-D et à augmenter le taux d'utilisation des divers produits car ceux-ci se supportent les uns les autres.

Au plan du **marketing**, Les Entreprises GIRO Inc. cherchent à pénétrer le marché en se positionnant d'abord dans les réseaux d'experts en transport et en recherche opérationnelle. C'est pourquoi la poursuite de recherche avec le CRT, la direction d'étudiants au doctorat et surtout les présentations dans des congrès spécialisés prennent une place importante. En terme de pratiques commerciales, Les Entreprises GIRO Inc. poursuivent une politique axée sur des produits et des services de grande qualité. La compagnie préfère éventuellement obtenir moins de contrats mais des contrats qui lui permettent d'actualiser sa politique d'excellence. Ces choix ont leur répercussion: en effet, les prix que chargent Les Entreprises GIRO Inc. peuvent être à l'occasion plus élevés que ceux des concurrents. Notons que leur principal concurrent préfère soumissionner très bas de façon à obtenir un contrat, quitte à ajuster ce que le client recevra pour le prix qu'il a accepté de payer.

Pour éviter les coûts inhérents à la création d'un réseau propre de vendeurs et pour s'assurer une meilleure place dans divers pays, Les Entreprises GIRO Inc. ont développé **un réseau de distributeurs** (payés à partir d'un pourcentage du contrat) en France, en Italie, en Angleterre, aux États-Unis, dans les pays scandinaves et en Australie. Pour obtenir leurs contrats, Les Entreprises GIRO Inc. s'efforcent de démontrer au client la qualité du produit et surtout les économies et autres avantages que le produit permet de réaliser.

En **termes stratégiques**, Les Entreprises GIRO Inc. se définissent comme une entreprise qui oeuvre au niveau des produits spécialisés, dans des niches de marchés très spécifiques: le transport en commun, la maintenance, le «routing» et le «scheduling». En conséquence, on vise souvent de gros contrats. Les Entreprises GIRO Inc. admettent que de tels contrats nécessitent des discussions qui peuvent durer d'un à cinq ans, mais on estime que de tels contrats sont prometteurs tant au niveau des profits que du développement potentiel. C'est en cherchant à résoudre des problèmes complexes que GIRO trouve l'inspiration pour ses nouveaux produits. On pourrait résumer la stratégie en disant que GIRO s'adresse au marché haut de gamme dans lequel elle veut apparaître comme le leader dans chacun des segments qu'elle a choisi d'exploiter.

6. Financement

GIRO assure son financement en réinvestissant d'abord ses profits dans la R-D. Il faut aussi ajouter que les subventions jouent un rôle important: LOGIROUTE a obtenu de l'Entente Canada-Québec de développement scientifique et technologique une subvention de 400 000$ répartie sur trois ans pour ses projets de développement en «Routing-Scheduling». Dans le même sens, le programme PARI du Conseil National de Recherche du Canada a injecté dans divers projets plus de 280 000$ depuis trois ans pour soutenir la R-D.

Plusieurs subventions ont également été obtenues du ministère de l'Industrie et de la Technologie du Québec, du ministère des Transports du Québec et du Conseil de recherche en sciences naturelles et en génie (CRSNG). Enfin, il faut ajouter le rôle déterminant que jouent dans le financement de la R-D les crédits d'impôts des deux paliers de gouvernement se rapportant à la recherche scientifique et au développement expérimental.

Ajoutons cependant que les choix stratégiques de GIRO ont quelquefois été la source de problèmes au niveau du fond de roulement: travailler plusieurs années pour obtenir un contrat et poursuivre une politique de qualité entraînent des coûts que l'entreprise peut difficilement supporter. C'est pour permettre à GIRO de faire face à ces problèmes que la Société de Développement Industriel (SDI) a consenti en 1982-1983 un prêt de 400 000$ destiné à supporter les efforts de R-D de l'entreprise.

7. Les défis de créer une entreprise du type GIRO

Les dirigeants de GIRO sont très heureux de leur expérience mais ils reconnaissent que la création d'une entreprise technologique est plus difficile à réaliser qu'on le pense. Pour expliquer les raisons de leur succès, ils invoquent plusieurs défis. Il y a d'abord le **défi de la croissance**: l'entreprise connaît une croissance rapide mais, avec l'expérience, on réalise que développement et croissance des ventes ne sont pas synonymes. Pour développer, il faut accepter de suivre des étapes, il faut prendre le temps, il faut être patient. Dans ce sens il faut savoir attendre, rechercher les contrats qui correspondent aux stratégies de la firme et surtout éviter de se lancer dans les petits contrats à rabais qui éloigneraient l'entreprise de ses objectifs.

Puis, il y a aussi le défi du **fond de roulement**. Une entreprise comme GIRO doit supporter des frais substantiels de R-D avant de signer son premier contrat. De plus, pour signer, il faut s'assurer que l'on a le personnel nécessaire à son exécution. Enfin il faut commencer à exécuter le contrat avant de recevoir des honoraires de la part du client. Toutes ces étapes entraînent des coûts substantiels de main-d'oeuvre, coûts que l'entreprise doit supporter, faute de quoi elle devra déclarer faillite et fermer ses portes.

Le troisième défi est celui de la **gestion des ressources humaines**. Recruter le personnel, lui assurer une formation adéquate, le conserver dans l'entreprise en lui offrant des défis de plus en plus grands, voilà le coeur des problèmes à résoudre.

Le dernier défi est celui **d'équilibrer service après-vente et nouveaux produits**: d'une part Les Entreprises GIRO Inc. doivent fournir à leurs clients le service qu'exige le maintien des produits déjà vendus; pour ce faire, la compagnie organise des rencontres d'usagers et distribue un journal qui informe les usagers. D'autre part, Les Entreprises GIRO Inc. doivent développer des nouveaux produits pour alimenter leur clientèle et surtout pour se maintenir à la fine pointe dans leur domaine. Cet exercice d'équilibre est complexe et ressemble à un éternel recommencement.

8. Style de gestion

La structure administrative des Entreprises GIRO Inc. est très simple: le président s'occupe de la direction générale, et sous lui se trouvent quatre vice-présidents: R-D et développement des affaires, systèmes et projets spéciaux, marketing et administration.

Dans sa gestion quotidienne, la firme essaie de laisser de l'initiative à chaque spécialiste tout en gardant le cap sur les objectifs de l'entreprise. Vu sous un certain angle, cet équilibre donne l'impression d'une gestion participative mais d'un autre angle on a l'impression d'une gestion autocratique.

De plus, pour s'assurer que les spécialistes restent à la fine pointe du progrès, on maintient un lien entre la R-D et la production des services par le biais des groupes d'usagers. Ces groupes réunissent pour deux à trois jours des usagers ainsi que des spécialistes de la compagnie. Ces réunions permettent à la fois aux usagers d'établir des liens significatifs avec ces spécialistes qui agissent alors comme vendeurs sans en porter le nom. Ils assurent que ces spécialistes seront bien «au courant» des problèmes rencontrés par les usagers. C'est à travers des présentations faites par les usagers ou les spécialistes des Entreprises GIRO Inc. que se construisent entre eux des liens de complicité (de vente), liens dont chacun tire les avantages pour ses besoins propres.

9. Conclusion

Interrogés sur leurs apprentissages au cours des cinq dernières années, les porte-parole des Entreprises GIRO Inc. fournissent une réponse qui vient compléter celle fournie lorsqu'ils parlaient des défis:

«Il y a d'abord le sens du "timing", c'est-à-dire être capable d'offrir un bon produit lorsque le marché est à la recherche d'un tel produit. Puis vient le rôle d'un produit vedette, soit un produit capable développer la réputation et la crédibilité de l'entreprise et de l'alimenter en revenus réguliers (Hastus dans le cas de GIRO Inc.) alors qu'elle se développe, qu'elle met au point d'autres produits. Enfin, le bon jugement entrepreneurial, c'est-à-dire la capacité d'orienter les efforts dans les avenues les meilleures - pour GIRO ce fut de développer Hastus, de le vendre grâce à un réseau de distribution, et maintenir une bonne activité de R-D.»

* * * * * *

1. **SECTEUR:**   Biotechnologie alimentaire

2. **NATURE DES PRODUITS:**   Levures de boulangerie et spécialités (ex.: vin)

3. **ANNÉE DE FONDATION:**   1915

4. **PROGRESSION DES VENTES:**
   (fin d'exercice: fin janvier)

1976	5 000 000$
1980	10 000 000$
1986	25 000 000$
1990	50 000 000$

5. **RÉPARTITION DES VENTES EN 1989:**

Québec	10%
Reste du Canada	20%
États-Unis	50%
Reste du monde	20%

6. **DEPENSES COURANTES DE R-D:**   2% des ventes

7. **NOMBRE D'EMPLOYÉS:**   200 (âge moyen: 35 ans) dont 12 scientifiques et ingénieurs

8. **PERSONNEL DE R-D:**   8 (tous professionnels)

9. **PRÉSIDENT:**   Jean Chagnon (41 ans)

10. **RÉPARTITION DU CAPITAL-ACTIONS:**

Famille Chagnon	98%
Cadres dirigeants	2%

11. **AVOIR DES ACTIONNAIRES:**   N/D

12. **VALEUR DES ACTIFS:**   N/D

13. **ADRESSE DE LA COMPAGNIE:**   1620, rue Préfontaine Montréal, (Qué.) Canada H1W 2N8

    Tél. : (514) 522-2133
    Fax : (514) 522-2884

TABLE DES MATIÈRES

Page

1. LALLEMAND: UNE LONGUE FERMENTATION 306

2. LA CONCURRENCE ET LES VENTES 309

3. EFFICACITÉ DE LA PRODUCTION 310

4. AUTO-SUFFISANCE FINANCIÈRE 312

5. UNE GESTION PERSÉVÉRANTE ET OUVERTE 312

6. D'HIER À DEMAIN 313

Souvent on associe innovation technologique et nouvelle entreprise, comme si une entreprise plus ancienne ne pouvait être le foyer de telles innovations. On semble associer date de la fondation et désuétude. Pour enrichir notre compréhension des petites entreprises technologiques, nous avons choisi d'étudier LALLEMAND Inc., une PME créée à Montréal au tournant du siècle.

LALLEMAND est, depuis le début, spécialisée dans la production de levures pour la fabrication du pain. Par la suite, l'entreprise a ajouté une ligne de produits de levure pour la fabrication du vin: en dix ans, l'entreprise est devenue le premier producteur mondial de levures de vin. Un tel succès est à la fois le résultat d'un héritage et le fruit d'une stratégie élaborée avec patience et persévérance. Pour bien saisir l'évolution de l'entreprise, il convient d'abord de jeter un coup d'oeil à son histoire.

1. LALLEMAND: une longue fermentation

Créée par un immigrant alsacien, Fred «Lallemand» à la fin du dix-neuvième siècle, l'entreprise a choisi vers 1920 de s'orienter vers la production de levures pour les boulangeries. En 1933, ce sont ses fils Fred et Jean Lallemand qui prennent la direction de l'entreprise. La période 1933-1945 sera une période de stabilité relative mais la crise de l'après-guerre met l'entreprise en difficulté. En 1947, elle est reprise par le financier Jean-Louis Lévesque qui cherche à s'en départir par la suite à cause de difficultés à la rentabiliser.

En 1952, Roland Chagnon, un jeune comptable agréé et diplômé des HEC qui gérait Dupuis & Frères, s'entend avec les financiers pour reprendre LALLEMAND. Sans connaissance de l'industrie de la levure mais avec une solide formation de gestionnaire, il arrive à redresser la compagnie quoique presque tout le «*cash flow*» doive, jusqu'à 1972, être utilisé pour rembourser la dette et investir constamment dans l'amélioration de l'équipement de production.

À la fin des années 60, Roland Chagnon recrute un premier directeur technique en la personne de Robert Briscoe, B.Sc., MBA, afin de seconder le Dr Cherney, docteur en fermentation de l'Institut Effort de Bruxelles, qui était jusque-là la seule vraie âme scientifique de la compagnie. Briscoe avait fait ses classes chez Seagram et chez Fleischmann, le plus important concurrent de LALLEMAND à l'époque, et c'est lui qui assumera plus tard la tâche de directeur général avant de devenir président en 1975.

Au début de 1972, tout a failli tourner au vinaigre pour LALLEMAND, surtout à cause de l'arrivée sur le marché canadien de la levure de Anheuser-Busch (USA) emballée en sacs qui pouvait ainsi entrer en franchise de douane. De plus, la levure était dite «accélérée» car d'action beaucoup plus rapide que celle fabriquée et distribuée par les producteurs canadiens. Cette entrée en franchise des levures provoqua une chute des prix canadiens, entraînant une importante diminution des profits. LALLEMAND dut alors céder des divisions autres que la levure à son concurrent Bowes qui les regroupa dans sa filiale Rose & Laflamme. Parallèlement, tous les efforts de l'équipe se portèrent sur le développement de la levure dite «accélérée» et dans la mise en marche d'une production en «sacs» pour répondre aux exigences permettant les importations. En même temps, on réorganise complètement les systèmes de vente et de distribution afin de tenir compte du phénomène de concentration des boulangeries.

Reconnaissant son manque de technologie et sa «relative ignorance» de l'évolution des processus de production de levures, LALLEMAND décide alors d'étudier sérieusement le fonctionnement des usines de levures à travers le monde. À la fin du programme de visites et d'une période de réflexion, on arrive à la conclusion que beaucoup de choses avaient changé dans la technologie; pour réussir à long terme dans la levure, il fallait se spécialiser dans ce domaine et rester à l'avant-garde des développements technologiques pour ne plus jamais se laisser surprendre par de nouvelles importations malgré des barrières tarifaires qui ne seraient que temporaires.

Il fallait aussi utiliser la technologie disponible pour réduire les coûts et développer la technologie de levure sèche que LALLEMAND produisait déjà depuis 1940. Le monde représentait un marché en croissance rapide pour la levure car à l'accroissement de la population s'ajoutait le fait que le pain gagnait de l'importance dans l'alimentation de base des pays africains et asiatiques où la levure sèche trouvait son principal marché. Cette conclusion allait devenir le fil conducteur de la revitalisation de l'entreprise.

En 1976-1977, LALLEMAND prend une option d'achat sur une usine de levure sèche à l'Ile Maurice, pays producteur de mélasse. LALLEMAND croyait détenir ainsi un net avantage grâce à l'obtention d'un prix inférieur pour sa principale matière première. Une année d'opération allait vite démontrer aux administrateurs que ce choix devait être abandonné. En effet, il y avait beaucoup d'autres variables importantes qui pouvaient affecter les coûts de production et de distribution, tels que le coût de l'énergie et la facilité de transport à partir de l'Ile Maurice. Les effets négatifs de ces variables excédaient de beaucoup l'avantage d'une matière première peu dispendieuse. Le site de Montréal apparut donc plus compétitif au niveau international et une modernisation majeure fut entreprise.

Au cours de la même période, LALLEMAND acquit des équipements de levures sèches d'Anheuser-Busch, son concurrent américain, ainsi que quelques souches de levures sèches de vin dont le marché était à ce moment-là si petit qu'il n'intéressait pas du tout cette grande entreprise.

LALLEMAND se lance ainsi dans la production de levures sèches spécialisées pour la fabrication du vin. En 1977-1978, Jean Chagnon, B.Sc., M. Phil., fils de Roland Chagnon, qui s'était joint à l'entreprise quelques années plus tôt, réalise que les levures pour le vin ne connaissent pas le succès espéré. Alors responsable du marketing, il entreprend de contacter plusieurs oenologues et instituts de recherche afin de connaître leurs besoins, leurs exigences. Cette démarche permit de développer et de produire industriellement avec succès des nouvelles souches de levures sèches pour le vin, capables de satisfaire les exigences des oenologues. Aujourd'hui, LALLEMAND produit industriellement plus de 50 souches de levures sèches de vin et est **le plus important fabricant de levures de vin dans le monde.**

Arrivé à la présidence en 1981, Jean Chagnon coordonne plusieurs changements importants, dont la construction en 1982-1983 d'un édifice de service: cet édifice moderne regroupe le chauffage, la réfrigération et l'approvisionnement en eau. Soulignons que la quantité et la qualité de l'eau ainsi que la température de fermentation ont une importance capitale dans le processus de développement des levures. Il est donc primordial pour une entreprise d'en avoir un contrôle précis. Avec cette nouvelle infrastructure, la capacité de l'usine peut être doublée.

C'est à cette époque que l'on décide de recruter un directeur de R-D, Jacques Goulet, Ph.D., directeur du département de Sciences et Technologie des Aliments à l'Université Laval, qui prendra en charge le départe-ment de R-D, assisté de Richard Degré, Ph.D. On décide également de commencer à recruter des ingénieurs, des techniciens et, en 1983, un directeur d'usine, l'ingénieur Guy Marleau, MBA, et en 1985 un directeur des finances, Réjean Landry, CGA, MBA. L'entreprise cherche ainsi à hausser la compétence de son personnel afin d'être plus compétitive sur les marchés. À partir de ce moment-là, les lignes directrices de LALLEMAND allaient devenir **l'efficacité de la production et l'innovation**. La R-D se concentre d'abord sur une meilleure compréhension des procédés de production et sur leur amélioration.

2. La concurrence et les ventes

En 1990, la concurrence dans les levures est dominée par trois grands producteurs. Universal Foods, le plus gros producteur nord-américain, possède quatre usines réparties à travers les États-Unis. Le deuxième producteur est le groupe australien Burns Philp, dont l'activité en Amérique du Nord repose sur l'achat des actifs de Fleischmann. Le troisième est le groupe hollandais Gist-Brocades qui a acquis les actifs d'Anheuser-Busch en 1988 et en a revendu par la suite une partie, environ 35%, à Burns Philp.

À qualité égale et service égal, la concurrence se fait au niveau des prix, les clients montrant peu de fidélité à la marque. Il faut pouvoir vendre à un prix compétitif. En dépit de l'inflation, les prix de 1990 sont les mêmes que ceux de 1982. Donc, il y a une pression constante sur les coûts.

Au cours des années, LALLEMAND reconnaît que le prix est important pour le client mais c'est la qualité et le service qui permettent de s'attacher la clientèle. La qualité de la levure est primordiale pour une boulangerie car des variations de qualité nécessitent de fréquents ajustements de la boulangerie et peuvent entraîner le rejet de milliers de pains. Il n'y a donc aucun marché dans les boulangeries, même à escompte, pour une levure de seconde qualité. En plus de livrer un produit de haute qualité, LALLEMAND maintient un service technique sous la direction de Clifford Caron, B.Sc., qui travaille depuis plus de vingt ans dans la production de levure et dans ses techniques d'emploi en boulangerie. Ce dernier et son équipe sont en constante communication avec les directeurs techniques des usines de boulangerie.

Vers 1982, LALLEMAND a commencé à attaquer le marché des États-Unis. Le succès couronna si bien les efforts déployés que malgré l'augmentation de la production obtenue, l'usine de Montréal ne suffisait plus. Si bien qu'en janvier 1989, LALLEMAND Inc. se porta acquéreur d'une petite usine de levure, American Yeast de Baltimore, et de sa société de distribution à Derry, New Hampshire. Avec cette acquisition, dont la capacité a été déjà doublée depuis, LALLEMAND a consolidé sa position comme fournisseur de levure dans l'industrie de la boulangerie sur la Côte Nord-Est de l'Amérique.

Pour la levure de vin, LALLEMAND a compris que **l'oenologue est la clé de voûte du succès**: ce dernier doit avoir une absolue confiance dans la levure car il en va de sa réputation comme oenologue.

Si on demande à Jean Chagnon de décrire sa stratégie de service, il souligne que la connaissance des besoins du client repose sur des contacts fréquents avec ce dernier. Il s'applique lui-même à rester en contact avec le président des entreprises-clients. Dans le même esprit, les techniciens discutent avec les responsables de la production. En un mot, **l'ensemble du personnel participe à l'effort de vente**.

Pour la levure de boulangerie, les clients de LALLEMAND se retrouvent dans une proportion de 65 % aux États-Unis et ailleurs dans le monde, et 35 % au Canada. Pour la levure de vin et de distillerie, ils se retrouvent partout dans le monde mais surtout en France, en Italie, en Australie, en Allemagne, aux États-Unis et au Royaume-Uni.

Pour créer et servir ses marchés, LALLEMAND s'est donnée un réseau de représentants-techniciens-spécialistes. Ainsi les bureaux de France, d'Australie, d'Italie, du Royaume-Uni et d'Argentine ont non seulement comme mandat de vendre les levures de LALLEMAND mais surtout de bâtir des contacts avec les clients, d'identifier clairement leurs besoins en termes de levures et d'examiner si LALLEMAND peut produire la levure appropriée ou désirée par le client. Il s'agit en fait d'un réseau d'experts en levures qui essaient de bien connaître les clients avant de chercher à leur vendre quoi que ce soit. C'est ainsi qu'on a réussi à développer plus de 50 souches de levure de vin, des souches de levures de distilleries et de brasseries, maintenant utilisées dans le monde entier.

3. Efficacité de la production

Si les ventes s'avèrent essentielles au succès de LALLEMAND, il ne faut pas oublier qu'elles sont appuyées par une capacité de production de plus en plus efficace. Depuis le milieu des années 70, l'entreprise reconnaît la nécessité de garder un avantage concurrentiel basé sur les coûts: on est résolu à avoir des coûts inférieurs à la plus petite des usines de chaque concurrent près de chez soi. En atteignant cet objectif, on réussira à se maintenir sur le marché car le concurrent doit vendre à un prix permettant de rentabiliser toutes ses usines.

Cette recherche de leadership de coûts s'effectue en recrutant du personnel plus spécialisé et en le formant, en automatisant la production via l'informatique et en améliorant continuellement les procédés de production, en s'assurant de bien connaître l'approvisionnement en matières premières ainsi que les apports d'eau d'appoint et de refroidissement, et ainsi de suite. Par exemple, l'amélioration et l'automatisation des procédés de production ont permis d'augmenter la qualité des produits et de diminuer la durée de certaines opérations, notamment le nettoyage des cuves. Après chaque fermentation, il faut nettoyer chaque cuve. De 1982 à 1990, le cycle de remise en opération de chacune des cuves de fermentation a été raccourci de plus de deux heures, ce qui a permis d'augmenter appréciablement la capacité de production à très faible coût.

Dans le même sens, un meilleur usage de chaque cuve a permis d'améliorer la rentabilité en ajustant la production des différentes levures aux cycles de la demande. La demande de levure de boulangerie est quelque peu saisonnière; elle augmente de 10 % à 15 % avec l'arrivée de l'été. Pour optimiser la capacité de production, LALLEMAND a mis au point une méthode qui lui permet d'utiliser les mêmes équipements autant pour la production des levures de spécialités que pour les levures de boulangerie. Il est ainsi possible de produire plus de levures spécialisées lorsque la demande de levures de boulangerie est plus faible. Cette pratique améliore l'efficacité tout en satisfaisant les demandes des clients.

L'amélioration des procédés de production a aussi permis de réduire les coûts de personnel: ce que l'on effectuait avec une équipe de trois personnes en 1984 peut maintenant être réalisé avec une équipe de deux, dont le superviseur d'équipe.

Chez LALLEMAND, la R-D est très proche de la production. Il y a symbiose très grande entre les deux. La R-D est utilisée pour améliorer les procédés de production ou pour mettre au point de nouveaux produits. Prenons l'exemple des levures de vin: la R-D identifie clairement la souche, ses caractéristiques et la façon de produire cette levure. Puis on procède à des essais dans la section de l'usine appelée usine-pilote. Comme les levures sont des micro-organismes vivants, il faut s'assurer de ce qui arrive lorsque l'on passe de l'échelle du laboratoire à celle de l'usine. Une fois que tout est clairement défini, on passe à la production proprement dite. Dans toute cette démarche, la R-D joue un peu le rôle du maître d'oeuvre et d'interlocuteur avec le client.

La concentration des efforts dans les levures n'a pas empêché LALLEMAND d'innover dans le domaine du marketing. Au début des années 80, l'entreprise a commencé à vendre la levure sous deux formats: le format d'un kilo pour la levure pressée et le format de 25 kilos pour la levure en vrac. De plus, en 1980 LALLEMAND fut la première entreprise en Amérique du Nord à vendre la levure sous une forme liquide par camions-citernes. La concurrence offrait alors des formats d'une livre et de 5 livres pour la levure pressée et de 50 livres pour la levure en sac. Cette décision était risquée car LALLEMAND ne savait pas quelle serait la réponse des clients même si les études indiquaient un intérêt dans ces nouvelles formes. Comme le choix représentait des économies substantielles au plan de la production, la réponse est venue de la concurrence: les autres producteurs ont imité LALLEMAND.

4. Autosuffisance financière

Il y a vraiment peu à dire au sujet du financement car l'entreprise se finance en réinvestissant une bonne partie de ses profits. À part quelques subventions venant de programmes gouvernementaux, comme le PDIR pour l'embauche de personnel spécialisé et d'autres volets pour les améliorations techniques et les études de marketing, LALLEMAND a financé tout son développement à même ses revenus et emprunts bancaires. Sans cette volonté d'investir, LALLEMAND aurait eu de la difficulté à survivre.

5. Une gestion persévérante et ouverte

Le groupe LALLEMAND compte près de 200 employés, dont 150 sont rattachés à des «divisions» reliées directement aux marchés des levures sur toutes leurs formes, répartis dans ses usines et ses bureaux de vente au Canada, aux États-Unis, en Europe, en Australie et en Argentine.

La structure illustrée en Figure 1 montre des divisions qui se rapportent toutes au président-directeur général. Rappelons que l'arrivée entre 1983 et 1985 d'un directeur d'usine, d'un directeur de R-D et d'un directeur des finances a permis de donner du muscle à la gestion de l'entreprise.

La gestion chez LALLEMAND revêt trois caractéristiques: la **persévérance, l'usage maximal des ressources** et la **contribution de son personnel**.

La percée internationale de LALLEMAND ne tient pas du miracle. Elle est le résultat de l'action patiente et persévérante de la direction. Il a fallu pas moins de 10 ans d'efforts réguliers et constants pour arriver aux résultats de 1990. Ce long cheminement s'est fait étape par étape, en apportant à chaque fois des ajustements et les mises au point nécessaires.

Plutôt que de déménager et d'avoir à reconstruire l'usine, LALLEMAND a choisi de demeurer au même endroit et d'utiliser au maximum les ressources matérielles dont elle disposait. Ainsi, la construction de l'édifice de service s'est faite sur les terrains existants car on jugeait que l'usage du terrain n'était pas alors optimal. Dans le même sens, LALLEMAND vise à utiliser au maximum les installations de production: la modernisation a entraîné l'achat de certains équipements plus modernes mais on s'est tout de même appliqué à optimiser l'utilisation de l'équipement existant.

Pour réaliser le revirement, LALLEMAND a dû s'appuyer sur son personnel. D'une part, les améliorations technologiques n'ont pas entraîné de congédiement car on a réussi à augmenter le volume de production. D'autre part, on a mis beaucoup d'efforts pour bâtir la compétence technique du personnel. Pour ce faire, on organise régulièrement des réunions de techniciens spécialisés en production de levures. Ces rencontres permettent aux employés de discuter avec leurs vis-à-vis d'autres usines et elles deviennent d'excellents laboratoires de formation. Dans le même sens, on organise à l'intérieur de l'entreprise un groupe d'étude sur le comportement des levures. Chaque personne doit lire des documents scientifiques et techniques et à tour de rôle présenter et expliquer les textes aux autres participants. Parlant de ces expériences, la direction de LALLEMAND constate qu'elles ont créé un climat de collaboration, d'échange et de recherche des meilleures idées.

6. D'hier à demain

Comment expliquer le succès de LALLEMAND? La direction hésite à répondre à la question car elle préfère la modestie à l'étalage public. Les scrupules passés, on mentionnera trois raisons principales:

- **La mise au point de procédés de fabrication efficaces.** Le leadership de coût a permis à LALLEMAND de ne pas se laisser dépasser par les concurrents. La recherche constante en vue d'améliorer les procédés a permis de les rendre plus efficaces, plus fiables.

- **L'utilisation précieuse de la R-D.** LALLEMAND reconnaît qu'elle n'est pas une entreprise de R-D mais elle fait beaucoup appel à la R-D pour améliorer ses procédés de fabrication et pour développer de nouveaux produits. La recherche est donc ciblée sur des objectifs précis et elle est en rapport étroit avec les activités de l'entreprise. C'est cette façon d'utiliser la R-D qui a permis à l'entreprise de développer 50 souches de levures de vin et de devenir le leader mondial dans ce segment du marché des levures.

- **La persévérance.** LALLEMAND est une entreprise qui «ne lâche pas»: elle s'attaque à une chose puis elle l'améliore continuellement jusqu'à ce que l'on atteigne les résultats désirés. Le meilleur exemple est l'informatisation de la production. Terminée en 1987, cette modernisation sera mise à jour en 1991 car l'expérience a montré qu'il y a place pour des changements, des améliorations: *vingt fois sur le métier on remet le travail!*

* * * * * *

FIGURE 1

ORGANIGRAMME DE LALLEMAND INC.

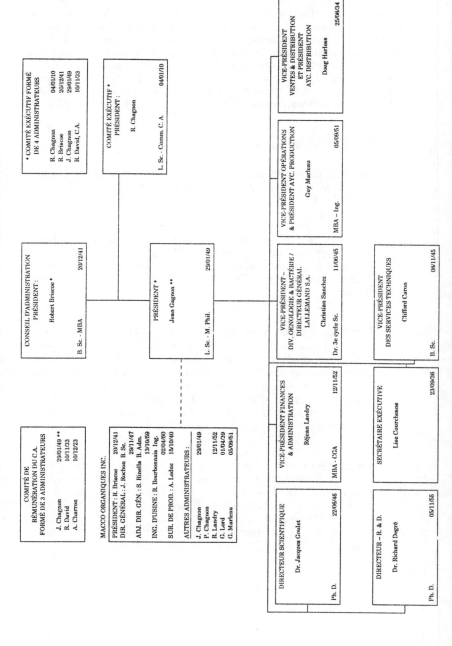

1. **SECTEUR:** Produits métalliques

2. **NATURE DES PRODUITS:** Aiguilles à tricot industrielles

3. **ANNÉE DE FONDATION:** 1980

4. **PROGRESSION DES VENTES:** N/D
   (fin d'exercice: 31 déc.)

5. **RÉPARTITION DES VENTES EN 1989:**

Québec	4%
Reste du Canada	1%
États-Unis	35%
Reste du monde	60%

6. **DÉPENSES COURANTES DE R-D:** 2% des ventes

7. **NOMBRE D'EMPLOYÉS:** 400 (âge moyen: 41 ans) dont 8 ingénieurs

8. **PERSONNEL DE R-D:** 14 (dont 3 professionnels)

9. **PRÉSIDENT:** Guy B. Champagne (61 ans)

10. **RÉPARTITION DU CAPITAL-ACTIONS:**

Cadres supérieurs	67%
Employés	33%

11. **AVOIR DES ACTIONNAIRES:** N/D

12. **VALEUR DES ACTIFS:** N/D

13. **ADRESSE DE LA COMPAGNIE:** 110, rue Rivière
    Bedford (Qué.) Canada
    J0J 1A0

    Tél. : (514) 248-4343
    Fax : (514) 248-4441

TABLE DES MATIÈRES

Page

1. DE FIL EN AIGUILLE: DÉBUTS LOINTAINS
   ET DIFFICILES   316

2. LE TOUR DU MONDE EN 3500 AIGUILLES   318

3. DÉVELOPPEMENT ET FABRICATION   319

4. LA GESTION ET LES RESSOURCES HUMAINES   321

5. DÉFIS POUR L'AVENIR   322

EXELTOR est une entreprise manufacturière solidement établie (400 employés) qui évolue dans le domaine des produits métalliques de haute précision en fabriquant des aiguilles à tricot industrielles. C'est, a priori, un secteur banal sans grande effervescence scientifique. Cependant, le cas d'EXELTOR mérite le détour car on y découvre les efforts technologiques d'une moyenne entreprise traditionnelle qui rejoignent ceux d'une PME technologique à l'ère où les marchés sont planétaires.

Située à Bedford, dans les Cantons de l'Est, près de la frontière américaine, EXELTOR peut certes passer inaperçue. Elle occupe de vieux bâtiments, dans une toute petite ville. Plus de 50 % de la superficie de l'usine date des années 30, le reste ayant été établi dans les années 60 et 70. Pourtant, cette compagnie est le deuxième fabricant mondial d'aiguilles à tricoter dans un monde où la concurrence a toujours été très forte. Elle exporte jusqu'à 95 % de sa production. Son chiffre d'affaires est de l'ordre de 26 millions de dollars.

Comment ce fabricant d'aiguilles réussit-il à tirer son épingle du jeu? C'est ce que nous allons tenter de savoir.

1. De fil en aiguille: débuts lointains et difficiles

Pour EXELTOR, l'origine des temps remonte loin, en 1884, lorsque William Corey commença la fabrication d'aiguilles à tricoter à Bedford. Il avait acquis de l'expérience dans l'industrie du textile au New Hampshire. La fabrique passa ensuite des mains de son fondateur original à la compagnie Torrington, en 1914, puis à Ingersoll-Rand en 1969.

L'entreprise actuelle est née en 1980 quand Guy Champagne, l'actuel président, et quatre partenaires, firent l'acquisition des actifs de l'usine que voulait abandonner Torrington. Ces cinq cadres avaient déjà, chacun, au-delà de 20 années de service au sein de Torrington.

L'entreprise-mère, spécialisée dans la fabrication de roulements à billes et de roulements à aiguilles *("needle bearings")*, connaissait une grande réorientation stratégique. L'acquisition, qui coûta 15 millions de dollars, a été financée en grande partie grâce au programme de la Commission fédérale d'expansion des entreprises. Torrington devait cependant rester en possession de son usine de roulements à bille, également située à Bedford.

Les débuts d'EXELTOR (acronyme pour *"excellence"* et *"tor"*, les trois premières lettres de Torrington) furent très difficiles. La crise économique mondiale qui allait frapper à l'aube des années 80, toucha gravement la compagnie. En effet, la hausse des taux d'intérêts, qui dépasssèrent alors 21%, et un dollar canadien surévalué augmentèrent énormément les coûts de fabrication. Pour une entreprise qui exportait quasiment toute sa production, le coût des intérêts représentait jusqu'à 18% de toutes les dépenses. L'heure était grave et en 1983, la compagnie était au bord de la faillite. L'usine ferma même pendant trois longs mois. A cette période critique, M. Champagne élabora une stratégie de concertation qui s'avère, jusqu'à maintenant encore, très payante.

Il décida de céder, pour un dollar symbolique, un tiers des actions aux employés. En échange, les ouvriers devaient augmenter le volume et faire des concessions salariales pendant la durée de la crise. Dès lors, ce fut la reprise: la compagnie finit par dépasser les 20 millions de dollars de ventes en 1986 et prévoit atteindre 31 millions de dollars en 1990.

Les réunions annuelles des actionnaires se tiennent sur le plancher de l'usine, là où les ouvriers se sentent le plus à l'aise. Au début, beaucoup d'employés étaient loin d'être familiers avec la possession d'un portefeuille d'actions. Par contre, ils sont devenus de plus en plus impliqués dans ce nouveau processus. Par exemple, lors de la dernière assemblée annuelle des actionnaires, près de 80% d'entre eux étaient présents. Fait digne de mention, à ce jour aucun dividende n'a encore été distribué et tous les profits sont réinvestis dans la compagnie.

Le redressement relève donc de l'esprit de corps et de l'enthousiasme des employés. L'actuel président, maintenant âgé de 61 ans, a été en grande partie l'artisan de cette réussite. Issu d'une famille d'ouvriers, celui-ci obtint un diplôme d'ingénieur civil à l'Université McGill. Il débuta sa carrière dans la construction de ponts pour se retrouver ensuite chez Torrington. Il aura le temps d'ajouter à son palmarès académique un MBA et un cours intensif d'administration à Lausanne avant de se porter acquéreur de l'usine. Aujourd'hui, il y totalise plus de 30 années d'expérience, dont 10 en tant que président. Lorsqu'il nous confie qu'il n'a jamais douté du succès, on serait porté à le croire. Car, parti en affaires en 1980, il avait déjà une solide expérience en gestion, en marketing et en finances ainsi qu'une connaissance approfondie des procédés de fabrication de ces bijoux de technologie que sont les aiguilles à tricoter.

2. Le tour du monde en 3500 aiguilles

EXELTOR, qui exporte 95 % de sa production, en destine plus d'un tiers
aux États-Unis. Le reste est livré à 53 pays répartis sur les cinq
continents. Chaque année, la compagnie fabrique plus de 100 millions
d'aiguilles. Bien que le prix n'en soit que de 25 cents l'unité, le produit
doit être de grande qualité, ce qui exige des aciers spéciaux (une des
recettes de succès de la compagnie) et des procédés de fabrication très
efficaces. Bien plus, la compagnie est en mesure de fabriquer plus de
3500 modèles différents, couvrant les secteurs suivants d'activité: les
aiguilles à tricot réservées à la fabrication de bonnetterie, - bas culottes
pour dames, bas pour hommes, bas sports - ainsi qu'aux tissus destinés
à la confection des vêtements et aux tissus industriels (*voir la Figure 1 en
annexe*).

EXELTOR est positionnée dans le haut de gamme où son seul
compétiteur est le leader mondial, une firme allemande, dont le volume
de production est cinq fois supérieur à celui d'Exeltor et qui impose les
prix sur le marché. Dans le bas de gamme, les conditions d'entrée sont
faciles: donc, pour y être un concurrent sérieux, il faut pouvoir rivaliser
avec une douzaine de firmes, dont des usines asiatiques bénéficiant d'une
main-d'oeuvre à bon marché. EXELTOR ne peut se permettre de
concurrencer ces dernières car ses coûts se composent de 60 % de main-
d'oeuvre. Aussi, elle compte beaucoup plus sur la qualité de ses aiguilles
dans un segment où la technologie est plus complexe.

En effet, la fabrication des aiguilles pour machines à tricoter industrielles
requiert un procédé de fabrication extrêmement précis. En fait, la
précision requise est équivalente à celle d'une montre suisse et la durée
de vie doit dépasser un milliard de cycles. Palettes et crochets exigent
des tolérances de l'ordre de 0,02 mm!

La stratégie de pénétration d'EXELTOR est basée sur les manufacturiers
de machines. Les aiguilles sont des composantes critiques des machines
à tricoter. Des recherches conjointes sont ainsi effectuées de manière à
rencontrer exactement les exigences. Il est reconnu, par ailleurs, qu'en
vendant une aiguille aux manufacturiers, dix sont vendues aux utilisateurs.

D'autre part, ces manufacturiers ne favorisent en général que deux
fournisseurs reconnus. La première place étant majoritairement occupée
par le concurrent allemand depuis le début des années 70, EXELTOR
tient à demeurer bon deuxième mais en continuant à augmenter sa part
de marché. À ce niveau, l'effort particulier de la compagnie se situe
actuellement dans le domaine des aiguilles de bas-culottes. Elle compte
s'étendre ensuite vers les machines à grands diamètres.

La plupart des manufacturiers sont européens: allemands, italiens, etc. EXELTOR possède des bureaux à Milan, à Vienne ainsi qu'à Coventry en Grande-Bretagne, en plus d'être présente aux États-Unis. Son équipe de ventes est de 40 employés répartis à travers le monde.

Il est à noter qu'après avoir conclu des accords de transferts de technologie avec la Chine (trois contrats depuis 1985), EXELTOR entend bien conquérir le Nord-Est et le Sud-Est du continent asiatique. M. Champagne nous relate que la compagnie espère augmenter ses exportations en Extrême-Orient, d'abord vers la Chine, ensuite vers Taiwan et la Corée. *«Il faut vivre international !»*, déclare-t-il.

3. Développement et fabrication

Les aiguilles sont fabriquées à partir de matières semi-finies: fil et rubans d'acier. Le processus comporte **30 étapes** (coupe, élongation, affinage, assemblage, traitement thermique, nettoyage, etc.) pendant lesquelles le produit traverse une longue série d'appareillages et de machineries semi-automatiques. Le parc d'équipement se compose en grande partie de vieilles machines mais celles-ci fonctionnent encore très bien et plusieurs ont été automatisées. Quelques machines à commande numérique ainsi que des appareils de mesure et de contrôle par ordinateur parsèment le plancher de l'usine.

Il faut souligner la remarquable ingéniosité des ouvriers dont les propres ajouts sur les machines sont essentiels. Il n'existe pas d'appareils spécifiques pour la fabrication d'aiguilles. Ainsi, chaque appareil a été adapté et amélioré au fil des ans pour correspondre exactement aux procédés et aux méthodes requises. Certaines étapes relèvent même carrément de l'artisanat. Par exemple, lors du nettoyage et du polissage, on utilise de grandes cuves remplies d'eau savonneuse et de galets d'un genre spécial. Les aiguilles immergées sont nettoyées par frottement lorsqu'on agite les cuves pendant un certains temps. Cette méthode de *"tumbling"* est lente et s'effectue manuellement. Bien que fort coûteuse, elle demeure, au dire d'EXELTOR, la plus efficace. C'est d'ailleurs celle que recommandent les manuels traitant du polissage des métaux.

Quant à la R-D, il s'agit essentiellement de développement expérimental. On essaie d'améliorer la productivité par l'expérimentation de différentes méthodes de production. Par exemple, l'introduction récente du système MRP (*"Material Resources Planning"*) s'est avérée très profitable.

Les préoccupations d'EXELTOR en matière d'ingénierie se portent surtout sur la métallurgie. Les aiguilles subissent des contraintes énormes. Dans les années 60, la fabrication de bas-culottes exigeait des vitesses de l'ordre de 250 tours par minute alors qu'aujourd'hui, l'aiguille réalise 1500 et parfois jusqu'à 6000 cycles par minute lorsqu'alimentée simultanément par quatre bobines de fil. C'est ainsi que 3 ingénieurs et 11 techniciens s'affairent en R-D. En coopération avec des chercheurs de l'École Polytechnique et de l'Université Concordia, ils cherchent actuellement à mettre au point un alliage hautement résistant aux vibrations continues. Tout récemment, ces ingénieurs ont commencé à s'intéresser aux machines à commande numérique et à rechercher le surcroît de précision et de fiabilité qu'elles comportent.

Ce souci de performance se retrouve encore lorsqu'on remarque qu'EXELTOR a été une des premières entreprises à souscrire 10 000$ pour devenir membre fondateur du Centre de caractérisation microscopique des matériaux - $(CM)^2$ de l'École Polytechnique de Montréal: un laboratoire qui constitue la plus grande concentration de microscopes électroniques au Canada. On retrouve là une préoccupation constante: être à la fine pointe du génie des matériaux pour maîtriser le mieux possible les importantes relations entre la microstructure des nuances d'acier utilisées et subissant une série complexe de transformations, et les propriétés mécaniques des aiguilles produites, y compris leur résistance à la corrosion.

Bien que la R-D ne corresponde pas à une structure formelle chez EXELTOR, M. Champagne souligne qu'elle est une des pierres angulaires de l'entreprise. Elle tire plus sur le "**D**" que le "**R**", dit-il, et bénéficie de ressources s'élevant à 2,5% des ventes, ce qui est énorme pour une industrie de produits métalliques. M. Champagne ajoute: *«Le succès des Allemands tient à leur connaissance technique et à leur effort de recherche, ils sont maintenant les premiers alors que Torrington était présent dans le secteur bien avant eux!»*

Heureusement, depuis 1980, EXELTOR n'a cessé de s'améliorer. Alors qu'il y a dix ans, il fallait 5,0 employés par million d'aiguilles, aujourd'hui la compagnie s'en tire avec 2,75 employés.

Les crédits d'impôt à la R-D ont joué un rôle important dans les apports financiers. Et une aide de 488 000$ de l'Entente Canada-Québec de développement scientifique et technologique en 1989 a permis d'améliorer sensiblement l'équipement de production.

De plus, la compagnie bénéficie, de temps à autre, des suggestions techniques des experts du Conseil National de Recherches du Canada.

M. Guy Champagne, qui s'occupe de coordonner le marketing, la fabrication et la R-D, précise avec humour: *«Le taux de plainte des clients varie en fonction inverse de la santé de l'économie!»* Il faut croire que nous connaissons actuellement une période de prospérité puisque les réclamations ont chuté de moitié depuis 1980 pour cette entreprise. Et le président d'EXELTOR ajoute avec assurance: *«Si les Allemands sont capables, pourquoi pas nous?»*

4. La gestion et les ressources humaines

Le Conseil d'administration est constitué de deux des actionnaires du départ, de cinq personnes de l'extérieur dont un sénateur, de deux représentants des syndiqués *("Les Travailleurs Canadiens de l'Automobile")* et un représentant des cadres.

La compagnie ne possède pas une structure très formelle. Lors des réunions hebdomadaires du comité de gestion constitué du président et des quatre vice-présidents (Finance, Fabrication et R-D, Marketing et Ventes, et Approvisionnements), chaque responsable est tenu de prouver la rentabilité de son projet éventuel. Ensuite, chaque décision devient sa propre responsabilité.

En coordonnant, nous l'avons dit, marketing, R-D et fabrication, le président influe, pour sa part, sur la stratégie générale de l'entreprise. Il imprègne sa vision des ressources humaines. Si le redressement de la compagnie représente un exploit qui trouve à sa base le regroupement des forces vives de la compagnie, son président proclame la nécessité du dialogue et du partenariat.

EXELTOR met l'emphase sur le recyclage et la formation et prend modèle sur IBM qui dépense à cette fin jusqu'à 2 500$ par employé annuellement. La compagnie a mis en place un programme de formation à l'extérieur avec l'aide de la SOFIE *("Société pour la formation industrielle régionale")*. Le recyclage d'une durée de trois ans, est dispensé la première année pendant les temps libres des ouvriers et il s'effectue sur une base volontaire. La deuxième année, la compagnie octroie 50% du temps de travail et la troisième année, 100%. Le programme connaît tellement de succès que son accès est jusqu'à maintenant limité par une longue liste d'attente. Il faut dire qu'il conditionne l'entrée dans un système de cheminement de carrière récemment instauré.

Les ressources humaines d'EXELTOR sont assez particulières: 200 employés sur 400, rappelons-le, sont actionnaires de la compagnie depuis 1984 et 80% de tout le personnel vit à moins de 20 km de Bedford. Sur les 300 employés d'usine, tous syndiqués, environ deux-tiers ont une formation spécialisée. Les 80 cadres et employés de bureau ne sont pas, quant à eux, syndiqués. L'ancienneté moyenne des ouvriers est de 15 ans, ce qui, au dire de M. Champagne, est le double de la moyenne provinciale. Lors de notre visite par exemple, trois employés y fêtaient leur 40e année de service. Fidélité et loyauté sont donc au rendez-vous.

Ce qui frappe le plus, lorsqu'on visite l'usine, c'est la fierté des ouvriers à expliquer leur travail. Ils connaissent tous intimement leurs machines. Chaque opérateur effectue entre 16 et 20 opérations différentes.

L'atmosphère est au dynamisme et à l'enthousiasme, climat qu'a su susciter une nouvelle équipe de direction aux ressources humaines.

Bref, **employeur important dans la région**, EXELTOR réussit la difficile alchimie de la concertation et de la performance. Elle mise sur la qualité des ressources humaines en lien étroit avec la qualité de la production. C'est cette jonction qui est l'image de marque de l'entreprise. Celle-ci a instauré du même coup des **valeurs relatives à la qualité, la crédibilité, l'intégrité et le partenariat**, servant de base à une culture d'entreprise bien précise. Par ailleurs, les changements s'inscrivent dans une perspective pratico-pratique, selon la théorie des *"petits pas"*.

5. Défis pour l'avenir

Dans l'esprit de M. Guy Champagne et de son fils qui dirige les opérations quotidiennes, quatre grandes leçons se dégagent de l'histoire d'EXELTOR.

Tout d'abord, il y a l'évidence que c'est le **capital humain** qui détermine fondamentalement la réussite d'une entreprise. Chez EXELTOR, des facteurs circonstanciels (sa position géographique) et explicites (actionnariat, responsabilisation et recyclage) créent un climat propice qui aurait pu être fragile dans une autre industrie.

Ensuite, l'existence d'une **niche de marché** à l'échelle mondiale est primordiale. L'idée de naviguer dans les mêmes eaux que son concurrent allemand dénote une stratégie audacieuse. Tel un poisson-pilote, EXELTOR récupère des miettes de plus en plus grosses d'un monstre dont la férocité effraie les autres concurrents.

La troisième leçon a trait à la **R-D**: même si EXELTOR oeuvre dans un secteur traditionnel, la R-D lui est indispensable pour maintenir sa place dans les marchés et continuer à profiter des nouvelles technologies pour améliorer ses produits et ses procédés. Donc, la R-D a sa place partout. Le problème est d'en faire un bon dosage et de bien l'orienter.

Enfin, une quatrième leçon est la nécessité d'assurer la croissance de la compagnie et d'en augmenter la profitabilité en ayant recours à l'expertise de la compagnie pour **diversifier la production et augmenter les ventes**. Actuellement, la compagnie est quelque peu vulnérable parce que confinée aux aiguilles à tricoter. Selon M. Champagne, ses équipements et son expérience lui permettraient de produire, assez facilement, des produits métalliques fins de haute précision et à grand volume.

Cela dit, les défis ne manquent pas pour l'avenir. Les tendances mêmes du marché sont axées sur la variété. La demande pour les aiguilles, intimement reliée à la mode, change continuellement et très rapidement.

EXELTOR compte y répondre avec souplesse et économie. L'apport d'unités de fabrication flexibles est présentement considéré.

D'autre part, la compagnie est consciente des problèmes que représentent la relative ancienneté de ses employés, leur formation technique pas assez poussée et l'évolution rapide des technologies. Aussi, l'impact des courbes d'apprentissage lors de nouvelles acquisitions devra être méticuleusement analysé de manière à préserver une saine ambiance de travail et une performance soutenue.

Finalement, Guy Champagne est d'avis qu'EXELTOR doit renforcer la collaboration avec les fabricants de machines, partie intégrante d'une politique générale, en plus de continuer un effort important de recherche pour mettre en place des méthodes de fabrication plus modernes.

Le **Prix du Canada pour l'Excellence à l'Exportation** a récompensé EXELTOR en 1987. Ce n'est peut-être que le début d'une longue liste d'honneurs.

* * * * * *

FIGURE 1

**EXEMPLES D'AIGUILLES FABRIQUÉES
PAR EXELTOR INC.**
(Échelle vraie grandeur)

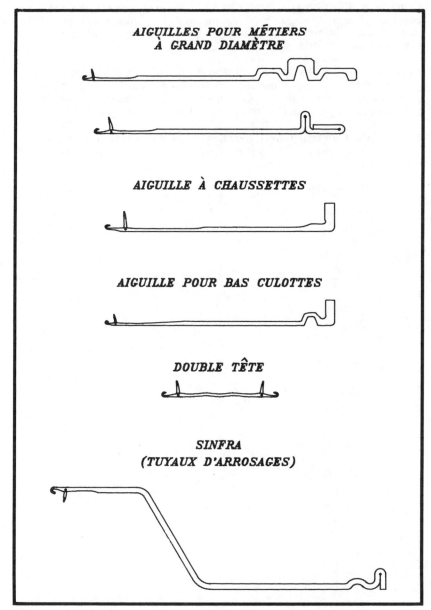

CHAPITRE 3

UNE BONNE GESTION STRATÉGIQUE, FACTEUR ESSENTIEL DE SUCCÈS

L'examen de ces vingt-et-un cas nous amène à nous interroger sur la façon dont ces entreprises arrivent à définir et à mettre en place leur stratégie et quels types de stratégie elles poursuivent. Nous aborderons ces questions sous quatre thèmes différents: **le concept d'émergence, les principaux éléments constitutifs d'une stratégie des entreprises à fort contenu technologique, les défis auxquels sont confrontées les entreprises à fort contenu technologique, et les formes que prennent les stratégies des entreprises à fort contenu technologique.**

1. Le concept d'émergence: bâtir une stratégie

À la lecture des cas d'entreprises que nous avons étudiés, on constate qu'aucune d'elles n'a commencé avec une stratégie clairement et totalement définie. Chacune a procédé de façon progressive et a développé sa stratégie en utilisant les différents éléments qui composent habituellement une stratégie. Les études d'Henry Mintzberg[1] sur le sujet ont démontré que dans plusieurs entreprises, contrairement à ce que l'on peut penser, la stratégie n'est pas écrite d'avance, planifiée et organisée au départ, mais elle émerge lentement, progressivement, à mesure que les décisions se présentent. Mintzberg soutient même que la vraie stratégie des entreprises est celle qui émerge, se dégage, se développe graduellement au rythme des différentes décisions de l'entreprise et non celle qui est planifiée, prévue d'avance, et que les dirigeants croyaient pouvoir réaliser. Cette prise de position a entraîné dans la littérature sur les stratégies un débat, voire une opposition entre certains chercheurs et praticiens que l'on a appelée l'opposition entre une **stratégie émergente** et une **stratégie délibérée.**

Il nous paraît normal que la stratégie des nouvelles entreprises à fort contenu technologique se tisse au fur et à mesure car ces entreprises s'aventurent dans des domaines nouveaux, avec des produits nouveaux. Elles font appel de façon originale et différente à des compétences et des ressources particulières. Leur capacité d'anticiper, de prévoir les orientations stratégiques possibles est très faible car tout est à faire, tout

---

[1] Pour décrire cet aspect, des auteurs tels Mintzberg et Huff insistent sur la formation des stratégies à travers plusieurs décisions: H. Mintzberg, «Patterns in Strategy Formation», *Management Science*, 1978, p. 934-948; Huff, A., Industrial Influences on Strategy Reformulation, *Strategic Management Journal*, Vol. 3, 1982, p. 119-131.

est à inventer, et il est dès lors difficile de tracer un plan unifié, intégrateur, qui définit ce que fera l'entreprise[2].

Bâtir une stratégie c'est suivre une trajectoire à travers les expériences, à travers une série d'essais et d'erreurs.   C'est grâce à de telles expériences que l'entreprise commence à reconnaître et à dégager certains principes et lignes directrices qui lui serviront à élaborer sa stratégie.   Mais dans cette démarche, il importe que l'équipe entrepreneuriale à l'origine de l'entreprise soit très sensible au *feed-back* généré par le processus d'essais et erreurs.   En fait, c'est par le *feed-back* sur ses comportements et ses décisions que l'entreprise dégage, décide et apprend ce qu'elle devra vraiment faire.   On peut donc affirmer que cette forme d'apprentissage est l'élément constructeur de la stratégie.

Une stratégie qui émerge se construit à travers la multiplicité des décisions que doivent prendre les dirigeants de l'entreprise.   Les cas étudiés montrent très clairement que la stratégie suivie n'est pas une décision particulière prise lors d'un grand *happening* mais plutôt le résultat d'une multitude de décisions prises au fil de son existence. Dans sa définition du concept de stratégie, Andrews[3] a clairement indiqué qu'une stratégie se construit à travers une série de décisions qui, prises une à une, ont l'air peu importantes mais qui, dans leur ensemble, définissent, établissent et polissent la stratégie de l'entreprise. Ainsi, au premier coup d'oeil, on peut penser que le choix d'un distributeur est une décision opérationnelle, mais un examen plus attentif permet de constater que pour certaines entreprises étudiées, le choix d'un distributeur est une question éminemment stratégique qui influencera beaucoup la capacité de l'entreprise à pénétrer les marchés étrangers.   Les cas de DIAGNOSPINE, OSMOCO, ALIS, GIRO et LALLEMAND illustrent très clairement cette dynamique. Dans le même sens, les décisions de production et de distribution prises par IAF BioChem, VIRTUAL PROTOTYPES (VPI) et BERCLAIN sont des décisions à travers lesquelles se tissent des éléments majeurs de la stratégie. Il est très clair que certains de ces choix sont hautement prémédités mais plusieurs sont le résultat de tractations, discussions et échanges entre l'entreprise et plusieurs partenaires, processus à travers lequel l'entreprise définit ce qu'elle compte faire.

---

[2]   Dans son ouvrage, Glueck définit la stratégie comme un plan global et exhaustif, établi au départ: Glueck, W., *Business Policy and Strategic Management*, New York: McGraw-Hill, 1980.

[3]   Andrews, K., *The Concept of Corporate Strategy* (3e édition), Homewood, Illinois: Irwin, 1980.

À la lecture des différents cas, on remarque que les entreprises ont besoin de temps pour arriver à définir la voie qu'elles suivront, pour arriver à une stratégie. Toutes ont dû *«vivre pendant un certain temps»* leurs produits, leurs marchés, leurs clients, leur production et leur distribution pour arriver à dégager ce que serait leur stratégie. Mais combien de temps: un an, deux ans, cinq ans? Un échantillon restreint comme celui utilisé dans cette étude permet difficilement de répondre à cette question. Il est certain toutefois que l'entreprise doit acquérir une *«certaine maturité»*, atteindre une certaine présence sur les marchés, un certain degré d'assurance dans ce qu'elle fait, avant qu'elle puisse formuler une stratégie sensée.

Constater l'émergence de la stratégie ne contredit pas du tout le fait que dès le début, la majorité de ces entreprises se soient donné un *plan d'affaires*. Tel qu'expliqué dans le chapitre 4, cet instrument de travail oblige l'entrepreneur à exprimer clairement comment il voit l'entreprise, quels sont les meilleurs choix dans la matérialisation de son projet, quels partenaires et ressources sont nécessaires et quelles lignes directrices il doit suivre dans la création de cette entreprise. L'expérience démontre que le plan d'affaires est extrêmement utile, voire indispensable pour guider la démarche de l'entrepreneur mais ce plan se modifie dans les premières années d'existence de l'entreprise car l'interaction avec les partenaires, les employés, les clients et les fournisseurs permet à l'entrepreneur de valider, d'expliciter, de préciser, de changer ce qu'il avait anticipé au départ dans le plan. Le Groupe AHT est un bel exemple de l'évolution du plan d'affaires. Son premier plan ne permettait pas de prévoir ce qui pouvait apparaître dans les premières années du projet, non plus son cheminement commercial. Suite à une restructuration en profondeur de l'entreprise cinq années plus tard, il a fallu développer un nouveau plan d'affaires, mieux ajusté à la nouvelle réalité commerciale. Par contre, VPI a correctement identifié dans son premier plan d'affaires la technologie et les marchés qui lui permettraient un leadership mondial en prototypage d'avionique. Il en est de même d'ELECTROMED pour les générateurs de rayons X à fins médicales.

L'émergence de la stratégie des entreprises à fort contenu technologique peut se résumer en un processus à trois étapes[4]: l'expérimentation, la focalisation sur les opportunités, et le développement d'une capacité organisationnelle d'action. L'étape d'*expérimentation* nécessite la clarification de la vision de l'entrepreneur, l'exploitation des possibilités de la technologie et une première évaluation du marché. L'étape de la *focalisation* signifie que les créateurs de l'entreprise ont choisi de concentrer leurs énergies et leurs ressources sur les opportunités et les

---

[4] Ces étapes sont proposées par Bahrami, H., Evans, S., «Strategy Making in High Technology Firms: The Empiricist Mode», *California Management Review*, Vol. 31, Nº 2, 1989, p. 107-128.

options jugées les plus prometteuses. L'étape du *développement* d'une capacité organisationnelle d'action porte surtout sur les mécanismes de coordination et sur les arrangements structurels.

2. Les bases de la stratégie

À l'instar de la majorité des entreprises, les firmes à fort contenu technologique établissent leur stratégie en s'appuyant sur certains piliers, dont les plus importants sont **l'environnement industriel, la technologie et les fondateurs.**

L'environnement industriel

La plupart des manuels en stratégie d'entreprises commencent par proposer aux étudiants un schéma qui permet de décrire l'environnement dans lequel oeuvrent les firmes. La littérature sur la stratégie a proposé différents modèles descriptifs de l'environnement mais dans l'ensemble, celui de Porter[5] est le plus utilisé. Porter décrit l'environnement des firmes en utilisant cinq concepts: *le pouvoir des fournisseurs, le pouvoir des clients, la possibilité de nouveaux entrants dans le secteur industriel en cause, les produits substituts, et les concurrents.* Ce sont les relations entre les quatre premiers concepts qui permettent de décrire les relations entre les concurrents dans un secteur industriel particulier.

Le schéma de Porter s'est avéré très utile pour comprendre les rapports entre l'entreprise et son environnement, pour comprendre comment, dans un environnement particulier, une firme choisit la place qui lui revient et détermine ce qu'elle veut faire. Cependant, cette façon d'analyser l'environnement s'applique très difficilement dans le cas des petites entreprises à fort contenu technologique car très souvent, les fournisseurs n'existent pas, les clients n'ont pas de pouvoir particulier, les produits substituts ne sont pas encore inventés et la possibilité de nouveaux arrivants est à la fois très grande et très petite. Très grande, dans le sens que n'importe qui peut s'attaquer à ce nouveau marché avec une nouvelle technologie, mais en même temps très petite parce que la probabilité qu'elle survienne est relativement limitée étant donné la forte contrainte que représente la maîtrise de la technologie. Finalement, le niveau de concurrence entre les firmes est si faible au départ qu'il ne peut servir à expliquer le comportement de ces firmes les unes par rapport aux

---

[5]   Porter, M.E., *Competitive Strategy: Techniques for Analyzing Industries and Competitions*, New York: Free Press, 1980.

autres, car le nombre d'entreprises dans le segment en cause est si petit que la concurrence est indirecte et diffuse[6].

De plus, il faut se rappeler que ces entreprises s'orientent vers des niches virtuelles dans le marché, soit des segments qui existent dans le marché mais dont on connaît peu le contour parce que les entrepreneurs ne font pas encore affaires dans ces niches. Ces niches sont d'autant plus difficiles à évaluer que les nouvelles entreprises qui s'y adressent favorisent une approche très spécialisée, ce qui les amène souvent à n'en exploiter qu'une petite portion.

Sans rejeter le schéma de Porter, on peut quand même s'en inspirer pour trouver les éléments spécifiques d'environnement dans lesquels oeuvrent les entreprises qui nous intéressent. L'examen attentif de la littérature nous permet de proposer quatre caractéristiques de l'environnement dans lequel oeuvrent les entreprises à fort contenu technologique. Les voici.

a) *environnement quasi scientifique*

Beaucoup d'entreprises de haute technologie oeuvrent dans des environnements que l'on peut appeler quasi scientifiques. Nous les appelons ainsi parce qu'il s'agit souvent d'un milieu où la créativité scientifique joue un grand rôle et où les innovations technologiques dépendent beaucoup des derniers progrès de la science[7]. Un tel milieu n'est pas sans évoquer l'atmosphère d'un centre de recherche industrielle ou même d'un laboratoire d'université. Dans de nombreux cas, la proximité avec la recherche fondamentale est extrêmement importante. L'exemple le plus clair est fourni par l'entreprise MEDICORP: celle-ci utilise les résultats d'une recherche sur les anticorps monoclonaux qui a valu un prix Nobel à son auteur, le Dr César Milstein. Évidemment, comme il s'agit des résultats d'une recherche fondamentale, le développement technologique se situe aux frontières de la recherche fondamentale et surtout de son application pratique. La même chose existe dans les cas de IAF BioChem, GIRO et MPB.

Le caractère quasi scientifique peut être illustré également par le fait que plusieurs des entreprises étudiées vivent une proximité relativement grande avec le milieu universitaire. Sur les vingt-et-un cas étudiés, pas moins de huit d'entre eux ont eu un départ relié à une recherche

---

[6] Les études basées sur le modèle de l'écologie des populations parlent de *densité de la concurrence*. Voir par exemple: Lambkin, M., Day, G., «Evolutionnary Processes in Competitive Markets: Beyond the Product Life Cycle», *Journal of Marketing*, Vol. 53, July 1989, p. 4-20.

[7] Samsom, K., *Scientists as Entrepreneurs*, Boston, Mass.: Kluwer Academic Publishers, 1990.

universitaire ou à un milieu académique, soit MEDICORP, IAF BioChem, ELECTROMED, BOMEM, GIRO, ALIS, l'INSTITUT ROSELL, et même MPB TECHNOLOGIES. Plusieurs des fondateurs de ces entreprises sont soit des chercheurs ou des ex-chercheurs universitaires, soit des gens qui ont participé de façon intime et active à des recherches d'envergure menées dans le milieu universitaire. Les études de Doutriaux [8,9] explorent cette même question mais en se plaçant dans la perspective de l'université. Ces études examinent en quoi l'emphase sur la recherche, les politiques de l'université, et les conditions de départ influencent la création des entreprises issues des universités. Les résultats à ce jour permettent de penser que l'emphase mise par l'université sur l'excellence en recherche et en enseignement, sur l'innovation technologique, le support à l'entrepreneurship et les pratiques de transfert de technologie facilitent la création d'entreprises par le personnel ou les jeunes diplômés de l'université. Notons cependant que ces aspects de la culture universitaire sont moins importants que les caractéristiques des entrepreneurs et les conditions de démarrage.

L'environnement quasi scientifique permet aux entreprises d'oeuvrer dans un domaine où on est proche du développement du savoir. Les nouvelles connaissances sont souvent l'*input principal* pour l'entreprise pour qui la technologie de pointe est une variable cruciale et les nouveaux résultats du savoir un élément déterminant de son existence. Dans un tel environnement, on se situe à la base même du processus de transfert de technologie[10].

La dimension quasi scientifique peut aussi être illustrée par le fait que toutes les entreprises étudiées, sauf celles des secteurs traditionnels, oeuvrent dans un milieu faisant appel à beaucoup de personnel spécialisé, voire très spécialisé. Dans le chapitre 1, des ratios relatifs au nombre de personnes qui détenaient des maîtrises ou des doctorats dans chacune des entreprises étudiées ont été calculés. Ces résultats indiquent que la très grande majorité de ces entreprises ont pu être créées parce qu'elles pouvaient recruter facilement le personnel dont elles avaient besoin.

---

[8] Doutriaux, J., «Growth Pattern of Academic Entrepreneurial Firms», *Journal of Business Venturing*, Vol. 2, N° 4, 1987, p. 285-298 .

[9] Doutriaux, J., *Déterminants du succès des entreprises issues des universités*, CIPE-CANADA, Trois-Rivières, 1991.

[10] Mackenzie, M., Cambrosio, A., Keating, P., «The Commercial Application of a Scientific Discovery: the Case of Hybridoma Technique», *Research Policy*, Vol. 17, N° 3, 1988, p. 155-170.

Le Conseil de la science et de la technologie du Québec déclarait récemment:

> *«Beaucoup de nouvelles entreprises en biotechnologie sont, en effet, formées d'un petit noyau de chercheurs auquel se greffent quelques techniciens spécialisés. Elles exercent souvent des activités proches de la recherche fondamentale et entretiennent des liens étroits avec les chercheurs universitaires.»*[11]

b) *un environnement dynamique et international*

Les recherches sur la stratégie ont tenté de caractériser les environnements dans lesquels oeuvraient les entreprises. Les chercheurs, en particulier Danny Miller[12], ont décrit les environnements en termes de changement, de volatilité, d'intensité de la concurrence, etc. Pour les entreprises à fort contenu technologique, le qualificatif le plus approprié est celui de *dynamique*: on cherche des réponses nouvelles à des questions anciennes, on propose de nouvelles façons de répondre à des questions anciennes, on souligne des applications nouvelles, et ainsi de suite.

L'environnement est dynamique parce que l'on travaille autour de ce que l'on pourrait appeler la *nouveauté*: nouveauté de la technologie, nouveauté des produits, nouveauté des marchés pour ce produit, nouveauté de cette technologie pour répondre aux besoins du marché, nouveauté de l'apprentissage et même nouveauté de la clientèle, etc. Notons que la nouveauté est aussi accentuée par le rythme des changements dans le secteur industriel en cause: l'informatique et la pharmaceutique sont des exemples éloquents du rythme rapide de changement. En fait, les entreprises à fort contenu technologique oeuvrent dans des marchés émergents dans lesquels la demande est souvent faible, imprécise et l'incertitude est énorme. Comme les produits sont nouveaux, on ne peut guère prouver la viabilité du marché[13]. Comme nous l'avons vu dans beaucoup des cas relatés dans cet ouvrage, cet aspect a une incidence directe sur le financement: la difficulté de convaincre des partenaires financiers. Le meilleur exemple est celui du Groupe AHT. Les firmes qui ont le plus de chances de connaître le succès sont celles qui oeuvrent dans des marchés qui émergent sur des

---

[11] *Les biotechnologies: un choix stratégique pour le Québec*, Conseil de la science et de la technologie du Québec, Québec, 1991, p. 46.

[12] Miller, D., Organizational Configurations: Cohesion, Change and Prediction, *Human relations*, 1990, Vol. 43, p. 771-789.

[13] Anderson, C., Zuthamb, «Stages of the Product Life Cycle, Business Strategy and Business Performance», *Academy of Management Journal*, N° 27, 1984, p. 5-24.

marchés matures: qu'il s'agisse de marchés matures ou de marchés en émergence, l'avance technologique permet de bâtir un avantage concurrentiel[14].

Les entreprises BOMEM, EXFO, EICON, MULTISENS, GIRO, VPI et surtout MPB sont toujours confrontées à des questions nouvelles, à des problèmes nouveaux, ou à des applications nouvelles de leurs recherches. La même situation se retrouve dans le secteur biomédical.

L'environnement est dynamique parce qu'il est international. Il est intéressant de noter que dès leur création, toutes les entreprises étudiées oeuvrent ou cherchent à pénétrer les marchés internationaux. Leurs produits sont vendus partout dans le monde et la concurrence peut venir de n'importe quel pays. C'est non seulement un défi mais aussi une menace car les actions face à la concurrence sont souvent difficiles à identifier: d'une part, le produit doit s'avérer le meilleur car il est confronté à ce qui se fait partout dans le monde; d'autre part, il faut choisir des pays particuliers, y bâtir une capacité de distribution et surtout assurer le service. Un bon exemple d'un tel ciblage est BERCLAIN au Mexique ou ELECTROMED en France.

c) *politique de recherche–développement*

La création et le développement des entreprises à fort contenu technologique sont fortement influencés par les politiques de recherche-développement (R-D) du milieu dans lequel elles évoluent, en particulier les politiques de R-D des grandes firmes et celles des gouvernements. Les études de Utterback et Abernathy[15] ont démontré que dans des secteurs nouveaux, ce sont de nouvelles PME, souvent en étroite collaboration avec les universités, qui proposent des produits nouveaux, qui innovent le plus. À mesure que le secteur acquiert une maturité, les grandes entreprises viennent s'y insérer pour desservir les marchés de masse en réalisant des économies d'échelle.

Donc, la grande entreprise n'intervient pas dans la phase initiale parce qu'elle ne s'y sent pas à l'aise; par ailleurs, elle prend sa place lorsque la nouvelle technologie est solidement implantée et le secteur a atteint le stade de la maturité. Dans certains domaines par exemple, les grandes firmes préfèrent que les recherches de pointe soient exécutées par les petites entreprises, quitte à acheter le brevet une fois que le produit est

---

[14] Eisenhardt, K., Shoonhaven, C., «Organizational Growth, Linking Founding Team, Strategy, Environment and Growth among U.S., Semi-conductors Ventures», *Administrative Science Quaterly*, Vol. 35, N° 3, 1990, p. 504-529.

[15] Utterback, W., Abernathy, J., «Patterns of Industrial Innovation», *Technology Review*, juin 1978, p. 41-47.

développé ou à s'entendre avec l'entreprise innovatrice lorsque vient la phase de la commercialisation.

Certains vont même jusqu'à prétendre que l'émergence des PME à fort contenu technologique s'explique parce que les grandes entreprises choisissent de laisser aux firmes plus petites des niches, des créneaux, qui ne les intéressent pas pour l'instant. Certains auteurs[16] ont montré qu'un tel choix s'explique par deux facteurs: la faible rentabilité initiale des projets et la menace concurrentielle, c'est-à-dire le danger que des concurrents majeurs utilisent la R-D pour augmenter l'intensité de la concurrence.

Prenons le cas de IAF BioChem: l'entreprise invente et développe certains produits mais elle choisit, pour assurer leur mise au point technique et leur commercialisation, de s'associer à des grandes firmes du secteur pharmaceutique. Il est évident que cette association a deux facettes: d'une part, IAF BioChem se concentre sur la phase intense en R-D et, d'autre part, la grande firme se concentre sur le développement expérimental, la production et la commercialisation. Ainsi, IAF BioChem développe ses propres projets, mais plus en aval elle s'associe à des partenaires, elle bâtit des alliances avec de très grandes firmes afin de percer dans les marchés internationaux, ce qui nécessite des compétences et du financement présentement hors de sa portée.

Il n'est pas rare que des grandes entreprises choisissent de s'accommoder avec des petites et de ne pas occuper tout le terrain d'une technologie ou d'une découverte. Ceci peut s'expliquer, entre autres, par la difficulté qu'elles éprouvent d'allouer de nouvelles ressources à des secteurs totalement nouveaux alors que leurs ressources sont déjà engagées. Il y a aussi le fait que le risque associé au développement d'une nouvelle activité technologique peut s'avérer trop élevé, soit sur le plan technique ou commercial.

La création et le développement de nouvelles firmes à fort contenu technologique sont fortement influencés par les politiques gouvernementales de R-D et de subventions à la recherche. Il est très clair que tant au Québec que dans le reste du Canada, une bonne partie des recherches de telles firmes est financée par des programmes gouvernementaux d'une sorte ou d'une autre, dont en particulier les crédits d'impôts à la R-D. En 1988-1989, le gouvernement du Québec a financé 450 millions de dollars de travaux de R-D réalisés par des firmes privées[17]. Ces

---

[16] Beath, J., Katsoulacos, V., Ulph, D., «Strategy and R&D Policy», *The Economic Journal*, Vol. 89, N° 385, 1989, p. 74-83.

[17] *Le financement des activités scientifiques et techniques par le gouvernement du Québec*, Ministère de l'enseignement supérieur et de la science, décembre 1990.

programmes sont surtout utilisés par de petites entreprises qui veulent développer soit une nouvelle technologie, soit un nouveau produit, soit un nouveau procédé.

Pratiquement toutes les entreprises étudiées ont obtenu des subventions ou des prêts de recherche des principaux organismes subventionnaires du Québec et du Canada. Plusieurs d'entre elles ont obtenu des subventions de l'Agence québécoise de valorisation de la recherche industrielle (AQVIR), maintenant intégrée à la Société de développement industriel (SDI). Plusieurs ont même obtenu de certains gouvernements étrangers des contrats de R-D qui ont permis de développer des produits ou de mettre au point de nouvelles technologies. Litvak[18] a d'ailleurs démontré que la plupart des entreprises canadiennes qui connaissent du succès ont reçu des subventions substantielles, soit pour la R-D soit pour la pré-commercialisation.

d) *l'organisation de l'industrie du capital de risque*

Le quatrième aspect de l'environnement qui a une importance cruciale pour les entreprises à fort contenu technologique est l'organisation de l'industrie du capital de risque. Les PME technologiques travaillent par définition sur des produits et des marchés que l'on caractérise souvent d'*aventures à fort risque*. Il faut admettre au départ que toutes les nouvelles entreprises étudiées étaient des entreprises risquées.

Certaines d'entre elles ont obtenu des ressources financières grâce à certains individus qui ont accepté de vivre le risque en espérant que tôt au tard ils seraient récompensés par des rendements excédant de beaucoup ceux que l'on observe habituellement dans le marché. L'exemple le plus éloquent est MEDICORP. D'autres entreprises, comme C-MAC, ALIS et MPB ont été prises en charge par des investisseurs privés alors que d'autres, comme DIAGNOSPINE, ont obtenu des investissements de la part de firmes disposant déjà d'un capital de risque pour ce niveau de risque financier, et quelques-unes ont fait appel à des institutions bancaires consacrant une partie de leur portefeuille à ce segment.

Dans tous les cas, l'expérience des firmes étudiées suggère deux dimensions fondamentales dans le comportement des firmes de capital de risque. D'une part, il y a les attentes face aux rendements financiers probables pour une période de temps choisie, c'est-à-dire les exigences de rentabilité. D'autre part, il y a l'expérience des firmes de capital de risque avec ce type de technologie ou cette famille de produits: certaines firmes acceptent de financer des entreprises pharmaceutiques, d'autres pas;

---

[18] Litvak, I., «Instant International: Strategic Reality for Small High Technology Firms in Canada», *Multinational Business*, Vol. 2, été 1990, p. 1-12.

certaines firmes sont très prudentes face à des projets dans le secteur de l'informatique alors que d'autres s'y aventurent sans problème. En fait, il semble que l'expérience préalable des prêteurs dans le segment industriel en cause ainsi que l'expérience du chargé de dossier soient les dimensions les plus importantes.

Notons cependant que si la disponibilité de capital de risque est nécessaire à l'émergence de petites entreprises à fort contenu technologique, il ne faut pas conclure du même souffle que l'abondance de capital de risque entraîne automatiquement une augmentation du nombre de petites entreprises à fort contenu technologique. Cette condition n'est pas suffisante car elle ne permet pas de tenir compte du fait que dans l'esprit de plusieurs investisseurs, les genres d'entreprises étudiées représentent un risque élevé: soit à cause du contenu nouveau du produit, de la technologie ou des segments de marché auxquels on s'adresse, soit à cause des carences de gestion qui caractérisent souvent les fondateurs lorsqu'ils en sont à leur première expérience.

Même si le capital de risque est disponible, certains créateurs de nouvelles entreprises technologiques sont plus habiles que d'autres pour amasser le capital nécessaire à la vie de l'entreprise. Le milieu des affaires soutient que les progrès remarquables de IAF BioChem s'expliquent en bonne partie par l'habileté de M. Bellini à rassembler le capital dont il a besoin. Dans la même veine, le Groupe AHT semble avoir de la difficulté à prendre son envol à cause de la façon avec laquelle il aborde le financement de ses activités. Par contre, ALIS Technologies a réussi à obtenir une forte infusion de capitaux privés au départ, non seulement à cause du caractère unique de sa technologie mais surtout parce que son président, un avocat devenu informaticien, est un fin négociateur et a de grands talents de persuasion.

Dans l'ensemble, les entreprises étudiées n'ont pas inventé de recettes particulières pour réussir le financement mais il faut que le capital soit disponible avant de s'engager trop avant dans la R-D. L'examen des cas suggère aussi qu'il est imprudent pour une entreprise à fort contenu technologique de financer la R-D et la commercialisation avec le seul fonds de roulement. MPB est une heureuse exception, due à la fois aux convictions bien ancrées de son fondateur de suffire à ses propres besoins et aux caractéristiques fort spéciales de son activité commerciale. En effet, bien souvent, MPB poursuit des activités de R-D lucratives, ce qui lui permet de développer certaines technologies de pointe et d'acquérir une expérience plus poussée que ses concurrents.

Certaines entreprises étudiées sont très habiles pour financer la phase de R-D mais elles éprouvent souvent de sérieuses difficultés lorsque survient le problème du financement de la commercialisation. C'est le cas de DIAGNOSPINE qui s'en tire très bien dans la phase R-D mais qui rencontre rencontre des difficultés pour financer les efforts de commercialisation. Pour sa part, BOMEM a jugé bon de céder une bonne partie de son capital-actions et de se joindre à une multinationale allemande afin d'assurer une présence plus forte dans les marchés internationaux. Quant à OSMOCO, la firme a décidé de céder au départ la commercialisation de ses produits à un grand distributeur américain. Il ne faut pas se surprendre de ce résultat car la phase R-D se finance essentiellement par les subventions ou les prêts, moyens très bien connus par les fondateurs. La phase de commercia-lisation obéit à une autre logique financière, logique qui est souvent mal connue par les fondateurs d'entreprises technologiques.

La technologie

Les schémas d'analyse de l'environnement utilisés en stratégie traitent habituellement la technologie comme une variable de l'environnement. Dans le cas des entreprises à fort contenu technologique, il faut bien admettre que la variable technologique n'est pas une variable intrinsèque de l'environnement: l'entreprise n'est pas confrontée à un environnement technologique en ce sens qu'elle baigne constamment dans la technologie, celle-ci en étant la raison d'être, le creuset où elle trouve les opportunités d'affaires[19]. De Bresson et Lampel[20] soutiennent que dans bon nombre d'entreprises à fort contenu technologique, le nouveau produit représente le but, l'objectif de l'entreprise technologique et c'est ce qui définit les relations de l'entreprise avec le monde extérieur, ce qui détermine les marchés. **Dès lors, la technologie est au coeur de la vie quotidienne des entreprises et non un élément extérieur.**

Il faut aussi ajouter une autre dimension de la technologie pour ces entreprises. Après avoir examiné tous ces cas, on peut dire que non seulement la technologie est la variable essentielle, ce sur quoi repose l'entreprise et en est le coeur, mais la technologie est aussi une valeur fondamentale pour ceux qui ont créé l'entreprise. Tous les entrepreneurs interrogés ont un grand intérêt, un respect, un amour profond et même une passion pour la technologie. Pour eux, la technologie n'est pas qu'un instrument, un moyen, c'est aussi une valeur, une chose dans laquelle ils croient profondément et qui rejoint leurs convictions les plus ancrées peu importe l'angle sous lequel on l'examine. D'ailleurs, il serait intéressant d'examiner le rapport que les fondateurs établissent avec la technologie en utilisant le concept de passion. Ce sont des passionnés de la technologie, des amoureux de la technologie, des aventuriers technologiques. En un mot, la technologie est la valeur fondamentale dans l'entreprise.

---

[19] Tushman, M., Anderson, M., «Technological Discontinuities and Organizational Environments», *Administrative Science Quaterly*, N° 31, 1986, p. 439-465.

[20] De Bresson, C., Lampel, J., «Beyond the Life Cycle II: An Illustration», *Journal of Product Innovation Management*, Vol. 3, 1985, p. 188-195.

La technologie dans les firmes à fort contenu technologique n'est pas une contrainte à laquelle l'entreprise doit s'adapter: elle est matière à action éclairée de la part des gestionnaires. Cette action comporte plusieurs aspects, dont les principaux sont[21]:

- **veille technologique**: suivre, prévoir et anticiper les changements technologiques susceptibles de changer les activités de la firme;

- **développement de la technologie versus le transfert de technologie**: équilibre entre ce que l'entreprise choisit de faire et ce qu'elle va chercher ailleurs;

- **gestion du cycle d'innovation technologique**, c'est-à-dire le processus du passage de l'idée au produit fini, vendu sur le marché;

- **intégration de la technologie** dans la vision stratégique de toute l'entreprise;

- **choix des équipements et des investissements** qui permettent de demeurer une entreprise à fort contenu technologique.

Dans les entreprises à fort contenu technologique[22], la technologie a un impact déterminant sur les activités: elle en définit la nature, le potentiel de croissance, la valeur, les limites et le potentiel de segmentation du marché. De plus, elle définit les positions concurrentielles car elle précise la structure de coûts et la différentiation des produits. Certaines études[23] suggèrent d'examiner l'aspect révolutionnaire ou évolutif de la technologie: si la technologie représente une révolution, les risques de marché sont très élevés et les premiers sont ceux qui ont le plus de chances de réussir; si la technologie est évolutive, ceux qui ont le plus de chances de réussir sont ceux qui ont le plus de ressources.

Ainsi, on peut classer les technologies comme étant conservatrices ou radicales. Dans le premier cas, comme beaucoup d'historiens de la science l'ont montré, il existe un fort moment d'inertie du mouvement, du progrès[24]: les incréments de progrès se traduisent par une croissance

---

[21] Blais, R.A., *L'innovation: un leitmotiv pour assurer la compétitivité du Québec*, Ministère de l'Industrie, Science et Technologie, Canada, avril 1991.

[22] Dussauge, P., Ramanantsoa, B., *Évolution technologique et politique d'entreprise*, Cahier de recherche HEC-ISA, Paris, 1986.

[23] Hambuick, D., MacMillan, I.G., Day, D., «Strategic Attributes and Performance in the BCG Matrix: A PIMS based Analysis of Industrial Product Business», *Academy of Management Journal*, N° 25, 1982, p. 510-531.

linéaire plus ou moins rapide mais ne bouleversant pas les organisations qui les nourrissent et leur permettant de poursuivre leur élan.   Ce conservatisme mise sur des valeurs sûres, des risques peu élevés, des technologies éprouvées.

Par contraste, les technologies radicales transforment les organisations et même cause leur remplacement. Étant toutes jeunes, récentes, elles ont peu de moment d'inertie: elles bougent vite, elles bousculent, elles déplacent et souvent elles font mal aux organisations conservatrices. On trouvera dans le chapitre 2 plusieurs exemples de ces technologies radicales qui ont été inventées de toute pièce par des entrepreneurs de grand talent qui s'avèrent en tout point des «passionnés» de leur technologie. Le principe à retenir ici est que non seulement les technologies radicales engendrent de fortes accélérations ou des changements subits dans la direction des moyens de production, mais elles exigent également de nouvelles organisations ou elles imposent des changements majeurs à celles qui existent[24]

L'influence de la technologie sur la stratégie a fait l'objet de plusieurs études et surtout elle a préoccupé plusieurs consultants en management, dont la firme Arthur D. Little.   Cette firme a proposé un modèle cité dans Dussauge et Ramanantsoa[22], qui s'avère utile pour comprendre les liens entre la stratégie et la technologie dans le cas des industries en démarrage. Ainsi, une entreprise dont la position technologique est très forte et dont la situation concurrentielle est excellente doit envisager une stratégie axée sur l'**innovation**. A l'opposé, une entreprise que ni la technologie, ni la situation concurrentielle ne favorisent serait invitée à s'orienter vers une stratégie de **rationalisation**.   Le même schéma permet de voir que l'association est un choix stratégique pour l'entreprise qui jouit d'une position technologique favorable mais qui n'a pas la capacité concurrentielle nécessaire (cf. Tableau 3.1).

---

[24] Hughes, T.P., «Conservative and Radical Technologies», in *Managing Innovation, The Social Dimensions of Creativity, Invention and Technology*, S.B. Lundstedt et E.W. Colgiazier (Ed.), New York: Pergamon Press, 1982.

TABLEAU 3.1

**POSITION TECHNOLOGIQUE,
CAPACITÉ CONCURRENTIELLE ET CHOIX TECHNOLOGIQUE**

Capacité concurrentielle	Position technologique		
	forte	favorable	défavorable
forte	innover	innover	suivre
favorable	innover	suivre ou se spécialiser dans un créneau	acheter
défavorable	se spécialiser dans un créneau	s'associer	rationaliser

SOURCE: Arthur D. Little Inc., cité dans Dussauge et Ramanantsoa, 1986.

On peut également se représenter l'impact de la technologie en utilisant l'image d'un arbre bonsaï (*voir Figure 3.1*). Dans une nouvelle entreprise à fort contenu technologique, la technologie générique représente les racines qui se nourrissent dans les inventions et les cercles scientifiques; le tronc représente le potentiel technologique et industriel de la technologie générique; les branches représentent les domaines d'application, les feuilles l'interface avec le marché et les fruits les produits finis vendus sur le marché.

La personne qui crée une entreprise à fort contenu technologique se doit, comme le dit Cecil Ursprey, fondateur de Reflexite Corporation, d'être très imaginative pour trouver les applications de la technologie:

«If you are a technology-driven company like ours, you must be very, very good at finding applications in the market place.» (p. 42)[25]

---

[25] Case, J., «Collective Effort», *Revue Inc.*, janvier 1992, p. 32-44.

FIGURE 3.1

REPRÉSENTATION SYNTHÉTIQUE SOUS FORME DE BONZAÏ DE LA FONCTION TECHNOLOGIQUE DE L'ENTREPRISE JAPONAISE[26]

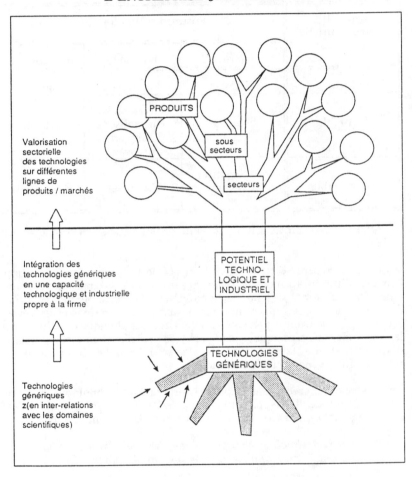

SOURCE: SEST-EuroConsult, 1984

[26] Blais, R.A., «Le défi de l'innovation pour l'entreprise québécoise», *in* J.-A. Boulet et al. (Ed.), *Grands défis économiques de la fin du siècle*, Association des économistes québécois, 1991-b, p. 63-102.

Les fondateurs

La stratégie des entreprises à fort contenu technologique est loin d'être étrangère au type de personnes que l'on retrouve à l'origine de ces entreprises. En fait, il serait illusoire de vouloir comprendre la stratégie de ces entreprises sans étudier leurs fondateurs. Dans une étude publiée par l'OCDE[27] en 1992, on affirme que parmi les variables qui expliquent la compétitivité des petites ou moyennes entreprises, le rôle du propriétaire dirigeant ou de la direction vient en tête de liste. Ce qui frappe lorsqu'on écoute les fondateurs, c'est leur vision de ce qu'ils font: ils apparaissent comme des prophètes, des visionnaires.

Dans son récent ouvrage sur les entrepreneurs, Louis-Jacques Filion[28] propose d'examiner le comportement des entrepreneurs en utilisant le concept de vision. Il définit la vision de la façon suivante: «*Une vision c'est une image, une projection dans le futur, de la place qu'on veut voir occupée éventuellement par ses produits sur le marché, ainsi que l'image du type d'organisation dont on a besoin pour y parvenir*». (p. 110)

Ce concept de vision s'applique assez facilement aux entrepreneurs technologiques. Lorsque ces individus nous parlent de leur entreprise, de leurs objectifs, de leur vision et de l'avenir qu'ils envisagent pour leur entreprise, on est souvent emporté dans un tourbillon d'idées et de visions où défilent en rapide succession des images de leurs produits, des schémas de la technologie qu'ils utilisent ou comptent utiliser, des explications sur la façon dont ils mobiliseront les ressources. Ils vous parleront de leur rêve de croissance, de leurs ambitions de succès, de la façon dont ils comptent pénétrer le marché. Au fond, on voit clairement qu'ils ont en eux-mêmes une vision de ce qu'ils veulent faire.

Dans de telles entreprises, la vision s'aproche de ce que l'on peut appeler une *«utopie»*. D'abord, la vision semble peu réaliste pour celui qui ne comprend pas la technologie ou la recherche scientifique qui la sous-tend. Ensuite, l'utopie apparaît toute puissante: on a vite l'impression que dans l'esprit de plusieurs de ces entrepreneurs, la technologie qu'ils sont en train de développer est tellement extraordinaire, tellement bonne, que personne, aucune entreprise, aucun individu, ne pourra résister à l'attrait du produit de cette nouvelle technologie, et ce, même si la puissance du produit ou de la technologie n'est pas nécessairement démontrée. Cette conviction est présente dans leur façon de s'adresser aux marchés et de les pénétrer. Leur approche ressemble à celles qu'on retrouve chez les

---

[27] Julien, P.-A., *Technologie et compétitivité des petites et moyennes entreprises*, OCDE, 1992 (document préliminaire).

[28] Filion, L.-J., *Visions et relations: les clefs du succès de l'entrepreneur*, Les Éditions de l'entrepreneur, Montréal, 1991.

prophètes, chez les évangélisateurs ou les gourous de certaines sectes religieuses. Ces comportements se comprennent bien dans le cadre de leur vision, mais à celui qui ne partage pas cette vision, notamment le gérant de banque, les comportements apparaissent utopiques. Ajoutons que cette utopie est ce qui leur permet de faire les choses comme bon leur semble. De ce fait, on peut penser, tel que le suggère Masayoshi Son[29], que ça leur permet d'agir en entrepreneur.

La toute-puissance de l'utopie provient aussi de la vision même du produit, de la technologie que ces entrepreneurs utilisent. Plusieurs d'entre eux donnent l'impression que tout peut se faire, tout peut se réaliser à partir du produit ou de la technologie qu'ils proposent.

Le caractère utopique de la vision de ces entrepreneurs peut justifier des doutes fondamentaux face à ces personnes, à ces entreprises. Par ailleurs, il faut admettre que pour s'aventurer dans la nouveauté, dans l'innovation, aux frontières du savoir, il faut être capable d'une vision personnelle très forte, très articulée, même si cette vision apparaît utopique aux observateurs. Notons que l'utopie est dans l'oeil de l'observateur et non dans l'oeil de l'entrepreneur. Heureusement, les résultats montrent que la vision des entrepreneurs est souvent la meilleure: la compétence, la confiance, l'imagination et l'engagement des entrepreneurs sont associés au succès de leur entreprise[30].

Les créateurs d'entreprises à fort contenu technologique sont des individus auxquels on peut facilement accoler l'épithète de *«achievers»*. Ce sont des gens qui veulent toujours en faire plus, fortement dévoués à leur entreprise, qui lui consacrent un temps illimité dans certains cas, même au prix de leur santé, de leur vie personnelle et de leur vie familiale. Ils investissent dans l'entreprise toute l'énergie qu'ils ont, souvent sans limites. D'ailleurs, le président de **EICON** nous disait que la création d'une nouvelle entreprise technologique exige de la part de l'entrepreneur pas moins de 70 à 80 heures par semaine pendant quelques années avant de pouvoir s'approcher d'une semaine un peu plus réaliste de 50 à 60 heures!

---

[29] Webber, A., «Japanese - Style Entrepreneurship: an Interview with Masayoshi Son», *Harvard Business Review*, janvier-février 1992, p. 92-103.

[30] Van den Van, A., Hudson, R., Schroeder, D., «Designing New Business Strategies: entrepreneurial, organizational and ecological considerations», *Journal of Management*, Vol. 10, N° 1, 1984, p. 87-107.

Cette détermination, cette volonté de réalisation, ce sens de l'action, est une caractéristique fréquente chez les entrepreneurs[31]. Pour ceux d'entre eux qui s'aventurent dans les nouvelles technologies, la motivation de partir en affaires correspond surtout à un désir profond de dépassement personnel, à une volonté d'innover et de faire mieux que les autres. En fait, le désir d'une plus grande satisfaction personnelle incarnée par le dépassement, la volonté d'innover et le besoin d'autonomie apparaît comme la motivation la plus importante des entrepreneurs, quel que soit leur pays[31].

Notons d'autres points communs chez tous ces entrepreneurs. Ce sont des gens bien éduqués, qui ont tous une grande expérience[32] avec le produit ou la technologie qu'ils utilisent. Ce sont aussi des gens qui ont une bonne expérience avec ce type de marché. En fait, on peut dire que ces fondateurs ont une *expérience pertinente* et les compétences objectives nécessaires pour développer la technologie (*ces compétences sont mesurées par la formation ou leur expérience en R-D ou en développement de nouveaux produits*). Ces compétences ont été acquises dans des secteurs industriels semblables à celui dans lequel ils s'aventurent ou dans le cadre de la gestion d'entreprises semblables à celle que l'on est en voie de créer. L'étude de Eisenhardt et Schoonhaven[33] établit un lien entre la croissance de la nouvelle entreprise et l'équipe des fondateurs: la taille de l'équipe, l'expérience collective de ces fondateurs et l'expérience industrielle de l'équipe sont associées au succès des firmes qui oeuvrent dans l'industrie des semi-conducteurs. De telles équipes sont particulièrement habiles pour exploiter la croissance du marché et bâtir une entreprise capable de grande performance. Ils ont souvent grandi dans une famille où le père possédait sa propre entreprise. La plupart d'entre eux créent leur entreprise alors qu'ils sont encore jeunes[34].

---

[31] Blais, R.A., Toulouse, J.-M., «Les motivations des entrepreneurs: une étude empirique de 2278 fondateurs d'entreprises dans 14 pays», *Revue Internationale P.M.E.*, Vol. 3, N° 3-4, 1990, p. 269-300.

[32] Roberts, E.B., Wainer, H., «Some Characteristics of Technical Entrepreneurs», *IEEE Transactions on Engineering Management*, août 1971, p. 100-109.

Feesen, H., Willard, G., «Founding Strategy and Performance: a Comparison of High and Low Growth High Tech Firms», *Strategic Management Journal*, N° 11, 1990, p. 87-98.

[33] Eisenhardt, K., Schoonhaven, C., op.cit.

[34] Cooper, A.C., «Entrepreneurship and High Technology», *in* Sexton, D., Smilor, R., *The Art and Science of Entrepreneurship*, Cambridge: Ballinger, 1986, p. 153-168.

Ajoutons finalement que ces entrepreneurs sont des gens habitués à travailler en équipes[35,36], des équipes où l'on retrouve une complémentarité entre les différents partenaires. Il s'agit d'une complémentarité basée sur des compétences différentes, et non une complémentarité dans les amitiés ou dans le réseau: les études antérieures permettent d'affirmer que *la complémentarité est le facteur le plus important pour la nouvelle entreprise technologique.* Dans ce sens, certaines études[37] ont montré que la combativité et la capacité de ces entrepreneurs à coopérer avec les autres sont des caractéristiques essentielles pour arriver au succès, surtout si la forme de structure favorise des liens d'association et non des liens hiérarchiques ou des liens de dépendance.

En résumé, la stratégie des entreprises technologiques repose sur trois composantes principales: l'environnement, la technologie et les fondateurs. La Figure 3.2 présente sous forme de triangle ces composantes. Les liens entre ces trois composantes posent des défis stratégiques que les entreprises devront résoudre et c'est dans la résolution de ces défis qu'apparaîtra la stratégie poursuivie par l'entreprise.

---

[35] Roure, J.B., Keely, R.H., «Predictors of Success in New Technology Based Ventures», *Journal of Business Venturing*, Vol. 5, N° 4, 1990, p. 201-220.

[36] Roure, J.B., Maidique, M.A.,«Linking Preferending Factors and High Technology Venture Success: an Exploratory Study», *Journal of Business Venturing*, Vol. 1, N° 3, 1986, p. 295-306.

[37] Carsrud, A., Olm, K., Thomas, J., «Predicting Entrepreneurial Success: Effects of Multi-dimensional Achievement Motivation, Levels of Ownership and Corporative Relationship», *Entrepreneurial and Regional Development*, 1989, Vol. 1, p. 237-244.

FIGURE 3.2

LES BASES DE LA STRATÉGIE DES ENTREPRISES À FORT CONTENU TECHNOLOGIQUE

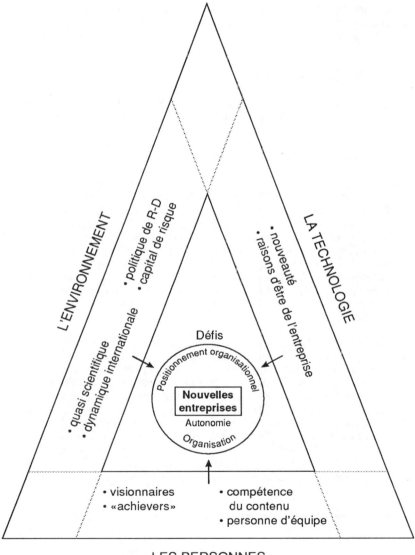

3. Les principaux défis stratégiques des nouvelles entreprises à fort contenu technologique

Les entreprises à fort contenu technologique sont confrontées à un certain nombre de défis qui se ressemblent d'une entreprise à l'autre, mais la coloration qu'ils prennent d'un secteur industriel à l'autre n'est pas toujours la même. Dans le cas des entreprises étudiées, ces défis sont: le défi de positionnement, le défi du financement, le défi de l'autonomie et le défi de l'organisation.

Le défi du positionnement

Le positionnement des entreprises à fort contenu technologique repose sur le développement du produit et les liens face aux partenaires commerciaux.

a) *le développement du produit*

La pierre d'assise du positionnement de telles entreprises à fort contenu technologique est la R-D, plus précisément le poids accordé à la recherche scientifique par rapport au poids du développement expérimental. C'est sur cet équilibre que se greffe la gamme de produits qu'offrira l'entreprise, un équilibre qui permet de développer des produits qui représentent, tel que l'ont suggéré Roure et Keely[38], Cooper[39] et autres auteurs, un avantage technologique. En fait, toutes les entreprises étudiées semblent partir du postulat que la meilleure façon de positionner leur entreprise dans le marché, c'est de s'assurer qu'elles possèdent au départ un net avantage technologique que d'aucun appellent *supériorité technologique*.

Cet avantage technologique peut revêtir plusieurs formes; dans certains cas, il signifie que l'on offre des produits ou des services à la fine pointe des connaissances technologiques. L'avantage peut aussi prendre la forme du contrôle d'une technologie, d'une grande maîtrise de la recherche, ou la capacité de mettre rapidement au point des produits dérivant de la technologie principale. Dans ce cas, c'est par la gamme de produits que l'on s'assure un avantage technologique sur les concurrents. Un exemple éloquent est fourni par l'entreprise GIRO qui, à partir d'une technologie maîtresse, a développé plusieurs variantes, plusieurs applications, plusieurs sous-produits. Chacun d'eux correspond à un besoin particulier et à un marché particulier, mais ils se situent tous dans une filiation très

---

[38] Op. cit.

[39] Cooper, R.G., «The Dimensions of Industrial New Product Success and Failure», *Journal of Marketing*, Vol. 43, été 1979, p. 93-103.

claire avec la technologie principale que l'entreprise a développée et qui constitue sa force concurrentielle. D'autres exemples tout aussi éloquents sont ceux d'ELECTROMED, d'EICON, et de VIRTUAL PROTOTYPES.

Développer un avantage technologique est une chose, le conserver en est une autre. Pour y arriver, Morin[40,41] suggère de bien remplir cinq fonctions-clés:

1º Réaliser en permanence l'inventaire et l'évaluation des ressources technologiques disponibles dans l'entreprise.

2º S'assurer de l'optimisation des ressources technologiques.

3º Veiller à enrichir le patrimoine technologique.

4º Organiser la surveillance de l'environnement scientifique et technologique.

5º Veiller à la sauvegarde, à la protection du patrimoine.

Soulignons au passage que la recherche d'un avantage technologique contient parfois le germe de mort ou de difficultés sévères pour plusieurs de ces entreprises. Certaines sont tellement préoccupées à bâtir un avantage technologique qu'elles en oublient le marché! Elles en viennent à croire que tout repose sur cet avantage technologique. L'exemple le plus frappant parmi les entreprises étudiées est celui d'AHT. Cette entreprise a consacré beaucoup d'énergie à bâtir un avantage technologique que l'on voulait de plus en plus précis. Cette préoccupation excessive a entraîné un retard grave dans ses rapports avec le marché, ce qui a compliqué de façon significative ses premières années d'existence et a même mis en péril cette entreprise en 1988 et en 1990.

[40] Morin, J., Seurat, R., «De la gestion de R et D à la stratégie de développement technologique», *Revue française de Gestion*, juin-juillet-août 1991, p. 140-146.

[41] Morin, J., *L'excellence technologique*, Paris: Éditions Picollec, 1985.

Rappelons que les études, dont celle de Roberts et Berry[42] et celle de Miller, Gartner et Wilson[43], suggèrent que plus une entreprise tarde à s'approcher du marché, plus elle diminue ses chances de succès.   En effet, le fait d'être le premier sur le marché confère un net avantage dans l'esprit des clients; il permet de créer des barrières et met l'entreprise en posture de se donner des économies d'échelle.   Mais il ne suffit point d'être le premier à entrer sur le marché, il faut entrer en force et de façon astucieuse.   Ajoutons que les entreprises qui entrent les premières, qui ont la chance d'être des pionnières[44], sont celles qui choisissent une approche bien ciblée.   Ce sont celles qui ont le plus de chances de récolter les profits du nouveau marché.

La recherche de l'avantage technologique pose la question du rythme de développement de la technologie: faut-il accélérer le pas, introduire rapidement une gamme de produits ou est-il préférable de procéder avec précaution dans l'introduction des produits dérivés de la technologie? Aller vite nécessite un capital énorme et régulier; aller trop lentement laisse un espace que les concurrents, surtout les copieurs, risquent d'occuper rapidement.   Ce problème est clairement identifié par des chercheurs tels Bryant, Estrin et Kanter[45], mais les réponses proposées s'appliquent peu à l'entreprise qui crée elle-même la technologie.   Notons cependant que les travaux de Nevens, Summe, et Uttalb[46] suggèrent que les entreprises qui réussissent le mieux sont celles qui commercialisent leurs produits plus rapidement que les autres.   Plusieurs auteurs[47] soutiennent que les entreprises gagnantes seront celles qui sauront réaliser l'innovation technologique dans le plus court laps de temps et très

---

[42] Roberts, E. Berry, C., «Entering New Business: Selecting Strategies for Success», *Sloan Management Review*, printemps 1985, p. 3-17.

[43] Miller, A., Gartner, W., Wilson, R., «Entry Order Market Share and Competitive Advantage: A Study of their Relationship in New Corporate Ventures», *Journal of Business Venturing*, Vol. 4, N° 3, 1990, p. 197-209

[44] Lambkin, M., «Competition in the Developing Markets: the Impact of Order of Entry», *Strategic Management Journal*, Vol. 9, 1988, p. 127-140.

[45] Bryant, M., Estrin, T., Kanter, J., «Timing the Adoption of New Technology: a Consideration for Small Firms», *Journal of Small Business and Entrepreneurship*, Vol. 7, N° 3, 1990, p. 31-39.

[46] Nevens, M., Summe, G., Uttalb, B., «Commercializing Technology: What Best Company Do», *Harvard Business Review*, mai-juin 1990, p. 154-163.

[47] Blais, R.A., 1992-b, op. cit.

correctement dès le départ. EICON, EXFO, MULTISENS, BOMEM, ELECTROMED, ALIS, GIRO, et VIRTUAL PROTOTYPES sont de bons exemples d'entreprises émergentes qui ont bien misé au départ et qui ont pu ainsi devancer leurs concurrents.

b) *le lien face aux partenaires commerciaux*

Le deuxième aspect du positionnement des entreprises de haute technologie est le lien face aux partenaires commerciaux. Les entreprises étudiées se retrouvent comme disait Litvak[48] *«instantly international»*, ce qui signifie que dès leur premier jour d'existence, elles sont confrontées à des marchés dont la complexité est énorme. La nécessité de se positionner sur ces marchés amène souvent ces petites entreprises à établir, face à leurs partenaires commerciaux soit des liens de collaboration, soit de dépendance ou des alliances qui permettent à chacun des partenaires de s'épanouir.

Dans tous les cas, le lien est déséquilibré car les partenaires sont tous différents: les petites entreprises à fort contenu technologique se retrouvent souvent dans la situation d'offrir des services à des très gros partenaires commerciaux – une situation spéciale pour une petite entreprise. Rappelons que VIRTUAL PROTOTYPES a commencé dès la première année de son existence à desservir de très gros clients comme les grandes compagnies aériennes, les forces armées et les ministères de la défense. Il en fut de même d'EICON. Dans la même veine, MULTISENS a vendu ses services à des grandes corporations comme BOMBARDIER alors que des entreprises comme IAF BioChem et MEDICORP ont offert des services en concurrence avec de grandes multinationales du secteur pharmaceutique.

Au premier coup d'oeil on peut se représenter ces petites entreprises comme des mouches sur le dos de ces grandes entités commerciales, mais à l'examen on réalise que c'est la petite entreprise qui contrôle la technologie dont le grand partenaire a besoin ou entrevoit de pouvoir mettre à profit. La difficulté dans la relation avec ces partenaires, c'est de tirer profit des avantages qu'offre ce type de partenariat tout en se réservant une marge de manoeuvre, une zone de liberté que l'entrepreneur voulait se donner lorsqu'il a pris la décision de fonder son entreprise.

---

[48] Litvak, I., op. cit.

Les liens face aux autres partenaires commerciaux varient selon le stade dans le processus d'innovation auquel on se réfère[49]. Au départ, les liens risquent d'être fortement teintés de recherche d'information, autant dans le réseau scientifique que dans les foires commerciales. À l'étape de la mise au point du produit et du développement expérimental des prototypes, les contacts avec l'extérieur se feront sous le signe de la recherche d'avis, d'opinions, et ils seront surtout des contacts informels avant de passer à des associations plus explicites lorsque le besoin des partenaires devient plus clair: partenaires financiers, partenaires gouvernementaux et partenariat avec d'autres entreprises.

Le défi du financement

L'examen des différents cas permet de constater que toutes ces petites entreprises existent à l'intérieur d'un réseau de relations constituant un *«tissé serré»* dans lequel le partenaire financier joue un rôle crucial. Certaines de ces firmes comme GENTEC, BOMEM, EXFO, C-MAC, DAP, OSMOCO, BERCLAIN, GIRO et autres décident de se financer par leurs fonds propres à mesure que la R-D livre des résultats intéressants ou à mesure qu'elles abordent chacune des grandes étapes de leur développement. D'autres, par ailleurs, choisissent d'avoir recours à un financement plus significatif, plus global, un financement une fois pour toutes, comme c'est le cas d'EICON. Dans le même sens, certaines entreprises comme IAF BioChem, MEDICORP et ROSELL choisissent de se financer surtout dans le marché privé du capital de risque alors que d'autres comme AHT, MULTISENS et ELECTROMED utilisent d'abord et avant tout les contrats, subventions ou prêts gouvernementaux à la R-D comme stratégie de financement, du moins dans leur début.

Le type de financement est un élément extrêmement important dans le réseau que tissent ces petites entreprises. Certaines, comme IAF BioChem, C-MAC et ALIS, situent les financiers au coeur de leur réseau alors que d'autres préfèrent les laisser à l'extérieur. Dans cette dernière situation, on souhaite obtenir l'argent du financier, mais on désire maintenir le plus de distance possible face à lui, alors que dans la première situation on soutient que le financier, le spécialiste du capital de risque, constitue une ressource significative qui s'ajoute aux compétences de l'entreprise. C'est dans ce sens que les études récentes de Bygrave, de Rosenstein et de Sapienza[50] cherchaient à identifier les circonstances

---

[49] Van Den Horst, R., Stickman, C., *Entrepreneurship and Regional Development*, Vol. 1, 1989, p. 35-52.

[50] Bygrave, W., «Syndicated Investments by Venture Capital Firms: a Networking Perspective», *Journal of Business Venturing*, Vol. 2, N° 2, 1987, p. 139-154.

dans lesquelles la contribution de tels spécialistes ajoute vraiment de la valeur à l'entreprise.

Il n'existe pas de théorie financière de l'innovation technologique, sauf en ce qui concerne la rentabilité très élevée de l'effort privé de R-D réussi. Même si la théorie financière des PME est encore embryonnaire, on peut identifier deux questions fondamentales: la spécificité des besoins financiers des PME[51] et les voies d'accès au capital accessibles aux PME innovatrices. En fait, l'analyse financière classique postule un cadre de marché *«parfait»* des capitaux qui est basé sur une hypothèse d'accès gratuit aux informations relatives aux prix et aux caractéristiques des titres traités par les agents. Le financement des nouvelles entreprises à fort contenu technologique se caractérise par une information imparfaite:

● l'évaluation des projets requiert des compétences techniques très spécifiques;

● le caractère innovateur rend la prédiction fort difficile;

● le caractère innovateur rend la divulgation d'informations extrêmement délicate;

● le projet est présenté par une jeune entreprise, donc qui offre très peu d'information historique sur sa performance.

Cette situation rend difficile l'intégration de ces jeunes entreprises dans le réseau de financement ordinaire, d'où la nécessité de structures intermédiaires, telles l'AQVIR (*l'ex-Agence Québécoise de Valorisation Industrielle de la Recherche*) au Québec, les ITP (*Industrial Technology Partnership*), SBDC (*Small Business Development Companies*) et *States Ventures Capital Corporations* aux États-Unis[52], qui viennent jouer le rôle de médiateur entre le marché financier et les nouvelles entreprises à fort contenu technologique.

Rosenstein, J., «The Board and Strategy: Venture Capital and High Technology», *Journal of Business Venturing*, Vol. 3, N° 4, 1988, p. 159-170.

Sapienza, H., «When Do Venture Capitalists Add Value?», *Journal of Business Venturing*, Vol. 7, N° 1, 1992, p. 9-27.

[51] Bissiriou, G., «La spécificité des besoins financiers des PME innovatrices», *Revue française de Gestion*, mars-avril-mai 1989, p. 62-74.

[52] Geoffrion, P., «Le financement des PME innovatrices: l'exemple américain», *Revue française de Gestion*, juin-juillet-août 1991, p. 129-139.

L'étude de Bissiriou (1989) sur les besoins spécifiques des PME innovatrices identifie les problèmes suivants: besoins financiers importants et croissance rapide; insuffisance des garanties propres; endettement important. Un examen approfondi des résultats montre que ces facteurs influencent fortement le comportement des fondateurs des entreprises. Donc, la spécificité des problèmes financiers renvoie aux comportements et à l'expertise des fondateurs en regard du financement. C'est cette connaissance qui est sans doute en partie responsable de la croissance spectaculaire de IAF BioChem, EICON, C-MAC, ALIS et EXFO.

En ce qui concerne les voies d'accès au capital, les études et les expériences vont dans le même sens: le capital initial, ou capital du départ (souvent appelé «*seed money*»), se compose surtout de subventions et d'argent personnel. C'est lorsque l'entreprise est arrivée à la phase de stabilisation que l'on voit arriver les banques et les firmes de capital de risque (*voir Tableau 3.2*). Une expérience récente[53] menée en Alsace montre que la mise au point de partenariat régional de financement permet de générer du capital que l'on oriente vers le départ, soit le *seed money*. Elle démontre aussi que cette mobilisation du capital vers les phases initiales est extrêmement précieuse pour le succès des nouvelles entreprises. Ce résultat est corroboré par une étude canadienne qui indique que c'est aux stades de lancement et de croissance que le financement est un problème pour les nouvelles PME[54]. Dans son étude, Merrifield[55] a tenté de décrire l'évolution financière des projets technologiques en fonction du temps de développement et de commercialisation des produits. Il observe que 90 % du capital doit être investi entre le test de faisabilité et la commercialisation.

McCann[56] a tenté de décrire le financement des entreprises à fort contenu technologique en s'appuyant sur les concepts de stades de développement de l'entreprise. Si l'on réunit le modèle proposé au chapitre 1 au point de vue de McCann, on peut identifier (*Tableau 3.2*) les modes de financement appropriés à chaque stade.

---

[53] Lachmann, J., «Comment développer le *seed capital*: l'expérience de l'Alsace», *Revue française de Gestion*, juillet-août 1991, p. 19-31.

[54] Dodge, R., Rothless, J., «An Empirical Investigation of Organizational Life Cycle Model for Small Business Development and Survival», *Journal of Small Business Management*, janvier 1992, p. 27-38.

[55] Merrifield, D.B., «Industrial Survival via Management Technology», *Journal of Business Venturing*, Vol. 4, N° 3, mai 1989, p. 171-185.

[56] McCann, J., «Patterns of Growth, Competitive Technology and Additional Strategies in Joint Ventures», *Journal of Business Venturing*, mai 1991, Vol. 6, N° 3, p. 189-208.

Suite à une étude basée sur des dossiers présentés à une firme de capital de risque, Roberts[57] souligne que le succès du financement est fortement influencé par les comportements et les projets des créateurs de l'entreprise. Il attire l'attention sur quatre dimensions cruciales: *la stratégie marketing que l'entreprise envisage pour vendre ses produits, les compétences des créateurs de l'entreprise, la présentation de l'unicité technologique, et les projections financières*. À son avis, les réponses à ces quatre familles de questions influencent fortement la décision des gestionnaires de capital de risque.

TABLEAU 3.2

STADES DE DÉVELOPPEMENT DE L'ENTREPRISE ET PRATIQUES DE FINANCEMENT

Gestation	Lancement	Stabilisation	Croissance	Maturité

—————————————————————————>
financement par les subventions gouvernementales ou les fonds propres de l'entreprise

————————————————————>
financement par la dette-prêt bancaire

————————————————————>
financement par le capital de risque

————————————————————>
financement *public*, soit le
marché boursier

Le défi de l'autonomie

Pour certaines entreprises à fort contenu technologique, il y a des institutions qui jouent le rôle de «*parrain*», pour d'autres elles sont le fruit d'entreprises incubatrices. Donc, on peut parler d'*essaimage* au sens le plus strict. Dans certains cas, comme DIAGNOSPINE et GIRO, l'essaimage s'est fait directement à partir de l'université; dans d'autres cas, c'est d'une autre entreprise de haute technologie que l'essaimage est parti – GENTEC qui a laissé la place à EXFO dans les fibres optiques – alors que pour d'autres cas enfin, c'est un laboratoire national de

---

[57] Roberts, E.B., «High Stakes for High-tech Entrepreneurs: Understanding Venture Capital Decision Making», *Sloan Management Review*, Vol. 32, N° 2, 1991, p. 9-20.

recherche qui a servi de milieu d'incubation, par exemple l'Institut de recherche en biotechnologie qui a agi comme incubateur pour MEDICORP et le Conseil National de Recherches du Canada pour OSMOCO.

Le développement des entreprises à fort contenu technologique amène ces entreprises à se distancer lentement de l'entreprise mère. Ultimement elles deviendront totalement autonomes, voire partenaires avec l'entreprise mère. La gestion de cette relation est importante pour la définition et le positionnement final des petites entreprises à fort contenu technologique.

La question de l'autonomie est en fait celle de la construction d'un réseau personnel susceptible de contribuer au mieux-être de l'organisation: il ne suffit pas d'avoir des contacts, il faut que les contacts soient articulés autour de la vie de l'organisation. En fait, le réseau doit devenir un réseau de partenaires[58] qui permettra de bonifier et de supporter l'action des promoteurs de l'entreprise.

Le défi de l'organisation

Toutes les entreprises étudiées connaissent des taux exceptionnels de croissance des ventes: leur croissance moyenne est de 62,5% par an, seulement trois ont une croissance inférieure à 20% et pas moins de huit (8 sur 19 dans les secteurs de pointe, soit 42,1%) connaissent même des taux qui excèdent 100% par an. Même si les chiffres ne nous étaient pas disponibles, on peut affirmer sans risque de se tromper que ces mêmes entreprises réalisent bon an mal an une marge bénéficiaire brute très élevée. Il ne saurait guère en être autrement puisqu'elles réussissent à investir en moyenne 30,6% de leurs ventes en R-D alors que les entreprises traditionnelles étudiées investissent 2,0%, ce qui est déjà plus élevé que les autres firmes dans leur secteur.

D'autre part, si la croissance est désirée par toutes les entreprises, le rythme de croissance est une question beaucoup plus complexe. Pour remédier à ce genre de problèmes, Flamholtz publiait récemment un ouvrage expliquant la façon de composer avec la croissance, d'évoluer à mesure que l'entreprise grandit[59].

Au chapitre 1, nous avons proposé d'examiner le développement des entreprises de haute technologie en distinguant cinq étapes ou séquences dans la vie de ces entreprises. La première étape a été appelée *«la gestation»*, c'est-à-dire la phase durant laquelle l'entrepreneur développe

---

[58]   Larson, A., «Partners Networks: Leveraging External Ties to Improve Entrepreneurial Performance», *Journal of Business Venturing*, Vol. 6, N° 3, mai 1991, p. 173-183.

[59]   Flamholtz, E., *Growing Pains: How to Make the Transition from an Entrepreneurship to a Professionally Managed Firm*, San Francisco: Jossey Bass, 1990.

le plan d'affaires et s'occupe de rassembler les ressources nécessaires à l'exploitation de l'opportunité dans le marché. La deuxième a été appelée *«le lancement»*, durant laquelle l'entrepreneur commence à réaliser, à actualiser son plan d'affaires, où il complète le développement de l'innovation et effectue ses premières ventes. La troisième phase s'appelle *«la stabilisation»*. C'est celle où l'entrepreneur cherche à consolider ses acquis, à maintenir ses ventes pour éviter pour que le lancement ne soit pas un feu de paille. La quatrième phase est appelée *«la croissance»*, alors que l'entreprise connaît une expansion marquée de son chiffre d'affaires, qu'elle tente d'élargir sa gamme de produits, de renforcer ses assises sur le marché et d'entreprendre le développement de nouveaux produits. Et, finalement, la cinquième phase est celle de la *maturité*, où l'entreprise est bien connue dans ses créneaux de marché, à la fois pour ses produits et pour les services qu'elle offre.

C'est à l'intérieur de ces phases de développement qu'il faut comprendre le message de Flamholtz à l'effet que la croissance représente un défi difficile à relever, c'est ce qu'il appelle *«a growing pain»*.

L'expression utilisée par Flamholtz nous permet de constater qu'une des difficultés importantes des entreprises de haute technologie est le rythme rapide avec lequel elles passent à travers ces phases de développement. Plusieurs des entreprises étudiées demeurent longtemps dans la phase 1 parce que le produit ou la technologie qu'elles songent à exploiter nécessite des développements importants au niveau de la recherche scientifique ou du développement expérimental, alors que pour d'autres cette phase se déroule très rapidement et elles sont ensuite entraînées dans le tourbillon du lancement-stabilité-croissance. Tel qu'esquissé dans le chapitre 1, c'est dans le passage d'une phase à l'autre que vont se poser, pour l'entrepreneur, les problèmes associés aux systèmes de gestion, aux structures et aux ressources humaines.

C'est dans la phase de *stabilisation* que les systèmes de gestion prennent toute leur place et revêtent une grande importance. C'est à ce moment dans la vie de l'entreprise que l'on cherchera à établir des procédures concernant la facturation, les dépenses, les investissements, le calcul du prix de revient. C'est également à ce moment que les questions de rémunération prendront plus d'importance, en un mot c'est la phase où on ne peut plus faire fonctionner l'entreprise uniquement à partir des réflexes de l'entrepreneur ou de l'équipe qui a fondé l'entreprise. C'est alors qu'on passe d'un mode artisanal à un mode dit *«managérial»*. Si, à la phase précédente, on pouvait régler toutes ces questions de gestion *«à mesure»*, sur une base *«ad hoc»*, au stade de la stabilisation le volume d'activités et les problèmes auxquels l'entreprise est confrontée sont tels que l'équipe entrepreneuriale doit pouvoir se reposer sur des procédures, des systèmes, des hiérarchies, alors qu'à la phase de lancement, les fondateurs décidaient tout par eux-mêmes.

C'est aussi à la phase de stabilisation que se produit le premier problème de structure, c'est-à-dire que les entreprises doivent alors passer d'une répartition extrêmement flexible et changeante des tâches et des responsabilités entre les différents membres de l'organisation à un certain système de spécialisation dans les tâches et d'assignation des responsabilités. L'examen des structures permet de voir que c'est à cette époque qu'apparaît la différenciation des rôles au niveau de l'équipe dirigeante en termes d'orientation concernant la R-D, la production et la commercialisation.

La question des structures ne peut être résolue de façon définitive à la phase de stabilisation, elle réapparaîtra avec encore plus d'acuité durant la phase de croissance et même la phase de maturité et pourra même causer alors aux dirigeants fondateurs de l'entreprise des soucis auxquels ils avaient espéré échapper. La raison en est bien simple: rendue à la phase de maturité, l'entreprise doit revoir les structures qu'elle a mises en place dans la phase antérieure: le volume des activités ne peut plus s'accommoder des embryons structurels décidés précédemment. Il n'est pas surprenant alors de voir les fondateurs de l'entreprise tant soit peu décontenancés et se demander jusqu'à quel point il faille changer complètement la structure pour s'ajuster aux nouvelles réalités de l'entreprise.

Souvent les structures des entreprises à fort contenu technologique sont conçues à partir de l'image de la pyramide. Mais plus les recherches progressent, plus on peut penser que cette image est inadéquate. Il semble beaucoup plus utile de percevoir l'organisation comme un vaste réseau de relations dans lequel les rôles sont définis de façon souple et les frontières avec l'extérieur sont très flexibles et perméables[60]. En fait, l'entreprise établit des liens avec quelques entreprises externes avec lesquelles elle échange des ressources majeures ou elle établit des relations privilégiées. Comme le démontre l'étude de Larson[61], ces relations sont le résultat d'un effort délibéré qui dure souvent jusqu'à vingt ans, durant lesquels l'entreprise cherche à atteindre un objectif important au plan économique ou commercial. En fait, il faut imaginer les structures comme des constellations mouvantes de partenaires réunies en réseau, constellations qui évoluent dans le temps selon le marché, les intérêts des partenaires et les résultats économiques.

Vue comme une *constellation de partenaires*, la structure de relations permet à la petite entreprise d'avoir accès à plusieurs compétences sans avoir à en supporter les coûts. Elle permet surtout de mettre ensemble,

---

[60] Powell, W., «Neither Market nor Hierarchy: Network Forms of Organizations», *Research in Organizational Behavior*, Vol. 12, 1990, p. 295-336.

[61] Op. cit.

de façon productive, des compétences variées et essentielles à la réalisation du projet d'entreprise dans toute sa complexité. C'est ainsi que la PME peut devenir un réseau d'intégration des compétences fonctionnelles dont certaines études[62] ont démontré la nécessité pour réaliser des projets innovateurs.

Cette conception des structures en fonction de réseaux d'intégration rejoint les résultats[63] à l'effet que durant la phase initiale du développement de produit, il faut faire appel à des structures «lâches» alors qu'en phase de production régulière des structures serrées s'avèrent nécessaires.   Le cas d'ELECTROMED illustre très bien ce type de structure: production en petite série, forte implication du vice-président Béland dans la R-D, implication fréquente du président dans le développement de nouveaux débouchés commerciaux, implication fréquente des chercheurs dans la recherche de solutions aux problèmes de production et contacts avec les clients afin de satisfaire leurs anticipations. Toutes les entreprises étudiées montrent une telle évolution de leur structure, mais certaines réussissent mieux que d'autres à préserver l'esprit d'équipe et le climat entrepreneurial.

Cependant, il apparaît très clairement que même si toutes ces entreprises sont différentes et qu'elles se distinguent clairement les unes des autres, elles partagent un grand attribut: leur façon particulière de gérer les **ressources humaines**.   Or, c'est aux périodes de lancement et de croissance que cette question prend le plus d'importance. Au moment du lancement, l'entreprise doit recruter du personnel spécialisé et ayant les compétences nécessaires en R-D, autour de laquelle on veut structurer l'ensemble de l'entreprise. À cette phase de départ, le défi pour l'équipe dirigeante tourne autour de la sélection et du recrutement des compétences dont elle a besoin pour développer et lancer le nouveau produit. Comme il s'agit de compétences très spécialisées, on se bute assez rapidement à la rareté de tels spécialistes sur le marché. Ce phénomène se comprend facilement quand on constate le ratio élevé de personnel de R-D par rapport au personnel total (*qui est en moyenne de 28,3% pour les 19 premières entreprises et de 3,8% pour les deux PME traditionnelles*), ou celui du nombre d'ingénieurs et de scientifiques par rapport au personnel total dans l'organisation (*qui est de 40,0% pour les 19 entreprises des secteurs de pointe et de 4,0% pour les deux qui appartiennent aux secteurs traditionnels*). Trouver assez rapidement sur le marché du personnel spécialisé constitue un défi de taille, surtout en

---

[62] Shrivastava, P., Sounder, W., «The Strategic Management of Technical Innovation: A Review and a Model», *Journal of Management Studies*, Vol. 24, N° 1, 1987, p. 24-41.

[63] Jolne, F., «How Experienced Product Innovators Organize», *Journal of Product Innovation Management*, Vol. 4, 1984, p. 210-223.

période de prospérité économique et lorsque l'entreprise doit faire vite et bien.

Mais le noeud de la question des ressources humaines apparaît brusquement lors de la phase de croissance. C'est à cette période en effet que l'entreprise doit trouver les façons et les moyens de s'attacher les spécialistes qui lui permettront de croître rapidement et de devenir très profitable. En fait, la difficulté réside dans le développement approprié du personnel en place. Il s'agit surtout de le motiver à suivre l'entreprise dans toutes les phases de son développement et à progresser continuellement[64].

C'est aussi à cette étape que la jeune entreprise est la plus vulnérable face au personnel: d'une part, certaines personnes clés dans l'organisation deviennent de plus en plus conscientes de leur propre valeur en regard de la technologie qu'elles développent et, d'autre part, le développement de l'entreprise les amène à assumer des responsabilités de plus en plus grandes qui, à leurs yeux, méritent une rémunération et un poste à la mesure de leur investissement d'énergie et de temps, et de leur compétence. En même temps, il faut continuer à engager du personnel qualifié.

La façon avec laquelle l'entreprise réussira à résoudre ces problèmes de ressources humaines dépendra de la stratégie que l'entreprise se donne et en même temps deviendra un déterminant majeur de la stratégie que l'entreprise peut se donner. On peut avoir l'impression qu'il s'agit là d'une question de «poule et d'oeuf», mais il faut reconnaître que la stratégie des entreprises de haute technologie est fondamentalement liée à la présence de ressources humaines compétentes au sein de l'entreprise.

Donc, la stratégie ne peut être établie sans tenir compte de la présence et du rôle de ces ressources humaines spécialisées. En même temps, ces riches ressources humaines constituent ce qu'on pourrait appeler une variable fondamentale de l'orientation stratégique des entreprises. Plus que le visage et la personnalité de l'entreprise technologique, ces ressources humaines en sont le coeur dans le sens organique du terme[65].

---

[64] L'étude d'Hillidge est éloquente à ce sujet: Hillidge, J., «Planning for Growth in a Small Company», *Longe Range Planning*, Vol. 23, N° 3, 1990, p. 76-81.

[65] Audet, M., «*Paramètres structurels et pratiques de gestion des ressources humaines dans les entreprises innovatrices au Québec*», thèse de doctorat, École de relations industrielles, Université de Montréal, 1992.

Pour un aperçu, voir également:

4. Les stratégies

C'est en répondant aux divers défis que nous venons d'énumérer que les entreprises tissent graduellement la trame de ce qui deviendra leur stratégie devant orienter et guider leur développement. Il est très clair que ces entreprises technologiques peuvent théoriquement suivre les mêmes stratégies que n'importe quelle autre entreprise de leur secteur industriel.

Pour décrire la stratégie des entreprises technologiques, on est d'abord tenté d'utiliser l'une des typologies en usage. Ainsi, on pourrait adopter le schéma de Porter: *niche, différenciation et leadership de coûts*. L'application de ce modèle aux entreprises étudiées s'est avérée extrêmement difficile pour trois raisons: les entreprises sont très jeunes, ce qui fait que les différences ne sont pas profondément marquées; les marchés dans lesquels elles oeuvrent sont en émergence, d'où difficulté de penser à des stratégies telles le leadership de coûts; et toutes les entreprises étudiées semblent poursuivre deux, sinon les trois stratégies proposées par Porter (*op. cit.*).

On pourrait aussi penser à la typologie de Miles et Snow[66]: *position défensive, position prospective, position d'analyse et position réactive*. L'application de cette typologie s'est avérée impossible car toutes les entreprises se sont retrouvées à l'extrémité du continuum actif-passif: elles semblent toutes suivre une stratégie dite *prospective*.

Nous avons aussi cherché à nous appuyer sur les archétypes proposés par McDougall et Robinson[67]. Ces derniers proposent de distinguer:

A) Les stratégies de niches

- ■ orientées vers des grands marchés:
- - contrôler la croissance, pousser le produit dans plusieurs segments et favoriser l'intégration en amont;
- – créer une image de marque, développer des canaux de distribution;

Audet, M., Blais, R.A., Miller, R., «Human Resource Management in Technology Based Firms», Comptes-rendus du *Troisième congrès mondial sur le management de la technologie*, Miami, Floride, 17-21 février 1992, p. 973-983.

[66] Miles, R., Snow, C., *Organizational Strategy: Structure and Process*, New York: McGraw Hill, 1978.

[67] McDougall, P., Robinson, R., «New Venture Strategies: An Empirical Identification of Eight Archetypes of Competitive Strategies for Entry», *Strategic Management Journal*, N° 11, 1990, p. 447-467.

– rechercher la vente des produits par des acheteurs dans plusieurs marchés.

■ orientées vers de petits marchés:
– stratégie de prix, vente directe aux clients;
– stratégie de supériorité du produit dans de petits marchés.

B) Les stratégies agressives

■ orientées vers les grands marchés:
– croissance agressive avec une orientation du type plusieurs marchés et petites commandes.

■ orientées vers des petits marchés:
– stratégie de prix avec des nouveaux produits vendus à des gros clients;
– produits spéciaux vendus à quelques gros acheteurs.

Suite à notre examen des cas nous avons réalisé que nous ne pouvions guère classer les firmes étudiées selon ce modèle, sans doute parce que les marchés sont différents et les firmes très jeunes.

La situation particulière de ces entreprises et les défis auxquels elles font face nous amènent à proposer trois stratégies fondamentales qui les concernent. Nous appelons ces stratégies: stratégie scientifique, stratégie dite de supériorité technologique[68] et stratégie de commercialisation. Ces trois stratégies génériques peuvent se combiner pour donner naissance à des stratégies mixtes que certains auteurs qualifient de «dualistes»[69]. On pourrait être tenté de dire que toutes ces stratégies sont des *stratégies de niche*. Mais cette généralisation éclairera peu les dirigeants de ces entreprises car pour eux, la spécificité de la technologie signifie automatiquement des préoccupations pour des niches dans le marché.

4.1 La stratégie scientifique

Une stratégie scientifique se distingue d'abord et avant tout par le fait que l'entreprise poursuit des activités dans lesquelles la proximité avec la recherche fondamentale est très élevée. C'est pourquoi les personnes qui

---

[68] Ces deux stratégies ressemblent à celles que Gartner et al. appellent la «stratégie de poursuivre l'idée unique»!

Gartner, W., Mitchell, T., Vesper, K., «A Taxonomy of New Business Ventures», *Journal of Business Venturing*, Vol. 4, N° 3, 1989, p. 169-186.

[69] Crawford, C. M., «The Dual-Drive Concept of Product Innovation», *Business Horizons*, mai-juin 1991, p. 32-40.

oeuvrent dans ces entreprises se retrouvent fréquemment en contact avec les universités et sont très actives dans ce qu'on appelle communément *«les réseaux de la recherche fondamentale»*. Donc, dans la stratégie dite scientifique les acteurs principaux de l'entreprise occupent une place prépondérante dans le réseau scientifique, lequel constitue la pierre angulaire de leurs relations d'affaires.

On nage vraiment ici dans ce que nous avons appelé précédemment des environnements quasi scientifiques. En fait, la frontière entre le scientifique et le quasi scientifique est tellement ténue qu'on a l'impression d'être du côté d'un laboratoire de recherche universitaire et parfois du côté d'une entreprise à vocation purement commerciale.

La deuxième caractéristique de la stratégie scientifique concerne le poids accordé à la recherche scientifique par rapport au développement expérimental. La stratégie scientifique repose sur une dominance très nette de la recherche scientifique (*le grand R*) par rapport au développement expérimental (*le grand D*). La majorité des activités (*et des argents*) de l'entreprise est orientée vers des fins de recherche et la proportion consacrée au développement expérimental est minime alors que c'est exactement l'inverse pour toutes les autres PME technologiques. Ce poids est possible parce que ces entreprises réussissent à se financer d'abord et avant tout par l'utilisation intensive des subventions ou des prêts gouvernementaux ou, dans des cas comme celui de VIRTUAL PROTOTYPES, de contrats militaires qui agissent alors comme des *«contrats structurants»*, c'est à dire qui permettent à la fois de développer une technologie et d'assurer un important débouché commercial. Un autre exemple remarquable de contrats structurants, cette fois venant du secteur privé, est le développement de l'extraordinaire multiplexeur WET MUX par MPB Technologies, une PME de Dorval.

Notons que ces entreprises axent souvent leur recherche sur de petits créneaux laissés libres par les grandes entreprises. Elles s'intéressent à des problématiques que les grandes entreprises n'ont pas encore jugées pertinentes pour leurs activités ou les considèrent trop restreintes ou trop spécialisées.

Dans leur démarche constamment ponctuée par des choix technologiques, les entreprises scientifiques recherchent la percée technologique, le *«breakthrough»*. Elles veulent être les premières à réussir une telle percée et à obtenir un brevet d'invention ou tout autre forme de contrôle de propriété intellectuelle leur procurant un net avantage sur leurs concurrents.

Dans ce genre d'entreprise, la compétence fondamentale des fondateurs est primordialement, du moins au départ, une compétence de chercheurs. Par exemple, MPB Technologies compte proportionnellement plus d'employés avec Ph.D. que tout autre entreprise au Canada. Ces fondateurs ont une *«vision théorique»* de leur entreprise, une vision dans laquelle l'utopie principale tourne autour de la percée scientifique, ce qui ne veut pas dire qu'ils ont une mauvaise perception des marchés ou ne sont guère capables de mener de bonnes affaires.

Si on examine cette stratégie en termes de capital de risque, on réalisera que ces entreprises présentent des projets que l'on pourrait qualifier de «high risk/ high return»[70], c'est-à-dire des projets dans lesquels les risques sont extrêmement élevés mais si la percée technologique est atteinte, la rentabilité sera en proportion du risque assumé par les investisseurs du capital de risque. L'étude de McCann[71] tend à confirmer qu'une *stratégie de percée technologique* est plus risquée mais elle suggère également qu'en matière de haute technologie, c'est une stratégie extrêmement efficace pour générer des retombées à long terme, d'autant plus que la percée efficace est celle qui est obtenue suite aux efforts internes de R-D plutôt que suite à des accords de licence, de partenariat ou d'acquisitions. C'est pourquoi, examinée sous l'angle du financement ou vue par des financiers, la stratégie scientifique est toujours très difficile à traduire en termes de retour sur l'investissement.

En conséquence, les relations avec les banquiers sont plus complexes. Une stratégie scientifique sera caractérisée par un besoin prolongé d'entrées de fonds et surtout un besoin orienté vers un futur relativement lointain. C'est pourquoi cette stratégie entraîne souvent un endettement de plus en plus grand de l'entreprise et aussi la nécessité de faire souvent appel à des fonds externes[72]. C'est ici qu'intervient de façon importante ce qu'on appelle communément le «*capital patient*», c'est-à-dire celui qui est fourni par des investisseurs capables d'attendre assez longtemps avant de cueillir leur retour sur les investissements. Cette observation explique peut-être pourquoi il arrive souvent de trouver dans ce genre de stratégie une injection de capital privé venant d'individus bien nantis ou provenant de grandes fortunes familiales qui ont choisi de consacrer une partie de leur portefeuille à des entreprises qui poursuivent ce type de stratégie, comme c'est le cas de la famille Madanes d'Argentine pour MEDICORP.

Pour réaliser une stratégie scientifique, il faut d'abord identifier et choisir des ressources humaines qui ont toutes les compétences nécessaires pour travailler autour de cette percée technologique. Il faut notamment des

---

[70] Un article récent utilise les termes boursiers de «*put on call*» décrit cet aspect: Hill, N., Dimnik, T., «Cost Justifying New Technologies», *Business Quaterly*, hiver 1985-1986, p. 97-102.

[71] McCann, J., op. cit.

[72] Eisenhardt, K., Schoonhaven, C., «Organizational Growth: Linking the Founding Team, Strategy and Environment Growth among U.S. Semiconductor Ventures», *Administrative Science Quaterly*, Vol. 35, N° 3, 1990, p. 504-529.

individus capables de comprendre les besoins et d'anticiper les attentes des chercheurs et qui peuvent composer avec la liberté d'inventer, que ce soit en termes de temps ou d'indépendance.

Certaines études[73] suggèrent que la stratégie scientifique est pertinente lorsque les marchés sont embryonnaires (*c'est-à-dire lorsqu'il s'agit d'un nouveau marché dans lequel on retrouve très peu d'entreprises*) et lorsque l'entreprise est en mesure d'utiliser une technologie susceptible d'accaparer un seul segment du marché. En somme, cette stratégie s'applique lorsque la technologie permet une approche très pointue dans le marché.

Parmi les entreprises que nous avons étudiées, celle qui représente le mieux une stratégie scientifique à l'état brut est MEDICORP. Cette jeune firme en pleine émergence se définit comme une compagnie de R-D dans le secteur biomédical. Soulignons que des études antérieures[74] avaient suggéré que la stratégie scientifique s'avère particulièrement appropriée pour les entreprises qui s'adressent à un nouveau segment dans le secteur pharmaceutique. La création de MEDICORP a été imaginée par le Professeur C. Cuello de l'Université McGill au moment où il travaillait sur les anticorps monoclonaux en collaboration avec César Milstein, prix Nobel de médecine à Cambridge en Angleterre. L'entreprise est dirigée foncièrement par une équipe de professeurs qui oeuvrent à l'Université McGill. On y retrouve un directeur de département de pharmacologie, un chef-chirurgien d'un hôpital universitaire, un professeur de pathologie, un professeur de médecine et un directeur d'un centre d'immunologie et de transplantation clinique, de même qu'un professeur de médecine et de biochimie qui est aussi directeur d'immunologie clinique dans une institut de recherche. L'équipe fondatrice de MEDICORP est nettement dominée par un groupe chercheurs universitaires chevronnés qui envisagent de pousser plus loin une recherche qui a donné lieu à un prix Nobel, en vue d'en exploiter les retombées potentielles. Il ne s'agit pas là d'un mercantilisme mais plutôt d'un moyen qu'ils se donnent pour réaliser des percées scientifiques dans le domaine médical, laissant par la suite à d'autres le soin de commercialiser leurs inventions.

Lorsqu'on examine l'activité fondamentale de MEDICORP, on constate que cette entreprise est nettement dominée par la recherche. Le coeur de l'entreprise tourne autour de trois projets fondamentaux, un qui concerne le traitement du sida par l'immunothérapie passive, un autre qui comprend le développement d'anticorps monoclonaux afin d'identifier un marqueur

---

[73] Voir Lambkin, M, Day, G., op.cit.

[74] Rothwill, R., «SMFS, Inter-firm Relationship and Technological Change», *Entrepreneurship and Regional Development*, Vol. 1, 1989, p. 275-291.

de la maladie d'Alzheimer, et le troisième qui se rapporte au développement d'un marqueur tumoral pour le colon à l'aide d'anticorps monoclonaux, de même qu'à l'utilisation d'anticorps pour lutter contre les rejets de tissus.

Au niveau du financement, on note que les fonds pour ces recherches de pointe viennent en bonne partie de la famille Madanes précitée. C'est l'exemple parfait du *«capital patient»*. Les investissements de la famille Madanes dans MEDICORP, quoique très importants pour une entreprise qui débute, ne constituent qu'une infime partie de l'avoir familial.

Lorsqu'on examine le fonctionnement quotidien de MEDICORP, on observe que la commercialisation des trousses destinées à servir le médecin en cabinet permet d'enrichir les activités de MEDICORP, c'est le produit *«vache-à-lait»*, mais le coeur de l'entreprise n'est pas là, il est plutôt dans la recherche.

Notre étude de cette entreprise illustre clairement une stratégie scientifique: *«Le personnel de MEDICORP est essentiellement composé de scientifiques: biologistes, microbiologistes, chimistes, auxquels se greffe une petite équipe de support réunissant des secrétaires et quelques techniciens»*. Un peu plus loin nous disons: *«Dans le milieu de la recherche biomédicale, on admet que le réseau de MEDICORP regroupe des chercheurs de réputation internationale»*. L'examen de la structure de MEDICORP montre que l'orientation fondamentale de l'entreprise est déterminée par le *«comité scientifique»* qui se réunit une fois par mois et qui regroupe essentiellement les chercheurs clés de l'entreprise. MEDICORP peut fonctionner au jour le jour par le biais d'un comité de gestion qui assure la coordination et le suivi des décisions qui ont été prises par le *«comité scientifique»*.

Un autre cas typique de stratégie scientifique est celui de DIAGNOSPINE, une retombée commerciale (*«spin-off»*) de l'Université Concordia. L'entreprise a été créée par un professeur d'université qui a inventé dans le cadre de ses recherches académiques un instrument de diagnostic des dysfonctionnements de la colonne vertébrale, le *Spinoscope*. Cette invention brevetée dans plusieurs pays est le fruit d'une importante recherche théorique qui est encore de nos jours poursuivie par son auteur et qui rallie la biomécanique, la biologie, la physiologie, l'informatique, l'intelligence artificielle et le génie électrique. En plus de procurer une meilleure compréhension des problèmes et de permettre d'améliorer constamment le Spinoscope, cette recherche fondamentale conduit à des recherches appliquées où on tente de découvrir des solutions pratiques à des problèmes physiologiques. Par la suite, la découverte de ces solutions mène au développement expérimental et à la mise au point de prototypes dans lesquels les connaissances scientifiques sont constamment mises à contribution.

En revanche, MPB Technologies suit une stratégie qui est à la frontière d'une stratégie scientifique et d'une stratégie de supériorité technologique. L'entreprise définit sa mission en parlant «*de recherche scientifique et de développement expérimental*» de façon à maintenir le cap sur les nouvelles technologies aux frontières des connaissances. Pour se convaincre de cette orientation stratégique, on n'a qu'à relire le cas et on réalisera vite que la gamme des produits apparaît au premier coup d'oeil comme éparpillée, voire disparate. Cette impression se dissipe rapidement si on accepte de voir les produits de MPB comme des applications des connaissances scientifiques développées par l'entreprise. Cette perception nous conduira à réaliser que MPB vend du savoir scientifique, surtout de la physique, qu'elle rend disponible aux clients afin de résoudre des problèmes concrets. Dès lors, le marketing et la vente suivent un long processus d'interaction directe entre les spécialistes de MPB et les clients, de façon à s'assurer que le produit final permettra aux acheteurs de résoudre les problèmes qui sont à la base de leur contact avec MPB. En conséquence, MPB doit recruter les meilleurs spécialistes – le ratio personnel de R-D/ personnel total y est exceptionnellement élevé (73,0%), de même que le ratio professionnels techniques/ personnel total (70,0%).

BOMEM est aussi un cas intéressant. Au départ, l'entreprise poursuivait une stratégie scientifique avec le développement de son interféromètre de précision pour la spectroscopie. Tout en demeurant toujours très proche des milieux scientifiques et des laboratoires de recherche, BOMEM en est graduellement venue à adopter une stratégie de supériorité technologique. Elle a été la première à marier l'optique moderne, l'informatique et la micro-électronique pour produire une nouvelle génération de spectromètres infrarouge à transformée de Fourier que l'on retrouve maintenant à travers le monde. Si bien qu'il y a maintenant plus de dix imitations de ce spectromètre. Mais la mission de supériorité technologique de BOMEM s'est surtout affirmée par le développement et la commercialisation réussie de nouveaux appareils destinés à la métallurgie d'une part, et de son interféromètre Michelson destiné à une grande variété d'applications industrielles et environnementales, d'autre part.

4.2 La stratégie de supériorité technologique

La stratégie de supériorité technologique correspond à ce qu'on appelle communément le «*technology push*». Certaines entreprises examinées favorisent une stratégie qui correspond à cette orientation. Au coeur de cette stratégie se trouvent l'unicité et la supériorité technique du produit ainsi que la maîtrise et le haut degré d'avancement de la technologie qui permettront de bâtir et de maintenir un avantage concurrentiel sur les autres entreprises oeuvrant dans le même secteur et peut-être même sur celles qui pourront se développer plus tard.

L'environnement dans lequel baignent les entreprises qui poursuivent une stratégie de supériorité technologique est l'image même d'un environnement quasi scientifique. Les fondateurs de ces entreprises appartiennent à des réseaux de recherche et ils fréquentent régulièrement les congrès scientifiques. Ils sont proches de l'université et de la recherche fondamentale, mais ils ont d'abord et avant tout une grande compétence au niveau de la technologie. Cette observation confirme celle de Cooper[74] et de Samsom[75] à l'effet que les entrepreneurs technologiques créent des entreprises dans un domaine très connexe à leurs expériences antérieures de travail.

Au plan scientifique, les entreprises qui visent une supériorité technologique s'appuient sur des résultats probants, sur ce qu'on pourrait appeler une recherche terminée, mais qui exige maintenant un développement expérimental. Contrairement aux entreprises qui poursuivent une stratégie scientifique et donc consacrent beaucoup d'efforts à la recherche scientifique, les entreprises poursuivant une stratégie technologique sont essentiellement axées sur la mise au point technique de nouveaux produits et de nouveaux procédés, consacrant peu de ressources à la recherche proprement dite mais faisant beaucoup appel aux derniers développements technologiques, tant dans leur secteur que dans d'autres domaines. De telles entreprises choisissent des petits segments de marché laissés vacants par les grandes entreprises. Elles s'appuient habituellement sur les subventions ou prêts gouvernementaux au départ et sur les crédits d'impôt à la R-D par la suite. Notons également que le développement expérimental coûte généralement beaucoup plus cher que la recherche fondamentale et même la recherche appliquée, souvent au moins dix fois plus cher.

Les choix technologiques et la gestion de la technologie dans ces entreprises sont articulés autour de la supériorité de la technologie, d'où des préoccupations fondamentales pour le contrôle de la technologie, le rythme d'utilisation de la technologie, le développement de la gamme de produits. Cooper[76] disait de ces firmes qu'elles avaient «*a technologically sophisticated, oriented and innovative program ... The program was an offensive one ... The picture of a technologically aggressive and powerful firm, strongly commuted to the R & D and tackling higher risk projects*» (p. 155).

---

[74] Op. cit.

[75] Op. cit.

[76] Cooper, R.G, «New Products Strategies: What Distinguishes Top Performers?», *Journal of Product Innovation Management*, Vol. 2, 1984, p. 151-164.

C'est ici que prend tout son sens la *gestion du temps* associé à la technologie, c'est-à-dire que l'entreprise est d'une part confrontée avec la nécessité de faire beaucoup au plan technologique et en peu de temps. D'autre part, elle doit bien gérer le temps qui s'écoule entre la phase de recherche et la pénétration des marchés. La supériorité technologique présuppose que le temps est bien géré: être le premier sur le marché, utiliser rapidement le potentiel de la technologie, accélérer le rythme d'introduction du produit[77].

Être le premier sur le marché, c'est ni plus ni moins une course contre la montre qui permet à celui qui gagne de réclamer un prix élevé car il jouit alors d'un monopole pendant un certain temps, ce qui lui permet de bien se placer pour faire face à la demande ultérieure. D'autre part, arriver en retard sur le marché peut signifier le désastre car le champ sera occupé par d'autres et il deviendra alors difficile de récupérer les investissements élevés qu'on a mis dans la nouvelle technologie. Le miracle japonais s'explique en grande partie par l'habileté consommée qu'ont les firmes japonaises de commercialiser rapidement et efficacement leurs innovations.

Pour pleinement utiliser le potentiel de la technologie, il faut en généraliser les applications le plus possible. Ceci signifie que l'entreprise doit s'appliquer à utiliser le plus rapidement possible et dans le plus grand nombre de produits possible, la technologie dont elle est l'auteur. La réalisation de cet objectif permet à la fois un contrôle des usages de la technologie et le report des coûts de la recherche sur plus d'un produit. Ce résultat a été maintes fois confirmé par les études empiriques, entre autres celles de Abell[78], Thompson et Strickland[79], Porter[80], Robinson et Pierce[81].

---

[77] Nevens, M., Summe, G., Uttal, B., op. cit.

[78] Abell, D.,F. *Defining the Business: the Starting Point of Strategic Planning*, Englewoods Cliffs: Prentice Hall, 1980.

[79] Thompson, A., Strickland, J., *Strategic Management and Cases*, 4e édition, Plano, Texas: Business Publications, 1987.

[80] Porter, M.E., *Competitive Strategy*, New York: Free Press, 1980.

[81] Robinson, R., Pierce, J. A., «Product Life Cycle Consideration and the Nature of Strategic Activities in Entrepreneurial Firms», *Journal of Business Venturing*, Vol. 1, N° 2, 1986, p. 207-224.

De plus, la stratégie de supériorité technologique nécessite une gestion très serrée du cycle technologique, particulièrement la *veille technologique* et le *transfert technologique*. En effet, les technologies évoluent et changent sans cesse et elles sont fortement exposées à être remplacées par des technologies compétitives ou concurrentielles. Les entreprises qui poursuivent une stratégie de supériorité technologique sont souvent fondées par des individus qui ont un pied du côté de l'approche scientifique et l'autre du côté de la consultation technologique, ou bien par des personnes qui ont une forte expérience de la production de produits hautement technologiques.

Au niveau du capital de risque, une stratégie technologique implique une injection majeure de fonds pour le développement du produit majeur et un apport moins important de fonds pour des produits associés. Les besoins financiers d'une telle entreprise sont exprimés en fonction d'un futur prévisible et assez immédiat. Les propriétaires de ces entreprises connaissent bien leurs besoins financiers en regard du développement de leur gamme de produits et ils sont très conscients du retour sur les investissements dont ils ont besoin pour progresser. Dans de tels cas, les investisseurs peuvent se pencher sur ces entreprises en utilisant des modèles qui leur sont familiers et qui conviennent beaucoup mieux que dans les cas d'entreprises de type scientifique. Ils s'appuient notamment sur l'analyse des états financiers.

La stratégie de supériorité technologique permet à l'entreprise de se bâtir un avantage concurrentiel parce qu'elle jette les bases, elle trace les contours de la différenciation: l'entreprise utilise sa supériorité technologique pour se distinguer des autres. Mais il faut alors que l'entreprise soit en mesure d'être *pionnière* et puisse être la première à offrir aux clients des produits supérieurs à ce que les autres offrent. Porter[82] ajoute que cette stratégie soulève trois questions: la capacité de l'entreprise de maintenir sa supériorité sur les autres, les avantages de la firme qui se trouve à ouvrir un nouveau secteur de l'industrie, et les désavantages associés au fait d'être le premier.

La capacité d'une entreprise innovatrice à se maintenir dans le marché dépend de la capacité des concurrents à imiter la technologie et du rythme avec lequel l'entreprise peut poursuivre ses innovations technologiques. Les avantages associés à être le premier proviennent du fait que l'entreprise peut influencer, définir les règles de la concurrence, alors que les désavantages sont associés aux coûts et aux risques de changements dans l'environnement.

---

[82] Porter, M.E., *Competitive Advantage*, New York: Free Press, 1985.

Les entreprises qui illustrent le mieux ce que l'on pourrait appeler la stratégie de percée technologique sont EICON, GIRO, ALIS, AHT, BERCLAIN, ELECTROMED, MPB et VIRTUAL PROTOTYPES. Il s'agit de huit entreprises qui ont créé de toutes pièces ce que l'on pourrait appeler une nouvelle technologie maîtresse. Dans le cas d'EICON, c'est l'Eiconcard, qui est une carte de communication intelligente adaptée sur les familles d'ordinateurs PC, PS2 d'IBM, qui permet une interconnexion entre les différents ordinateurs. Dans le cas de GIRO, il s'agit du logiciel Hastus^{MD} alors que pour ALIS c'est sa technologie Plasma d'informatique multilingue exprimée en caractères non-latins et pour le Groupe AHT son système de simulation Simsmart^{MD}. Pour BERCLAIN, une autre entreprise dynamique de produits informatiques, c'est le logiciel Moopi^{MD} pour l'ordonnancement et le contrôle de la production manufacturière. Pour ELECTROMED, c'est la nouvelle technologie EDEC de génération de rayons X pour fins médicales.

Quant à MPB, son histoire est semée d'innovations technologiques, de produits nouveaux qui n'existaient pas auparavant. Le plus gros projet de la compagnie, le «*wet mux*», illustre bien la dimension de supériorité technologique chez MPB. Ce projet implique l'utilisation de la technologie de la fibre optique, de la technologie du laser pour les télécommunications, ainsi que le codage numérique et le multiplexage de communications orales et de données, le développement de circuits électroniques de très haute densité et de très haute vitesse, et la conception de circuits numériques intégrés. C'est en faisant ce mélange de différentes facettes du savoir que MPB construit son avantage technologique. En fait, sa mission définit au départ sa stratégie de supériorité technologique: l'entreprise se perçoit d'abord comme un intégrateur de systèmes dont le rôle est de rallier différents éléments du savoir de façon à réaliser des produits technologiquement très avancés.

Il est amusant de noter que MPB accorde beaucoup plus de place à la recherche et au développement expérimental des produits qu'à la dimension marketing. Son président souligne que le marketing se fait d'abord et avant tout par un contact direct entre ses chercheurs et les clients, contact qui est facilité par la haute réputation scientifique de la compagnie et par l'excellence et la diversité de ses réalisations technologiques. Les clients s'adressent à MPB parce ils sont convaincus qu'ils trouveront là une compagnie capable de réaliser le produit technologiquement complexe dont ils ont besoin. Cette conclusion du président de MPB confirme que cette firme très dynamique suit une stratégie de supériorité technologique et non une stratégie de commercialisation (*voir la section suivante*).

Le cas de VIRTUAL PROTOTYPES Inc. (VPI) illustre également très bien la stratégie de supériorité technologique. Cette supériorité provient de la technologie VAPS («*Virtual Avionics Prototyping Systems*») qu'elle a développée et qui permet de construire rapidement à l'écran des prototypes virtuels de toutes sortes de systèmes avioniques, notamment des tableaux de bord et de nombreux autres interfaces homme-machine. Le coup de génie réside dans le pouvoir conféré au système de générer ses propres codes de sorte que VAPS fournit lui-même les logiciels nécessaires pour faire fonctionner l'interface dans un environnement d'équipement réel. L'incontestable supériorité technologique du produit fait que VPI compte plus de 60 clients ayant un chiffre d'affaires de plus d'un milliard de dollars. Le maintien de cette même supériorité est exigeant: VPI continue d'investir pas moins de 70% de ses ventes dans la R-D. Pour elle, qui fort heureusement dépend d'un unique propriétaire, la vision à long terme, la croissance soutenue, la rentabilité de ses efforts de R-D et l'augmentation de sa part du marché mondial passent bien avant l'empochement de profits à court terme.

Ces huit entreprises poursuivant la supériorité technologique font 74,7% de leurs ventes sur les marchés étrangers. Il s'agit de petites firmes (moyenne de 81 employés en 1990) qui ont été créées à la fin des années 70 ou au milieu des années 80. De 1985 à 1990 elles ont créé pas moins de 500 emplois bien rémunérés et au moins 1 000 emplois indirects. Durant la même période, l'augmentation annuelle de leurs ventes a été de 88,4% en moyenne alors que leurs dépenses en R-D ont été en moyenne de 29,6% de leurs ventes. En ce qui concerne le financement de leur R-D, ces huit entreprises font appel à une combinaison de moyens financiers, surtout des fonds internes et les crédits d'impôt à la R-D. À l'occasion, elles ont recours à des subventions gouvernementales de contrepartie pour des projets ambitieux de développement de nouvelles technologies dans le cadre de recherches *«pré-compétitives»*.

4.3 La stratégie dite de commercialisation

La stratégie dite de commercialisation a été souvent décrite dans la littérature comme une stratégie dite de *«market pull»*. L'environnement dans lequel oeuvrent les entreprises qui font appel à cette stratégie est un environnement dans lequel le quasi scientifique perd tout son sens: ce qui prime n'est pas la proximité avec la recherche fondamentale, les universités, ni la fréquentation des réseaux de recherche, mais plutôt une grande connaissance des besoins des marchés et une forte sensibilité aux désirs des clients. D'ailleurs, les entreprises poursuivant cette stratégie sont souvent dirigées par des opérateurs qui ont déjà oeuvré dans d'autres entreprises de haute technologie ou des gens qui ont une longue expérience de la gestion, de la finance ou de la vente, ce qui leur a permis de bien comprendre les besoins du marché.

Le réseau dans lequel germent ces entreprises est celui que l'on pourrait appelé les foires d'usagers ou les foires de fabricants. Dans cette stratégie, la place de la R-D est différente de celle que l'on retrouve dans les deux stratégies précédentes. L'entreprise n'est pas dominée par les activités de R-D, mais plutôt par les applications diverses des produits que l'on a déjà développés et par la quête incessante de nouveaux débouchés (*ex.: GENTEC et DAP*) ou la poursuite de grosses commandes (*comme c'est le cas pour C-MAC*). Dans ces entreprises, le pourcentage de ressources humaines et financières consacré à la R-D est beaucoup plus faible que ceux qu'on retrouve dans les deux autres stratégies: l'équilibre favorise la commercialisation par rapport à la R-D. Cette observation est confirmée par l'importance accordée à «*l'image de marque*», aux canaux de distribution et au service après vente. Certaines recherches[83] suggèrent que la clé du succès d'une telle stratégie est la définition précise des produits en fonction de chaque segment de marché: *quel produit utiliser dans quel marché*. Plus l'entreprise est habile à répondre à cette question, meilleures sont ses chances de succès.

Au niveau de la gestion de la technologie, une stratégie de commercialisation met l'emphase sur le rythme d'introduction des produits et sur la parfaite synchronisation entre la production et les ventes. En fait, le développement de la technologie s'aligne sur les besoins des clients de façon à ce qu'on puisse satisfaire à la fois les priorités de la production et le rythme de développement des produits. Notons aussi que cette stratégie accorde plus d'importance à la technologie de production qu'à la R-D. De même, elle met plus d'emphase sur la commercialisation que sur la génération de nouveaux projets ou l'invention d'une nouvelle gamme de produits.

Ceux qui suivent cette stratégie de marché recherchent du capital de risque pour répondre aux besoins engendrés par la croissance et le rythme de développement de l'entreprise, plutôt que pour la recherche scientifique ou le développement expérimental. Le financement se fera d'abord et avant tout par l'utilisation des moyens financiers usuels, soit un financement semblable à celui qu'utilisent les entreprises manufacturières.

Dans ce sens, la stratégie de commercialisation est plus proche des stratégies suivies par les entreprises commerciales qu'elle ne l'est de la stratégie dite scientifique ou technologique. Ajoutons qu'une telle stratégie permet un accès rapide au marché et peut mener à des revenus rapidement mais elle se bute souvent à la difficulté de clarifier l'avantage compétitif: non seulement l'entreprise doit-elle répondre aux besoins du marché mais il lui faut aussi faire preuve d'un réel leadership à la fois dans la production et les ventes. La croissance remarquable de C-MAC en ces dernières années en est un bon exemple.

De plus, suivre une stratégie de commercialisation signifie une approche segmentée du marché: la définition d'objectifs clairs, le recrutement de spécialistes de la vente et du marketing, et la mise au point d'un système

---

[83] Feeser, H., Willard, G., «Founding Strategy and Performance: a Comparison of High and Low Growth High Tech Firms», *Strategic Management Journal*, Vol. 11, 1990, p. 87-98

de récompense adapté aux vendeurs. Soulignons ici que la formation et la direction des vendeurs ne suivent pas la même voie que celles des scientifiques ou celles du personnel de R-D.

Souvent les entreprises qui poursuivent une stratégie de commercialisation s'interrogent au sujet des vendeurs: doit-on recruter des vendeurs professionnels ou doit-on engager plutôt des scientifiques ou des ingénieurs que l'on charge de faire de la vente? Les recherches ne permettent pas de répondre de façon catégorique à la question mais elles suggèrent les pistes suivantes: 1) les vendeurs doivent très bien connaître le produit ainsi que la technologie en cause sinon leur crédibilité sera douteuse, 2) la vente est le fruit d'un travail d'équipe dans laquelle le *vendeur* a les compétences pour cibler, contacter les clients, préparer les discussions, diriger les échanges et assurer le suivi, alors que le *spécialiste technologique* est capable de répondre aux moindres questions technologiques et que le *spécialiste du service après vente* fournit l'assurance-qualité et assure le suivi.

Dans notre étude, les entreprises C-MAC, GENTEC et DAP sont celles qui semblent, de façon évidente, suivre une stratégie de commercialisation. Il s'agit de trois entreprises pour qui la vente est importante, mais dont la majorité des affaires sont faites au Canada. Dans ces trois cas, la production et l'assurance-qualité sont très importantes car on fabrique souvent selon les spécifications de certains gros clients, même s'il s'agit de produits très sophistiqués. Par exemple, C-MAC est devenu un *«fournisseur certifié»* de Northern Telecom et de IBM, ce qui lui procure de grosses commandes et lui a permis de devenir en moins de quatre ans le plus gros fabricant de circuits hybrides au Canada.

Dans ces entreprises, l'activité de R-D est relativement restreinte tel qu'illustrée par leur ratio moyen *«R-D/ventes»* qui est de 7,7 % comparativement à 34,9 % pour les 16 autres firmes étudiées dans les secteurs de pointe. Il en est de même pour leur ratio *«personnel de R-D/personnel total»* qui est de 8,8 % comparativement à 45,8 % pour les 16 autres entreprises.

D'ailleurs, il est très intéressant de noter que le président de GENTEC parle de la R-D dans son entreprise en la décrivant comme une *«recherche branchée sur le réel»*. Il ajoute que l'entreprise fait surtout du développement expérimental, se faisant un plaisir de confier les activités de recherche aux universités dont elle reconnaît que c'est davantage leur vocation que la sienne. À la lecture du cas, on note que cette entreprise met surtout l'emphase sur les vendeurs, sur les réseaux de contacts, sur les expositions et sur l'inventaire des besoins des clients de façon à être capable de mettre à leur disposition la technologie qu'elle maîtrise. On constate aussi que la croissance de GENTEC s'explique en grande partie par son succès à obtenir des commandes répétées de gros clients comme Hydro-Québec et Bell Canada. Le président soutient que ces commandes permettent à la fois de générer des revenus et de pousser l'entreprise à être à la fine pointe de la technologie car il s'agit de clients qui ont des exigences très précises relativement aux produits qu'elle peut leur offrir.

À la lecture du cas C-MAC, on a l'impression que la lutte pour les contrats et pour les clients est vraiment centrale à la vie quotidienne de l'entreprise. Le président dira d'ailleurs que l'arme principale de C-MAC se trouve dans son usine: la technologie permet de fabriquer avec une *qualité totale* et de fournir en *juste-à-temps* aux clients exactement ce qu'ils demandent. Il faut se rappeler que C-MAC est un fournisseur certifié de circuits hybrides qui approvisionne avec succès de très gros clients très exigeants.

DAP poursuit également une stratégie de commercialisation, avec un minimum de R-D et un maximum de qualité de ses produits, avec plus de 70 distributeurs dans 26 pays. Son président se déclare *«un gars de la production»*, ce qui en dit long sur l'approche utilisée. En expliquant les réussites de la production, il a lancé cette boutade: *«Nous avons un problème avec notre service après-vente: nos produits ne se brisent pas assez!»*.

La poursuite d'une stratégie de commercialisation ne signifie pas pour autant l'abandon de l'innovation, bien au contraire. Celle-ci est bien vivante, soit dans les produits, soit dans les procédés, ou les deux. L'objectif de DAP est de lancer un véritable produit nouveau chaque année.

4.4 Les stratégies doubles

Les études sur la stratégie des entreprises à fort contenu technologique suggèrent que certaines entreprises ne suivent pas parfaitement les trois modèles stratégiques précédemment discutés: certaines utilisent des combinaisons de ces trois stratégies. En ce qui nous concerne, deux combinaisons additionnelles semblent exister dans les entreprises[84]: une approche «technologie-marché» et une approche «science-marché».

---

[84] Crawford utilise le concept du *«dual-drive»* pour traduire cette réalité, alors que Martin parle *«d'hélices doubles»* connues pour le DNA:

Crawford, M., «The Dual-drive Concept of Product Innovation», *Business Horizons*, mai-juin 1991, p. 32-40.

Martin, M., *Managing Technological Innovation and Entrepreneurship*, Reston, Virginia: Reston Publications, 1984.

a) la stratégie technologie-marché

Cette stratégie est basée sur une grande interaction entre le développement technologique et la commercialisation. Elle consiste à faire en sorte que la technologie progresse de pair avec les besoins du marché. L'essentiel de cette stratégie est articulé autour d'une segmentation du marché de façon à définir très clairement les désirs des consommateurs, puis à développer des produits et des technologies pour chacun des segments.

Cette stratégie nécessite un processus interne d'interaction entre le design des produits et les besoins des clients de façon à proposer des produits qui, dès leur présentation, ont une chance d'être adoptés par le marché parce qu'ils sont continuellement testés. Ce type de stratégie suppose un contrôle du rythme des progrès technologiques et accorde une grande importance aux améliorations à la marge plutôt qu'aux grands sauts dans le développement technologique.

Les entreprises qui poursuivent ce genre de stratégie auront établi leur centre de gravité autour d'une technologie centrale qu'elles vont adapter aux besoins des divers marchés. On pourrait dire qu'il s'agit d'une **stratégie d'adaptation**[85], où les concepts de faisabilité technique et de rentabilité économique semblent se marier de façon harmonieuse. Dans cette stratégie, les améliorations techniques ont nettement préséance sur le développement technologique.

Dans la présente étude, l'entreprise le plus typique d'une stratégie «technologie-commercialisation» est sans doute EXELTOR, puis viennent BOMEM, EXFO, MULTISENS et OSMOCO. Il s'agit d'entreprises dans lesquelles la R-D est assez importante (*i.e. 19,2% des ventes, comparativement à 7,7% pour celles qui poursuivent une stratégie typiquement commerciale*), où l'ingénierie compte pour beaucoup et où la production est très spécialisée, avec des ventes s'adressant surtout aux marchés internationaux.

Toutes ces entreprises se distinguent par la qualité de leur technologie sans toutefois chercher à être des leaders mondiaux et à encourir les risques d'être pionniers. Bien sûr, elles s'efforcent d'être les «meilleures» mais leurs objectifs technologiques sont toujours subordonnés aux considérations commerciales. Par exemple, EXELTOR ne perd jamais de vue que son objectif est de rafler une plus grande part du marché international des aiguilles à tricot industrielles (*elles en fabrique actuellement 100 millions par année et offre jusqu'à 3500 modèles différents*) mais pour ce faire elle doit innover dans les matériaux et les

---

[85]   Ansoff, I., «Strategic Management of Technology», *Journal of Business Strategy*, Vol. 7, N° 3, 1987, p. 28-39.

procédés qu'elle utilise car la technologie est essentielle à sa croissance, voire sa survie.

Par ailleurs, les principaux actionnaires de BOMEM ont choisi de céder en mi-1990 la totalité de leurs actions (*représentant 68% des actions émises en circulation*) en faveur d'une multinationale allemande qui injecterait des fonds additionnels et assurerait une meilleure commercialisation à l'échelle internationale, tout en maintenant la production et la R-D au Québec. Pour sa part, OSMOCO a confié à une multinationale américaine la production et la commercialisation à l'échelle internationale de son lit-matelas pour grands brûlés, l'Acucair. EXFO et MULTISENS sont dirigées par de jeunes ingénieurs imbus de gestion et de marketing et qui tiennent *mordicus* à exploiter pleinement toutes les opportunités de marché.

Certaines études suggèrent que cette orientation technologie-marché est celle qui est le plus susceptible de donner de bons résultats financiers, alors que d'autres indiquent que cette orientation stratégique ne devrait apparaître que plus tard dans la vie de ces jeunes entreprises à fort contenu technologique[86].

b) la stratégie science-marché

Certaines entreprises choisissent par contre de poursuivre une stratégie qui allie à la fois les éléments de la stratégie dite scientifique et les éléments de la stratégie de commercialisation[87]. Pour réaliser cette stratégie mixte, les entreprises doivent souvent faire appel à d'autres associés, afin de créer un réseau qui va permettre de rencontrer autant les besoins de la commercialisation que ceux associés à la poursuite d'une stratégie scientifique. Dans de telles situations, l'entreprise technologique va habituellement se réserver l'aspect majeur de la stratégie scientifique et travailler avec un autre partenaire pour la partie de la stratégie de commercialisation.

En fait, on pourrait dire que la stratégie scientifique est réalisée par les moyens propres des entreprises technologiques alors que la stratégie de commercialisation est réalisée en association avec d'autres partenaires. C'est ainsi que l'on arrive à percer le marché et en même temps maintenir à l'intérieur de l'entreprise une bonne capacité de recherche: un des partenaire apporte la capacité de produire et de distribuer à grande échelle et l'autre apporte la capacité d'inventer et d'innover.

---

[86] Voir Ansoff, op.cit.

[87] Larue de Tournemire, R., «La modélisation stratégique dans les industries fondées sur la science», *Revue française de Gestion*, juin-juillet-août 1991, p. 86-95.

Notons cependant que la poursuite d'une telle stratégie à double
orientation crée souvent des tensions relativement complexes à résoudre.
Les études de Niederkofler[88] et Killing[89] ont démontré que la poursuite
de ce type de stratégie entraîne des tensions exacerbées par ce qu'on
appelle les incompatibilités organisationnelles. Il s'agit en fait de chocs
entre entreprises qui ne fonctionnent pas de la même façon, qui n'utilisent
pas les mêmes procédures et dont les structures sont très différentes. La
petite entreprise se retrouve souvent avec un gros partenaire qui est lent
à réagir et qui est exigeant en termes de rapports, de données et de
documents. Ces gros partenaires sont tentés de prendre la petite
entreprise comme un acquis, comme un «*junior*» que l'on cherche plus ou
moins consciemment à dominer de toutes les façons.

Le meilleur exemple de ce type de stratégie mixte au sein de notre
échantillon de 21 entreprises est celui de IAF BioChem qui, d'ores et
déjà, est reconnue internationalement pour sa performance tant
scientifique que commerciale et dont l'orientation stratégique suit la
pensée de son fondateur, le Dr Francesco Bellini. Par exemple, tout en
poursuivant à l'interne une intense activité de recherche scientifique et de
développement de nouveaux vaccins et médicaments, IAF s'est astreinte
à la discipline d'aller sur le marché public pour une partie de son
financement. De plus, elle a mis sur pied des réseaux qui lui permettent
de s'associer avec des entreprises ayant des intérêts compatibles et des
ressources complémentaires aux siens. Ses alliances avec Glaxo et autres
compagnies du même genre lui permettent de poursuivre avec vigueur
l'aspect commercial de certains produits prometteurs tout en lui permettant
d'exploiter certains marchés avec le même produit et de continuer les
recherches dans le même domaine. Il s'agit en fait d'une association dans
laquelle le partenariat permet de satisfaire un côté ou l'autre de la
stratégie mais il crée aussi des tensions auxquelles la petite entreprise doit
faire face.

Le Conseil de la science et de la technologie du Québec[90] souligne
d'ailleurs qu'il est typique de voir les entreprises émergentes en
biotechnologie créer des alliances avec d'autres entreprises nationales et
multinationales. Ce phénomène s'observe tant au Québec qu'au Canada
et aux États-Unis.

---

[88] Niederkofler, N., «Evolution of Strategic Alliances: Opportunities for Managerial
Influence», *Journal of Business Venturing*, Vol. 6, N° 4, juillet 1991, p. 237-257.

[89] Killing, P., *Strategies for Joint Venture Success*, New York: Preger Publishers, 1983.

[90] *Les biotechnologies: un choix stratégique pour le Québec*, Conseil de la science et de la
technologie, Québec, 1991.

L'Institut ROSELL poursuit également une stratégie axée à la fois sur les développements typiquement scientifiques et sur la commercialisation. Directement issue de l'Institut agricole d'Oka de l'Université de Montréal et s'inscrivant dans la même tradition scientifique, cette petite entreprise prospère de biotechnologie agro-alimentaire faisant partie du groupe ROUGIER se distingue par la vigueur de son approche commerciale. Ses distributeurs sont souvent des entreprises qui produisent aussi des bactéries et sont des concurrents! C'est dire que ses produits sont de haute qualité et s'appuient sur les derniers développements de la science. Cependant, l'effort de R-D de ROSELL ne dépasse guère 6% de ses ventes et est surtout axé sur les procédés alors qu'IAF BioChem consacre 60% à la R-D et centre ses efforts sur de nouveaux produits.

Enfin, LALLEMAND est un autre cas fort intéressant d'une stratégie dualiste qui mise à la fois sur les développements scientifiques à l'interne et sur la commercialisation. Cette autre PME dynamique de biotechnologie agro-alimentaire s'est imposée dans les marchés internationaux par la qualité de ses produits et la vigueur de son offensive soutenue de commercialisation. Tout comme dans le cas de ROSELL, c'est l'ensemble du personnel qui participe à l'effort de vente, notamment les chercheurs et les spécialistes de la production. De plus, la firme a innové dans le marketing de ses produits et a trouvé les moyens d'établir un leadership de coût. Tout comme dans le cas de ROSELL, sa recherche scientifique est pointue et finement ciblée sur les besoins des clients. Elle consacre 2% de ses revenus à la R-D, alors que son personnel de R-D représente 4,0% de son effectif total. Néanmoins, l'entreprise a réussi à augmenter ses ventes d'un taux moyen de 25,0% par année de 1985 à 1990.

5. Conclusion

Les cinq stratégies élaborées ci-haut résument bien, à notre avis, l'ensemble des approches stratégiques que semblent suivre les 21 firmes technologiques étudiées. Pour compléter les Tableaux 1.1 et 1.2 décrivant certaines caractéristiques de ces firmes, le Tableau 3.4 présente ces mêmes caractéristiques selon les types de stratégies suivies. Le lecteur peut ainsi prendre soin d'en tirer ses propres conclusions.

Bien sûr, il reste à approfondir la nature de chacune de ces stratégies. À la lumière de l'expérience, il conviendrait notamment de les caractériser davantage et de discuter de la problématique en fonction des forces et faiblesses des firmes et de leur environnement concurrentiel. C'est dans cette voie particulière que la recherche se poursuit.

* * * * * *

TABLEAU 3.4
CARACTÉRISTIQUES ET STRATÉGIES DES FIRMES ÉTUDIÉES

Type de stratégie	Scientifique			Supériorité technologique							Commercialisation			Technologie - Marché					Science - Marché		
Firmes	MEDICORP	DIAGNOSPIN	MPB TECH.	EICON	VPI	ALIS	GIRO	AHT	BERCLAIN	ELECTROMED	GENTEC	C-MAC	DAP	BOMEM	EXFO	MULTISENS	OSMOCO	EXELTOR	IAF-BIOCHEM	ROSELL	LALLEMAND
Secteur industriel[1]	Bio	Bio	Etr	Etr	Inf	Inf	Inf	Inf	Inf	Bio	Bio	Etr	Etr	Etr	Etr	Etr	Bio	Tdn	Bio	Bio	Tdn
Année de début des opérations, 19..	88	88	77	85	86	85	80	83	86	83	60	87	80	74	85	88	80	80	86	35	16
Nombre d'employés en 1990	30	18	185	138	75	35	76	20	27	34	110	290	55	123	40	18	23	400	186	55	200
Âge moyen des employés en 1990	36	28	32	30	30	29	30	30	27	30	33	27	30	33	27	32	29	41	36	36	35
R-D en 1990 (%):																					
Dépenses R-D/ventes	30	39	18	20	70	15	28	115	38	18	5	5	13	7	20	35	32	2	60	6	2
Effectif R-D/Effectif total	33	50	73	43	53	34	22	15	30	35	8	1	11	20	22	39	39	4	59	14	4
Prof. technique/Effectif total	27	67	70	65	73	86	57	40	67	15	9	4	13	16	22	39	17	2	57	16	6
Ventes en 1990 (%):																					
Québec	65	5	7	2	1	-	35	70	65	5	80	45	57	7	12	70	36	4	5	16	10
Reste du Canada	30	1	20	13	8	-	12	30	10	-	10	45	26	5	8	20	38	1	5	25	20
États-Unis	-	90	36	28	33	10	22	-	-	75	5	5	7	36	50	10	21	35	45	44	50
Reste du Monde	5	4	37	57	58	90	31	-	25	20	5	5	10	52	30	-	9	60	45	15	20
Exportations (%) en 1990	5	94	73	85	91	100	53	0	25	95	10	10	17	88	80	10	30	95	90	59	70
Augmentation annuelle moyenne des ventes (%) 1985-1990	15	48	57	130	101	122	36	8	104	67	25	114	18	21	112	108	34	5	191	20	25

1 Légende: Bio = Biomédical; Etr = Micro-électronique; Inf = Produits informatiques; Tdn = Secteur traditionnels

ENTREPRENEURSHIP TECHNOLOGIQUE

Dans ce chapitre nous essaierons de tracer les contours des caractéristiques de l'entrepreneurship technologique. Notre objectif est de montrer que les entrepreneurs technologiques sont à la fois semblables et différents des entrepreneurs qui oeuvrent dans les autres secteurs.

1. L'entrepreneur technologique et son projet

Un projet de changement

C'est à partir du projet de l'entrepreneur qu'il faut d'abord situer ce qui caractérise l'entrepreneurship technologique. Les entrepreneurs qui oeuvrent dans le domaine technologique sont des exemples d'un courant de pensée qui a des racines très profondes dans la littérature sur l'entrepreneurship. En effet, depuis la publication du premier livre de Schumpeter[1], on retrouve continuellement dans la littérature sur l'entrepreneurship des références au concept de changement. On dit que l'entrepreneur propose des changements, qu'il propose d'ajouter de la nouveauté, de l'inconnu, qu'il suggère de faire ou de produire autrement ce qui existe déjà.

Pour clarifier l'aspect nouveau du projet de l'entrepreneur technologique, on peut utiliser l'argumentation qu'Ansoff a développée dans son premier ouvrage sur la stratégie, connue dans la littérature comme celle du vecteur de croissance[2]. Ainsi, en examinant les produits en fonction des marchés, on constate que dans les marchés actuels avec les produits actuels on peut plutôt s'attendre à l'innovation dans les procédés, alors qu'avec les produits actuels dans des nouveaux marchés c'est l'innovation de type marketing qui prévaut. Par contre, lorsqu'on arrive dans le secteur des nouveaux produits, on peut s'attendre à l'innovation de produits dans les marchés actuels ou carrément à l'invention de produits pour des marchés nouveaux ou des marchés peu connus (*voir Tableau 4.1*). C'est dans les deux dernières situations que l'on retrouve habituellement l'entrepreneur technologique. Très souvent, ce dernier

---

[1] Schumpeter, A. J., *The Theory of Economic Development*, Cambridge, Mass. : Harvard University Press, 1934 (ouvrage original publié en allemand en 1912).

[2] Ansoff, A.I., *Corporate Strategy*, New York, Wiley and Sons, 1965.

propose un nouveau produit pour répondre à un marché actuel connu, ce qui fait qu'on le retrouve plutôt du côté de l'innovation-produit. Dans certains cas, on le retrouve plutôt carrément du côté de l'invention où il nous propose un nouveau produit pour un nouveau marché.

Reprenant cette même argumentation sous un angle un peu différent, certains auteurs comme Johne[3] examinent l'innovation des produits en fonction du concept de changement radical ou de changement à la marge. On suggère alors que les changements radicaux au niveau des produits nécessitent une avance dans la technologie et offrent au client une nouvelle ligne de produits. Les changements à la marge, au niveau des produits, signifient que l'on utilise la technologie existante pour étendre une ligne de produits établis ou pour augmenter la performance d'un produit déjà connu. Il est bien évident que plus un projet d'entrepreneur est caractérisé par une innovation radicale, plus le produit sera nouveau et en conséquence plus le projet apparaîtra comme risqué.

TABLEAU 4.1

DÉFIS TECHNOLOGIQUES ET VECTEUR DE CROISSANCE*

Marchés Produits	Marchés actifs	Nouveaux marchés
Produits actuels	Améliorer les produits, i.e. innovation-procédés	Développer de nouveaux marchés, i.e. innovation-marketing
Produits nouveaux	Développer les produits, i.e. innovation-produits	Innovation, i.e. un nouveau couple produit/ marché

* Ce tableau s'inspire du modèle proposé par Ansoff (1965).

---

[3] Johne, J. A., *Industrial Product Innovation : Organization and Management*, London: Croom Helm, 1985.

En résumé, le projet de l'entrepreneur technologique est un projet de changement : ces entrepreneurs ne sont pas des copieurs[4] (*c'est-à-dire ne créent pas une entreprise qui est la copie conforme d'une autre entreprise déjà en opération*), mais des artisans du changement au sens propre du terme, au sens *schumpétérien* du mot. Ils changent les produits, ils changent leur ligne de produits.

Un projet technologique

Naturellement, les projets proposés par les entrepreneurs technologiques ont une dominante qui favorise la technologie. Des études comme celles de Samsom[5] ont démontré que dans la phase initiale le projet d'un entrepreneur scientifique ou technologique est fortement dominé par la dimension technologique. Cette dominante tient au fait que c'est dans la technologie que cet entrepreneur trouve la base de son projet, et aussi parce que le promoteur est une personne ayant des compétences pointues dans le domaine de la technologie. Dès lors, dans les premières versions du projet de cet entrepreneur, on verra que les ressources allouées à la technologie excèdent de beaucoup les ressources allouées aux dimensions non technologiques du projet, telles les aspects commerciaux, organisationnels ou stratégiques. C'est pourquoi plusieurs projets présentés par les entrepreneurs technologiques ne font qu'une référence sommaire aux marchés. D'ailleurs, à leur début ils fournissent rarement une analyse systématique des applications de la technologie. Ils ne font qu'une référence sommaire aux marchés, référence basée davantage sur des impressions que sur des évaluations systématiques du potentiel que peut receler le marché.

Un projet en évolution

Dans une étude récente[6], il a été démontré que le projet d'un entrepreneur prend habituellement la forme d'une série d'étapes à parcourir pour atteindre le but. Ces différentes étapes constituent en fait ce qu'on pourrait appeler le plan d'action imaginé par l'entrepreneur. Elles forment aussi le canevas, le terrain sur lequel s'établira la relation entre l'entrepreneur et ses collaborateurs. En fait, ce programme d'action est à la fois une invitation des autres à participer au projet et un plan de travail pour l'entrepreneur lui-même.

---

[4] Côté, M., «Le domaine des entrepreneurs et la gestion des grandes entreprises de production, *Gestion*, Vol. 13, N° 3, septembre 1988, p. 25-32.

[5] Samsom M. K., *Scientists as Entrepreneurs : Organizational Performance in Scientist-Started New Ventures*, Boston: Kluwer Academic Publishers, 1990.

[6] Toulouse, J.M., «Les entrepreneurs, des leaders?», *Gestion*, Vol. 16, N° 3, septembre 1991, p. 27-32.

Dans le cas de l'entrepreneur technologique, la série d'étapes s'avère particulièrement importante. D'abord, la très grande majorité des projets de nature technologique nécessitent plusieurs étapes pour se réaliser. Celles-ci peuvent rarement être raccourcies ou sautées. Certains projets d'innovation exigent jusqu'à dix ans avant de se réaliser totalement. Pour le développement d'un nouveau médicament, elles s'échelonnent souvent sur une période allant jusqu'à dix ans ou plus et le coût en sera de plusieurs dizaines de millions de dollars.

Dans son ouvrage sur l'innovation industrielle, Johne (1985) a examiné cette question plus en profondeur. Il identifie trois grandes étapes dans l'innovation de produit. La première s'appelle **la phase d'initiation**, c'est-à-dire celle qui consiste à générer des idées, démêler celles qui ne conviennent pas aux problèmes envisagés et, finalement, retenir le concept à mettre de l'avant. La deuxième étape s'appelle **l'évaluation** ou **l'examen systématique** des différentes dimensions associées au nouveau projet. La dernière est **l'implantation,** c'est-à-dire le développement du produit, les tests de marché et le lancement. Dans le cas d'un projet présenté par un entrepreneur technologique, ces trois étapes sont habituellement présentes.

Il est clair que les projets qui en sont à la phase d'initiation seront beaucoup plus vagues, moins précis, plus difficiles à relier aux besoins du marché ou à identifier clairement le retour sur l'investissement. À la phase d'évaluation, on pourra parler de projections, d'attentes en ce qui concerne les rendements, et ce n'est qu'à l'étape d'implantation qu'il sera possible de connaître vraiment les contours précis du projet de l'entrepreneur technologique. Il est utopique de penser que tous les projets seront présentés à cette étape d'implantation. Il y aura toujours des projets qui sont à des étapes plus ou moins avancées et, ce faisant, la durée du projet sera plus ou moins longue selon l'étape où l'entrepreneur se trouve rendu.

Le projet : la trame de la collaboration entre l'entrepreneur et ses partenaires

La réalisation de projets d'entrepreneurship technologique nécessite la mise sur pied d'équipes de collaborateurs plus ou moins importantes selon le degré d'innovation et la complexité du développement technologique et de la commercialisation. Souvent de tels projets tirent leur origine dans les travaux de recherche scientifique de personnes qui travaillent dans des laboratoires gouvernementaux ou dans des universités. C'est en poursuivant la recherche que le projet d'entreprise prend naissance. Ce passage de la recherche à l'entreprise fait que certains de ces projets apparaissent au départ comme étant le lot d'un seul individu, en symbiose étroite avec le scientifique ou l'ingénieur de recherche.

L'examen des projets de ces entrepreneurs montre qu'il est impossible d'imaginer qu'un projet puisse devenir une entreprise rentable sans la mise sur pied d'une équipe de collaborateurs fortement cimentée et bien constituée. La création de cette équipe, la recherche et l'identification de collaborateurs de la première, de la deuxième et de la troisième heure, est une dimension que l'on observe dans tous les projets réussis d'entrepreneurs technologiques. Un grand chef cuisinier peut ouvrir un restaurant, en être l'âme dirigeante et la personne à tout faire, mais dans le cas de l'entrepreneurship technologique, il est impossible d'imaginer que le projet se réalise sans la collaboration et le développement d'une équipe bien rodée, bien en place et avec des compétences complémentaires les unes aux autres, surtout s'il s'agit d'une innovation radicale.

Un trait particulier de la mise sur pied de cette équipe concerne les relations que certains entrepreneurs technologiques entretiennent avec l'université ou le centre de recherches où ils travaillaient avant de créer leur propre entreprise. Les études[7] ont montré, et c'est un peu le même phénomène que nous avons observé chez les entreprises faisant l'objet de cette étude, que les entrepreneurs technologiques arrivent rarement à créer une équipe dans laquelle l'université où ils travaillaient continue d'apparaître comme un partenaire de l'équipe. Bien au contraire, tout laisse penser que les relations entre l'université d'origine et la nouvelle entreprise seront plutôt tendues. Ces tensions se manifesteront au départ dans la clarification de la propriété intellectuelle sur les produits qui auront été développés, et ensuite dans la stratégie de commercialisation que poursuit l'université.

Dans son étude, Samsom soutient que : «*The relationship between the scientist and his university generally appeared to be difficult and tense. Even when considering the broader context of the university-industry relationship, relatively few universities have been able to turn technology into significant sources of revenues and co-operative research.*»[8].

Le projet de l'entrepreneur technologique, contrairement au projet de l'entrepreneur commercial, a un caractère symbolique et imaginaire qui n'est pas toujours évident. Il s'agit en fait d'une vision d'une technologie qui peut être utilisée dans un marché. C'est une perception implicite ou explicite de la possibilité d'un lien lucratif entre une technologie que l'on connaît bien et un marché que l'on imagine, même si on l'imagine très mal.

---

[7] Dont celles de Samsom, *op. cit.*

[8] Samsom, *op. cit.*, p. 132.

En fait, l'entrepreneur technologique démarre son entreprise avec une idée en tête, avec une innovation qu'il désire commercialiser. Il a une vision du couple technologie-marché, vision qui est concrète dans son esprit mais qui apparaît abstraite, symbolique, voire idéaliste à l'observateur.

Un bel exemple est fourni par Eugène Joseph qui a pénétré le marché de l'aéronautique grâce à la technologie VAPS, une innovation révolutionnaire qui réalise le «prototypage» virtuel des interfaces homme-machine.   C'est aussi le cas de Serge Gracovetsky qui a créé DIAGNOSPINE pour commercialiser le Spinoscope, un produit qui révolutionne la conception du diagnostic des maux de dos.

2. Le lien technologie - marché[9]

La deuxième caractéristique de l'entrepreneurship technologique est le lien entre la technologie et le marché. Même si la technologie domine le projet de l'entrepreneur technologique, on devra la confronter tôt ou tard à la réalité du marché.

a) nature du lien technologie - marché

La façon avec laquelle l'entreprise technologique établit son lien avec le marché permet de mieux saisir les différentes formes que peut revêtir l'entrepreneurship technologique. Ce lien a été examiné en profondeur dans le mémoire de maîtrise de Razafindrakoto[10]. Cette étude montre très clairement que les entreprises technologiques qui connaissent le succès n'établissent pas toutes le même lien entre la technologie et le marché. Le caractère commun de ce lien est d'être un *lien innovant*, c'est-à-dire un lien qui crée un nouveau type d'association entre une technologie donnée et un marché donné, association qui n'existait pas auparavant.

Pour se représenter le lien entre la technologie et le marché, on peut s'appuyer sur le schéma présenté au Tableau 4.2. Ce raisonnement permet d'identifier quatre cadrans qui correspondent à un type de lien

---

[9]   Cette section s'inspire des résultats d'Eric Razafindrakoto, à qui nous formulons nos remerciements pour son excellente collaboration :

Razafindrakoto, E., *Étude synthétique et essai de modalisation de 17 PME technologiques performantes du Québec*, mémoire de maîtrise, École Polytechnique de Montréal, juin 1992.

[10] Razafindrakoto, E., *op. cit.*

technologie-marché. Le cadran 1 montre un lien dominé par une préoccupation de performance et d'efficacité, le cadran 2 un lien dominé par le marché, le cadran 3 un lien dominé par la technologie, et le cadran 4 un lien dominé par l'invention. L'étude de Razafindrakoto mentionne que les 17 entreprises technologiques performantes se trouvent dans les cadrans 2, 3 et 4. Donc, on identifie très clairement trois sortes de lien qui sont associés au lancement réussi d'une entreprise technologique.

TABLEAU 4.2

LIEN TECHNOLOGIE-MARCHÉ

INNOVATION DANS LES TECHNOLOGIES	INNOVATION DANS LE MARCHÉ	
	faible	forte
faible	1 Produits actuels dans les marchés actuels Lien dominé par une haute performance et une grande efficacité	2 La technologie répond à des besoins nouveaux (nouveaux marchés)
forte	3 Produits nouveaux dans les marchés actuels Lien dominé par la technologie	4 Produits nouveaux dans des marchés nouveaux Lien bipolaire technologie-marché

Dans le cadran 2, la technologie apporte une solution nouvelle, meilleure, pour répondre à des besoins bien connus. Dans ce cas-ci, le marché est nouveau parce que la solution technologique est différente . Pour illustrer cette situation, on peut rappeler le cas de la compagnie GIRO qui, grâce à la recherche opérationnelle et au génie logiciel, solutionne des problèmes de gestion des transports. Ce n'est pas la technologie utilisée, c'est-à-dire la combinaison génie logiciel et recherche opérationnelle, qui est nouvelle car on l'applique déjà couramment pour résoudre d'autres problèmes; c'est le problème du transport qui est nouveau par rapport à la technologie.

Le cadran 3 correspond à une situation où le marché est connu mais où la technologie apporte dans ce marché des réponses nouvelles. Dans ce cas, la technologie peut être nouvelle parce qu'elle est une combinaison originale d'anciennes technologies connues ou encore parce qu'elle est l'approfondissement d'une voie particulière et inexplorée d'une technologie générique. Ici le lien technologie-marché est complètement dominé par la technologie car c'est de ce côté que vont venir les innovations les plus importantes puisque le marché est bien connu, déjà bien exploité et qu'on y retrouve un grand nombre de firmes qui y oeuvrent.

Le cadran 4 correspond à une situation où la technologie est en évolution; on cherche, on développe la technologie, on découvre des moyens nouveaux et on apporte un savoir-faire nouveau pour répondre à un marché que l'on pressent mais que l'on ne peut pas mesurer de façon précise car les confins de la technologie ne sont pas encore déterminés. Cette situation se retrouve souvent dans le cas où on cherche à appliquer de façon commerciale une découverte de laboratoire, ou les résultats d'une recherche purement scientifique. Les connaissances scientifiques sont disponibles, mais elles sont en évolution et pour être capable de les appliquer à un marché de façon précise, il faut développer et pousser plus loin ces connaissances de façon à les rendre plus opérationnelles et exploitables. Dans cette situation, on connaît les contours des besoins, mais on explore différentes solutions technologiques pour arriver à répondre à ces besoins.

Dans le domaine de la santé par exemple, on se retrouve souvent dans cette situation : les maladies et les problèmes sont connus mais on n'a pas encore trouvé de réponse satisfaisante pour les traiter ou les guérir. Le cas de l'entreprise OSMOCO est un bel exemple. Le problème des grands brûlés est un problème connu, mais la force d'OSMOCO est justement d'avoir mis ensemble différents procédés technologiques qui permettent de répondre à ce besoin particulier. Le lit à coussin d'air (lit Acucair) et le système de pansement à micro-atmosphère contrôlée permettent aux blessures de cicatriser très lentement. Ce procédé augmente les chances de survie et diminue les problèmes d'infection auxquels les grands brûlés font face. Ce cadran 4 est aussi celui dans lequel on retrouve ce que les auteurs appellent les *sauts technologiques*; ce sont des situations d'invention dans lesquelles la probabilité de découverte d'une nouvelle technologie est beaucoup plus grande que dans les autres.

Ces combinaisons technologie-marché n'ont pas nécessairement la même valeur ou le même intérêt d'affaires les unes par rapport aux autres. Certaines de ces combinaisons sont beaucoup plus risquées que d'autres et leur potentiel de rentabilité est beaucoup plus grand. Ceci nous amène à tenter d'examiner la valeur de la combinaison technologie-marché.

b) valeur de la combinaison technologie-marché

Dans son étude, Razafindrakoto[11] propose une façon originale et intéressante d'examiner la valeur de la combinaison technologie-marché. En s'appuyant sur la grille développée par le cabinet-conseil McKinsey[12] et sur celle de Ribault, Martinet et Lebidois[13], il propose une grille – présentée au Tableau 4.3 – qui permet de juger la valeur des différentes combinaisons technologie-marché. L'*axe de l'opportunité technologique* tient compte du stade d'évolution. Il est un peu simpliste de dire que *«plus une technologie est jeune plus elle est attirante»*, mais on sait qu'une technologie au stade de gestation ou de lancement a beaucoup plus de potentiel qu'une technologie qui est à son déclin ou à maturité. On peut aussi identifier certaines technologies qui sont à une phase de croissance ou de stabilisation, ce qui correspond dans l'évolution des produits à leur cycle d'exploitation maximale. L'*axe de l'opportunité commerciale* ou l'importance du marché tente de qualifier le marché. S'agit-il d'un marché de taille petite, moyenne ou grande? Règle générale dans les petits marchés, les opportunités sont moins intéressantes et potentiellement moins attrayantes pour un investisseur alors que les marchés de grande taille sont beaucoup plus intéressants, plus prometteurs. Le *troisième axe est celui du risque.* Les technologies au stade de lancement représentent un risque beaucoup plus élevé que les technologies rendues à la croissance ou au stade de la maturité ou du déclin.

En utilisant ces trois concepts, Razafindrakoto arrive aux neuf possibilités présentées au Tableau 4.3. Ainsi, dans son étude, Razafindrakoto note que trois entreprises des dix-sept qu'il a étudiées se retrouvent dans le cadran 1 où le lien technologie-marché est très fort, alors qu'il y en a trois autres dans le cadran 9 où la valeur du lien technologie-marché est faible. Il est très intéressant de noter que les entreprises du cadran 9 sont des compagnies qui oeuvrent dans des secteurs traditionnels; elles ont été introduites pour fins de comparaison parce qu'elles exhibent des comportements technologiques intéressants. Les marchés visés par ces firmes (*c'est-à-dire les aiguilles industrielles et les produits de fermentation laitière ou viticole*) sont des grands marchés qui utilisent des technologies relativement bien connues et matures, et le risque associé aux démarches technologiques

---

[11] Razafindrakoto, *op. cit.*

[12] Cette grille a été imaginée par la firme de consultants McKinsey and Company Inc. de New York.

[13] Ribault, J. M., Martinet, B., Lebidois, D., *Le management des technologies*, Les Éditions d'Organisation, Paris, 1991.

TABLEAU 4.3

VALEUR DU LIEN TECHNOLOGIE-MARCHÉ
(adaptation du schéma de Razafindrakoto, 1992)

OPPORTUNITÉ TECHNOLOGIQUE [2] ET RISQUE [3]	TAILLE DU MARCHÉ		
	Faible [4]	Moyenne [4]	Grande [4]
Gestation ou lancement **Potentiel très élevé** **Risque élevé**	1 AHT	2 DIAGNOSPINE MULTSENS MPB	3 IAF MEDICORP VPI
Stabilisation ou croissance **Potentiel moyen** **Risque moyen**	4 BERCLAIN	5 EXFO ELECTROMED GIRO OSMOCO DAP GENTEC	6 EICON BOMEM C-MAC ALIS
Maturité ou déclin **Potentiel faible** **Risque faible**	7	8	9 ROSELL LALLEMAND EXELTOR

1 *Nous avons légèrement modifié le tableau conçu par M. Razafindrakoto et y avons ajouté quatre entreprises qui n'y figuraient pas, car son étude ne couvrait que 17 des 21 cas.*

2 *On entend par «opportunité technologique» les chances de pénétrer un marché avec les principaux produits des compagnies que nous avons étudiées. Les stades figurant dans la première colonne se réfèrent au cycle de vie des technologies en cause plutôt qu'aux stades d'évolution des entreprises elles-mêmes, lesquels apparaissent dans la Figure 1.1.*

3 *Il s'agit ici du risque commercial.*

4 *Représente aussi la force du lien technologie-marché.*

de ces entreprises est relativement faible. Par opposition, l'entreprise AHT dans le cadran 1 est une compagnie qui, pour l'instant, connaît des difficultés par rapport aux autres entreprises étudiées. Cette entreprise tente de mettre en marché un produit qui informatise les procédés de contrôle industriel. Il s'agit d'une technologie nouvelle qui est au stade de lancement et pour laquelle le marché est difficile à capter. De plus, dans ce cas, on ne peut pas à ce jour parler d'expérience réussie dans l'association avec le marché.

Pour comprendre la dynamique des cadrans, il faut se référer au raisonnement fondamental de McKinsey, soit le raisonnement de portefeuille. La grille McKinsey permet de comprendre les cadrans 2, 3, 5 et 6. D'une part, on se retrouve avec des technologies nouvelles mais sur de grands marchés, donc le potentiel de gain est énorme mais le risque associé à ce potentiel de gain est très élevé. C'est le cas dans le cadran 3 par exemple. Pour les cadrans 5 et 6, on se retrouve avec une technologie assez stable ou en croissance, dans des marchés moyens ou grands et avec un risque moyen, donc on se trouve en situation de risque calculé avec un retour sur investissement fort intéressant et prévisible.

En ce qui concerne le cadran 1, la situation correspond à ce que McKinsey appelle des dilemmes, expression aussi utilisée par les auteurs du BCG[14]. Ce type de lien technologie-marché a une valeur potentielle élevée, mais le risque est énorme car l'évolution de la technologie ne peut pas être compensée par la taille du marché. En fait, pour que ce lien technologie-marché ait une grande valeur il faut se retrouver en situation de niche.

Les cadrans 4 et 7 correspondent en tous points à ce que McKinsey appelait une situation de *perdant*, c'est-à-dire une situation dans laquelle la valeur du lien technologie-marché est très faible. Cette faiblesse est attribuable au fait que les marchés sont petits ou que la technologie est rendue à maturité ou en déclin. Par exemple, il n'est guère intéressant pour une entreprise d'essayer d'entrer dans un petit marché en se concentrant sur une technologie qui est à l'étape de la stabilité, tout comme il n'est guère intéressant non plus d'entrer dans un petit marché alors que la technologie est rendue à maturité. De la même façon, il est peu intéressant de considérer un marché de taille moyenne avec une technologie qui est en maturité. Dans les trois cas, l'entreprise se retrouvera extrêmement vulnérable. Ce raisonnement ne veut pas dire qu'il est impossible de créer une entreprise qui oeuvre dans la situation des cadrans 4, 7 et 8, mais il signifie tout simplement que ces situations sont des situations difficiles, donc que les chances de succès sont moindres. Dans ce sens, BERCLAIN a de bonnes chances de réussir si le marché d'application peut s'agrandir beaucoup et assez rapidement.

---

[14] Boston Consulting Group (BCG), *Perspectives on Corporate Strategy*, Boston, 1968.

3. L'entrepreneur technologique et le plan d'affaires

Depuis 1990, l'Association des banquiers canadiens, l'Ordre des comptables agréés du Québec, le Bureau de commerce de Montréal et le ministère de l'Industrie, du Commerce et de la Technologie du Québec, font la promotion d'une formule de plan d'affaires auprès des entrepreneurs qui songent à présenter un projet d'entreprise.

On y propose que le plan d'affaires couvre quatre types d'informations :

1) une description de l'entreprise, soit les fondateurs, la structure, la mission et les objectifs; 2) un plan de commercialisation des produits, soit une analyse de marchés et l'analyse de la concurrence, l'établissement des prix, le développement des réseaux de distribution, le choix des moyens de communication; 3) un plan de production et d'exploitation, soit les installations requises, les sources d'approvisionnement, les sous-traitants et la main-d'oeuvre; et 4) un plan financier, soit les besoins en capital, les prévisions budgétaires et le seuil de rentabilité pour les trois premières années.

Nous présentons au Tableau 4.4 en annexe, le plan d'affaires tel que proposé par les spécialistes socio-économiques. À l'examen de ce plan, on se demande immédiatement si l'entrepreneur technologique peut présenter son projet d'entreprise à l'intérieur d'un tel format. Il est évident que la réponse à cette question n'est pas facile car elle dépend foncièrement du type d'entreprise technologique dont on parle. Ainsi, les entreprises technologiques qui se situent dans les cadrans 1, 2 et 3 du Tableau 4.3 éprouveront beaucoup de difficulté à trouver leur place à l'intérieur de ce plan d'affaires. Pour les entreprises dans les cadrans 4, 5 et 6, il leur sera difficile de satisfaire certaines conditions du plan d'affaires, par exemple la partie financière.

Notre étude sur les entreprises technologiques nous permet de proposer une variante au plan d'affaires. À notre avis, une nouvelle entreprise à fort contenu technologique peut sans doute utiliser la structure du plan d'affaires proposé par le ministère de l'Industrie, du Commerce et de la Technologie (MICT) et autres partenaires économiques (*voir annexe à la fin de ce chapitre*) et l'adapter à sa réalité, mais en le construisant par étapes. Le plan d'affaires ne serait complet qu'à la phase 3, les phases 1 et 2 étant des phases durant lesquelles le projet d'entreprise se développe, se bâtit, mais selon la dynamique propre de l'entreprise technologique et de son milieu concurrentiel.

PHASE 1 DU PLAN D'AFFAIRES

Après étude des différents cas étudiés, nous recommandons que la phase 1 du plan d'affaires soit structurée de la façon suivante :

1. ### Résumé du projet

L'entrepreneur technologique présente un résumé du projet de la façon suivante :

1.1 **Description du projet** :

Quoi?: secteur potentiel dans lequel cette technologie pourrait être appliquée, marché théorique, et caractéristiques de la technologie envisagée.

Qui? : les promoteurs de l'entreprise.

Combien? : les coûts de financement de la recherche préalable.

Quand? : le début des travaux de recherche préalables, jalons (*milestones*) et date à laquelle on devrait obtenir des résultats.

1.2 **Mission de l'entreprise.** Il s'agit ici d'une ou deux phrases pour décrire la mission de l'entreprise. Par exemple : développer ou tester les contours d'une idée technologique pour un ou deux secteurs économiques particuliers.

1.3 **Objectifs :** Énumérer en ordre chronologique les objectifs. Exemple : développer les dimensions technologiques, faire les tests et arriver à une articulation préliminaire de ce que pourrait être les produits.

1.4 **Le calendrier des réalisations :** Énumération des principales étapes de réalisation du projet en spécifiant les phases de recherche préalables.

2. ### Les promoteurs

2.1 **Curriculum vitae :** Tel que proposé par le ministère de l'Industrie, du Commerce et de la Technologie (MICT).

2.2 **Bilan personnel:** Tel que proposé par le MICT.

2.3 **Structure organisationnelle :** Telle que proposée par le MICT.

2.4 et 2.5 **Forme juridique et répartition de la propriété :** Ces deux parties ne sont pas pertinentes lors de la première phase d'un projet technologique.

3. Le marketing

Le concept de produit et le concept d'analyse de marché, de même que la stratégie de mise en marché, ne sont pas pertinents dans la phase 1 de présentation du projet. Pour cette phase, il y aurait plutôt lieu de se concentrer exclusivement sur la partie 3.2.2. du plan d'affaires proposé par le MICT, soit sur une description sommaire des consommateurs susceptibles d'acheter le produit et d'expliquer les raisons qui pourraient motiver les clients potentiels à acheter le produit que l'on envisage de développer.

Il faudrait spécifier pourquoi les clients adopteraient cette nouvelle technologie ou pourquoi ils seraient susceptibles de changer leurs habitudes d'achat en faveur de cette nouvelle technologie. Dans cette partie, on ne doit pas s'attendre à ce que l'entrepreneur technologique présente des statistiques hautement raffinées, qui ne seraient d'ailleurs que des jeux d'imagination. Tout ce que l'on peut espérer, c'est qu'il(elle) présente une perception, la plus nuancée possible, de ceux qui, dans son esprit, seront les utilisateurs de la technologie ou des produits qu'il entend dériver de cette nouvelle technologie.

4. Les opérations

Pour la phase 1, il est utopique de demander à un entrepreneur technologique de donner des détails de la production, de l'approvisionnement, de l'aménagement et de la main-d'oeuvre de l'entreprise qu'il mettra sur pied. Dans cette phase, ce qui tient lieu d'opération, c'est le plan de recherche ou plan de développement de la technologie. On retrouvera dans cette partie une présentation brève et facilement compréhensible du programme de recherche, c'est-à-dire qui puisse être comprise par un financier ou une autre personne n'ayant pas une formation scientifique.

Il ne s'agit pas de présenter un protocole de recherche comme tel, mais de faire comprendre à un financier ou à tout collaborateur éventuel la démarche que l'on compte suivre pour passer de la technologie que l'on imagine à une technologie qui donnera des produits que l'on pourra se procurer sur le marché.

5. Les prévisions financières

5.1 **Fonds requis de démarrage** : Il s'agit ici des moyens de financement auxquels veut recourir l'entrepreneur technologique pour financer cette première phase de son projet de lancement de l'entreprise. On doit s'attendre à ce que dans la phase 1 d'un projet technologique, une forte proportion provienne d'organismes publics de financement de la recherche pour mettre au point les technologies ou pour commercialiser la technologie. Toutes les autres dimensions mentionnées au plan d'affaires proposé par le MICT ne sont pas pertinentes pour première phase.

5.2 **Budget de caisse** : non pertinent à cette phase.

5.3 **États financiers prévisionnels :** non pertinents pour cette phase.

5.4 **Coûts et financement du projet** : Tableau qui démontre que le total des coûts est couvert par le biais des sources de financement. L'entrepreneur technologique peut fournir ces informations.

5.5 **Le seuil de rentabilité :** Ce concept ne s'applique pas à la phase 1 d'un projet d'entrepreneurship technologique.

PHASE 2 DU PLAN D'AFFAIRES

Cette deuxième phase du plan d'affaires de l'entrepreneur technologique doit s'articuler autour de la mise au point des produits et des essais en regard des besoins du marché. En fait, cette phase est concentrée sur la partie 3 du plan d'affaires proposé : la mise au point du ou des produits et l'essai ou test des produits selon des besoins réels dans le marché. *Le but est de démontrer qu'il y a adéquation entre le produit et les besoins*, ce qui permet de décrire de façon précise le produit et le marché.

Au cours de cette deuxième phase, c'est le couple développement de produit/tests de marché qui est la clé de toute l'affaire. À la fin de cette étape, l'entrepreneur technologique sera capable de dire exactement quel sera son produit et son marché. De même, il lui faudra décrire comment arriver à mettre en marché le produit en question, c'est-à-dire élaborer une stratégie de mise en marché du produit.

Les besoins financiers adaptés à cette phase du plan sont ceux associés aux tests des produits : prévisions financières, moyens de financement pour tester les produits, coûts des analyses des marchés. De façon concrète, on examinera trois moyens financiers : financement par les organismes qui accordent des subventions, ou par les fonds propres de l'entrepreneur technologique, ou par des contributions financières de la part d'usagers potentiels de la nouvelle technologie ou des produits qui s'y rattachent.

PHASE 3 DU PLAN D'AFFAIRES

Après avoir vécu les phases 1 et 2, l'entrepreneur technologique peut enfin déposer un plan d'affaires selon les recommandations du MICT. La version finale du plan d'affaires intègre en fait les résultats des phases 1 et 2.

4. L'entrepreneurship technologique et l'économie québécoise

Rendus à la fin de cet ouvrage, nous sommes amenés à nous interroger sur le lien entre l'entrepreneur technologique et l'économie québécoise. En fait la question est la suivante : est-ce que l'économie québécoise a besoin d'entrepreneurs technologiques? Formulée autrement, cette question pourrait s'énoncer ainsi : considérant qu'il s'agit d'entreprises très particulières qui, dans la plupart des cas, représentent des risques relativement élevés, est-ce que les politiques publiques québécoises doivent encourager ce type d'entrepreneurship ou ne vaut-il pas mieux que l'entrepreneurship technologique soit laissé à des sociétés beaucoup plus grandes, à la nord-américaine? Comment concilier le développement de PME technologiques dans un petit marché comme le nôtre et la globalisation de l'économie, voire la mondialisation des marchés? Poser la question c'est un peu y répondre.

Certains peuvent penser qu'il est possible de se passer d'entrepreneurship technologique. Lorsqu'on réfléchit aux défis de l'économie québécoise, on constate que pour trouver notre place dans le nouvel équilibre économique mondial, il importe que nos entreprises soient concurrentielles. Et c'est dans ce contexte de la concurrence mondiale qu'il faut chercher la réponse à la question.

Toutes les études sur la structure actuelle de la concurrence montrent clairement que la technologie est un élément clé de la concurrence, car les nouvelles technologies sont le principal moyen de hausser la productivité et de réaliser des économies substantielles. Bien sûr, les nouvelles technologies ne mèneront nulle part si elles ne sont pas au départ accouplées à une excellente gestion des ressources humaines. La nouvelle technologie ouvre la voie à des nouveaux produits qui permettent aux entreprises de modifier leur place face à leurs principaux concurrents. Dans certains cas, c'est la technologie qui permet à des entreprises de faire des sauts au niveau des produits.

Un bel exemple de l'importance des nouvelles technologies par rapport à leur contribution à l'activité technologique est fourni par le Conseil de la science et de la technologie qui, dans son Avis sur les biotechnologies, arrivait à la conclusion que les biotechnologies constituent un ferment capable de revitaliser plusieurs secteurs de l'activité économique québécoise. *«Le Conseil de la science et de la technologie est d'avis que l'industrialisation des biotechnologies peut revitaliser plusieurs secteurs de l'activité économique québécoise traditionnellement axée sur les ressources naturelles. C'est là un des principaux enjeux des stratégies qu'il veut proposer au Gouvernement»*[15]. Le raisonnement du Conseil de la science et de la technologie peut s'appliquer à toutes les dimensions de la technologie.

En fait, on peut très bien dire, comme l'avait d'ailleurs suggéré un rapport de l'OCDE[16], que les technologies nouvelles peuvent contribuer beaucoup à la croissance économique. Le rapport estimait que la croissance repose sur une place importante accordée aux nouvelles technologies dans la vie sociale de la collectivité. De plus, le rapport avait aussi attiré l'attention sur l'existence de technologies génériques universelles, c'est-à-dire de nouveaux systèmes technologiques dont la gamme d'applications est tellement large qu'elle peut potentiellement influencer plusieurs méthodes de production et de distribution, peu importe la façon dont elle est utilisée dans les divers secteurs de l'économie. Dès lors, il devient extrêmement important pour un pays de s'assurer d'occuper une place dans de telles technologies, surtout les technologies de l'information qui s'avèrent prépondérantes.

Dans un document publié récemment, Blais[17] essaie d'identifier les défis de l'innovation pour l'entreprise technologique. Il soutient que : *«Il est vrai que l'innovation fournit une arme précieuse à la compétitivité. Mais un haut degré d'innovation peut demeurer insatisfaisant s'il ne s'accompagne pas en même temps d'une habilité à innover plus rapidement que les autres et surtout à commercialiser les nouveaux produits plus rapidement que les concurrents. Jamais dans notre courte histoire, le défi de la compétitivité n'aura été aussi grand et aussi lancinant. Il ne reste plus de place pour la complaisance»* (p. 94) [...] *«Il importe maintenant d'établir les mécanismes permettant l'épanouissement, voire le renforcement de l'entrepreneuriat technologique»* (p.100).

En fait, tout concorde pour confirmer que l'entrepreneurship technologique est une forme d'activité entrepreneuriale particulièrement importante pour l'avenir économique des sociétés, surtout dans le contexte de la compétitivité actuelle. Le Québec, le Canada, comme n'importe quel pays, ne peuvent pas se passer de l'entrepreneurship technologique. Il nous faut permettre l'expression de ce type de talent entrepreneurial, sinon l'économie québécoise en souffrira beaucoup.

---

[15] Conseil de la science et de la technologie, *Les biotechnologies : un choix stratégique pour le Québec*, 1991, p. 57.

[16] OCDE, 1988, *Nouvelles technologies : une stratégie socio-économique pour les années 90*, rapport du Comité Sundqvist, 138 pages.

[17] Blais, R. A., «Les défis de l'innovation industrielle au Québec», in *Les grands défis économiques de la fin du siècle*, Association des économistes du Québec, 1991, p. 63-102.

On retrouve souvent des risques élevés dans ces projets. Les gains possibles d'une réussite dépassent cependant les coûts que l'on peut en anticiper. Il suffit de songer à une seule percée technologique pour comprendre l'importance de ce type d'entrepreneurship dans n'importe quelle société. C'est ainsi que de nouvelles industries prospères prennent naissance.

Pour que l'entrepreneurship technologique prenne vraiment sa place, il y a deux conditions de base à respecter. D'une part, il faut s'assurer que cet entrepreneurship soit acceptable socialement[18], et d'autre part, il faut veiller à ce qu'il mène à de bonnes réalisations concrètes et réponde à des besoins réels du marché.

L'entrepreneurship technologique sera acceptable si la société est prête à lui accorder une place, un rôle significatif dans la vie de la collectivité et si les décideurs politiques, administratifs et socio-économiques, prennent le temps d'examiner attentivement ce type de projets entrepreneuriaux. En fait, ceci revient à se demander : quelle importance et quelle place l'entrepreneurship technologique occupe-t-il dans les valeurs et le schéma de pensée des décideurs publics?

Les cas étudiés attirent l'attention sur deux aspects de la faisabilité des projets d'entrepreneurship technologique : le premier concerne le financement initial de tout projet technologique et le deuxième concerne la compétence des ressources humaines auxquelles la nouvelle entreprise technologique doit avoir accès. Pour qu'un projet d'entrepreneurship technologique soit faisable, il faut que le financement initial soit particulièrement bien planifié et fortement appuyé par des programmes publics de financement. Dans cette étude, nous avons noté la contribution significative du programme PARI du Conseil National de Recherches du Canada (CRNC) et du programme de développement technologique de l'Agence québécoise de valorisation industrielle du Québec (AQVIR), maintenant intégré aux activités de la Société de développement industriel du Québec (SDI). Ces programmes ont permis à des gens qui en étaient à la phase initiale d'un projet d'innovation de trouver le financement indispensable à la réalisation de leur projet de mise au point de nouvelles technologies.

En ce qui concerne les ressources humaines, il est clair que toutes les phases de développement des entreprises technologiques doivent faire appel à un personnel hautement qualifié. En conséquence, il faut s'assurer que les universités et les instituts de formation supérieure préparent ce type de personnel en nombre suffisant, et d'autre part, faire en sorte que les entreprises et les établissements d'enseignement supérieur

---

[18] Voir à ce sujet le mémoire de la Chambre de commerce du Canada : *L'entrepreneur et l'économie canadienne*, Chambre de commerce du Canada, Ottawa, 1988.

et de recherche collaborent étroitement dans le déploiement et le ressourcement des ressources humaines. Si ces deux conditions de faisabilité sont remplies, en règle générale, les nouvelles entreprises technologiques sauront comment tirer leur épingle du jeu, comment connaître la voie du succès.

Chose certaine, tous les cas étudiés montrent l'extrême importance de la disponibilité d'un personnel qualifié et compétent ainsi que l'absolue nécessité de bien gérer ces ressources humaines si vitales au succès de l'entrepreneurship technologique. Après tout, l'innovation et l'entrepreneurship technologique sont le fait d'individus, de personnes. C'est vraiment là que se trouve la clé de la réussite.

* * * * * *

TABLEAU 4.4

PRINCIPALES RUBRIQUES D'UN PLAN D'AFFAIRES[1]

---

1. LE PROJET

1.1 Résumé du projet :
Brève description du projet

- Quoi?   L'idée, le secteur d'activité, le marché
                 cible et les particularités du produit (*bien
                 ou service*)
- Qui?   Les promoteurs
- Où?   L'emplacement de l'entreprise
- Combien?   Le coût du projet
- Quand?   La date prévue de démarrage

1.2 Mission de l'entreprise :
Une ou deux phrases pour décrire la mission de l'entreprise.

Ex. : concevoir, fabriquer et vendre des meubles de catégorie haut de gamme d'après un design exclusif en tenant compte du meilleur rapport qualité/prix à l'intérieur du marché cible.

1.3 Objectifs :
Énumération en ordre chronologique des objectifs :

Ex.: – atteindre le seuil de rentabilité avant la fin de la deuxième année d'opération;
– réaliser un profit de 12 000 $ la première année;
– atteindre un chiffre d'affaires de 300 000 $ dès la deuxième année.

1.4 Calendrier des réalisations :
Énumération des principales étapes de réalisation du projet (*incorporation ou enregistrement, location d'espace, achat de l'équipement, publicité, date prévue de démarrage, etc.*)

---

[1] Ce tableau reproduit intégralement le document intitulé *Atteindre son but : la planification stratégique et le plan d'affaires*, de l'Association des banquiers canadiens en collaboration avec le Bureau de Commerce de Montréal, l'Ordre des comptables agréés du Québec et le Ministère de l'industrie, du commerce et de la technologie du Québec, 1992.

TABLEAU 4.4 *(suite)*

2. LES PROMOTEURS

2.1 Curriculum vitae :
Identification, formation, expérience de travail, réalisations pertinentes des principaux promoteurs.

2.2 Bilan personnel :
Actif et passif illustrant la valeur nette des promoteurs.

2.3 Structure organisationnelle :
Répartition des tâches et organigramme.

2.4 Forme juridique :
Forme juridique (*incorporation, enregistrement ou coopérative*) privilégiée par les promoteurs ainsi que les raisons de ce choix.

2.5 Répartition de la propriété :
Répartition des parts de l'entreprise entre les différents promoteurs accompagnée de la convention d'affaires les liant. Celle-ci doit décrire les droits et obligations de chacun ainsi que la méthode utilisée pour régler conflits, décès, retrait, etc. Il est donc souhaitable de rédiger cette convention avant le démarrage de l'entreprise.

3. LE MARKETING

3.1 Produit :
Description détaillée du produit et de ses caractéristiques (*qualité, durabilité, style, facilité d'entretien, emballage, garantie, service après vente, etc.*)

3.2 Analyse du marché :

3.2.1 Marché global:
Importance et évolution en dollars du secteur d'activité pour la région cible, développée à partir des données statistiques des dernières années; tendances du marché.

TABLEAU 4.4 (*suite*)

3.2.2   Marché cible :
Caractéristiques du groupe de consommateurs
le plus susceptible d'acheter le produit (*groupe
d'âge, sexe, revenu, profession, etc.*). **Endroit
où se trouve la majorité de cette clientèle**
(*quartier, ville, etc.*) **et le potentiel qu'elle représente** (*en nombre de personnes et en dollars*).
**Raisons qui motivent les clients potentiels lors-
qu'ils achètent un produit semblable** (*qualité,
prix, originalité, attrait du produit, etc.*) **et description de leurs habitudes d'achat** (*en vrac,
dans des boutiques spécialisées, à rabais, etc.*)

3.2.3   Situation concurrentielle :
Énumération des concurrents, de leur emplacement, de leur part du marché ainsi que de
leurs forces et faiblesses; comparaison avec la
part du marché et les forces et faiblesses de
l'entreprise.

3.3 Stratégie de mise en marché

3.3.1   Distribution ou emplacement :
Méthode de distribution (*directe, par détaillants, par grossistes, etc.*); **emplacement de
l'entreprise et motifs ou critères ayant conduit
à ce choix.**

3.3.2   Publicité :
Objectifs publicitaires, budget, calendrier et
médias choisis.
Objectifs de vente par territoire et par représentant.

4. LES OPÉRATIONS

4.1 Production :
Description du processus de fabrication, des matières
premières et des équipements utilisés; capacité de
production de l'entreprise.

TABLEAU 4.4 (*suite*)

4.2 Approvisionnement :
Énumération des fournisseurs, leurs emplacements, délais de livraison et politiques de crédit; description de la méthode de contrôle des stocks (*inventaire permanent, manuel ou informatisé, inventaire physique hebdomadaire, etc.*).

4.3 Aménagement :
Plan d'aménagement du local, coûts et calendrier des étapes de réalisation de l'aménagement.

4.4 Main-d'oeuvre :
Nombre et nature des emplois créés; rémunération et disponibilité de la main-d'oeuvre dans le bassin de population visé.

5. PRÉVISIONS FINANCIÈRES

5.1 Fonds requis au démarrage :
Liste et coûts des immobilisations (*terrain, bâtisse, matériel roulant, équipements, mobilier, améliorations locatives*); brevets, frais d'incorporation, etc; fonds de roulement requis (*comptes clients, stocks, etc.*).

5.2 Budget de caisse :
Outil de gestion permettant de déterminer le niveau d'encaisse ou de marge de crédit requis pour assurer le bon fonctionnement de l'entreprise.

5.3 États financiers prévisionnels :

5.3.1 États des résultats prévisionnels (*également appelé budgets d'opération*);

5.3.2 Bilans prévisionnels (*également appelé bilans pro-forma*).

5.4 Coût et financement du projet :
Tableau qui démontre que le total des coûts est couvert par le total des sources de financement du projet.

5.5 Seuil de rentabilité (*également appelé point mort*) :
Calcul du chiffre d'affaires où l'entreprise ne réalise ni bénéfice ni perte.

CONCLUSION

Dans cette conclusion, nous voulons présenter plus qu'un résumé et plus qu'une ouverture sur les recherches ultérieures. Nous l'avons rédigée ayant en tête à la fois le futur créateur d'entreprise technologique et ceux avec qui il interagira dans ce processus de création d'entreprise. Nous voulons attirer leur attention sur certains éléments clés de l'entrepreneurship technologique tels qu'ils sont apparus à travers les vingt-et-un cas que nous avons examinés.

On peut se demander s'il est possible de généraliser à partir d'un échantillon comprenant seulement vingt-et-un cas. À notre avis, la réponse est oui car le mérite des études de cas, c'est d'être attentifs aux particularités de chacune des situations dans le but de décrire et de comprendre ce qui est spécifique et unique au cas sous examen. En analysant plusieurs cas, on en arrive lentement à se construire une image de plus en plus riche et de plus en plus complète de la réalité, du sujet sous étude. C'est par la compréhension profonde des cas que l'on peut porter un jugement éclairé sur une situation, tirer des conclusions générales que des études quantitatives peuvent chercher à tester. En fait, ce processus de réflexion correspond à une démarche clinique qui repose sur la compréhension profonde de l'individuel, de l'unique, de façon à en tirer des observations généralisables.

Les observations présentées dans ce volume reposent sur l'étude d'entreprises qui oeuvrent dans les secteurs de la micro-électronique, des logiciels et du biomédical. On peut se demander si nos conclusions valent pour d'autres secteurs industriels. Nous croyons que oui car nos résultats vont dans le même sens que ceux obtenus par d'autres chercheurs qui examinent la naissance et le développement des entreprises à fort contenu technologique. Globalement, on peut dire que nos résultats confirment et complètent ce que d'autres chercheurs ont trouvé. Cependant, à maints égards, notre recherche permet d'aller plus loin, notamment au chapitre des stratégies de ces entreprises. Nous sommes convaincus que la variété et la richesse de ce contenu vont pouvoir alimenter et stimuler la réflexion des entrepreneurs technologiques actuels et futurs.

Rendus à la fin de cet ouvrage, nous désirons attirer l'attention du lecteur sur quatre éléments: les entrepreneurs technologiques, les facteurs associés à la naissance des entreprises technologiques, la croissance des entreprises technologiques, ainsi que la technologie et le développement d'entreprises bien établies.

1. Les entrepreneurs technologiques

À travers la lecture des cas, on imagine un portrait robot de l'entrepreneur technologique. Nos rencontres avec ces personnes et notre rédaction des cas nous ont permis d'identifier les traits majeurs de ces entrepreneurs. Ces derniers nous sont apparus comme:

a) *Des passionnés de la technologie:*

Ayant généralement terminé des études universitaires avancées, les entrepreneurs technologiques que nous avons observés sont tous des hommes jeunes, n'étant en moyenne âgés que de 31 ans au moment de la création de leur entreprise. Leurs motivations profondes et leurs caractéristiques psychologiques ne diffèrent pas de celles des entrepreneurs traditionnels. Comme les autres, ils ont soif de développement personnel et ils désirent parfaire leurs connaissances pour réaliser leur rêve, leurs ambitions. Comme les autres, ils veulent être autonomes et maîtres de leur destinée. Pour eux également, l'argent n'est pas une fin en soi, mais plutôt le signe concret de la réussite. Non, ce qui les distingue vraiment, c'est la passion qu'ils éprouvent pour leur champ d'activité, pour la technologie. Ils en mangent, ils en rêvent. Et ils communiquent leur passion à d'autres. Toute l'entreprise se trouve imprégnée de cet état d'esprit, de cette attitude.

b) *Des innovateurs résolus:*

Tous les entrepreneurs que nous avons interviewés cherchent à innover. Ils ne le font pas tous de la même manière, mais tous sont absolument résolus à innover. Pour eux, l'innovation est une manière d'être, un état d'esprit, et non une simple nécessité stratégique. Plusieurs d'entre eux sont de grands créateurs, des inventeurs hors pair qui ont réussi des percées technologiques qui s'imposent maintenant à l'échelle mondiale. D'autres excellent dans la réorganisation de technologies existantes pour créer de nouveaux produits innovateurs et ainsi satisfaire tel ou tel besoin du marché. De façon générale, ces innovateurs se distinguent par l'acuité de leur perception des besoins du marché et par le réalisme des solutions qu'ils développent pour répondre à ces besoins. Même si certains ne sont pas encore très habiles pour attaquer le marché, ils ont tous - sans exception - une vision assez claire de leur marché et ils cherchent désespérément à augmenter leur part de marché grâce aux innovations qu'ils génèrent.

c) *Des personnes qui ont une vision à long terme:*

Même si le court terme et la nécessité de maintenir un flux adéquat de trésorerie pèsent lourd dans le vécu quotidien de ces entreprises, leur orientation est vers le long terme. Ces entrepreneurs technologiques visent non pas le profit immédiat mais plutôt la croissance à long terme, ce qui n'a pas l'heur de plaire à leur banquier. Le meilleur signe d'une telle volonté de croissance est leur foi en l'avenir et les investissements élevés qu'ils consacrent à la recherche-développement. À l'exception de LALLEMAND et d'EXELTOR qui oeuvrent dans des secteurs traditionnels, les entreprises étudiées consacrent en moyenne 30% de leur chiffre d'affaires à la R-D, soit une moyenne de 22 686$ par employé! En fait, le personnel de R-D représente 31,7% du personnel. Ce sont là de très lourds fardeaux à porter car chaque dollar investi en recherche doit rapporter des dividendes, et ce n'est pas facile. C'est même souvent fort risqué. De toute évidence, les entrepreneurs ont dès le départ une bonne vision de leur avenir immédiat et à long terme, de la niche de marché qu'ils comptent occuper. Par dessus tout, ils se distinguent par une bonne gestion stratégique et un bon ordonnancement de leurs ressources en fonction du couple technologie-marché.

d) *Des personnes compétentes:*

Tous les entrepreneurs observés ont créé une entreprise dans leur domaine de compétence. Ce sont des personnes qui connaissent à fond le domaine dans lequel elles oeuvrent, qui connaissent parfaitement les produits qu'elles développent, qu'elles vendent. En parlant avec elles, on se dit «lui, il connaît ça». Cette connaissance profonde est la pierre d'assise de leur compétence. Tous sont extrêmement compétents au plan technologique et la grande majorité d'entre eux sont d'habiles gestionnaires qui savent allier technologie et besoins du marché. Plusieurs ont la compétence inter-personnelle leur permettant d'intéresser les autres à leur projet, de leur faire une place et de les motiver à s'engager corps et âme dans le projet d'entreprise.

2. Facteurs associés à la naissance des nouvelles entreprises technologiques

Pour créer une entreprise, il faut investir des efforts substantiels soutenus. Il faut aussi choisir des moyens d'action appropriés, suivre une démarche cohérente orientée vers un but: la création de l'entreprise. Comme les autres entrepreneurs, les entrepreneurs technologiques passent à travers ce processus, mais il y a pour eux des questions qui revêtent dès la naissance une importance cruciale. Ces questions sont:

a) *La recherche pré-lancement:*

Plusieurs entreprises étudiées sont le fruit de projets de recherche d'envergure. Ces projets ont été menés soit par les créateurs d'entreprises, soit par des laboratoires universitaires auxquels les créateurs étaient associés, soit par des grandes entreprises dans lesquelles ils travaillaient. Dans tous les cas, la recherche initiale s'avère un élément essentiel du pré-lancement. Sans recherche ou sans développement, on ne peut guère envisager le lancement de ce type d'entreprise. Pour effectuer cette recherche, les entrepreneurs s'appuient souvent sur une autre entreprise, une université, un laboratoire de recherche, qui deviennent en fait un milieu d'incubation pour une future entreprise technologique.

b) *Le financement des phases initiales:*

Le dilemme fondamental des entrepreneurs technologiques aux premiers jours de leur entreprise est causé par un grave problème de financement. Comment arriver à financer des travaux qui se situent aux confins de la recherche ou aux débuts des efforts de développement? L'expérience des entreprises étudiées montre que ce type de financement ne vient pas des firmes de capital de risque, ni des banques car ces spécialistes jugent que le risque est trop élevé pour s'embarquer dans un tel projet. Une seule entreprise du secteur biomédical a réussi à trouver du capital privé patient (*i.e. une famille a accepté de prendre les risques*). Toutes les autres entreprises se sont appuyées sur des organismes subventionnaires publics. Sans ces derniers, il n'est pas exagéré d'affirmer que plusieurs d'entre elles n'auraient jamais été lancées. Les organismes publics de financement de la R-D tels l'Agence québécoise de valorisation industrielle de la recherche (AQVIR) maintenant fusionnée à la Société de développement industriel du Québec (SDI), le Conseil national de recherches du Canada (CNRC) avec son programme PARI, et l'Entente Canada-Québec de développement technologique avec son programme quinquennal, ont été d'une souveraine importance pour la majorité des entreprises que nous avons étudiées. Par ailleurs, si ces entreprises réussissent à tirer leur épingle du jeu grâce à des prêts participatifs de financement de la R-D, le problème du financement de la commercialisation des nouveaux produits demeure entier. Il faudra donc inventer des formules nouvelles de financement de cette activité si essentielle, qui se trouve en aval du développement technologique. Quoi qu'il en soit, il est certain que les formules de financement mises de l'avant par les gouvernements du Québec et du Canada (*y compris les crédits d'impôt à la R-D*) ont joué pour beaucoup dans le démarrage fructueux et la croissance souvent phénoménale d'un grand nombre de PME technologiques au Québec.

c) *L'ouverture sur le monde:*

Toutes le entreprises étudiées se retrouvent dès leur lancement sur des marchés mondiaux: la recherche scientifique préalable s'inscrit dans le contexte mondial, la concurrence est généralement mondiale et les entreprises sont convaincues que leur produit répondra à des besoins qui se présentent dans plusieurs pays. Toutes les entreprises que nous

avons étudiées sont, pour ainsi dire, à la conquête du monde. Pour
elles, la mondialisation des marchés n'est pas un concept ésotérique.
Leurs dirigeants vivent sur le fuseau horaire de leurs clients, que ce
soit en Asie, en Europe ou ailleurs. En dépit de leur petite taille et de
leurs ressources restreintes, ces PME continuent à faire d'importantes
percées commerciales à l'étranger. Près de la moitié d'entre elles
exportent plus de 60% de leur production à l'étranger. Contrairement
au flux moyen des exportations canadiennes dont les deux-tiers vont
aux États-Unis, les exportations des entreprises étudiées sont partagées
à peu près également entre les États-Unis, l'Asie, l'Europe et le
Moyen-Orient.

d) *Le plan d'affaires:*

La majorité des entreprises étudiées n'ont pas préparé de plan
d'affaires formel du genre de celui dont nous avons discuté au
chapitre 4. Il ne faut pas croire cependant qu'elles n'avaient pas de
plan. En fait, leur plan de développement technologique constituait un
plan de travail qui s'insérerait facilement dans certaines rubriques
usuelles d'un plan d'affaires. La difficulté majeure provient des
analyses financières et des projections de marché. À la phase de
lancement, les entrepreneurs technologiques ont de la difficulté à
s'aventurer sur ces questions car tout dépend des résultats de la
recherche ou du développement pré-lancement. Ce qu'ils peuvent
verbaliser s'approche de visions théoriques.

e) *Le contrat initial:*

Pour plusieurs des entreprises étudiées, des contrats initiaux octroyés
par les firmes d'où sont issus les entrepreneurs (*i.e. les incubateurs*)
ont été d'une grande importance dans le démarrage en douceur des
firmes technologiques. On ne saurait trop insister sur l'importance de
fournir aux jeunes firmes des occasions de prouver leur compétence et
de faire valoir leurs talents. La véritable façon de promouvoir
l'entrepreneurship technologique au Québec et au Canada n'est pas par
les harangues et les discours mais en fournissant aux entrepreneurs de
bonnes opportunités. Or, en matière de développement technologique,
la meilleure opportunité est celle de l'octroi de contrats structurants
lucratifs qui permettront à la firme de développer de nouvelles
technologies qui lui serviront d'éperon dans les marchés.

3. Les facteurs de croissance

Pour les entreprises étudiées, la phase du lancement est terminée et ce
qui les préoccupe surtout c'est la gestion de la croissance. Comment
placer l'entreprise sur le chemin de la croissance? Comment contrôler le
rythme de croissance? Comment s'adapter aux défis de la croissance?

C'est en s'attaquant aux questions suivantes qu'elles réussissent à faire face à la croissance.

a) *Poursuivre une technologie de base:*

Presque toutes les entreprises étudiées appuient leur croissance sur une technologie de base qui leur est particulière et qui constitue leur principale force. Plus la technologie est innovatrice et puissante, plus les opportunités sont grandes d'engendrer une large gamme de produits à partir de cette technologie générique. Le chapitre 2 montre plusieurs cas de telles technologies maîtresses qui aident à propulser les entreprises bien en avant de leurs concurrents. Plusieurs des entreprises étudiées réussissent à maintenir leur investissement élevé en R-D parce que l'exploitation soutenue de leur technologie de base leur fournit des produits «vache à lait» qui, bon an, mal an, apportent de l'eau du moulin et permettent à l'entreprise d'investir dans des projets risqués mais aux retombées potentielles très élevées.

b) *Efficacité du processus d'innovation:*

La gestion de la technologie implique nécessairement la gestion du processus d'innovation. On ne peut pas croître sans gérer efficacement ce processus. Les PME technologiques qui réussissent le mieux sont celles qui ont pu parfaire leur processus d'innovation avec des délais de conception et de mise en marché très courts. Ces entreprises très performantes pratiquent sans le savoir ce que les grandes firmes appellent l'ingénierie simultanée («*concurrent engineering*») et qui commence à révolutionner les méthodes de conception («*design*») des produits. Des compagnies japonaises telles Toyota et Honda ont ouvert cette nouvelle voie. Cependant, cette nouvelle pratique n'est pas encore répandue dans notre milieu.

c) *Adaptation aux besoins du marché:*

Non seulement les PME technologiques qui réussissent le mieux ont-elles une bonne connaissance de leurs marchés, elles ont - c'est le moins que l'on puisse dire - une véritable obsession de satisfaire les besoins de leurs clients. On retrouvera dans tous les cas décrits dans le chapitre 2 des exemples frappants de cette obsession pour les clients. L'acuité de cette perception permet aux dirigeants de ces entreprises d'imaginer la stratégie appropriée à leur situation. D'après nos résultats, les PME technologiques qui réussissent le mieux sont celles qui s'adressent à de très grands marchés ou alternativement, à des marchés restreints mais en très forte croissance. Elles savent marier efficacement leur processus d'innovation aux besoins du marché. En effet, les PME technologiques performantes savent utiliser efficacement leurs innovations pour pénétrer rapidement un marché ou un secteur d'activité avec les nouvelles solutions qu'elles offrent. Dans un tel contexte, ces mêmes entreprises savent maintenir un lien permanent d'innovation et un interface R-D/Marketing efficace. En fait, les PME qui réussissent le mieux sont celles qui, dès le départ, accordent une bonne priorité à leur fonction marketing.

d) *Le financement des efforts de commercialisation:*

Plusieurs des entreprises étudiées rencontrent des difficultés énormes à financer la commercialisation associée à la croissance. Qu'il s'agisse de mettre sur pied des mécanismes de vente, de gérer le service après vente, d'assurer la distribution dans plusieurs pays, le financement représente un problème énorme. D'une part, l'entreprise s'est saignée à blanc pour faire le développement technologique et d'autre part, les sources de fonds spéculatifs sont rares. En contraste marqué avec les États-Unis, le capital de risque dans notre milieu est très difficile à trouver et les quelques investisseurs financiers qui existent sont démesurément exigeants. De plus, ils se confinent généralement à des champs technologiques très particuliers, par exemple, les biotechnologies. Néanmoins, même si les entreprises technologiques en démarrage représentent un risque élevé, celles qui réussissent compensent amplement pour celles qui ferment leurs portes, de sorte que l'effervescence entrepreneuriale est toujours payante, à la fois économiquement et socialement.

e) *La gestion des ressources humaines:*

Nous terminons par la gestion des ressources humaines car c'est le message fondamental de cette étude. Ce message peut se résumer en deux idées:

1ère une entreprise à base technologique est toujours le résultat d'un travail d'équipe; bien sûr, le rôle du chef d'entreprise est important mais le travail de l'équipe est essentiel à la réussite;

2ème la croissance d'une entreprise technologique est fortement influencée par la qualité de la gestion des ressources humaines.

Il est absolument évident que la véritable, la principale clé du succès des entreprises étudiées est l'*alchimie* de ressources humaines qui y prévaut. Le mot n'est pas trop fort pour décrire le jeu complexe des interrelations fort particulières qui ont cours dans ces entreprises qui ressemblent souvent à un milieu familial. La motivation et le sens d'engagement du personnel alimentent constamment la dynamique d'évolution de ces entreprises créatrices. On trouvera à la lecture des cas de nombreux exemples savoureux de la façon dont des organisations gèrent leurs ressources humaines et les valorisent.

4. La technologie et le développement des entreprises déjà bien établies

Dans cette étude, nous avons réservé une place particulière aux entreprises LALLEMAND et EXELTOR qui viennent de s'engager dans un tournant majeur en ayant porté beaucoup d'attention à la technologie. En effet, ces entreprises ont réussi à améliorer leur compétitivité en investissant dans la R-D. Ces efforts ont permis un réalignement des produits, ce qui constituera sans doute la pierre angulaire de leur survie à long terme. Nous croyons que ces entreprises ont suivi à leur façon la voie des entrepreneurs technologiques. Espérons que leur exemple et celui des entrepreneurs technologiques inspireront d'autres entreprises manufacturières traditionnelles.

* * * * * *

Collection LES AFFAIRES

Un plan d'affaires gagnant (2e édition) 24,95 $
par Paul Dell'Aniello 141 pages 1989

Le guide des franchises du Québec 34,95 $
Institut national sur le franchisage 366 pages 1989

5 must pour rester en affaires 18,95 $
par Paul Dell'Aniello 190 pages 1988

Comment faire sa publicité soi-même (2e édition) 24,95 $
par Claude Cossette 184 pages 1989

Faites dire OUI à votre banquier 24,95 $
par Paul Dell'Aniello 250 pages 1991

Les pièges du franchisage :
comment les éviter 24,95 $
par Me Jean H. Gagnon 182 pages 1989

Le marketing direct 34,95 $
par Paul Poulin 200 pages 1989

1001 trucs publicitaires 34,95$
par Luc Dupont 288 pages 1990

La créativité : une nouvelle façon d'entreprendre 24,95$
par Claude Cossette 200 pages 1990

Patrons et adjoints :
les nouveaux associés 24,95 $
par André A. Lafrance et Daniel Girard 160 pages 1989

Le Canada des années 90 :
effondrement ou renaissance ? 24,95 $
par Kimon Valaskakis 300 pages 1990

Comment réduire vos impôts 16,95 $
Samson Bélair/Deloitte & Touche 264 pages 1991

Guide de planification financière 27,95 $
Samson Bélair/Deloitte & Touche 240 pages 1990

Planification fiscale 19,95 $
Samson Bélair/Deloitte & Touche 287 pages 1991

Les REÉR en 1992 16,95 $
par Steven Kelman et Robert Rivard 168 pages 1991

Comment acheter une entreprise 24,95 $
par Jean H. Gagnon 232 pages 1991

Objectif Qualité Totale : un processus d'amélioration continue 34,95 $
par H. James Harrington 272 pages 1992

Crédit et recouvrement au Québec : Manuel de référence 55,00 $
par Lilian Beaulieu 360 pages 1992

Collection INFORMATIQUE & BUREAUTIQUE

Comment choisir et utiliser son télécopieur
Pierre Cadieu

14,95 $
128 pages 1991

**Comment choisir, installer et dépanner
micro-ordinateur et périphériques**
Formanitel

34,95 $
290 pages 1989

**Guide d'achat d'un micro-ordinateur
IBM et Macintosh**
Formanitel

19,95$
120 pages 1990

Collection ENTREPRENDRE

**Autodiagnostic :
l'outil de vérification de votre gestion**
Levasseur, Bruley et Picard

16,95 $
146 pages 1991

Relancer son entreprise
par Brigitte Tremblay et Marie-Jeanne Fragu

24,95 $
162 pages 1992

Votre PME et le droit
par Michel A. Solis

16,95 $
138 pages 1991

**Correspondance d'affaires : règles d'usages
françaises et anglaises et 85 lettres modèles**
par B. Tremblay et M.-J. Fragu

24,95 $
176 pages 1991

**Les secrets de la croissance :
4 défis pour l'entrepreneur**
sous la direction de Marcel Lafrance

19,95 $
176 pages 1991

**Comment trouver son idée d'entreprise :
Découvrez les bons filons**
Sylvie Laferté

16,95 $
132 pages 1992

L'entreprise familiale : la relève ça se prépare
Yvon G. Perreault

16,95 $
161 pages 1992

**Devenez entrepreneur :
Pour un Québec plus entrepreneurial**
Paul-A. Fortin

27,95 $
360 pages 1992

HORS COLLECTION

La bourse, investir avec succès
par Gérard Bérubé

34,95 $
420 pages 1990

Les fonds communs de placement
Grosvenor

12,95 $
218 pages 1988

De Ville-Marie à Montréal
Tableaux de Bourbonnais
textes d'Ernest Pallascio-Morin

29,95 $
80 pages 1991